メルケル
世界一の宰相

THE CHANCELLOR
THE REMARKABLE ODYSSEY OF ANGELA MERKEL

KATI MARTON

カティ・マートン 著
倉田幸信　森嶋マリ 訳

文藝春秋

1989年、のちに夫となるヨアヒム・ザウアーとともに、ポーランドのバホテクで開催された化学の夏季研修に参加。左はポーランドの量子化学研究者マウゴジャタ・イジョルスカ教授。

19歳のアンゲラ・メルケル（旧姓カスナー）（中列左から2人目）。友人との年越しパーティーにて。故郷の東独・テンプリーンでブルージーンズを穿いて登校し、クラスで初めて校長から「西側の服は不適切である」と叱られたこともある。

弟マルクス、妹イレーネと一緒に写った貴重な一枚（撮影時期不明）。マルクスは姉と同じ物理学の道に進み、イレーネは理学療法士になった。きょうだいの仲は良いが、2人とも有名人の姉に関するインタビューには一切応じない。

ドイツ史上初の女性首相となった2005年、父ホルスト、母ヘルリントと一緒に。父はとっつきにくく厳格で、メルケルと仲が良かったのは母のほうだ。両親とも生涯を通じて社会主義を支持し、娘の政党に票を投じたことはなかった。

1990年、メクレンブルク・フォアポンメルン州の小選挙区から、初めて連邦議会議員選挙に立候補。バルト海に浮かぶリューゲン島の漁師小屋を訪問した。有権者の心に寄り添った地道な選挙活動のかいあって当選。その後も政界引退まで、連邦議会議員選挙ではかならず勝利した。

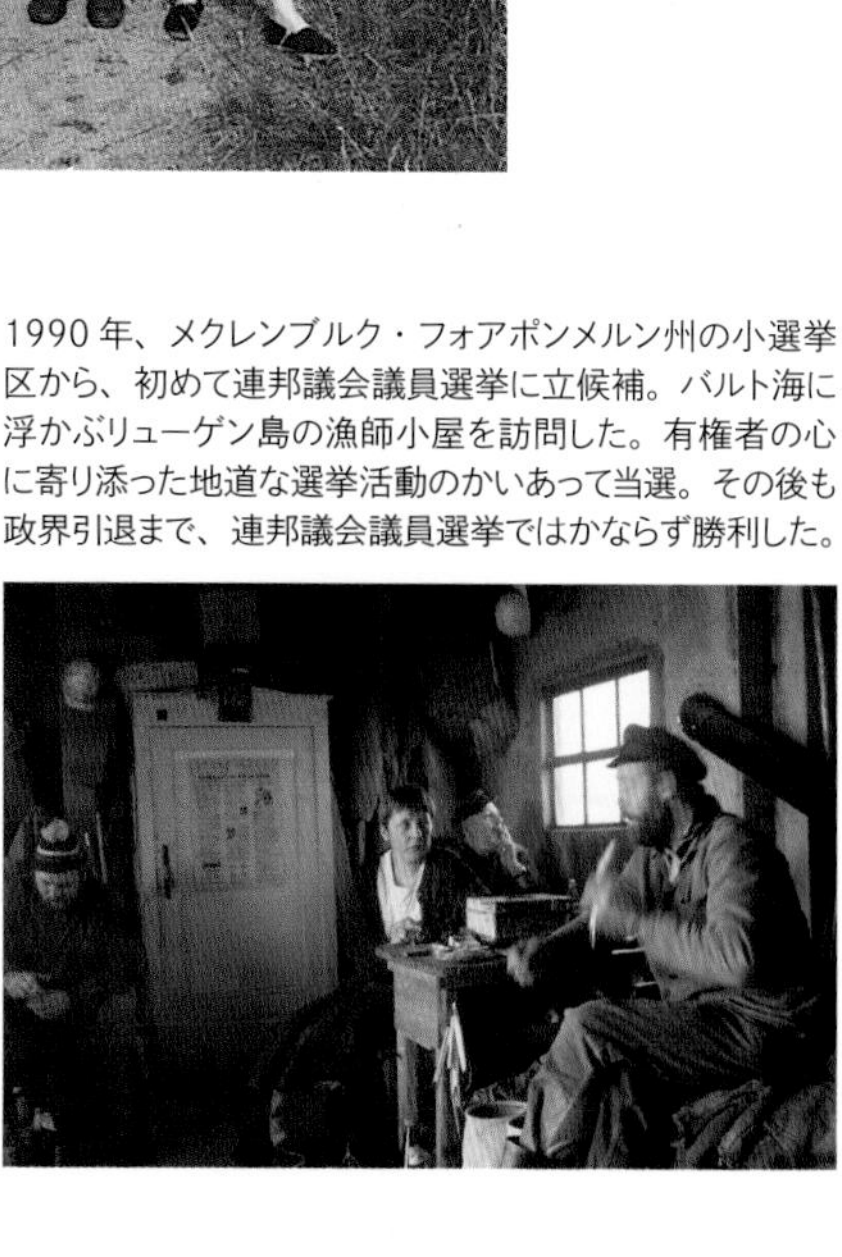

メルケルが犬を怖がることを知ったロシアのプーチン大統領。2007年1月21日、リゾート地ソチにある自分の豪邸を訪れたメルケルに、愛犬のラブラドール・レトリーバーをけしかけた。メルケルはひるまず、後で側近に「プーチンはああやって、自分がいかに男らしいかを見せつけるしかなかったのよ」と語った。各国首脳のなかでは最も長い付き合いになったプーチンとの関係に、メルケルはとりわけ悩まされた。

56歳の誕生日を中国の西安で過ごし、有名な兵馬俑を観光して楽しんだ。中国の悠久で豊穣な、そして波乱に満ちた歴史に魅了されたメルケルは、ほぼ毎年公式訪問を行うなど、中国の指導者たちと親密な関係を築くために多大な努力と時間を費やした。ドイツ首相在任末期に、習近平が極度の権威主義へと転じたことには、深く失望した。

2011年6月7日、オバマ米大統領とミシェル夫人は、メルケルと夫のザウアーをホワイトハウスに迎えた。晩餐会でオバマはメルケルに、文民に贈られる最高の栄誉である大統領自由勲章を授与した。ふたりの関係はいつも順調というわけではなかったが、オバマはメルケルを、国家を率いるリーダーのロールモデルとして仰いでいた。

熱狂的なサッカーファンであるメルケル。2012年5月19日、米メリーランド州キャンプ・デーヴィッドで開催されたG8サミットの会議を中断し、各国首脳とともにバイエルン・ミュンヘンとチェルシーの欧州チャンピオンズリーグ決勝戦を観戦した。メルケルの右がバローゾ欧州委員会委員長、左がオバマ大統領、その左がキャメロン英首相。着座右がオランド仏大統領で、左がホイスゲン独外交・安保担当補佐官。

2015年9月10日、ベルリンの難民受入れ施設で、イラク人難民のシャケル・ケディダとの自撮りに応じるメルケル。この写真はSNSで拡散された。この年、メルケルは100万人近い中東からの難民を受け入れた。

2015年6月24日、英女王エリザベス2世を首相官邸のテラスに案内し、正面に見える連邦議会議事堂を解説。

ヨーロッパで最も権力をもつ２人の女性——ウルズラ・フォン・デア・ライエン欧州委員会委員長と、彼女が師と仰ぐメルケル。医師であり、７人の子供の母親でもあるフォン・デア・ライエンは、第３次・第４次メルケル内閣では国防相を務めた。メルケルは、自分の後に続く女性たちをひそかにサポートしている。

2019年８月、フランスのビアリッツで開かれたG7サミット会議の合間のワンシーン。メルケルは警護官とザイバート報道官を引き連れてビーチを散歩し、束の間の自由を楽しんだ。

新型コロナウイルスの大流行が迫り来るなか、メルケルは国民に対して真剣に警戒を訴えた。その後まもなく、近所の食料品店で買物をしているところを目撃された。ショッピングカートに、品不足が懸念されたトイレットペーパーよりも、ワインが多く入っていることに注目。買いだめをしないようにという国民への呼びかけを、行動でも示したのだった。

メルケル　世界一の宰相　目次

プロローグ　牧師の娘に生まれて　9

第1章　共産主義の秘密警察国家・東独で育つ　23
牧師の父、英語教師の母のもと、1954年に西独で生まれる。だが、共産圏へ布教すべく父はあえて東独へ移ることを決意。赤ん坊のメルケルは、バスケットに寝かされ引越しする。

第2章　物理学科の優秀過ぎる女子大生　51
「アインシュタインの相対性理論を理解したかったから」、ライプツィヒ大学物理学科へ入学。東独では科学は〝安全な領域〟だ。奥手ながらも同級男子と恋に落ち、最初の結婚。

第3章　東独トップの科学アカデミーへ――袋小路の人生　61
ベルリンにある科学アカデミーに就職。だが職場も仕事も陰鬱だった。夫婦生活もうまくゆかず離婚。生きる熱意を喪った日々。しかし、心揺さぶられる出来事が起こる。

第4章　ベルリンの壁崩壊――35歳で政治家へ転身　75
壁の向こうの西側はすべてが眩しく、政治も経済も成功していた。恐怖政治から解放された今、新しい国づくりがしたい――科学者人生に幕を下ろし、政治の世界へ足を踏み入れる。

第5章 コール首相の〝お嬢さん〟と呼ばれて 87
男性中心の政界で苦しむも、科学者ならではの有能さで頭角を現す。コールに重用され、環境大臣に。気候変動対策で成果を出す。プライバシーは頑なに守り、研究者仲間とひっそり再婚。

第6章 初の女性首相へ登りつめる 119
ライバル・シュレーダーの自滅を待ち、51歳でついに首相の座へ。質実剛健な執務室にはエカチェリーナ二世の肖像画。ドイツを謙虚ながら自信に満ちた国にしたい。

第7章 ブッシュ大統領と親交を結ぶ 147
信仰に篤く、裏表のない性格のブッシュ大統領とはウマが合い、テキサスの牧場へ招かれる仲に。信頼関係を築き、相手の気持ちを変える――それがメルケル流の外交だ。

第8章 プーチン、習近平――独裁者と付き合う方法 159
自由主義者メルケルVS.独裁者プーチン。ともに警察国家育ちだ。会談で犬をけしかける卑劣なプーチン。メルケルはもう一つの独裁国家・中国の重要性にいち早く気づいていた。

第9章　ベールに包まれた私生活　185
ここで少し彼女の私生活を覗いてみよう。普通のマンション住まいで、スーパーで買い物もする。料理はするが洗濯は夫。音楽とサッカーの大ファン。芸術家と交流し、読書に励む。

第10章　オバマ——条件つきのパートナー　207
熱狂的な演説を行うオバマへ当初は警戒心を抱くが、知性派のアウトサイダー同士、尊敬し合う関係に。しかし米情報機関に携帯を盗聴されていたと判明し、メルケルは激怒する。

第11章　緊縮の女王——ユーロ危機と経済大国ドイツの責務　229
金融危機をきっかけに、EUが抱える矛盾が露わになった。メルケルは財政悪化に苦しむ南欧諸国の救済策をまとめるが、緊縮財政を強いたために市民の反感を買ってしまう。

第12章　民主主義の守護天使——ウクライナを巡る攻防　247
プーチンがついに領土的野心をむき出しにした。ウクライナに対するロシアのハイブリッド戦争を、メルケルはあくまで平和的に解決すべく、超人的なスケジュールで交渉にあたる。

第13章　難民少女へ見せた涙　275
シリア内戦によって大量の難民がヨーロッパに押し寄せた。メルケルはEUの規約を無視して難民の受け入れを表明するも、国民をうまく説得できず、はからずも彼女の弱点が明らかに。

第14章　二〇一六年、最悪の年――英国のEU離脱　303
イギリスのEU離脱が決まった。各地でイスラム過激派のテロが頻発し、パートナー・オバマの任期も終わりに近づくなど課題は山積。それでもメルケルは四期目への出馬を決意する。

第15章　トランプ登場――メルケルは〝猛獣使い〟になれるか　317
「アメリカ・ファースト」を掲げ、戦後の独米が築きあげた信頼関係を否定するトランプ。メルケルの目指す政治が壊れゆくなか、長年のストレスでついに彼女の身体は悲鳴を上げる。

第16章　ドイツにもポピュリズムの波が――台頭する極右　349
発展から取り残された旧東独では、極右政党が人々の不安を煽り議席を伸ばした。メルケルは、彼らの心に寄り添うことで極右支持者をなだめるが、一方では党首の引退を決意する。

第17章　ラスト・ダンスはマクロンと　379
ヨーロッパに「創造的破壊」をもたらそうとするフランスの若き大統領、マクロン。メルケルは時にその言動に辟易しながらも、彼と手を携えて「欧州合衆国」実現を目指す。

第18章　コロナとの死闘　397
引退後を見据え始めた矢先、世界を未曾有のパンデミックが襲う。コミュニケーションを苦手にしてきたメルケルが行動の自粛を呼びかけるメッセージが、ドイツ国民の心に響いた。

エピローグ　世界最大の権力を持った女性　432

謝辞　443
訳者あとがき　448
政党略称一覧　451
年表　452
ソースノート　468

本文中、訳注は〔　〕で示した。

わが娘エリザベス・ジェニングス、
そしてイロナ・フィッツパトリック・ジェニングスと
次の世代の者たちへ

装丁　関口聖司

プロローグ　牧師の娘に生まれて

そこに物々しさはなかった。到着を告げるサイレンも点滅灯もなく、大勢の側近をしたがえることもなく、アンゲラ・メルケルはベルリン近郊の都市ポツダムにある質素な赤レンガ造りの教会に入った。

わずかに背を丸め、信徒席のあいだを歩く姿に、ｉＰｈｏｎｅのカメラが向けられる。普段はそういったことを嫌がるメルケルだが、顔には穏やかな笑みが浮かんでいた。その日、そこに集ったのはメルケルにとって家族のような人たちだ。

その教会は首都からさほど離れていないが、そこにいる人々は、メルケルが平日の大半をともに過ごすベルリンの世馴れた人々とはまるで違う。その教会は、メルケルの父が教区牧師をしていた質素な教会とよく似ていた。

じめっとした秋の晩のことで、質素な教会は、首相としての四期目かつ最終期の混乱から、メルケルが束の間逃れられる場所だった。

故郷ブランデンブルクでの、自宅近くの森を散策した懐かしい日々は、ますます遠くに感じられるようになっていた。メルケルの日常は世界を救うために忙殺されていた。

その夜、オベリン教会を訪れた六三歳のドイツ首相メルケルは、家族も同然の人々に囲まれて、心からくつろいでいた。いでたちはいつものとおり、トレードマークともいえる鮮やかな色のジャケット――今夜は濃い緑色のジャケット――に、黒のパンツを穿《は》き、足元はぴたりと合った黒いフラットシューズだ。

メルケルは信徒席の最前列に置かれた背もたれが真っ直ぐな肘掛け椅子に座ると、両手の指先をそっと合わせた。祈るようなその仕草は、ドイツ人なら誰もが知っている。メルケルの政党のアイコンにもなっているのだ。

「子供の頃は毎朝、教会の鐘が鳴り、夜の六時にもまた鳴りました。本当に懐かしい」

と、メルケルは黙って話に耳を傾けている人々に言った。

そこにいる誰もが、私生活を決して明かさないリーダーのプライベートな一面を目にするのはめったにないことだとわかっていた。一瞬、メルケルの顔から笑み――政治家の作り笑いとは違う笑み――が消え、代わりに深い皺《しわ》が刻まれた。

ここ数年、ドイツ初の女性首相の世界は、混迷する社会と政治のせいでかき乱されていた。世界各地で台頭するポピュリズムによって打ちのめされ、第二次世界大戦以降のドイツ国会で初めて議席を獲得した極右政党から攻撃されていた。

さらに、ホワイトハウスの住人であるアメリカ人ポピュリストが、モスクワの宿敵ウラジーミル・プーチンを褒《ほ》めたたえたことは、あまりにもショックで、今も生々しくメルケルの心に残っていた。

「私が初めて学校に行った日、生徒はひとりずつ立ち上がって、両親の職業を言わなければなりませんでした」とメルケルは話を継いだ。そのエピソードは、無神論のマルクス主義国家だった東ドイツで、牧師の子として生きてきたことの複雑さを物語っていた。子供だったメルケルはクラスメートから、「運転手と言ったほうがいい」とアドバイスされた。牧師より運転手のほうがプロレタリアらしい職業で、ドイツ語では運転手《ファーラー》と牧師《プファラー》は同じように聞こえるのだ。

「牧師です」とメルケルは先生に言った。

東ドイツで正直に生きることがいかに危険であったかを、そこに集まった人たちに説明する必要はなかった。子供だろうと、すべてお見通しの国家に目をつけられないように気をつけなければならないのだ。国家保安省《シュターツジッヒャーハイト》、略して〝シュタージ〟と呼ばれた秘密警察は、その前身であるナチスのゲシュタポより、社会に広く深く入り込んでいた。ゲシュタポの関係者は七〇〇〇人だったが、シュタージは密告者も含めれば一七万三〇〇〇人にも及んだ。国民六三人につきひとりの密告者がいたわけだ。

「言うまでもなく、子供の頃のそういう経験から、私の人生は形作られました」とメルケルは言った。何気ないその言葉が、メルケルとは何者なのかということの手がかりなのかもしれない。一六年という長きにわたって権力の座に居続けられた訳、そしてまた、世界はもとより自国でもその人物像が謎に包まれている理由が、そこに隠されているのかもしれない。

謎に包まれたプライベート――日記をつけない、メールもしない

話を教会での出来事に戻そう。マティアス・フィヒトミュラー牧師は、メルケルについて書かれた本を読んだかと、メルケル本人に尋ねた。「ええ、でも、そこには私はいませんでしたよ」と言

いながら、メルケルはその場にいる者全員と一緒に笑い、「私は境界線をきっちり引いています。だから、人生の一部は明かしません」と言った。これまで言いつづけてきたとおり、首相という公の立場以外の事柄は、世間には関係のないことなのだ。

メルケルの秘密は側近たちも決して口にせず、リークは一切ない。首相として過ごした一六年間、ともに働いたスタッフや関係者で、メルケルのプライバシーを暴露する回顧録を書いた者はいない。並外れて忠実な側近の大半は、一六年のあいだメルケルとともに歩んできた者ばかりで、固い結束を誇る。二〇一六年にベルリンを訪れたバラク・オバマ大統領は驚いて、「今でもみんなそこにいるのかい？」と尋ねた。メルケルのチームは、オバマが大統領に就任したときと変わっていなかったのだ。

長い年月が過ぎても、ドイツ人はメルケルのイメージや声、霧に包まれたような人柄に辟易《へきえき》してはいない。それは、メルケルが威圧的でも高飛車でもないからだ。庶民と変わらない生活を送っているらしいということ以外、プライベートな部分はほとんど明かされていないが、それでもドイツ人はその首相をライバルに大きく差をつけて三度も再選させた。国民はごくたまに、夏のバイロイト音楽祭にドレス姿で現れるメルケルを目にする。また、スーパーマーケットで買い物をする姿を見かけることもある。

メルケルはヘルムート・コール［一九八二年から西ドイツ首相。一九九〇年に歴史的な東西ドイツ統一を成し遂げ、統一後も一九九八年まで首相を務める］やヴィリー・ブラント［一九六九年から一九七四年まで西ドイツ首相。東ドイツやソ連など共産主義諸国との関係改善を推し進める「東方外交」を展開］といった先輩政治家を、ある意味で反面教師にしていた。コールは妻と子供を前面に押し出して、ドイツの完璧な家族を装ったが、その後、妻は自殺して、息子たちとは疎遠になった。ブラントは冷戦時代の英雄ともてはやされたが、のちに、うつ病でセックス依存症であることが判明したのだった。

メルケルはときに、病的なほどプライバシーにこだわる。日記もつけなければ、メールも使わず、文書で連絡するのは本当に必要なときだけで、しかもその文章はごく短い。他愛もない些細《ささい》なことでも、メルケルのプライベートを暴露した友人や知人は、それだけで関係が絶たれることもある。〝～をありがとう。ＡＭ〟というメルケルからの短いメールを公表した政治家が、メルケルと親交を深めることは二度となかった。[1]

マスコミはあの手この手を使って、メルケルの謎を解き明かそうとする。たとえば、ドイツの高級紙「ツァイト」はこう分析した。

「ＺＤＦ（ドイツの公共放送局）に出演したメルケルは、他の出演者と並んで立ち、話をしながら上着の一番上のボタンを手でいじっていた。ボタンをはめたりはずしたりするのではなく、一定のリズムでくるくると円を描くようにさすっていた。また、プレッシャーを感じると、親指と人差し指の先をくっつけて、小さく動かす。指先で円を描くのは、集中するためだ」

また、外国の首都で行われる記者会見では「司会進行役に対してメルケルがどのぐらい苛立っているかは、書類の束に目をやる回数でわかる」[2]とのことだ。

いくつかの視覚的要素もそれなりの手がかりになるらしい。ドナルド・トランプ大統領と初めて会ったときに、「アンゲラ、私たちには共通点がある。どちらも（オバマ大統領から）盗聴されていた」と言われると、メルケルは首を傾げ、驚いたように目を見開いた。また、ある記者会見で、派手好きなイタリアの首相シルヴィオ・ベルルスコーニを信頼しているかと訊かれると、おおげさに目をぐるりとまわしてみせた。ロシアのウラジーミル・プーチンが上から目線で説明してきたときも、同じ仕草をした。一方で、二〇一六年にオバマ大統領に別れの挨拶をしたときには、思いやりあふれるやさしい目をして、かすかに涙ぐんでいた。

政界で生きながらえるために、並外れた自制心が役立っているのはまちがいない。だが、そのせいで、彼女の人となりを推測する手段が、ぐるりと目をまわす仕草やせわしなく動く指先しかないのは残念だ。なぜなら、現代という時代を理解するには、アンゲラ・メルケルを理解する必要があるからだ。政治的・社会的分断が地球規模で見られるこの時代に、第二次世界大戦後の自由民主主義の秩序を厳格に守り、プーチンやトランプといった攻撃的な権威主義者に立ち向かう世界的なリーダーはメルケルだけだ。メルケルは経済的にはもちろん、道徳的にもドイツをヨーロッパのリーダーに押し上げ、中東から一〇〇万人の移民を受け入れて、自国を移民の国に変えたのだった。

東独出身・理系・女性——〝三重の足枷〟を負いながら偉業を達成した理由

東ドイツ出身者、科学者、ドイツで生きる女性（歴史上、ヨーロッパの君主国で、女王を君主に据えなかったのはドイツだけだ）。そんな三重の足枷《あしかせ》で縛られたメルケルが、なぜ、これほどの偉業を成し遂げられたのか？　外見同様、操る言葉も地味な政治家でありながら、多くの人が次々に現れる目新しいものに飛びつくこのデジタル時代に、なぜ、メルケルはこれほど長く権力の座に居続けられたのだろう？

知性と勤勉さが、その理由の一部であるのは言うまでもない。提灯行列や、声を揃えて扇動政治家《デマゴーグ》の名を叫ぶ民衆——祖父母の脳裏にそんな記憶が鮮明に刻まれている国で、メルケルのそっけないほどの演説はむしろ有利に働いた。世界貿易機関（ＷＴＯ）の事務局長パスカル・ラミーから「もう少し詩的な」演説をするよう求められると、メルケルはすぐさま「私は詩人ではありません」と反論した。(3) 分析的で穏やかな手法は、物理を学んだ年月につちかわれ、そのおかげで他に類を見ない長期的な視点で国を治めている。

「何かを考えるときは、結果からさかのぼって考えます。望ましい結果を見据え、そこから逆算して取り組むのです……重要なのは、二年間で何が成し遂げられるかであって、明日の新聞にどんな記事が載るかではありません」(4)

と、メルケルは言った。あてこすりや誹謗中傷による政治は行わず、そういうことをする連中の挑発にも乗らない。「メルケルは政治家のゲームにつきあわない。プーチンやトランプがどんなときに嘘をつくのか、お見通しなのだ」とドイツの元大統領ヨアヒム・ガウクは言う。メルケルは彼らの嘘を聞き流し、自身の政策を推し進める。

アンゲラ・メルケルとして何かを成し遂げるために、また、これほど長いあいだ権力の頂点に居続けるには、情熱と覚悟の両方を持ち合わせているはずだ――たとえそれを表に出さないとしても。

さまざまな繊細な問題を、メルケルは正面からというより、斜めから取り組んで解決している。間接的に、人目を引くことなく問題を処理しているのだ。東ドイツ出身で、離婚したプロテスタントで、恋人と同棲していたメルケルが、文化的に保守で男性が大多数を占めるドイツ・キリスト教民主同盟（ＣＤＵ：中道右派のキリスト教政党）の党首に選ばれたのは、自身のプライベートな事柄には口出しさせないだけの技量を持っている証拠だ。

あくまでも軽やかに、メルケルはドイツをはるかに自由な社会へと変貌《へんぼう》させた。ドイツの国会議員として同性愛者であることを初めて公表したギド・ヴェスターヴェレを、二〇〇九年に外務大臣に指名し、ヴェスターヴェレの夫のことも、そのふたりの恋物語も公の場で称賛した。そうしながらも、同性愛者同士の結婚の合法化を自分の手柄にすることはなかった。八年後に、同性カップルの結婚を認める法案の投票が行われた際、メルケルは自身の保守的な党の党員に対して、その法案に反対する党に歩調を合わせるのではなく、自身の良心にしたがって投票するよう求めた。それによって、メルケルが演説をすることも声明を出すこともないまま、ドイツで同性愛者同士の結婚が法的に認められたのだった。

女性の活躍の場を広げることに関しても、やはりさりげない手段を使った。極右政党である「ドイツのための選択肢（ＡｆＤ）」の党首は、メルケルの側近の大半が女性であることから、「ＣＤＵに男はいないのか？」と苦々しげに言った。それを聞いたメルケルの側近エヴァ・クリスティアンセンが自身のボスに、「私たちの勝ちですね」と囁《ささや》くと、メルケルはめずらしく得意げな笑みを浮かべた。リーダーは自身の偉業を自慢しなくても、無言で多くのことを成し遂げられる――メルケルは幾度となくそれを証明してみせたのだ。

良いアイディアを見逃さないのも、メルケルの政治的な才能のひとつだ。「エネルギー問題、子育て、同性婚、女性の権利に関して、メルケルはライバル政党の案を取り入れた」と、ドイツ社会民主党（ＳＰＤ）の元文化大臣ミヒャエル・ナウマンは言う。メルケルにとってそれは、政敵となりうる相手を賢く懐柔する手段でもある。

「アンゲラはどんな問題に関しても、わずかなチャンスを見逃さず、即座に対処する能力が極めて高い」と言うのはガウク元大統領。アメリカの俳優ジェームズ・ガーナーにそっくりで、八〇代となった今でも相変わらずハンサムなガウクは、「そのせいで、ライバル政党は連立を恐れる」と言った。それでも、メルケルはライバル政党と連立を組み、それによって一六年ものあいだCDUが政権を握ってきた。とはいえ、本書で見ていくとおり、ときにそれは非常に困難な作業でもある。

メルケルを見くびった男性政治家は、政治生命を絶たれた

これほど長きにわたってメルケルが首相を務めたもうひとつの大きな要因は、飽くことのない好奇心だ。六〇代でありながら、今でも新しいものや、面白いものに目がない。人、事実、歴史、解決すべき問題、複雑な議論に胸躍らせる。だが、そのチャレンジ精神を別にすれば、何がメルケルを突き動かしているのか？「力《マハト》、力《マハト》、力《マハト》」と、メルケルの師ヘルムート・コールは言った。権力を握る男たちをじっくり観察して、メルケルは多くを学んだのだ。その結果、メルケルを見くびった何人もの男性政治家が、政治生命を絶たれることになった。一九九〇年から九八年まで統一ドイツの首相を務めたコールもそのひとりだ。かつて、「私のお嬢さん《メートヒェン》」と呼んでいたその女性政治家を見くびったがために、政界を追われたのだ。

メルケルが手本としたのは、一八世紀ロシアの女帝エカチェリーナ二世と、ポーランド出身でフランスを拠点とした物理学者キュリー夫人（マリー・キュリー）だ。だが、そのふたり以外に手本となる女性はほとんどいなかった。支援してくれるネットワークもなく、メルケルは政治家としてのあるべき姿を自力で模索しなければならなかった。「女性は権力を主張することを学ばなければなりません。権力がなければ、大きなことはできませんから(5)」と言う。とはいえ、メルケルが手にした権力はかなり特殊だ。

メルケルの態度が物語るように、過剰な自信は男性の弱点だ。[6] 他方、権力を握る女性は自身のエゴを満たすためではなく、差し迫った問題に対処するために全力を尽くす。だが、エゴを抑えこんでいるせいで、メルケルは人との深い絆を結ぶチャンスを逃すこともある。二〇〇九年、ハンブルクで、ポーランドの首相ドナルド・トゥスク［のちに欧州理事会常任議長］と並び、メルケルは大勢の聴衆に向かい、演説を行った。だが、自分がその街の生まれであることにも、祖父がポーランドで生まれたことにも触れなかった。政治家は往々にして、そういった事実を絶好のチャンスと捉え、聴衆との結びつきを深めるものだ。世界中でカリスマ性のあるリーダーが台頭するなか、首相として最後の年を迎えてもなお政治に個を持ち込まないという、メルケルの姿勢は疑問視されている。

だからといって、メルケルにエゴがまったくないわけではない。エゴがなければ、政界でのキャリアをまっとうできなかったはずだ。かつて、人生のロールモデルを訊かれ、「自分です。できる限り自分を目標にしています」[7] とメルケルは答えている。権力を握った女性がどうあるべきか、何を語るべきか、どう行動するべきかに関して、新たな定義を示したのだった。

にもかかわらず、知れば知るほどメルケルの謎は深まっていく。なにしろ、強大な権力を持つ女性でありながら、自分をフェミニストと呼ぶことをためらうのだから。政治家として一国の頂点に君臨しながら、音楽家や歌手、俳優や作家と過ごすのを好む。おしゃべりな指導者ばかりが注目される時代にあって、余計なことをいっさい話さない。

多くの人が抱くメルケルのイメージと、真の姿には隔たりがある。世界中の人から堅物で生真面目と思われているが、実際にはそうではない。鉄のカーテンに閉じ込められて過ごした若い頃の夢は、「ブルース・スプリングスティーンを聴きながら、ロッキー山脈をドライブすることだった」[8] とメルケルは語っている。「とても愉快な人だ」と、アメリカの元駐独大使で現ニュージャージー州知事のフィリップ・マーフィーも言う。

また、長年、世界を舞台に活躍していても、庶民の感覚を失っていない。メルケルと同じ東ドイツ出身で、ニューヨーク総領事を務めるダーフィト・ギルはこんなふうに言う。

「メルケルのように、壁――永遠に崩れないと思っていた壁――に囲まれて人生が始まったら、それを乗り越えるのはほぼ不可能だ。彼女がどこからやってきたのかを、多くの人は忘れているのかもしれないが、アンゲラ・メルケルがそれを忘れることはない」

大人になってからのメルケルの人生を支えてきたのは、「映像記憶能力」に近い記憶力、最小単位の部品まで分解するかのような科学的な分析力、そして、仕事に対する情熱的な意欲だ。そういった才能にくわえて、五時間も眠れば十分という頑強な体もある。赤ん坊のときに歩きはじめるのが遅かったメルケルは、子供の頃にはよく転んで骨を折った。しかし、六〇代になった今、揺るぎない意志の力を発揮して、六時間のハイキングをこなす。生来の長所に加え、鍛錬によって得た強みのおかげで、自信に満ちあふれている。それが、これほど長いあいだ首相を務める原動力になっており、同時に他国のリーダーの不安をかき立てるのだ。

人の脆さを知り尽くした行動的な楽観主義者

牧師と話をしながら、メルケルは小さな教会の中をまわり、そこに集まった人々や給仕のスタッフと気さくにおしゃべりをした。教会の信徒であるスタッフの中には、ダウン症の人や障碍《しょうがい》を持つ人がいた。父の教会にも常に障碍者がいて、彼らと一緒に育ったメルケルは、リラックスして、彼らが用意した軽食を嬉しそうにつまんだ。

メルケルの功績も、メルケルが実は何者なのかということも、その生い立ちの中に隠されている。東ドイツという警察国家で、メルケルのように心折れずに生きていくのは、それ自体がひとつの偉業と言ってもいい。そして、それこそがメルケルの人格と政界での粘り強さの源だ。

東ドイツで人生の半分を過ごすうち、メルケルの心の中には理想主義とは対極にあるものが芽生えていった。歴史が描く弧が正義へ向かうとは信じていないのだ。つまり、理想主義者ではなく、人の脆《もろ》さを知り尽くした行動的な楽観主義者とも言える。

首相としての最後の年には、自由と安全を固守できなかったがために滅んだ文明について、繰り返し言及するようになった。ある演説では、インカ帝国の滅亡に触れ、さらに最近の演説では、一五五五年のアウグスブルクの和議を引き合いに出した。アウグスブルクの和議とは、一六世紀から一七世紀にかけてヨーロッパで吹き荒れた悲惨な宗教戦争の中で、一時的な安定をもたらした協定だ。その平穏な時期が過ぎると、惨憺たる戦争の記憶を持たない新たな世代が、ふたたび破滅的な戦争［三十年戦争］を始め、そのせいでドイツ国民の三分の一が命を落としたのだった。

第二次世界大戦の終結からすでに七五年以上が過ぎたが、今でも、ドイツ人はある疑問を抱えている。アウシュヴィッツ強制収容所を作り、他に類を見ないほど冷酷で効率的かつ組織的な大虐殺を行った国が、〝普通の〟国になれるのだろうか？――アンゲラ・メルケルなら「なれる」と答えるはずだ。ただし、それには条件がある。ドイツが史上最悪の惨事を引き起こした張本人として、その責任を負いつづけるのであれば、という条件だ。メルケルは首相として、頑《かたく》ななまでにそれを実行してきた。牧師の娘としてこれからも、静かに、だが、確実に贖《あがな》いつづける覚悟でいる。

知的好奇心と冒険心の両方を追い求めた

政治家としてではなく人としてのこの一面が、牧師の娘で、よそ者でもあったメルケルが、いかにして世界でもっとも権力を握る女性になったのか、という疑問の答えになるはずだ。

本書の執筆にあたっては、メルケルが受けたインタビューが役立った。三五歳の物理学者が政界に足を踏み入れた一九九〇年から、選挙によってドイツ初の女性首相となる二〇〇五年までのあいだ、メルケルはインタビューに応じ、率直に詳しく話をしている。これまで英語に訳されることのなかったインタビューにくわえ、メルケルの師と仰ぐ人物や友人や同僚との個人的な会話の数々を織り込んで、生き生きとした物語が完成した。メルケルは個人情報を厳重に管理しているが、その首相に近しい人物でありながら、名前を明かさないという条件で快くインタビューに応じてくれた人もいた。

二〇〇一年、私は実際にアンゲラ・メルケルと会っている。正式にインタビューをしたわけではないが、メルケルに対してますます親近感が湧き、その人となりが伝わってきた。

私が育ったハンガリーは、メルケルの故郷である東ドイツにそっくりだった。どちらも東欧の共産圏で、ソ連の衛星国であり、そこでの生い立ちがメルケルを理解するのに役立った。幼い頃から青春時代までを警察国家で過ごしたのだから、公の場でひときわ口が重くなるのは当然だ。

ソビエト帝国の虚構の体制が崩れると同時に、メルケルは政治家としての一歩を踏みだした。奉仕と善行のチャンスは、信仰するルター派の教えどおり自ずと訪れ、メルケルはそのチャンスをつかんだのだ。だが、本書で見ていくとおり、なぜそうしたのかという理由は、その人となりと同様、一言では語れない。壁の中の三五年間の人生で、満たされることのなかった知的好奇心と冒険心。そのふたつを追い求め、両方が満たされる人生を歩むことになったのだ。

教会でフィヒトミュラー牧師はメルケルに身を寄せると、尋ねた。

「いまだに牧師の娘と呼ばれることに苛立ちますか？　いくつになっても」

世界でもっとも権力を握る女性アンゲラ・メルケルは、ためらうことなく答えた。

「いいえ。それが私ですから」

第1章

共産主義の秘密警察国家・東独で育つ

牧師の父、英語教師の母のもと、1954年に西独で生まれる。
だが、共産圏へ布教すべく父はあえて東独へ移ることを決意。
赤ん坊のメルケルは、バスケットに寝かされ引越しする。

ドイツの首相となる少女が育ったテンプリーンの町にほど近い森にて撮影された、メルケルの父ホルスト・カスナー牧師の写真。カスナーは無神論のマルクス主義の国で伝道活動を行なうようにというルター派教会の要請に応じ、娘が生まれてまもなく、家族とともに西ドイツから東ドイツへ移り住む。厳格なことで知られるカスナーは、東ドイツの政治体制に過剰なまでの理解を示した。アンゲラ・メルケルはそんな父から何よりも論理を優先させることを学んだ。

©Marcus C. Hurek/Picture Alliance/dpa

人生に恐れるべきことは何もありません。
ただ理解するだけで良いのです。
——キュリー夫人

ホルスト・カスナー牧師は初めてのわが子の誕生に立ち会えなかった。その日、一九五四年七月一七日、カスナーは家族の家財道具を積んだワゴン車のハンドルを握り、東ドイツの辺鄙な地へ向かっていた。その小さな町の牧師として、新たな人生が始まろうとしていた。

「好きこのんで東に行くなんて、共産主義者か、さもなくば手のつけられない愚か者だ」——東から西に移ってきた人々からはそう言われた。一八〇センチをゆうに超える長身で、精悍な顔立ちのカスナーは、このとき二七歳。ソ連の衛星国での布教活動が不十分だったことから、ハンブルクの監督牧師ハンス・オットー・ヴェルバーが奉仕者を求め、その呼びかけに応じた数少ない聖職者のひとりがカスナーだった。「神の言葉を伝えるためなら、私はどこへでも行く[1]」とカスナーはのちに言っている。

カスナーとその妻ヘルリント——二六歳の英語教師——は、前年に結婚したばかりだった。すらりとして青い目をしたダンツィヒ（現在のポーランド領グダニスク）生まれのヘルリント・イエンツシュには、どんなときでも教会への義務を最優先するとカスナーは言ってあった。[2] その言葉に二言はなかった。

ポーランド人を父に持つカスナーは、生まれはポーランドのカズミエルツァクだが、ベルリン育ちだ。一九三三年にアドルフ・ヒトラーが政権の座についたときには六歳だった。高校時代にはナチスのヒトラー・ユーゲント（青少年組織）にくわわり、一八歳で国防軍に入隊。その一年後に連合国の捕虜になったと言われている。だが、それから何十年も経った今、カスナーの人生のこの出来事にまつわる詳細な資料は、たとえ存在するとしても、誰も入手できていない。除隊後は名門ハイデルベルク大学で神学を学び、その後ハンブルクでも学んだ。これがアンゲラ・メルケルの父に関する公式な記録のすべてだ。

幸いにも、インタビューによって、もう少し明らかになったことがある。禁欲的で厳格なカスナー牧師は、信仰や信徒以上に娘アンゲラを重んじることはなかった。その事実をアンゲラは受け入れたが、家族の時間を大切にするやさしい父親を求めていたのはまちがいない。また、カスナーが頭脳明晰な娘に満足することは決してなかった。子供に向かって褒め言葉を口にするような父親ではなかったのだ。それでもアンゲラは父から褒めてもらおうと、努力しつづけた。父からの承認という決して叶えられない願いと、何かを成し遂げたいという強烈な意欲が深くつながっているのは想像に難くない。

とはいえ、ホルスト・カスナーの行動の中で、幼い娘の性格形成に一番の影響を及ぼしたのは、比較的安全な西ドイツを離れ、ソ連が支配する危険で不安定な東ドイツに移り住むという決断だったのはまちがいない。

復興する西独、圧政下の東独

アンゲラ・メルケルが生まれたハンブルクは、かつて活気あふれる港湾都市だったが、一九四三年に連合軍の空襲を受けて、焦土と化した。爆撃によって〝火災旋風《フォイアーシュトルム》〟と呼ばれる現象が発生し、四万人が命を落として、完膚なきまでに破壊されたのだ。それでも、一九四五年五月八日、ドイツが降伏する頃には、強制収容所から解放された難民や、残虐なソ連赤軍から逃れてきた人など、どうにか生き延びた多くの人々が、変わり果てたハンブルクの街に引き寄せられ、壊れた建物やにわか作りの小屋の中で身を寄せ合った。

一九五四年、バルムベク病院でアンゲラ・ドロテア・カスナーが産声を上げたその年にはすでに、ハンブルクの意志堅固な市民は、無残にも荒れ果てたその街を復興させていた。すべての道が通れるようになり、建物は仮設ながらも再建され、人々はかつての暮らしのリズムを取りもどそうとしていた。一〇年前に爆弾を降らせた連合国は、多額の援助を行って復興を支援し、ハンブルクは西ドイツの商業、メディア、流行の中心地になろうとしていた。ハンザ同盟――何世紀にもわたり、バルト海沿岸の海上貿易を掌握した都市同盟――に属する帝国自由都市として築いたかつての地位を、徐々に取りもどそうとしていたのだ。

大空襲を生き延びた人々は、ふたたび文化的な暮らしを思い描けるようになった。過去を瓦礫《がれき》の下に埋めて、ザンクトパウリの赤線地区の安酒場に集った。明るくにぎやかなコンサートや劇場、エネルギッシュで大胆な本や雑誌など、街はクリエイティブな雰囲気であふれていた。復興に携わった人たちは、第三帝国時代の暮らしをあえて思いだそうともしなければ、ソ連に支配される東側に閉じこめられた、かつての同胞に思いを馳せることもなかった。

一九五四年には、東ドイツは明らかに異なる国になっていた。一九四九年にソ連の占領地域に建国され、モスクワが実効支配する他の衛星国——ポーランド、ハンガリー、チェコスロバキア、ブルガリア、ルーマニア、アルバニア——と瓜《うり》二つの国になっていたのだ。事実上、ドイツ社会主義統一党（SED）の一党独裁体制で、国民生活も政治生活も管理されていた。

アンゲラが生まれる前年、東ドイツの労働者は反旗を翻《ひるがえ》した。一九五三年六月一六日、数千人の建設労働者が工具を置くと、賃金の引き上げ、労働条件の改善、公正な選挙を求めて、東ベルリンの目抜き通りでデモ行進を行った。それに対して、ソ連に支配された東ドイツ政府は戒厳令を発令し、何百人もの反逆者を殺害した。以降、一九五六年にはハンガリーで、一九六八年にはチェコスロバキアで、二〇一四年にはウクライナで同じことが繰り返されることになる。

東ドイツ政府の暴力と抑圧のせいで、東から西へ逃れる者があとを絶たず、東ドイツ人が続々と西ドイツに移住した。メルケルが生まれる前年——大量流出を阻止すべくドイツ国内に壁が築かれる八年前——には、三三万一〇〇〇人の東ドイツ人が家も職も捨てて、西へ向かった。

西から東へ——湖と森にかこまれた〝ふるさと〟

そんななか、ひとつの家族はそれとは逆の方向へ旅したのだった。夫がハンブルクを離れ、東へ向かってから二週間後、ヘルリント・カスナーは娘のアンゲラをバスケットに寝かせると、夫のあとを追うべく、列車に乗り、三時間かけてブランデンブルク州のクヴィッツォ（現ベルルレンブルク）へ向かった。復興に沸くハンブルクでの暮らしと、小さな田舎町での面白みに欠ける暮らしはあまりにも違っていた。それにはさすがに、禁欲的な牧師とその妻も驚かずにいられなかった。ほどなく、その若い家族はテンプリーンに移った。さらに東へ一五〇キロほど行ったところにある小さなその町は、自然のままの湖とマツの森に囲まれ、ドイツのおとぎ話の舞台そのものだった。その地でアンゲラ・カスナーは人生の第一歩を踏みだしたのだった。

メルケルはかつて、〝Heimat《ハイマート》〟という言葉から何を思い浮かべるかと訊かれたことがある。その言葉には、家や家庭、自分の属する場所というニュアンスがあるが、深い意味をもつこのドイツ語を表現できる英語はない。すると、メルケルはテンプリーンの光景を口にした。「湖、いくつもの森、ウシ、あちこちにある岩……マツ、そして、干し草」と。娯楽と呼べるほどのものは何もなく、その代わりに、心の赴くままに自然を探索し、想像力を存分に発揮できる――そんな場所、いうなれば〝ふるさと《ハイマート》〟で、幼いアンゲラは自分自身を信じることを学んだのだった。朝に目覚めたときに一番いたい場所は〝ふるさと〟、つまりテンプリーン――メルケルのその思いは、今も変わらない。

ベルリンからテンプリーンへ向かう列車は、ドイツの苦悩に満ちた前世紀の記憶ともいえる駅――いくつもの血塗られた駅――を通過する。ナチスが最初に設置した強制収容所のひとつがあったオラニエンブルク。最初はナチスの、その後ソ連の強制収容所となったザクセンハウゼン。ヒトラーの軍とロシアの指導者ヨシフ・スターリンの軍が、最後まで血みどろの戦いを繰り広げたゼーロ。テンプリーンに通じる道の標識に残るキリル文字は、そこがまぎれもなくソ連軍の支配地だったことを示している。そのあたりの土壌は、近くにあったソ連の基地で行われた兵器実験のせいで、今でも汚染されている。アンゲラが幼い頃には、日に数回、低空飛行するソ連の飛行機によって、その地の現実離れした静寂が破られた。

テンプリーンを訪れれば、町に入ったとたんに、絵に描いたような石畳の通りとレンガ造りの建物を目にすることになる。それが、アンゲラ・メルケルが幼少期を過ごし、学校に通い、最初の結婚で式を挙げた町だ。メルケルの母が二〇一九年にこの世を去るまで暮らした町でもある。

後年、メルケルの母ヘルリントは、家族でその町に移り住んだことについて尋ねられると、こんなふうに答えた――「私たちはキリスト教徒として同じキリスト教徒の手助けをするために、移り住みました。アフリカに行った人もいます。ならばどうして、同じ国の違う町に行かない理由があるでしょうか？」(3)。東ドイツとアフリカを比べていることに、隠しようのない思いがにじみ出ている。西ドイツの人々にとって、社会主義の東ドイツがいかに異質な場所であったかが窺える発言だ。

ヘルリントは東ドイツに移ったことで高い代償を払わされた。牧師という〝ブルジョア〟の妻であるがゆえに、教師として働けなくなったのだ。それでもアンゲラには、ソ連に支配された国に家族で引越したことを嘆く母の姿を見た記憶はない。ホルストとヘルリントのカスナー夫婦は、自己犠牲と自制心の大切さを、幼い娘に植えつけたのだった。

ドイツ語で〝森の荘園〟を意味するヴァルトホーフには、ルター派の教会が所有する約三〇棟の建物があった。だが、新居となるヴァルトホーフにやってきたカスナー一家は、あまりにも貧しく、生まれてまもない娘のベビーカーすら買えなかった。未来の首相のベビーベッドは、木箱を改造したものだった。「父はヤギのミルクを搾らなければならず、母はおばあさんからイラクサのスープの作り方を教わりました」(4)と、メルケルは当時の様子を振り返っている。

メルケルの一番幼い頃の記憶は、庭を駆けまわる何頭もの馬から逃げまわったことだ。その頃、

「両親の移動手段は一台のバイクでした」とも言っている。その後、ホルスト・カスナーが国に認められた誉れある牧師になる――これは、社会主義国家の正当性に異を唱えなかったことを意味する――と、一家は二台の自家用車を与えられた。ソ連の衛星国ではめったに得られない特権だ（※）。

カスナーは牧師仲間から、非道な政府に順応しすぎていると思われていた。教会内で出世したことにより、それなりの特権を与えられたものの、カスナーと家族の立場は相変わらず不安定だった。[5]宗教改革によってプロテスタントを生んだマルティン・ルターの国は、一九九四年の公式報告によると、社会主義政府の下で、キリスト教徒を除去したとされている。しかし、そんな暗く陰湿な情勢の中で、未来の首相は巧みに生き抜く術を学び、それが政治に不可欠なしたたかさを身に付けるためにも大いに役立つことになる。

※ハンガリーで育った私と姉は、毎週日曜日に近所のカトリック教会のミサに通った。だが、カトリックの公教要理を教えるためにわが家にやってくる修道女は、修道着を身に着けることを許されなかった。当時、その国で熱心なキリスト教徒でいるのが、プラスにならなかったのはまちがいない。ブルジョアとして目をつけられると、さまざまな理由で罪を負わされる。一九五五年初頭、ジャーナリストだった私の両親は逮捕され、アメリカのスパイという濡れ衣を着せられた。

「人生に役立つことは、庭師が教えてくれた」――自然から学んだ〝交渉術〟

ヴァルトホーフの一部には、東ドイツ随一の神学校があり、カスナーはそこで聖職者の教育に携わっていた。そこでの暮らしは単調だった。娯楽や贅沢とは縁のない生活だ。当時も今も、そこには身体障碍や知的障碍を持つ子供や大人のための施設があり、簡単な職業訓練も行われている。それは教会のコミュニティの極めて重要な要素で、カスナー一家の祝い事にも、そういった人たちが参加していた。アンゲラにとってそれはごくあたりまえの光景だった。

現在もそのあたりに住んでいる人たちは、ホルスト・カスナーを威圧的で議論好きな人物として記憶している。近所だけでなく、さらに離れた地区の住民にも知れわたっていた。

「好戦的な人物で、聖職者と言われて頭に浮かんでくるイメージとはずいぶんちがう」と言うのは、メルケルの幼なじみのウルリッヒ・シェーナイヒだ。長身でたくましいシェーナイヒは若々しく、テンプリーンの町長を務めたこともある。たしかにカスナー牧師は紳士的な聖職者ではなかったのだろう。それでも、アンゲラの厳格で論理的な考え方や、的を射た議論のスタイルが父譲りなのはまちがいない。

カスナーは娘に対しても厳しい態度を崩さなかった。「すべてがきちんと整っていなければなりませんでした」と、メルケルは政界に入った頃のインタビューで答えている。また、成長するにしたがって、父の優先順位に疑問を抱くようになった。「父は人と親しくなって、話を引きだすのが上手でした。子供の頃に腹が立ってしかたがなかったのは、父が他人に対してはあれほどものわかりがよいのに、わが子が少しでもまちがったことをすると、まるで違う反応を示すことでした」とメルケルは言っている。

特に辛かったのは、愛する父が仕事を口実に、家族への義務を怠っているように思えたことだ。「何よりもいやだったのは、すぐに戻ってくると言っておきながら、何時間も戻ってこなかったこと」だそうだ。家の前の道で、父の帰りを「ずいぶん長いこと」待ったと言う。

幸いにも、幼い頃のメルケルはゆとりがあって寛容な大人に囲まれていた。冷ややかな父や忙しい母の代わりに、そういった大人に可愛がられた。「庭師のことは忘れられません。無条件の信頼と心の平穏を知ったのは、がっちりとした年嵩《としかさ》の庭師がいたからです(6)」とメルケルはのちに語っている。

「人生に役立つ現実的なことはすべて、庭師が教えてくれました。花の見分け方も、シクラメンが咲く季節も。どんなふうに知的障碍者と話をすればいいのかということも。庭師と一緒にいると、心が休まって、安心できました。それに、畑から抜いたニンジンを生で食べさせてくれました。大地とのつながり、自然とのつながりを感じられるようになったのも、庭師のおかげです……今、私は時間の大切さを痛感しています。何かを所有することよりはるかに大切だ、と」

自然の森と湖に囲まれて、少女は田舎の静けさに癒されるようになった。のちに、側近のひとりは、その森でのメルケルの散歩を「プライベートなシンクタンク」と表現した。メルケルの旧友は、「やさしいメルケル」と名づけた彼女の一面が、ストレスや都会の喧噪とは無縁だった子供時代に培われたと考えていた。

今でもメルケルは静寂を楽しみ、「絶え間ない会話がときには煩わしく思えることもあります……私にとって大切なのは、何も語る必要がない相手と一緒に過ごすことです」と正直な気持ちを吐露している。沈黙に感じる心地よさは、政治家、そして、交渉人としての人生に大いに役立っている。メルケルはそれを巧みに使って、敵対する者の不安をかき立てるのだ。

〝壁〟の建設を目撃

アンゲラ・カスナーののどかな子供時代は、一九六一年八月一三日の朝、唐突に幕を閉じた。その二日前、父のホルストは何か不穏なものを感じていた。家族で過ごしたバイエルンでの休暇からの帰り道、車で西ドイツから東ドイツへ入ろうとすると、高速道路沿いのマツの森の中に、巨大な有刺鉄線の塊がいくつも積まれているのが見えたのだ。妙だ、とカスナーは妻に言った。その二日後、カスナー一家が教会に向かっていると、ラジオからニュースが流れてきた。あの有刺鉄線は東ドイツを西ドイツから、いや、ヨーロッパから分断するためのものだった。以降、東ドイツは刑務所国家と化した。信じる神のためにカスナーが払った犠牲と彼の教会は、ふいにそれまでとは異なる様相を呈することになったのだった。

「両親があれほど途方に暮れているのを（初めて）目にしたのは、私が七歳のときでした。どうすればいいのか、何を言えばいいのかわからない、そんな様子で、母は一日中泣いていました。私は両親を助けて、元気づけたかった。でも、そんなことは到底できませんでした[7]」とメルケルは当時を振り返る。メルケルの父の親族は東ベルリンで暮らしていたが、母の親族はハンブルクにいたことから、二度と会いに行けなくなったのだ。ハンブルクの親族とカスナー一家は、ヨーロッパでもっとも厳しい国境警備によって切り離された。西ドイツと東ドイツは完全に分断されたのだった。

全長おおよそ一五〇キロメートルのベルリンの壁――正式名称「反ファシスト防護壁」――と、東西両ドイツ国境沿いの壁は、社会主義の東ドイツを固守するための苦肉の策だった。それまで唯一開かれていたベルリン市内の国境からは、一日に二〇〇〇人あまりが東ドイツを離れ、西を目指していた。

それが突然、奥行き約一・二メートル、高さ三メートル以上のコンクリートの防壁が築かれ、その上には有刺鉄線が張り巡らされたうえ、壁際の地面には地雷が埋められ、軍用犬を連れて自動小銃を持った警備兵が見まわるようになったのだ。東西ベルリンの境界はヨーロッパでもっとも危険な場所になった。日没後にはサーチライトで煌々《こうこう》と照らされ、国境を越えてみせるとどれほど固く決意した者でも尻込みせずにはいられなかった。のちにメルケルはその国での若かりし日々を「強制収容所」と表現した。

それでも、ヴァルトホーフという聖域の中での、幼いアンゲラの暮らしは実質的には変わらなかった。両親がいて、弟マルクス（一九五七年生まれ）と妹イレーネ（一九六四年生まれ）がいる。さらに、両親がハンブルクから持ってきたさまざまな本を自由に読めた。

封鎖された国で生きる子供にとって、読書は格好の現実逃避だった。思春期にさしかかる前から、本の中に新しい世界が広がっていることに気づいて、夢中になった。ヴァルトホーフの暗く長い夜に、ロシア文学を読みふけり、そこからロシアの文化と言葉への生涯にわたる愛が生まれた。「ロシア語は美しく、情緒にあふれ、どこか音楽のようで、それでいてなんとなくもの悲しい」(8)とメルケルは言う。ロシアの感情豊かな作家や詩人――あるいはロシアの人々――と、ソ連の支配者をいっしょくたにすることはなかった。

母ヘルリントは教壇に立つのを禁じられていたが、娘には英語をきちんと教えた。それがのちに国際舞台に立つ娘の役に立った。とはいえ、カスナー家に英語の本がふんだんにあったわけではない。東ドイツでは、マルクス・レーニン主義のリストに掲載されていない書物は、武器と同じぐらい厳重に規制されていた（※）。メルケルが子供の頃に入手できた英語の刊行物といえば、ベルリンで手に入る英国共産党の機関紙「モーニング・スター」だけだった。

※一九七〇年代後半、私は新聞記者として西ベルリンから東ベルリンへ入ったが、その際、国境警備兵から「密輸品、武器、新聞を持っていないか？」と訊かれた。

キュリー夫人に憧れて

静かな牧師の館で、少女はヨーロッパの偉大な政治家や学者の伝記を読み、自身の手本となる人物を見つけた。キュリー夫人（マリー・キュリー）——ノーベル賞を女性として初めて、しかも一度ならず二度までも授与された人物だ。

物理学者のキュリー夫人に惹かれた理由はいくつもある。まずはポーランドで生まれたこと。ポーランドはメルケルの祖父が生まれた国だ。「キュリー夫人の時代、ポーランドは分断され、ロシアに占領されていました。かつて私たちもロシアに支配されていました」と、メルケルは政治家になって間もない頃のインタビューに応えている。だが、少女だったメルケルにとって何よりも印象的だったのは、キュリー夫人がどのようにしてラジウムを発見したかということだった。

「そんな大発見ができたのは、キュリー夫人が自分の考えは正しいと固く信じていたからです……自分の考えを信じ、たとえ信じているのが自分だけだとしても、それを追求し、苦楽を経験しながら堪え忍べば、最後にはかならずゴールにたどりつくのです。その考えさえ正しければ[9]」

現実からの逃げ場、そして、目標となる人を心から求めていた少女は、キュリー夫人の粘り強さはもちろんのこと、とりわけ女性差別が横行する学界でつかみとった栄光に、心をかき立てられた。

「人生に恐れるべきことは何もありません。ただ理解するだけで良いのです」

というキュリー夫人の言葉は、少女の胸に深く刻まれた。

科学に没頭したキュリー夫人の他に、メルケルに大きな影響を与えたものがもうひとつある。子供の頃から常に傍らにあった聖書だ。テンプリーンの赤レンガ造りの聖ゲオルク教会で、毎週日曜日に父の説教を聞いて育ったおかげで、多くの子供がグリム童話の登場人物に親しむように、旧約聖書と新約聖書に出てくる人物をよく知るようになった。

厳しい父からは、物事を批判的に見るように教えられた。意図的ではなかったにせよ、神についても同じだった。政治家になったばかりの頃に受けたインタビューで、メルケルは死後の世界と救済に関して、一般的なキリスト教徒とはやや異なる考えを口にしている。

「この世には限界があるけれど、それでもその向こうに何かがあり、だからこそ、人はこの世での苦しみに堪えられるのです。人はそれを神、あるいは、何か別の名で呼んでいます……けれど、私は教会という存在に慰めを感じています。人の罪は許されるという事実のおかげで、いくらかの安心感が得られます。そうでなければ、頭がおかしくなってしまうでしょう(10)」

メルケルは聖書に果てしない恵みを見いだし、それが生涯の強さの源になっているのだ（※）。

信仰は、メルケルのアイデンティティの、また、自身が成し遂げたことすべての核にある。それは父親の教条的な信仰とは大きく異なっている。

「私は信仰を慎重に扱っています。私にとって、宗教とはひじょうにプライベートな事柄です。宗教によって自分自身を許し、他者を許し、責任の重さに押しつぶされずに済みます。無神論者だったら、これほどの重荷は背負えなかったでしょう……(11)」とメルケルは言う。

また、一九九五年にプロテスタント教会の集会で次のように語っている。

「何よりも難しく、何よりも大切なもの……それが愛です。聖書——ヨハネの福音書——を読めば、（愛という言葉が）感傷的なものではなく、実践的な〝おこない〟として用いられているのがわかります。その愛は無条件で、何も恐れない。それは〝奉仕〟なのです」

そのスピーチには、メルケルの私生活と政治的なキャリアの指針となっている世界観がとりわけ明確に表れていた。おこないは言葉よりはるかに重みを持ち、愛を示すとは、ある目的を達成することではなく、粘り強く、不屈の精神で挑戦すること——それがアンゲラ・メルケルの信条だった。

それから一〇年後、プロテスタント教会の集会での別のスピーチでは、自身の信仰に絡めて、愛を与えるために、また受けるために必要な自己認識と自信について、「人を愛せるのは、そもそも自分を愛し、自身を知っているからこそです。そうして初めて、〝他者〟に近づけます……自分が何者なのかをきちんと理解していなければ、愛はやってきません」と力強く語った。この自己認識によって、「私は歴史の一部であり、自分がミスを犯してもかまわないと思え、これからも間違える」と認められるのだ。果てしないストレスにさらされながらも、平静を保っていられるのは、この自己受容があるからだろう。

さまざまな意味で、メルケルの信仰の基礎にはヴァルトホーフで一緒に暮らした障碍者との交流がある。同じく二〇〇五年のスピーチでは、聖書の一節、マラキ書二：一七を引用して語った。

「マラキは弱き者へ向けられる暴力を目の当たりにしました。この世の一隅で生きる者への。不当に扱われる雇われ人、寡婦、孤児への。許されざることだとマラキは言いました。神の戒めに反していると……この世のとりわけ弱い人々を不当に扱うべきではありません。彼らに注意を払うべきです[12]」

一〇年後、メルケルはその言葉を実行に移し、この世の一隅で生きる一〇〇万の人々――暴力がはびこる中東からの難民――にドイツへの入国を許可した。こういった行為は、メルケルの個人的な信仰と密接な関係があり、特に意外なことではないのだ。

※政界に入った当初、メルケルは演説で聖書の言葉を用いることがあった。たとえば二〇〇一年一月一七日、当時の外務大臣ヨシュカ・フィッシャーに対して、一九六八年の過激派学生時代に警官に向かって石を投げたことを「悔い改めよ」と言った。ベテラン政治家になってからもそれは変わらない。

「権力とは〝何かを可能〟にしてくれるもの」

社会への奉仕というゴールに到達するために、メルケルは早い段階で権力の必要性に気づいた。権力を汚い言葉と見なしたことは一度もなかった。

「権力自体は悪いものではありません。それは必要なものです。権力とは〝何かを可能〟にしてくれるもの――何かをするためのものです。何かを実行したければ、それに適した道具が必要です。それが支えになってくれます……権力の反対は〝無力〟です。良いアイディアも実行に移せなければ意味がありません[13]」

権力とは何か、また、権力を必要としていることを、これほど明確に言葉にする政治家は、男女を問わず、控えめに言ってもめったにいない。

メルケルは早い段階で権力の使い方を学んだ。幼なじみのウルリッヒ・シェーナイヒによると、

「最初からリーダーだった。みんなで一緒に何かをしなければならないときには、アンゲラがすべて引き受けた」とのことだ。メルケル自身も、自分の勉強をすばやく終わらせて「友達の勉強を手伝った」と言っている。それに、きちんと準備することで、安心していられた。「クリスマスのプレゼントに何をもらえるのか、二カ月前から考えていました。きちんと予定を立てて、あわてずにいられることが、私にとってはとても重要だったのです」。

メルケルは子供の頃から、生来の用心深さと、自制心を発揮していた。友人の話が、何よりもそれを物語っている。それは飛び込み台での出来事だった。小学三年生、九歳だったメルケルは、はやし立てるクラスメートの前で、先生に言われたとおり、一二段の階段をのぼり、高さ三メートルの飛び込み台に上がった。だが、そこで身がすくんだ。プールがはるか遠く下に見えた。それでも引き返さず、四五分ものあいだ飛び込み台の上を行ったり来たりした。まるで費用対効果を計算しているかのように。そうしてついに、授業の終わりを告げるベルが鳴ると同時に、飛び込んだのだった。

「何としてでも西へ行く」

適応――生き残るために、邪悪な体制にどの程度同調するか――が、東ドイツから抜けだせないアンゲラにとっての課題だった。ソ連国外で、東ドイツほどソ連軍が多く駐留していた国はない。一九九一年まで、ソ連の約三八万の軍人と一八万の文民がその国を占拠していた。

メルケルもテンプリーンの通りでソ連人と話をしたことはあったが、やがて、彼らの存在や、ソ連に協力するドイツ人にフラストレーションを感じるようになり、さらには怒りの矛先を向けるようにもなった。毎日、学校から帰ると「私は母に話さずにはいられませんでした。まず自分の体の中からそれを吐きださなければならなかったのです(14)」とのちに語っている。

ベルリンの壁はともかくとして、それ以上に、目に見えない境界に直面するようになっていた。「意欲的になることも許されず、自分がどこまでやれるのか、確かめることも許されませんでした」と当時を振り返る。ブルジョアなのかプロレタリアなのか――出自で、将来がほぼ決まってしまうのだ（※1）。だが、フラストレーションを募らせながらも、心に固く誓っていた。「もしも、これ以上ここでは暮らせないとなっても、人生を台無しにはしないと、自分に言い聞かせました。もう無理だとなったら、なんとしてでも西へ行く、と（※2）」。

※1　全権を掌握する国家に対しては、本人だけでなく家族の姿勢も重要だ。私の両親は共産主義ハンガリーに敵対していると見なされ、〝国家の敵〟という烙印を押された。そのせいで、私はハンガリーでは大学に行けず、受けられたのは技術教育だけだった。

※2　〝西へ行く〟には周到な計画と並外れた勇気が必要だった。〝ガイド〟に支払う金と、そして、もちろん運も。脱出できる可能性はほぼゼロに近い。私がハンガリーで過ごした子供時代、両親は鉄のカーテンから這いでようとありとあらゆる手を尽くしたが、さまざまな理由で失敗した。仲間の裏切り、悪天候、そして子供が転んだせいで（その子供とは私だ）。

成績はオールA、ロシア語オリンピックで優勝しモスクワ旅行へ

目立つのは危険だったことから、アンゲラは人の関心を引かないようにする術を身に付けた。そ

の頃に撮られた集合写真には、古ぼけたセーターを着て、前髪をまっすぐに切り揃え、うしろの列でおとなしく微笑んでいるアンゲラが写っている。とはいえ、頽廃《たいはい》的な西側のシンボルとも言える服装で学校に行った初めての生徒でもあった。その服装とはブルージーンズ。密輸品としてハンブルクの親戚からもらったものだ。その結果、たった一枚のズボンでも厄介なことになると思い知らされた。校長は、そういう服装の生徒を家に帰らせていた。「労働者と農民の国にふさわしい服を選ぶように」と釘を刺して。

とはいえ、アンゲラが人の目を引いたのは、外見のせいではなく、賢さのせいだった。「私がアンゲラを知ったのは、彼女がやせっぽちの一二歳のときでした」と言うのは、一時期ロシア語の授業を担当していたエリカ・ベンだ。「今なら、〝類稀な才能の持ち主〟と呼んだでしょうね。勉強熱心で、ロシア語の文法を間違えたことは一度もありませんでした。地元の外国語オリンピックで優勝して、全国大会にも出場したほどです」。

かつて共産党員だったベンによると、優等生だったメルケルの唯一の欠点は、ステージに上がっても華がないことだった。「アンゲラはにこりともしませんでした。笑顔を見せて、人の心をつかもうとはしなかったんです。うつむいて自分の靴を見つめてばかりいるアンゲラに、私は小声で『目を見て!』と言ったものでした」。

ロシア語オリンピックで優勝したご褒美に、一五歳のアンゲラは初めての海外旅行を経験した。行先はモスクワ。その旅で何よりもはっきり覚えているのは、西側のレコードを初めて買ったことだ。といっても、購入したLPレコードがビートルズのものだったのか、ローリング・ストーンズのものだったのかは記憶にない(東ドイツはソ連の衛星国の中でも、文化面や政治面で国民が〝帝国主義〟の西側に感化されないよう、ひときわ厳しく規制していた）。

聖職者の子供が職業学校ではなく、大学進学コースである高校に進むのはほぼあり得ないことだった。アンゲラの成績はオールAだったにもかかわらず、教師から褒められることも、褒美を与えられることもまずなかった。実際、賞を取ったアンゲラのスピーチに関しても、ロシア語の教師の評価は低かった。「学校で開かれた共産党のある集会で、党の役員のひとりが小馬鹿にするように言いました。『ブルジョアの子供に賞を与えるとはいったいどんな大会だ！　労働者や農民の子供を鼓舞するべきだ！』とね」とベンは当時のことを振り返る。

アンゲラの罪はいつでも、ブルジョアと見なされている父だった。反体制派ではないにもかかわらず、無神論者の国で暮らすルター派の牧師は、それだけで疑わしい存在だったのだ。「学校ではいつでも誰よりも良い子でいなければなりませんでした」とメルケルは言っている。

頭脳明晰だった少女も、同じ年頃の仲間に受け入れてもらいたくて、自由ドイツ青年団にくわわった。それはＳＥＤの予備組織のようなものだ。メルケル本人が認めているとおり、入団の動機の「七割は日和見主義」だった。社会的なつながりと、自分の居場所がほしかったのだ。そのために、ふたつの世界で生きる術を身に付けた。教会ではルター派の聖歌を口ずさみ、学校ではウラジーミル・レーニンを褒め称えるふりをした。「何も考えず、ただ信じられる人がうらやましくなることもありました。何も尋ねず、何も疑わず、ただルールに従えるのが」[15]とメルケルは当時の気持ちを吐露している。

禁書だったサハロフ博士のエッセイを秘密警察に見つかる

労働者階級の勝利を高らかに予言するマルクス・レーニン主義の理論を学びながらも、メルケルは、決して足を踏み入れることができないもう半分のドイツの政治を密かに追っていた。「一九六九年、トランジスターラジオを持って、こっそり女子トイレに入ると、西ドイツの首相選挙の前に行われた討論を聞きました。そうして、三回も投票を行うとはすばらしいと感動したんです」と回想している。

その年、アンゲラは父のおかげで、入手困難な一冊の本を手にした。ソ連の反体制派の原子核物理学者アンドレイ・サハロフのエッセイだ。内容は、危険で、なおかつ莫大な費用がかかる米国との軍拡競争に政府がのめりこんでいることを批判するものだった。だが、禁書を読んでいるのが見つかると、父のカスナーがすぐさまシュタージに呼び出されて尋問を受けた。カスナーは入手先を明かさなかったが、この一件によって、国家に〝友好的〟な牧師でも、恐怖政治からは逃れられないと思い知らされたのだった。

ウルリッヒ・シェーナイヒを含め、多くの人から、アンゲラの父は〝赤い《ローテ》カスナー〟と呼ばれ、支配体制に迎合しすぎていると思われていた。教会で説教を行いながらも、カスナー牧師は教会に介入して規制する国家に刃向かうことはなかった。

「多くの人が、アンゲラの父と同じように、共産主義とキリスト教徒が共通のゴールを目指せると考えていた時期もある」と話すのは、東ドイツのルター派の教会で精力的に活動し、東ドイツの過渡期に首相を務めた（一九九〇年四月－一〇月）ロタール・デメジエールだ。

デメジエールによれば、「そういった人々は、本質的には人は善であると信じ」、それゆえに、合意点を探ろうとしたという。「我々は教会が社会主義と〝対立〟するのを望んでいない。社会主義のための教会にすることも望んでいない。望んでいるのは、この体制の中でキリスト教徒として生きて、国家と平和的に共存することだ」と。

「それを考案したのが、アンゲラ・メルケルの父だった」とデメジエールは言った。

ベルリンの壁が崩れてすでに何十年もの月日が流れたが、それでも、カスナー牧師のことを鮮明に、けれど苦い記憶として心に留めている者がいる。ライナー・エプルマンもそういった聖職者のひとりだ。一九八〇年代の東ドイツで反体制派の物言う牧師だったエプルマンは、シュタージに三回も暗殺されそうになった。そんなエプルマンがカスナーと会ったのは、テンプリーンの神学校での勉強を終えたばかりのときだった。

「カスナーの姿勢には驚いた」と、二〇一七年秋にベルリンでの長時間に及ぶインタビューに応じたエプルマンは私に言った。カスナーは新米牧師の研修の最終ステップを担当することになっていた。だが、エプルマンによると、カスナーは〝搾取から解放された〟社会主義のドイツが、資本主義のドイツよりはるかに優れていると信じていたらしい。

「カスナーは牧師である私たちに向かって、そのことを何度もはっきりと口にした。なにしろ傲慢だった。厳しい圧力をかけられながらも精いっぱいのことをやっているプロテスタント教会に批判的だった」

さらに、カスナーはエプルマンに、東ドイツではまもなく牧師だけで生活していくのは厳しくなるだろうと話した。

「想像してみてほしい」とエプルマンは言う。「一五人の若者が田舎の神学校にいて、東ドイツのどこかの新たな教会区に割り当てられるのを待っている。そんなときにいきなり、カスナーは言ったんだ。『きみたちは教会区の牧師にはなれない。なぜなら、東ドイツの牧師はどんどん減っているからだ。教会にはもうきみたちの生活費を捻出する余裕がない。今後、きみたちは月曜から金曜は九時から五時まで普通に働いて、土曜と日曜に教会で奉仕することになる』と。私たちがどれほど落胆したか、わかるだろう」。

カスナーの政治的イデオロギーと宗教的イデオロギーの融合は、エプルマンの神経を逆撫でした。さらに、カスナーの姿勢が偽善的に見えることもあった。

「カスナーの信仰と政治の結びつけ方はひどいものだった。それに、プロテスタントの親と子が東ドイツでどれほど苦しんでいるかということにも、目を向けようとしなかった……キリスト教徒というだけで罰せられているのに、知らん顔だ。カスナーはキリスト教の牧師もみな、〝進歩的な社会主義者〟になると信じて疑わなかった」

国家に適応し、さらには自国の牧師を廃絶するというシュタージの計画にまで同調せざるを得なくなったカスナーは、果たして、東ドイツに赴くという自身の決断を後悔したのだろうか？　いずれにしても、アンゲラの父は、自身の社会主義的理想のいくつかは叶えられるという思いにしがみついた。それとは真逆の証拠ばかりが積み重なっていくというのに。

メルケルは父の政治的な信念を公に批判したことはない。「父は教会を東ドイツの人々の要求に見合う形に作りかえようとした」と言い、父の信念をラテンアメリカの解放の神学者たちの信念になぞらえた。とはいえ、公の場で父への忠誠を口にしたからといって、プライベートでも賛同していたわけではない。かつて「個人の財産をどこまで国有化すればいいの？　個人の責任は山ほど残っているというのに」と言って、父と口論になったのを忘れていなかった。何年ものちに、カスナーは娘について、早くに自分の手を離れたと発言した。「アンゲラはいつでも自分のしたいようにする」と、どこか苦々しげな口調で語ったのだった。

一九六八年、カスナーが思い描く理想の社会主義はさらなる大打撃を受けることになる。その出来事は、一四歳のアンゲラにも強烈な印象を残した。その年、〝プラハの春〟が起きたのだ。チェコスロバキア社会主義共和国で政治的自由化と大規模な市民の抗議運動が起こり、一九六八年一月から八月まで、メディア、演説、旅行の規制が緩和されるなど、自由が認められた。「未来に光が射して、ここから新たな時代が始まる——そんな雰囲気だったのをよく覚えています」とメルケルはのちに思い返している。

「私たちはちょうどチェコスロバキアのペツの山の中で休暇を過ごしていたところで、誰もが期待に胸をふくらませました。両親はプラハへ行き、二日間そこで過ごして、ヴァーツラフ広場で何が起きているのか、その目で確かめました」

それは政府への抗議だった。「戻ってきた両親は嬉しそうでした。社会主義の国が変化して、最後には開かれた国になると期待していました……そういうことがチェコスロバキアで起きたなら、東ドイツでも起きるはずだ、と。でも、私は社会主義が改善されたりするの？　と信じられませんでした[16]」。

〝プラハの春〟の弾圧をラジオで知る

八月二一日には、カスナー一家はチェコの山での休暇を終えて、東ドイツに戻り、東ベルリンに住む祖母の家を訪ねた。「その朝のことは今でもはっきりと覚えています。私が台所に立っていると、ラジオからニュースが流れてきたのです。ソ連軍がプラハに入ったというニュースでした」とメルケルは言う。ソ連の同胞、つまり、ポーランド、ブルガリア、ハンガリー、そして――若いアンゲラにとって何よりも悲しいことに――東ドイツの二〇万の兵士が、チェコの国境を越え、プラハの春を潰しにかかったのだった。

「あれは衝撃的でした。私は身の置きどころがないほど悲しくてしかたがありませんでした」とメルケルは当時のことを振り返っている。その後、二〇一四年にウクライナでの改革運動をロシアの戦車が制圧すると、メルケルはどの国のトップより早く、強く抗議した。そのときのメルケルの頭には、遠い昔の一九六八年の夏に祖母の台所で立ち尽くし、プラハのニュースを聞いている自分の姿が浮かんでいたにちがいない。

プラハの春は、共産党中央委員会の第一書記アレクサンデル・ドゥプチェクをはじめとする指導者たちによって、〝人間の顔をした社会主義〟と名づけられた。だが、チェコスロバキアでの自由主義の実験ともいえる〝人間の顔をした社会主義〟がソ連に潰されると、カスナーは東ドイツの支配体制にどうしても納得できなくなった。それでも人道的な社会主義という夢を捨てきれず、資本主義に完全に与することはなかった。ドイツが統一されてから何年ものち、その資本主義国家で娘が希望の星として活躍しはじめた頃に、カスナーはこんなふうに嘆いた。

「(資本主義者にとって)一番大事なのはお金だ。生産者は儲け、消費者は買う。必要以上に買わされる。市場経済は私たちの中に刷り込まれ、疑問を抱いてはいけないことになっている。すべてが〝市場〟と化している。自然さえも」

あやうく卒業できなくなるところだった

アンゲラはテンプリーンの高校の最終学年を、数学、物理、ロシア語で最優秀の成績を取ってしめくくった。それなのに、危うく卒業できなくなるところだった。

そんな羽目に陥ったのは、若さゆえのちょっとしたいたずら心のせいだ。世界で勝利するマルクス・レーニン主義への愛を寸劇で表現することになり、メルケルと数人のクラスメートは共産主義のベトコン（当時の東南アジアではアメリカの敵で、それゆえに正しい選択に思えた）と、植民地への入植を進めるポルトガル人と武装闘争を繰り広げているモザンビークの人々の団結も、寸劇に盛りこむことにした(17)。だが、後者を味方として扱うのは問題だった。モザンビークの独立戦争は厳密には親ソ連ではなかったからだ。

それ以上にまずかったのは、社会主義運動の正式な賛歌である熱狂的な合唱曲「インターナショナル」を、よりによって〝帝国主義者の言葉〟である英語で歌ったことだ。そのルール違反のせいで、学校でトップどころかその地方でもっとも優秀な学生の卒業を、共産党が保留にした。すでに名門ライプツィヒ大学（一九五三年から一九九〇年まではカール・マルクス大学と呼ばれていた）に入学が決まっていたというのに。

娘のめったにない違反行為がもたらした結果に父は落胆し、監督牧師に相談して、将来有望な学生とそのクラスメートに寛大な処置を取るよう国に頼んでもらった。そうして、牧師の娘はどうにか難を逃れ、同時に、新たな教訓を得た。ちょっとしたいたずらも見逃さず、前途有望な若者の明るい未来を奪うほど国家は無慈悲なのだ、と。

第2章

物理学科の優秀過ぎる女子大生

「アインシュタインの相対性理論を理解したかったから」、ライプツィヒ大学物理学科へ入学。東独では科学は〝安全な領域〟だ。奥手ながらも同級男子と恋に落ち、最初の結婚。

1973年、秋。巨大な駅に降り立った19歳のアンゲラ・メルケルは、ウラジーミル・レーニンの肖像画に出迎えられた。そこから名門ライプツィヒ大学で物理を学ぶ日々が始まった。初めて家族と離れてひとりになったメルケルは、政治的には用心深く、だが意欲に燃えた、才気あふれる学生となったのだった。　©Interfoto/Alamy

一見、民主的でありながらも、
すべてを管理しておかなければならない。
——ヴァルター・ウルブリヒト
（一九五〇年から一九七一年まで
ドイツ社会主義統一党第一書記）

一九歳のアンゲラ・カスナーが実家を離れライプツィヒ大学へ向かった一九七三年秋、東ドイツは陰鬱な時代だった。

プラハの春を表立って支持した共産党員は投獄されるか、さもなければ、党から追放された。その前年に、アメリカ大統領リチャード・ニクソンが歴史的な中国訪問を果たしたが、クレムリンにいた高齢の最高権力者レオニード・ブレジネフは、東ドイツの国家元首ヴァルター・ウルブリヒトの強硬なスターリン主義に口を挟もうとはしなかった。国民は不満を抱きながらも、物言わず、〝目の前の現実〟を受け入れるしかなかった。

すべてお見通しの国家での揉め事を経験したメルケルは、科学という比較的安全な領域に逃げこんだ。「私が物理学を選んだのは、アインシュタインの相対性理論を理解したかったからです。それに、いくら東ドイツでも基礎的な算術と自然の法則を止めることはできなかったからです[1]」とメルケルはのちに語っている。ちょうどその頃、ドイツ人の作家ハインリッヒ・ベルがノーベル文学賞を受賞したが、だからといって、人文科学を研究できるはずがなかった。「ベルの『道化師の告白』は許可がなければ読めず、外国の本や新聞も手に入りませんでした」とも言っている。そんなメルケルが目指したのは物理学の博士号だった。

ライプツィヒ大学を選んだのは、ドイツの科学の殿堂のひとつだったからで、さらに、テンプリーンから二七〇キロ離れているからでもあった。ひとりで新たな道を歩みだすときが来たのだ。「私は逃れたかった。小さな町を出たかったんです[2]」とメルケルは言う。何をしても喜ばない父や、いつでも夫に忠実な母から、いくらか距離を置きたかったのだろう。

列車に乗ってテンプリーンをあとにしたメルケルは、ライプツィヒ中央駅に降り立った。高い丸天井の中央駅はヨーロッパの壮麗な鉄道駅のひとつで、鉄道旅行の黄金期の遺物と言ってもいい。その駅で一九歳のメルケルを出迎えたのは、共産主義の英雄マルクス、レーニン、ウルブリヒトの巨大な肖像の垂れ幕だった。

だが、そんなプロパガンダをもってしても、壮麗なその街が色褪せることはなかった。輝かしい歴史を持つライプツィヒには、国際的な雰囲気が残っていた。音楽家ヨハン・ゼバスティアン・バッハ、詩人のフリードリヒ・フォン・シラー、劇作家のヨハン・ヴォルフガンク・フォン・ゲーテ、画家のマックス・ベックマンはその街で学び、あるいは暮らしたのだ。さらに、年に一度のライプツィヒ見本市と、名門大学があるおかげで、（衛星国にしては）活気に満ちていた。

メルケルはカール・マルクス広場（現在は以前の名称であるアウグストゥス広場に戻されている）へ向

かう路面電車に飛び乗った。そうして、無味乾燥なコンクリートの建物の中にある大学の事務局に行き、履修届を出した。階段式の講堂や、自分の席がある教室へと、飾り気のない廊下を初めて歩きながら、メルケルは胸躍らせていたはずだ。大学の先輩にあたる哲学者のフリードリヒ・ニーチェや音楽家のリヒャルト・ワーグナー、ノーベル賞を受賞した物理学者のヴェルナー・ハイゼンベルクやグスタフ・ヘルツが学び、教えていた頃と、建物はほとんど変わっていなかった。

他の学生には理解不能なほど優秀

ライプツィヒ大学の物理学科に入学した七〇名の新入生の中で、女子学生はメルケルを含めて七人だけだった。「彼女は私の授業を受けた初めての女子学生だった」と、熱力学の教授ラインホルト・ハーバラントは言った。長身で厳格な雰囲気をまとった同教授は、今、八〇歳を超えているが、四〇年という歳月を経ても、メルケルのことを鮮明に覚えていた。メルケルが授業でも目立たないように細心の注意を払っていたにもかかわらずだ。

「アンゲラはひじょうに穏やかに、かつ正確に話した。私が教えていたクラスには八〇人の学生がいて、アンゲラが口を開くのは求められたときだけだった」

いずれにしても、メルケルは優秀だった。クラスメートのフランク・ミェシュカルスキはこんなふうに言っている。

「アンゲラが授業で発言すると、まるで彼女と教授だけがわかる言語で話しているかのようだった。他の生徒には理解できない言語だ。アンゲラの頭の中には何本か回線が余分にあったのだろう」

ある夜、大学の広いキャンパスの地下室で学生の会が開かれ、ミェシュカルスキはアンゲラにダンスを申し込んだ。何十年も前のそのときの様子を、ミエシュカルスキは次のように言う。

「アンゲラは嬉しそうだった。ただし、それはぼくが真の動機を打ち明けるまでだった。まもなく始まる最終試験の準備を手伝ってほしいと頼んだんだ。それは情報技術の先駆けのような科目で、ぼくは一回目の授業には出たものの、あとは一学期間すべて欠席した。アンゲラは一瞬、ちょっとがっかりした顔をした。でも、気を取り直して、並んで座ると、一学期分の授業を要約して教えてくれた。ぼくはそれをノートに書き写した。アンゲラの説明は驚くほど理路整然としていて、完璧だった。すべてが頭の中に入っていたんだ」

ミエシュカルスキは最終試験に合格した。アンゲラのほうは、成績がふるわない教科はただひとつ、必須科目のマルクス・レーニン主義だった。最低合格点の〝可〟という評価がついたのは、それだけだった。

科学という学問の世界でも、共産主義国家はバリアを築いていた。「英語の研究論文を読むことは許されず、読めば危険が待っていた。英語の資料はすべてロシア語に翻訳しなければならなかった。そうして初めて読むのを許された。まるで、英語を読むとウイルスか何かに冒されると思っているかのようだった。まさに、人間の労力のとんでもない無駄使いだ」と、ハーバラント教授は当時を思いだして、首を振りながら言った。ひときわ優秀な教え子が科学から政治へと鞍替えしたことについて、どう感じているのかを尋ねると、教授はこんなふうに言った。

「アンゲラはすばらしい科学者になっただろう。だが、すばらしい科学者は他にも大勢いる。一方で、すばらしい政治家はめったにいない」

メルケルの修士論文を指導したラルフ・デァァ――神経情報科学とロボット工学の教授――は、のちに有名になる教え子に初めて会ったときの印象を、「若々しく、気さくで、明るく、短い髪が印象的で、一目で好感を持った」と言う。その教師と生徒はすぐに親しくなり、一九八〇年には、『デンスシステム内の化学反応速度における空間相関への影響』という論文を共同執筆した。だが、デアにとって何よりも忘れられないメルケルの資質は、学業成績とは直接の関係はない。「アンゲラは自分だけの揺るぎない精神生活を持っているようだった。それが誰にとっても印象的だった」。

「倫理と科学の融合を目指している」

「一度、アンゲラに訊いたことがある」ミェシュカルスキは言う。「牧師の娘だということはみんなが知っていた。だから、キリスト教徒としての信仰と科学者であることに、どう折り合いをつけているのか、と尋ねたんだ。すると、『私にとって神は、道徳的な生き方を意味する』とアンゲラは答えた。キリスト教倫理と科学の融合を目指していると言ったんだ」

教会と国家の狭間、あるいは、自律的思考とマルクス・レーニン主義の教義の狭間で生きるには、精神的にも、感情的にも器用でなければならない。当時のメルケルは、信心深いルター派のキリスト教徒であると同時に、共産主義国の青年団員でもあるという、抜け目のない処世術をすでに身につけていた。どちらかに傾倒しすぎて、将来を棒にふったりはしなかった。順応と妥協という厄介な身の処し方をマスターし、さらには、自分の意見を胸に秘めておくことの重要性も学んでいた。

だが、メルケルのまわりにいる者がみな、用心深いわけではなかった。ライプツィヒでの友人に、ラインハルト・ヴルフェルトという物理学者がいたが、彼はメルケルと違い、東ドイツの体制に公然と異を唱えた。一九八二年、卒業を控えたその年に、ヴルフェルトはテューリンゲン州のイェーナで行われた穏やかに平和を訴えるデモ行進に参加した。当然のことながら、そのデモもシュタージの職員に監視されていた。制服姿の職員だけでなく、私服の職員も紛れこんでいた。まもなくヴルフェルトは逮捕された。世界各国の科学者や大学関係者が圧力をかけたため、ヴルフェルトは釈放され、最後にはどうにか西へ脱出した。その後、メルケルに手紙を書いたが、連絡しないでほしいという返事を受け取った。自分も監視されているからというのが理由だった。ヴルフェルトの勇敢だが、極めて危険な行為は、メルケルが自分には決して許さなかった振る舞いだった。

一九八九年、ベルリンの壁が崩壊すると、メルケルは懐かしい旧友ヴルフェルトに連絡した。だが、今度は西ドイツで暮らすヴルフェルトのほうが、連絡を取り合おうとはしなかった。

同級生と恋に落ち、二三歳で結婚

メルケルが初めて自由市場経済に触れたのは、大学の学生会館でバーテンダーをやったときだ。得意のカクテルはウイスキーをサクランボのジュースで割ったもので、それを同級生に売って利益を得た。週に一度、路面電車でライプツィヒの街を横断し、缶詰のサクランボと安いウイスキーを買いにいった。当時のクラスメートによると、メルケルは陽気で腕のいいバーテンダーで、儲けもきちんと考えていたとのことだ。メルケル自身は当時の自分について、「ピーナッツを食べて、ダンスを踊らない女子学生だった(3)」と言っている。また、同じように国に規制されていたポピュラー音楽にもあまり興味を抱けなかった。「学生の集まりで流す音楽も、国がその割合を厳しく定めていた。六〇％が東ドイツで、四〇％が西側の音楽だった」とメルケルは記憶している。本人の好みはむしろそれとは逆の比率だった。

大学一年生ですでに、アンゲラはあるクラブのメンバーになっていた。それは〝キスされない子のクラブ（Club der Ungeküssten）〟、略してＣｄＵだ。その略称は、皮肉にもアンゲラの未来の政党と同じだった。ぶかぶかのズボンを穿き、化粧っ気もなく、中性的な見た目の若い女性に男性がことさら惹かれなかったとしても、それはお互いさまだった。メルケルのほうも男性を煩わしいと感じることが多く、「授業では、女子と実験するほうが好きでした」と言っている。「実験室では、男子はすぐにバーナーやさまざまな実験装置を取りにいくけれど、私はまず実験の構想を練ります。それから、いざ実験に取りかかろうとすると、装置はすべて男子に占領されていて、おまけに、どこかしら壊れているんです」。

それでもついに、メルケルは恋に落ちた。一九七四年、二十歳でモスクワとレニングラードへ旅した際に、同じライプツィヒ大学の物理学専攻の学生ウルリッヒ・メルケルと出会ったのだ。「（ウルリッヒは）平凡な男だった。一緒に馬を盗んでもいいぐらいの男――つまり、信用できる気のいい男だ」とミエシュカルスキはドイツの冗談を交えて言った。また、ウルリッヒ・メルケルは二〇〇四年にめずらしくインタビューに応じ、「アンゲラに惹かれたのは、彼女がフレンドリーで心が広く、自然体だったからだ(4)」と言っている。

二年ほどつきあってから、ふたりは一緒に暮らしはじめた。「風呂とトイレは他の学生と共同だった」とウルリッヒは言う。「毎月、ふたりで一〇マルクずつ出しあった。ベッドが一台、机がふたつ、簞笥はひとつ。それだけだ。質素に思えるかもしれないが、ふたりともそれで充分だった」「生涯をともにするつもりだった」とウルリッヒは言うが、結婚には別の動機があったことも認めている。「早く結婚したのには、もっと現実的な理由もあった。結婚すれば、アパートをもらえる確率が上がる」とのことだった。翌年、ふたりは結婚した。アンゲラ二三歳、ウルリッヒ二四歳だった。アンゲラのたっての願いで、結婚式は、テンプリーンにある父の小さな教会で行なわれた。といっても、カスナー牧師が式を執り行ったわけではなく、また、メルケルの花嫁衣装は青い服だった。

新婚夫婦はハネムーン旅行には行かず、すぐに勉強を再開した。ふたりとも最終試験に向けて準備をしなければならなかったのだ。メルケルの修士論文「原子核物理学の諸相」は、英国の科学誌「ケミカル・フィジックス」に掲載された。東ドイツの博士号志願者として、すばらしい滑り出しだ。だが、輝かしい学歴を持ちながらも、メルケルが選べる職業は限られていた。ブルジョア出身である以上、教師は問題外。たとえ、教師になれたとしても、国のイデオロギーに苦しめられるはずだった。「他の教師と同じように行動しなければならなくなる……キリスト教の宗教教育を受けてきた生徒を立たせて、自分が何者なのかを明らかにさせなければならなくなる」と未来の首相はのちに言った。「もし私が西側で暮らしていたら、教師になっていたかもしれない」と。

才気にあふれ、大志を抱く若いアンゲラ・メルケルが、教職か科学かというたったふたつの選択肢しか持たずに、冷戦の最前線であるベルリンへ向かうことになるとは、今となっては意外としか言いようがない。

第3章

東独トップの科学アカデミーへ
——袋小路の人生

ベルリンにある科学アカデミーに就職。だが職場も仕事も陰鬱だった。夫婦生活もうまくゆかず離婚。生きる熱意を喪った日々。しかし、心揺さぶられる出来事が起こる。

1986年、ベルリン。親しい友人ミヒャエル・シンドヘルム（右）、将来の夫ヨアヒム・ザウアーとともに、物理学での博士号取得を祝うアンゲラ・メルケル。

八〇年代のその街で、アンゲラと私は
不条理な人生を送った。
――ミヒャエル・シンドヘルム（メルケルの友人）

アンゲラ・メルケルのライプツィヒからその国の首都への道のりは波乱に満ちていた。メルケルにとってベルリンは、大学卒業後の人生を送る場所として第一候補ではなかった。実のところ、ベルリンではなくテューリンゲン州にあるイルメナウ工科大学での仕事に応募したのだ。そこはメルケルが愛する山と深い森に囲まれた場所だった。かつて、マルティン・ルターが隠遁したこともあるイルメナウは、誰もが知る科学研究の中心地だった。

だが、就職面接を受けるつもりでその地へ赴いたメルケルを待っていたのは、ふたりのシュタージの職員だった。彼らはメルケルをオフィスに連れていくと、威嚇するように質問攻めにした。

「どのぐらい頻繁に西ドイツの放送を聞いているのか？」

「自国を愛しているか？」

「帝国主義国の工作員の潜入をどのように警戒しているのか？」

彼らの目的は、〝愛国者としての義務〟を果たさせ、同僚となる人たちの情報を提供するように、メルケルを説得することだった。

東ドイツの国民はみな、こういう事態を想定していた。もちろん、メルケルも心構えができていた。「両親から何度も言われていました。シュタージの職員の説得に遭ったら、『おしゃべりだから、口を閉じておけないと言いなさい』と。さらに、情報提供者であることを夫に隠しておけないとも言いました」[1]と、メルケルは当時を思い返している。それは、いかにも馬鹿正直な学者が言いそうなことで、シュタージの職員は肩をすくめただけで、メルケルを解放した。その後、応募書類に不合格の印をつけたのだろう。メルケルはその大学での職にありつけなかった。

小さな町イルメナウで穏やかに暮らす夢は叶わず、その代わりに、メルケルは夫とともに東ベルリンの栄誉ある東ドイツ科学アカデミーに職を得た。

一九七〇年代後半、分断された街の歴史的建造物の大半は東側にあり、そのほとんどが修復されずに放置されていた。第二次世界大戦から三〇年が過ぎても、ソ連に支配された街が受けた傷は生々しいままで、なんの手当てもされていないかのようだった。轍《わだち》だらけの空き地に雑草が生い茂り、その真ん中に古びて黒ずんだ旧国会議事堂《ライヒスターク》が立っていた。廃墟と化したその建物があるのは、実際には西ベルリン側だったが、いずれにしても、壁のすぐわきに不気味にそびえ立っていることに変わりはなかった。見る影もない大通りウンター・デン・リンデンには、かつて栄華を極めたホテル・アドロン（現アドロン・ケンピンスキー）があった。そのホテルはソ連の役人の定宿として、長い時間をかけて瓦礫の中から再建されたものだ。

東ドイツ科学アカデミーは、街はずれの寒々しい一画にあり、職場への往復のために、メルケルは一日に二度、壁に沿ってくねるように進むSバーン［都市内および郊外で運行される鉄道］の通勤列車に揺られることになった。きれいにならされた砂地――監視塔がそびえ、軍用犬を連れた警備兵が巡回する無人緩衝地帯――のわきを通るたびに、気分が鬱々とした。一一月から三月後半まで、日が早く暮れる時期には、ベルリンに落ちる暗い影がひときわ濃さを増す。夜には、その街の東側半分はほぼ漆黒の闇に包まれた。

メルケル夫妻はマリエン通り二四番地にあるアパートの小さな一室に落ち着いた。西と東のあいだに立ちふさがるブランデンブルク門にほど近い、一間だけのそのアパートは、一時間に数回、列車が通るたびに揺れた。窓からは陰鬱な〝涙の宮殿《トレーネンパラスト》〟と呼ばれる駅が見えた。駅にそんなあだ名がつけられたのは、国境検問所があるからだ。雑然としたその駅で、東ドイツの住民は西ベルリンからやってきた友人や親戚に別れを告げるのだった。

憂鬱な仕事、結婚生活も破綻

物理学の博士号取得を目指すメルケルは、勉強を続ける代わりに、三年を国のために尽くした。科学アカデミーは東ドイツ一の研究機関だったが、その建物はかつての建設労働者の住宅だった。設備はどれも時代遅れで、メルケルは必要最小限の研究室で仕事をこなした。電算機室と呼ばれている部屋には、中央演算処理装置が一台あるだけで、メルケルと同じチームに属する一二人の研究者が、その一台でそれぞれのプログラミングを行わなければならなかった。職業柄めずらしいことではないが、そこでもやはり女性はメルケルひとりだった。

日々の通勤同様、仕事も憂鬱だった。温度を上げて炭素と水素原子を分けるという実験がひたすら繰り返された。当然、メルケルはうんざりして、自分が抽象的・理論的な思考が好きなことに気づいた。のちにメルケルは、当時の仕事の限界に不満を抱いていたと明かしている。「この先また二五年間、乏しい予算で研究を続けるのは、あまり魅力的ではなかった」と、いつもの控えめな物言いで表現した。

家庭もうまくいっていなかった。三年間の結婚生活で、メルケルはこの結婚が失敗だったと悟った。「みんなが結婚するから、私たちも結婚したんです。結婚というものを真剣にとらえていませんでした」[2]とのちに語っている。一方、ウルリッヒは別れるとは夢にも思っていなかったようで、「アンゲラは荷物をまとめて出ていった。彼女がひとりで決めたんだ」と言っている。離婚には落胆したものの、喧嘩別れではなかった。「分けるものはほとんどなかった。アンゲラが洗濯機を持っていって、ぼくは家具をもらった」[3]とのことだ。その元夫婦が顔を合わせたのは、一九八九年のベルリンの壁が崩壊する直前の科学アカデミーが最後だった。アンゲラ・メルケルは元夫の苗字をその後も名乗っているが、その短い結婚について語ることはほぼない。

離婚したメルケルは、プレンツラウアー・ベルク地区のテンプリナー通りにあるアパートに移り、がらんとした部屋で三〇歳の誕生日を祝った。そのアパートがある界隈は荒れていて、戦争で壊れた建物の多くで不法占拠者が暮らしていた。メルケルもそのひとりだった。友人に協力してもらい、アパートの一室に〝侵入〟し、放置された部屋を修理した。

その年の出来事で、メルケルの記憶に何よりも鮮明に残っているのは、父が訪ねてきたことだ。みすぼらしく、合法とは言えない娘の住まいを見まわして、父は苦々しげに「なるほど、アンゲラ、おまえはちっとも進歩していない」[4]と言ったのだった。両親を喜ばそうと懸命に努力してきたのに、そんなふうに非難されるのは辛かったにちがいない。それでも、メルケルは父の言葉に反論もしなければ、言い訳もしなかった。対立はメルケルの流儀ではないのだ。それは当時もその後も変わらない。父だけでなく、権力を持つ男性に侮《あなど》られると、メルケルはチャンスが訪れるのをじっくり待って、その言葉が大きな間違いであることを相手に思い知らせるのだった。

離婚後の恋愛事情を親友に密告されていた

その頃のメルケルの楽しみは、ベルトルト・ブレヒト広場に近い国立のベルリーナー・アンサンブル劇場に通うことだった。交友関係も広げたが、それは危険な行為だった。メルケルは気づいていなかったが、研究仲間で親しい友人でもあるフランク・シュナイダーは、メルケルの情報をシュタージに流していたのだ。

政治的な事柄で報告すべきことはほとんどなかったが、シュナイダーは離婚した若い女性の恋愛事情に興味があったらしい。「職場まで車に乗せていこうとメルケルを迎えにいくと、バスローブ姿の恋人に出迎えられることがあった。メルケルの恋は半年も続けばいいほうだった[5]」と、一九八〇年八月三〇日にシュタージに報告している（思いがけず手にした自由を謳歌していたこの時期のメルケルの〝恋愛事情〟に関して、信頼のおける情報源はシュナイダーだけだ。メルケルは独身女性として過ごしたベルリンでのプライベートな部分に関しては、いっさい語っていない）。

密告者であるシュナイダーをメルケルは信用し切っていた。部屋の修理を手伝ってもらい、シュナイダーのジョージア（グルジア）生まれの妻の世話を焼き、その夫婦の子供の面倒を見ることもあった。プライベートな聖域ともいえるテンプリーンの実家にも連れていった。シュナイダーはそこで牧師であるメルケルの父とその妻に会い、その後、そのふたりについても密告している。シュナイダーが報告したカスナーの反体制的な行為は、ハンブルクにいる妻の姉妹から食料と衣類を受け取っていることだけだった。

やや政治寄りの情報として、シュナイダーは一九八一年九月のメルケルのポーランド旅行を報告している。その旅でメルケルが何枚もの写真とともに自国に持ち帰ったのは、レフ・ワレサ（ヴァウェンサ）率いるポーランド初の全国的な労働組合である〝連帯〟に対する熱い思いだった。電気技師から組合活動家に転身したワレサとその同胞は、まもなくポーランド人民共和国を揺るがし、さらに、ソビエト帝国全体を揺るがした。労働条件の改善、言論の自由など、さまざまな権利を主張したのだ。

「メルケルは反体制派ではなかったが、時々、少し大きな声で考える」とシュナイダーはシュタージに報告した。メルケルは二〇〇五年に報道されるまで、友人に裏切られていたことを知らなかった。それに関して、メルケルは「怒ってはいません。ただ、激しく失望しただけです」と言った。メルケルが使う言葉の中で、〝失望〟はかなり強い表現だ。

ゴルバチョフのソ連に希望を抱く

一九八五年、メルケルのベルリンでの陰鬱な日々は、才気あふれるある男性の登場で一気に華やいだ。その男性とはミヒャエル・シンドヘルム。ふたりはすぐに親友になった。シンドヘルムは長年、ソ連南西部のヴォロネジで量子化学を研究し、ベルリンに戻ってきたばかりだった（量子化学、またの名を分子量子力学は、量子力学を化学系に応用することに焦点を当てた科学の一分野だ）。

シンドヘルムは長いあいだ氷に閉ざされていたソビエト帝国で胸躍る変化が起きているという生

の情報を、メルケルに伝えた。老人ばかりだったソ連のリーダーたちのあとを継いで最高指導者となったミハイル・ゴルバチョフは五四歳。見たところ、新種のソ連人のようだった。イギリスのサッチャー首相は「ゴルバチョフは私たちとビジネスができる人物」と言い、アメリカのレーガン大統領は、スイスのジュネーヴとアイスランドのレイキャビクでの首脳会談で、ゴルバチョフと意気投合した。

そのふたりのリーダー——ゴルバチョフとレーガン——は、互いに好印象を抱いたようだった。〝ゴルビー〟と世界中から愛称で呼ばれるゴルバチョフは、ソ連経済が危機的状況にあると判断していた。原因は、アフガニスタンでの長引く戦争と、レーガンの戦略防衛構想（ＳＤＩ）——通称スターウォーズ計画——による軍拡競争の激化だ。国庫は空になり、改革は待ったなしだった。東ドイツは相変わらずスターリン主義という名の氷河期に閉じこめられていたが、ソビエト帝国の別の場所では氷にひびが入りはじめていた。

すばやく変化する世界の検閲されていない情報を心から欲していたメルケルは、シンドヘルムのソ連時代の話に夢中になった。モスクワはひどいものだ、とシンドヘルムは新たな友人に言った。水も暖房も止まってばかりで、人々は飢えている。「冷戦も最終幕だろう」と。

ゴルバチョフの改革を詳しく教えてほしいと、メルケルは頼んだ。ロシア語でペレストロイカとグラスノスチ——ソ連政府による経済改革と情報公開——と呼ばれるその改革は、東ドイツにも影響が及ぶはずだった。だが、メルケルとシンドヘルムが暮らす分断された街は相変わらず、冷戦の一触即発の最前線で、東西の戦車と軍隊が細い帯のような無人地帯をはさんで睨みあっていた（※）。「一日の終わりに、アンゲラと一時間ぐらい一緒に過ごした。アンゲラはトルココーヒーを淹れてくれて、ふたりでありとあらゆることを話したよ」と、シンドヘルムはベルリンでの最初のインタビューの際に話してくれた。ダンディな中折れ帽をかぶった紳士的なシンドヘルムは、ベルリンの壁の崩壊後、オペラの芸術監督として、また劇作家として、新たな人生を歩みだすことになる。

友情が深まるにつれ、シンドヘルムとメルケルはいくつもの共通点に気づいた。ふたりともプロテスタントの両親から、国家との距離の取り方や、国が接近してきたときの身の処し方、政府の犬がいないときに素の自分をどう出すかを教わった。「アンゲラと私のあいだに政府はなかった。アンゲラはすばらしいユーモアのセンスの持ち主だが、それでも、どこか不可解なところがある。私にとって、彼女は本当に変わっていない」とシンドヘルムは語った。メルケルは三歳下の弟でやはり物理学者になったマルクスをシンドヘルムに紹介した。マルクスは、「アンゲラにそっくりだ。どちらも落ち着いていて、理解しがたい部分がある。それは生い立ちのせいだろう」とのことだ。

シンドヘルムが知る八〇年代のメルケルは魂を失った人間でもあった。シンドヘルムはのちに、実話小説の中で、レナーテという名の登場人物にメルケルの性格を投影し、東ドイツという国で生きる熱意を失った女性として描写した。メルケルのことを、「幻想を微塵《みじん》も抱かない典型的な若い科学者」と呼び、「明確な目標もないまま、博士号取得に向けて何年も研究を続けていた。熱意を見せるのは、ブランデンブルクでサイクリングをしたことを話すときだけだった」と語る。

とはいえ、メルケルにはもうひとつ胸躍らせていたことがあったようだ。それは西について考えることだ。「毎日、プレンツラウアー・ベルクからアードラスホーフまでの通勤中に目に入る壁。その壁の向こう側の体制に、アンゲラも私も憧れていた」とシンドヘルムは書いている。「壁の向こう側の体制が使う魔法の虜《とりこ》になっていた」。

※冷戦中のドイツには三〇万人のアメリカ兵が駐留し、その多くがベルリン市内とその周辺に配されていた。一九六二年のキューバ・ミサイル危機のさなかに、アメリカのケネディ大統領が何よりも恐れていたのは、ソ連がベルリン全体を占拠し、それによってヨーロッパが戦争に突入することだった。

ヴァイツゼッカー大統領の演説に心を揺さぶられる

東ベルリンでの一〇年を、メルケルは人生の袋小路にはまり込んだ気分で過ごしたが、その間に、のちの人生でどのようなタイプのリーダーになるかを決定づける出来事があった。それは政治的にも学びとなり、倫理的な教訓にもなった。

一九八五年、東ドイツの国民が聞くのを禁じられていた演説に、メルケルは心を揺さぶられた。ルター派の教会の友人の協力を得て、西ドイツの大統領リヒャルト・フォン・ヴァイツゼッカーの第二次世界大戦終結四〇周年記念式典での演説を聞いたのだ。そうして、ドイツの過去の行いに、真摯に向きあう姿勢に胸を打たれた。ヴァイツゼッカーのホロコーストに対する認識は、メルケルが学校で教わったこととまるでちがっていた。

戦後、東ドイツは反ファシストの社会主義共和国――ヒトラーに抵抗した側のドイツ――として、神話ともいえる独自の歴史を作りあげた。テンプリーンの学校の教室でも、ベルリンにほど近いザクセンハウゼン強制収容所への見学旅行でも、東ドイツの共産主義者と二二〇〇万のソ連兵がファシストと戦って命を落としたことだけが強調された。その結果、東ドイツ国民は自分たちを、戦争の加害者ではなく、被害者と見なすようになっていた。

「学校では、少なくとも週に一度はナチスについての話を聞かされました」とメルケルは言っている。「二年生の頃から、定期的に強制収容所を見学していました。それでも、授業で教わるのは、ナチスの被害者となった共産主義者《コミュニスト》［ソ連および戦前のドイツ共産党］に関することばかり。ユダヤ人の話はまず出てきません。出てきたとしても、それはコミュニストに友好的なユダヤ人の話でした」[6]。

だが、西ドイツの大統領の演説で、一八〇度異なる見解の歴史を耳にすることになった。

「私たちは目隠しをはずして真実を直視しなければならない。すべてを包み隠さず白日のもとにさらすことで、それが招いた結果にはるかに真摯に向きあえる。独裁政治の根底には、ユダヤ人の同輩に対するヒトラーの果てしない憎悪があった。ヒトラーは国民に対してその憎悪をあらわにし、ドイツという国をそのための道具にした」

選ばれたばかりの西ドイツ大統領はそう言い、自国民に、「ドイツの強制収容所で命を奪われた六〇〇万のユダヤ人を忘れてはならない——歴史上稀に見る大量虐殺を」と呼びかけたのだった。

過去を直視せよという大統領のドイツ国民に対する訴えに、メルケルは大いに影響を受け、それが政治的にも、倫理的にも重要な転機となった。「アンゲラと私は何時間もその演説について話し合った」とシンドヘルムは言う（※）。誰もが知るとおり、その後のメルケルの人生で、「ショアー」——メルケルが好んで使うこの言葉はヘブライ語で「ホロコースト」を意味する——は、リーダーとしての考え方はもちろんのこと、ドイツ人がユダヤ人に対して永遠の罪を負っているという考え方の基礎になった。

※第二次世界大戦終結後の数十年間、西ドイツも暗黒の歴史を直視しようとしなかった。今となっては信じがたいことだが、西ドイツで初めてその歴史が広く知れ渡ったのは、アメリカのテレビドラマ『ホロコースト』がきっかけだった。ＡＢＣニュースの通信員として西ドイツにいた私は、一九七七年、ボンでその番組についてレポートしている。「まさに雷に打たれたかのような衝撃……二〇〇〇万のドイツ人がアメリカのテレビ番組を観たことから、長い年月を経て、今ようやく、国中でその過去に関する議論が巻き起こった。レポーターの私も含め、多くの外国人記者がその番組の計り知れない反響に驚かされた。あるドイツ人は『自分が直接加担したわけではないこの出来事に、個人としては罪の意識はない。ただひたすら恥ずかしい』と言っている」

五歳上の研究者ヨアヒム・ザウアーと恋仲に

その翌年、三二歳のメルケルの単調な日々にも、いくつかの変化が訪れた。初めて西ドイツへ旅する許可が下りたのは、これまでの用心深い生き方が報われた証だった。いとこの結婚式に参列するために、生まれ故郷のハンブルクを訪れたメルケルは緊張していた。

「それまでにもブダペストやモスクワ、レニングラードやポーランドをひとりで旅しました。それでも、西ドイツへの旅は特別なものに感じられました」と、メルケルはそのときのことを思いだして語っている。ごく日常的なことも、西ドイツではどうすればいいのかわからなかったのだ。

「女性がひとりでホテルの部屋を予約できるのかさえわかりませんでした。不安でたまらなかったのは、それまでテレビで見ていた犯罪のせいかもしれません」[7]

だが、メルケルが西ドイツで目にしたのは犯罪ではなく、高速鉄道だった。それに関して、「まぎれもない科学技術の驚異」とのちに言っている。列車は時刻どおりに走っているだけでなく、揺れも少なく、乗り心地は快適だった。これほどの科学技術に東ドイツが対抗できるわけがないと思った。（東側の〝オストマルク〟ではなく）ドイツマルクのささやかなお小遣いで、西ドイツの貴重な服を何着か買った。そこには「恋人へのお土産のシャツ二枚」もあった。東ドイツに未来はないと痛感しながら、メルケルはその旅を終え、東へ戻ったのだった。

メルケルが東ベルリンでの出口の見えない暮らしに戻ったのは、恋人のヨアヒム・ザウアーがいたからだ。「その頃、ふたりはすでに愛しあっていたはずだ」とシンドヘルムは言う。メルケルより五歳年上のザウアーは、傑出した量子化学者で、当時は同じ化学者の妻がいた。ザウアーとメルケルはその二年前、メルケルがＪ・ヘイロフスキー物理化学研究所の会員だったときに、一緒にプラハへ行っていた。今でもさまざまな情報を提供してくれるフランク・シュナイダーによると、チェコスロバキアの首都プラハで、ふたりは「やや親密になった」とのことだ。

その頃、ザウアーの結婚生活はすでに破綻していたようだが、一二歳と一四歳の息子がいて、子供たちを残して国を出るわけにはいかなかった。「それに、東ドイツの刑務所には絶対に行きたくなかった。そのリスクを冒す者は大勢いたが」(8)と、ザウアーは二〇一七年にめずらしく「ベルリーナー」紙のインタビューに応じて、語っている。そんなことから、ザウアーとメルケルは東ベルリンに留まり、忌み嫌う体制に迎合しながらも、国家の協力者になるという一線は越えずにいた。そんなふうにして、妥協と打算の惨めな暮らしが終わることをひたすら願った。三年後の一九八九年一一月の凍える夜に、ベルリンの壁が崩壊し、その生活に終止符が打たれることになるとは、当時のふたりは知る由もなかった。

第4章

ベルリンの壁崩壊――35歳で政治家へ転身

壁の向こうの西側はすべてが眩しく、政治も経済も成功していた。
恐怖政治から解放された今、新しい国づくりがしたい――
科学者人生に幕を下ろし、政治の世界へ足を踏み入れる。

1989年11月。30年近くベルリンを分断していた壁が唐突に開かれると、東西ベルリン市民は壁のまわりに押しよせた。そこにはアンゲラ・メルケルもいた。ふたつのドイツの統一によってメルケルの人生は一変し、政治の道を歩みはじめるのだった。

© Gerard Maile/AFP/Getty Images

私は疲れを知らなかった。刺激的でたまらなかったから
……私は行動したくてうずうずしていた。
――アンゲラ・メルケル

ベルリンの壁の崩壊は偶然の産物と言ってもいい。東ドイツ政府の報道官の一言で、刑務所国家の門が開かれたのだ。

報道官はテレビ中継された記者会見で、西ドイツに行くために今も許可が必要なのかと尋ねられると、あっさり「必要ない」と答えた。「いつからそうなるのか?」。あまりにも意外な答えに、すぐさまそんな質問が投げられた。「ただちに《ゾフォルト》」と報道官は答えた。〝ゾフォルト〟というその一言で、歴史のページがめくられた。それは、多くのメディアでごった返す記者会見での、困惑と混乱の中で発せられた一言だったのかもしれない。だが、ウィンストン・チャーチルが一九四六年に行った有名な「鉄のカーテン」演説を引用するなら、「バルト海のシュテッティン（現ポーランド領シュチェチン）からアドリア海のトリエステまで」囚われの身の国民による抗議運動が何カ月ものあいだ続き、そこにミハイル・ゴルバチョフの暗黙の支持も加わって、ついにダムが決壊したのだった（※）。

「それを聞いて、私は母に電話をかけました。家ではよくこんなことを言っていたんです――『も

し壁が崩れるようなことがあったら、牡蠣を食べにケンピンスキーに行こう』と」とメルケルは当時を思い出して言った。ケンピンスキーとは西ベルリンの最高級ホテルのことだ〔六四ページに登場するアドロン・ケンピンスキーとは別のホテル〕。「母に『そのときが来たわよ』と言い、それから私はサウナに行きました」(1)とメルケルは言う。毎週木曜日にサウナに行くのが習慣だったのだ(ドイツ人は東西どちらの国民もサウナ好きで、特に、社会主義体制の東ドイツでは、サウナは庶民に許された数少ない娯楽のひとつだった)。東ドイツの物理学者であるメルケルは、有頂天になって我を忘れるようなことはなかった。たとえ足元で天地を揺るがすほど歴史が大きく変わろうとしていても。

サウナのあとは、近所のパブ――今でもメルケルの写真が飾られているパブ――でビールを飲むのが習慣だったが、その日、メルケルはパブには寄らず、ボルンホルマー橋で歓喜に沸く人々にくわわった。長いこと禁じられていた西へ、人の波が向かおうとしていた。メルケルの話では、「数人の知り合いに会って、どういうわけか、みんなで西ドイツのある家族のアパートの一室に行って、気づいたときには、そこで大喜びしている家族と一緒に座っていました。誰もがクーダムに行きたがっていました」とのことだ。クーダムとは、西ベルリン一のお洒落な大通りクーアフュルステンダムの通称だ。だが、歴史が作られようとしているときでさえ、メルケルはあくまで現実的で、家に帰ることにした。「翌朝、早く起きなければなりませんでしたから。それに、そこにいた外国の人たちとは、もう十分に一緒に過ごしましたから」と語っている。壁の裏側で生きてきたメルケルにとって、西ベルリンの人々は外国人だったのだ。

※一九八九年当時、トリエステの一部はユーゴスラビアに属していた。その頃のユーゴは国粋主義者ヨシ

ップ・ブロズ・チトー以来続く社会主義独裁政権だったが、モスクワの支配下にはなかった。

西ベルリンはまばゆかった

西ベルリンを初めて見たメルケルはショックを受けた。その後、時間を見つけてクーアフュルステンダムに行くと、そこには戦争の傷跡などひとつもなく、きらびやかな店と美しく新しいアパートが立ち並び、まばゆいばかりだった。また、周囲で繰り広げられる出来事の速さにも、目がまわりそうだった。無数の政府の職員――制服姿の者もいれば、私服の者もいた――が取り締まる国家は、一夜にして崩れた砂の城だった。長いあいだ西へ行くのを夢見ていたメルケルの前に、予想もしていなかった未来が突如として開けたのだ。とはいえ、それはまだ漠とした未来だったが。それでも、幼い頃からの両親の言いつけを守り、メルケルはやはり慎重だった。

それから数日、いや、数週間が過ぎても、誰ひとりとして――モスクワでも、ワシントンＤＣでも、また、あれほど強大だったＳＥＤ政治局ですら――未来がどうなるのかわからずにいた。いわゆる東ドイツは存続するのだろうか？　東ドイツの都市、とりわけライプツィヒと東ベルリンでは、シュタージへの抗議運動が行われていたが、デモを抑えこむために、銃が撃たれることも、誰かが逮捕されることもなかった。戒厳令は敷かれず、催涙ガスも戦車も使われず、人々はようやく手にした自由によって勢いづいた。一度だけ、政府はテレビ放送で弱気な警告を発した。国民の中に潜む西の〝妨害工作員《サボトゥール》〟に注意せよというものだったが、お得意の〝治安回復〟手段が用いられることはなかった。日々、政府が反ファシスト防護壁と名付けたコンクリートの厚い板は壊され、それに合わせて恐怖も薄れていった。なんでも自由にできるようになったという一番の証拠は、東ドイツの食料品店でふいにバナナが手に入るようになったことだ。

胸躍る変化なのはまちがいなかったが、先行き不透明な時期でもあり、メルケルは何度か西ベルリンへ行ったものの、あとはほぼそれまでどおりの生活を送っていた。「壁が崩れてから数日が過ぎた頃、科学会議のためにポーランドに行きました。そこで、誰かがドイツの次のステップは統一だと言うのを聞いて、びっくりしました。私はそこまでは考えていなかったのです[2]」とメルケルは当時を振り返る。

一九八九年の終わりには、科学アカデミーでの理論科学研究という仕事が、ますます無意味に思えてきた。それまで、物理学者という職業は探究心の安全な捌《は》け口だったが、自由の時代を迎えると、来る日も来る日も研究所にこもって過ごすことに興味が持てなくなっていた。「一日中、誰とも話をしないで過ごすのが、いやでたまらなかった[3]」とメルケルはのちに言っている。そんなことから、新たな人生と新たな仕事について考えはじめたのだった。

西ドイツは東ドイツの制度の残酷さを真に理解していない

壁の崩壊から数週間後、アメリカ大統領ジョージ・H・W・ブッシュとその国務長官ジェームズ・ベイカー率いる西側諸国は、ふたつのドイツの歴史的な統一を強力にあと押しした。統一は西ドイツのヘルムート・コール首相の計画に沿って行われた。その計画には、社会主義政党だけでなくあらゆる政党に開かれた東ドイツでの選挙と、東ドイツの集権的計画経済の排除が盛り込まれた。

東と西の合併は、統一直後の歓喜に沸く日々に予想されていたよりはるかに複雑で、それはある意味で結婚と同じだった。幸福感は永遠には続かない。東ドイツ国民が四〇年間夢見てきた西の自由と現実の落差はあまりにも大きかった。服従、不信感、禁欲、自主性の欠如という長年かけて培《つちか》われた習性は、そう簡単に抜けるものではない。裏切り行為――大学進学や住居や仕事と引き替えの密告――は些細なものであれ、重大なものであれ、国民の記録に消せない烙印を押し、良心を蝕んだ。

　東ドイツでは大学、医療、病院、工場、さらには文化的な事柄もすべて国が運営し、国民の約四〇%がその国家制度と直接関わっていた。それまで東ドイツの人々は、ドイツの大地における初の〝農民と労働者〟の国の一員であることを自覚するように洗脳されていた。それがある日突然、もうひとつのドイツで暮らす人々となんら変わりはないと告げられたのだ。

「われわれは逃げる国を持たない難民だった」とミヒャエル・シンドヘルムは言う。東ドイツ人は波のように押しよせてくる馴染みのない慣例や新たな価値観を、受け入れなければならなかった。医療はもはや国が無料で与えてくれるものではなくなった。高等教育が受けられるかどうかはマルクス・レーニン主義への傾倒や〝プロレタリアかどうか〟という出自とは無関係になり、競争と実績で決まるようになった。

　社会生活もロック歌手も一変した。テレビで放映されていた子供向けの人気番組、緑色のフェルトの上でパペットが行ったり来たりする人形劇『ピティプラッチュとシュナッテリンヒェン』も、観られなくなった。また、西ドイツのほうがはるかに自由だと思い込んでいたが、東ドイツ出身者の多くは西での厳しいルールに驚いた。東では車はどこでも好きなところに停められ、しかも駐車料金などかからなかった。持ち主不明のアパートに勝手に住みつくこともできた。〝東ドイツ人《オッシー》〟はいきなり哀れないとこのような気分になった。不器用で、愚鈍な田舎者のように感じたのだ。

あまりにも目まぐるしい変化についていけなくなることもあった。一九九〇年一〇月三日、統一の特別イベントとして開催されたベルリン・フィルハーモニー管弦楽団のコンサートを聴きにいったメルケルは、大喜びでホールの階段を駆けあがった。だが、統一されたばかりの国の制服を着た警官を見て、凍りついた。

「制服が変わっただけの東ドイツの警官に見えたのです。西ドイツ軍《ブンデスヴェーア》の軍服を着た兵士を見ても、同じように感じました。昨日までは東ドイツ軍の兵士だったのに、と。そういう気持ちが抜けきらなかったのです。西ドイツの人たちは、統一された国で一緒に暮らすことになった人たちが、どんな人間なのか知っているのだろうか？　東ドイツ人と自分たちの違いを理解しているのだろうか？[4]」

――メルケルはそんなふうに感じて、不安になった。西ドイツは東ドイツの制度の残酷さを真に理解していない。今は自由で開かれたドイツの国民になり、警察官にもなっている元東ドイツ人が、少し前までは政府の忠実な僕《しもべ》で、どこまでも冷酷だったことを、西ドイツの人たちは知らないのだ。

メルケルはふたつのドイツの違いを理解して、克服したかった。メルケルが西ドイツで得た初期の友人のひとりに、『ブリキの太鼓』でカンヌ国際映画祭の最高賞《パルムドール》とアカデミー賞外国語映画賞を受賞した映画監督フォルカー・シュレンドルフがいる。ふたりはベルリンの夕食会で初めて顔を合わせ、すぐに親しくなり、メルケルは故郷の家にシュレンドルフを招待した。「家の近くで長い散歩をしたのを覚えている。一緒に広い野原を歩きまわったんだ」とシュレンドルフは言う。

近況をあれこれ尋ね合っていると、メルケルは嬉しそうに言った。「私たちはあなたたちのようになれる。でも、あなたたちが私たちを理解する日は永遠に来ないでしょうね。なぜって、私たちの〝先生〟（メルケルはドイツ語のLehrmeisterという言葉を使った）は死んだから」と。それはもちろんマルクスやレーニンやスターリンといった共産主義の落ちた偶像を指していた。そして、自分が口にした事実に満足しているようだった。あなたたちにとって、私たちは永遠に謎だが、私たちはあなたたちのことをお見通しだと、メルケルはほのめかしたのだった。

「経済も政治体制も西のほうが成功している」

統一から数週間後、東ドイツ経済は破綻し、東ドイツ人の三分の一が職を失った。集権的計画経済のもとで老朽化した工場や荒廃したビジネスでは、自由市場に太刀打ちできるはずがなかった。元東ドイツ首相のロタール・デメジエールは、嵐のようなこの時期を振り返り言っている。

「これまでに何度も言っているとおり、東ドイツには〝一〇・一〇世代〟が存在する。壁が崩壊したとき、新たな仕事に就くには一〇歳年を取りすぎていて、かといって引退するには一〇歳若すぎた人たちだ。彼らは〝取り残された人たち〟だった」

メルケルは決して取り残されないと胸に誓った。「東の私たちは自ら西ドイツにくわわることにした」と、メルケルはヘルリンデ・ケルブルに言った。ケルブルは有名な写真家で、一九九一年にメルケルの写真を撮りはじめ、その後八年間にわたり毎年撮影を続け、未来の首相から信頼を得ていた。「理由は単純明快で的を射ている。経済も政治体制も西のほうが成功していて、効率的で、理にかなっていたから。それに何よりも自由だった。考えるまでもない。私たちはそのシステムの一員になりたかった」と言うメルケルは、ぼんやりしていて、順応性に欠ける東ドイツの人々がもどかしかった。

「ときどき驚かされます——東ドイツにも気楽に生きている人がいるという事実に。いまだに誰かに面倒を見てもらえるとでも思っているかのように……東ドイツの経済が破綻していることに気づいてもいないのです。（多くの東ドイツ人にとっては）何も変わらず、ただ、ホーネッカーの写真を飾らなくなっただけなのかもしれません」

ＳＥＤを長きにわたって率いた嫌われ者のエーリッヒ・ホーネッカーは、ベルリンの壁が崩壊するわずか一カ月前に事実上、解任された。当時三五歳だったメルケルは、大半の国民に比べれば、感情的にも知性の面でもそのときに備えていた。多くの東ドイツ人と違い、シュタージの国に完全に与したことはなかったのだ。壁が崩壊する一九八九年一一月よりずっと前に、自国民を完全な監視下に置く恐怖政治は長くは続かないと気づいていた。破綻するのは時間の問題だ、と。

そして、それが現実になったのだった。

三五歳で物理学者から政治家へ転身

一九八九年一二月のメルケルの政界入りは、地味だった。一二年間のナチス時代と、その後の四〇年間の共産主義の圧政に、東ドイツ人は頭を低くして生きてきた。その反動から、多くの東ドイツ人が、新たな政党を作るか、新たな政党の一員になることを心から望んでいた。もちろん、メルケルもそのひとりだ。

「これで政治活動ができると思いました」とメルケルは言っている。将来性のない研究所での仕事になんの面白みも感じられずにいたメルケルは、解放された新たな国の未来作りに参加できるのが嬉しかった。それまでと違って、刺激的な人生を送れるのが、嬉しくてたまらなかったのだ。

社会主義の試みにうんざりしていたことから、西ドイツの社会民主党（ＳＰＤ）は論外だった。

「私にとっては観念的すぎた」[5]とメルケルは言う。また、公言はしていないが、右寄りの政党を選ぶことが、社会主義者の父親からの自立を宣言することだったのかもしれない。

東ドイツの新政党のひとつが「民主主義の出発（DA）」で、その政党はまもなく西ドイツの巨大政党「キリスト教民主同盟（CDU）」と合流することになる。DAの党員の大半は男性でカトリック教徒で保守的だったが、メルケルはその政党の真摯でイデオロギーに固執しないメンバーが気に入った。独断的ではなく、社会主義者に比べてはるかに寛容な考え方を持っているという印象を受けたのだ。さらに、〝民主主義の目覚め〟とも訳せる党名も気に入った。

「アンゲラが初めて会合に出席したときのことはよく覚えている」とDAのリーダーだったアンドレアス・アープルトは言う。「とてもおとなしく、とても謙虚で、三五歳にしては若く見えた。コーデュロイのぶかぶかのスカートに、足元はキリストが履いていたようなサンダル。髪は短く、おかっぱだった」。

その後の政界での立ち回り方を予感させるように、メルケルは空いている場所を見つけると、そこにするりと入り込んだ。DAの質素な事務所の片隅に、未開封の箱がいくつも置かれているのに気づくと、科学者のメルケルは腕まくりをして、党の初めてのパソコンをセッティングしはじめたのだ。その様子を見た東ドイツの新米政治家たちは感激して、メルケルに机と椅子を与えた。「アンゲラは科学アカデミーで働いていると言った。博士号を持っていることは言わなかった。最初は周囲の話に耳を傾けているだけだった」とアープルトは当時を振り返る。数日後、メルケルはまたやってくると、今度は話に加わった。そんなふうにして、政治にのめり込んでいったのだった。

その結果、メルケルの科学者としての人生は幕を閉じた。「たしかに優秀な物理学者でしたが、ノーベル賞を取るほど傑出してはいませんでした[6]」とメルケルはのちに語っている。その発言からメルケルの胸の内が窺われる。頂点に立てる分野で活躍したいのだ。そして、その日のために何年も静かに準備を整えていた。とはいえ、科学者として生きた長い月日が無駄だったわけではない。「私の考え方は科学を学ぶことで形作られました。どんな議論であっても、努めて理性的に考えます。女にはそんなことはできないと言いたがる男性はみな、驚きますけどね」とメルケルは言う。

一九九〇年春、メルケルは科学アカデミーの仕事を正式に辞して、フルタイムで政治に携わることになった。メルケルの几帳面さと混乱の中での冷静さを見て取ったアープルトは、メルケルをDAの広報担当に任命した。具体的には、メディアに対応し、党のメッセージを考案し、メディアでの報道のされ方について党のリーダーに説明する仕事だ。「メルケルの返事は意外なものだった。『ちょっと考えさせてください』と言ったんだ」とアープルトは言う。メルケルはせかされるのが苦手だ。同時に、アープルトはあることに気づいた。メルケルがいったん仕事を引き受ければ、「明日の朝七時には必要だと言っておけば、なんであれ六時五〇分には机の上に置かれている[7]」。

政治というフィールドでめきめきと頭角を現していくメルケルのもうひとつの特徴も、まもなく明らかになった。一九九〇年代、メルケルの師《メンター》も含め、有力な男たちが志半ばで脱落していくなか、メルケルは着実に前進を続けた。そして、メルケル本人がライバルに火を放ったわけではないにせよ、ライバルの身に火の粉がふりかかっても、その火を消そうとはしなかった。メルケルはその様子を遠くから黙って眺めているだけだった。もともと慎重な性格の持ち主だが、いざというときには大胆に行動する勘のよさも、まもなく発揮するようになる。

第5章

コール首相の〝お嬢さん〟と呼ばれて

男性中心の政界で苦しむも、科学者ならではの有能さで頭角を現す。コールに重用され、環境大臣に。気候変動対策で成果を出す。プライバシーは頑なに守り、研究者仲間とひっそり再婚。

自身の秘蔵っ子にやさしく微笑むヘルムート・コール首相。コールはメルケルを“お嬢さん”と呼んだ。1991年12月、ドレスデンでのCDUの集会にて。メルケルをまずは女性・青少年問題担当大臣に、その後、環境関連の大臣に任命したコールは、誰よりもメルケルの政治家としての出世に貢献した。 ©Thomas Omo/Photothek/Getty Images

アンゲラ・メルケルと私は政治的には大差ない。
本質的に異なっているのは、その生い立ちだ。
アンゲラ・メルケルは東ドイツからやってきた。
——トニー・ブレア（元イギリス首相）

統一後しばらくのあいだ、メルケルは旧東ドイツ出身の女性であることから大いに優遇された。当時、ヘルムート・コール首相は新生ドイツの首脳部に、東西ドイツ出身者と男女をバランスよく配する必要があったからだ。東ドイツの政治家に女性はほとんどおらず、ましてや、メルケルほどひたむきで、意欲的で、機転の利く女性政治家は皆無だった。さらに、自制心、戦略的思考、必要に応じて遠回しに相手を攻撃する能力によって、メルケルは政治家として着実に存在感を強めていった。

政界での成功には、もちろん運も味方したが、それはメルケルがチャンスに備えてきちんと準備をしていたからだ。メルケルには三人の東ドイツ出身の善き師がいた。三人とも男性で、全員がかつてのシュタージとの関係や汚職疑惑のせいで失脚することになった。それによってメルケルの道が開け、東ドイツ出身者として、西側で輝かしい政治的キャリアを得るために最適な位置につくことができたのだ。

理系ならではの有能な報道官として活躍

メルケルが属していた政党の最初のリーダーふたりが、シュタージとの関係によって失墜した。ひとりは「民主主義の出発（ＤＡ）」の創設者のひとりで、東ドイツの著名な公民権専門の弁護士ヴォルフガンク・シュヌーアだ。シュヌーアがシュタージの密告者だったことが明らかになると、ＤＡのリーダーたちはその裏切り行為にショックを受け、パニックに陥った。自由という新たな爆弾が炸裂し、熱を帯びたかのようなこの状況で、かつて密告者だったという過去や、とうの昔に忘れていた不注意な言動が何かしら露呈するのではないかと、誰もが戦々恐々としていた。

そんな不安を抱く先輩政治家が手をこまねいているあいだに、新進気鋭の報道官はあくまでも冷静に、西側の記者をＤＡの本部からあっさり追い払った。そのおかげで、誕生したばかりのその政党は、初めて経験する政治的試練の火消しに成功したのだった。

もうひとりは本来なら政界を追われるはずではなかった人物だ。東ドイツ最後の首相になる前から、改革派内でその名を知られていたロタール・デメジエールは、ヴィオラ奏者で、一七世紀にフランスから移り住んだユグノー（カルヴァン派プロテスタント）貴族の末裔だった。ＤＡの広報になってわずか数カ月しか経っていないメルケルに、デメジエールは東ドイツの最初で最後の民主的な選挙によって選ばれた政府の副報道官の座を与えた。現在、ベルリンにあるデメジエールの事務所は、彼が歴史的役割を担ったドイツ統一の記念品で埋め尽くされている。数々の写真や、ジョージ・Ｈ・Ｗ・ブッシュとヘルムート・コールとミハイル・ゴルバチョフのサインが入ったレストランのメニューなどが、ところせましと壁に貼られている。

「その地位を打診したときのアンゲラの答えは、週末にロンドンに行くから、戻ってきたら返事をするというものだった」[1]とデメジエールは当時を振り返る。メルケルは失われた時間を埋めようとしていた。ロンドンへの旅は、かつてブダペストを旅したときに、ハンガリーの国会議事堂を目にして、英国の国会議事堂であるウェストミンスター宮殿が頭に浮かんで以来の夢だったのだ。デメジエールとメルケルの政界での次なるステップは、週末が終わるまで棚上げとなった。

もちろん、メルケルはデメジエールの申し出を受けた。一九九〇年一〇月にDAがCDUと合流することを考えれば、結果的に賢い選択だった。そうして、新たな役割を見事にこなした。多くの政治家と違い、メルケルは記者に対して、科学的とも言える正確さと、平易な文脈で話をした。「形容詞はほとんど使わず、誇張せずにありのままを伝える。メルケルの話には、他の政治家の話の二倍の情報が詰まっている」とデメジエールは褒め称える。明瞭に話す科学者はまぎれもなく貴重な存在で、メルケルの記者会見には、無数の情報の中に事実がきちんと織り込まれていた。事実に飢えていた東ドイツの人々にとって、それはとりわけプラスに働いた。「まもなく、メルケルの自信に満ちた態度に驚かされることになった。それは予想外だった」とデメジエールは言った。いや、それどころか師は愛弟子の冷徹な政治的打算も予想していなかった。

一九九〇年後半には、ロタール・デメジエールもシュタージの密告者だったという噂が流れた。それは根も葉もない噂にすぎなかったが、まもなくデメジエールの政治生命は断たれることになる。「厄介な状況になって、私を切ったのはメルケルだった」とデメジエールは苦々しげに言う。たしかに愛弟子はデメジエールが集中砲火を浴びているときに、自ら炎に飛び込んで助けることはしなかったとはいえ、その表現はやや大袈裟だ。メルケルは東出身の若い女性でありながら、感情に流されることがなかった。それによって政界での地位を急速に高めていったのだ。

デメジエールが、メルケルからの援護射撃がまったくないことに大きなショックを受けたのは、密告者であるという噂が流れるより少し前に、メルケルが政界で地歩を築く手助けをしたばかりだったからだ。当時、首相になって八年目のヘルムート・コールから、デメジエールは相談を受けていた。

「(首相は) 東ドイツ出身のある女性を〝穏当な〟ポストで入閣させるつもりだった。それを知った私は、『彼女にはその資質がありません』と進言した。『ドクトル・メルケルが最適です。誰よりも聡明ですから』」

コールはデメジエールのアドバイスに素直にしたがったのだった(※)。

※コールは一九八二年から一九九八年まで、ドイツを巧みに指揮した歴史的人物だ。同時に、一九七三年から九八年までの長きにわたりキリスト教民主同盟を率いた人物でもある。強硬な親米派で、ビル・クリントン大統領との友情は本物で、そのふたりの食事が高カロリーだったのも本当だ(ワシントンDCでのそのふたりの晩餐会で供されるイタリア料理を、一九九〇年代の記者は好んで記事にした)。どちらもある意味で、気のいい男だった。私の夫リチャード・ホルブルックはクリントン政権初期に駐独大使を務めたことがあり、男性だけの席でのコールの品のない言動を、私に聞かせてくれた。

最年少でコール内閣に入閣

そんなふうにして、東ベルリンの自宅にほど近い政党の事務所——誕生まもない政党の雑然とした事務所——にふらりと立ち寄り、パソコンを組み立てたメルケルは、そのわずか一年後の一九九一年一月一八日、統一されたばかりのドイツでも首相となったヘルムート・コールの内閣に入閣したのだった。コールはメルケルを女性・青少年問題担当大臣に任命した。「女性と青少年はアンゲラにとってまったく関心のない分野だった」とデメジエールは皮肉を交じえて言った。

コール内閣で最年少、かつ未経験の大臣は、そこで待ち構えていた形ばかりの平等主義を味わわされることになった。「同じ能力でも、西ドイツ出身であれば、平等に扱われたかもしれない」とメルケルは言う。人だけでなく自分のことも、メルケルは冷静に分析するのだ。さらに、せっかく手に入れたチャンスを無駄にするようなタイプではなかった。

ライン川に面したこぢんまりとした街、ボン。その街は作曲家ルートヴィヒ・ヴァン・ベートーヴェンの生誕地として有名だ。また、第二次大戦後には西ドイツの（臨時）首都にもなった。一九四九年から六三年まで西ドイツの初代首相を務めたコンラート・アデナウアーの故郷に近いのも、首都に選ばれた理由のひとつだった。半分がソ連に支配された歴史的な首都ベルリンに比べ、ボンはいかにもまにあわせの首都という雰囲気が拭えなかった。

アンゲラ・メルケルが一九九〇年から九八年まで拠点としたボンの街は、まぎれもなく男性社会で、どこを見ても灰色だった。ライン川、温かみなど微塵もない近代的なオフィスビル、男性のスーツも、すべてが灰色だ。女性の役割はあくまでもアシスタント。集会場やカフェや三軒きりのそこそこのレストラン（イタリア料理店が二軒とフランス料理店が一軒）を埋め尽くす男性ばかりの官僚や外交官やジャーナリストの助手でしかなかった。一九九〇年代のボンでは、サービス業以外の仕事で生きる若い女性は、常に肩身が狭かった（※）。東ドイツの大学でも、科学者として働いた職場でも、メルケルは女性はほぼひとりきりという環境で過ごしてきた。その経験があっても、知力が要求され、激務もこなさなければならない西の政界において、メルケル本人の言葉を借りれば「声と体の大きさでは、男性にかなわなかった」とのことだ。

※コール内閣の一七人の閣僚の中で、女性はメルケルを含めて二人、あるいは、ときには三人だけだった。同期間（一九九〇‐九五年）のドイツの連邦議会の議員は、六六二名中女性が一三六人と、二〇％だった。現在の同議会では、女性が約三分の一を占めている。

キッシンジャーの訪問を受ける

四階建てのアパートにあるメルケルの部屋からは、ライン川沿いの丘陵地帯ジーベンゲビルゲと、その中の有名な丘ドラッヘンフェルス（ドラゴンの岩）が望めた。とはいえ、新米大臣が窓から景色を愛でられる時間に帰宅することはめったになかった。メルケルは新たな仕事をこなし、新たな自分に慣れることで精一杯だった。

メルケルにはすでにファンがいた。アメリカの元国務長官ヘンリー・キッシンジャーが、入閣したばかりのメルケルを訪ねてきたのだ。

「アンゲラは驚いていた。〝これほど有名な人〟が訪ねてくるとは、と言っていた。長年、東で生きてきた者が、西でどんな活躍をするのか楽しみだと、私はメルケルに伝えた(2)」

とキッシンジャーは言う。ふたりはすぐに親しくなった。ドイツの文化《クルトゥーア》――ふたりが慣れ親しんで育った偉大な作家、哲学者、音楽家――をこよなく愛するという共通点にくわえ、世界的に名の知れたそのふたりのドイツ人はどちらも、人生の悲劇を理解していた。ドイツのユダヤ人として生まれたキッシンジャーは、ナチスの台頭によって、家族とともに亡命するしかなかった。かたや、シュタージが支配する国で成長したメルケルは、精神的な亡命を余儀なくされ、科学に逃げ場を求めた。どちらも、見知らぬ新しい土地で再出発をしなければならなかった――キッシンジャーはアメリカで、メルケルはかつての西ドイツで。人生を襲った悲劇によって、キッシンジャーは理念よりも国益を重視する現実政治《レアルポリティーク》の悲観的な提唱者になり、一方、メルケルは確固たる楽観主義者になった。

キッシンジャーは自身の新たな弟子に特異なものを感じていた。「メルケルはドイツの大半の政治家が落ちる罠には、決して落ちない。かけひきに夢中になり、政治家同士で話してばかりいるという罠に」と語った。キッシンジャーは著名なアメリカ人をメルケルに紹介する役目を買って出たものの、カリスマ性のない地味な科学者上がりの政治家が前途有望だとは思っていなかった。いや、誰ひとりとしてそんな期待はしていなかった――アンゲラ・メルケル本人を除いては。

首相になる直前の二〇〇五年六月、メルケルはベルリンを訪れたトニー・ブレアに会うと、単刀直入に言った。「私にはいくつか問題があります。女であること、カリスマ性がないこと、コミュニケーションが下手なこと」と言って、そういった欠点をどうしたら補えるか、イギリスの首相にアドバイスを求めたのだった。それでいて、「メルケルは自分が勝つと確信していた」とブレアの首席補佐官は当時のことを振り返った。

東独出身の野暮ったさを馬鹿にされる

三六歳というドイツ史上最年少の大臣であり、さらには、東ドイツ出身の女性でもあるメルケルは、すべての目が自分に注がれているのを知っていた。だが、メルケルほど貪欲に新たな方法を学ぶ者でも、東ドイツから西ドイツへの道のりはときに過酷だった。

外見が注目されるのは、メルケルにとって特にショックだった。東ドイツでは虚栄心を満たすものはほとんどなかったのだ。〝ファッション〟と呼べるものは庶民用のデパートでは売っておらず、たいてい、季節ごとに二種類の新しい形の上着が売り出されるだけだった。誰もがみすぼらしかったが、それはお互いさまだ。それがいきなり、野暮ったい髪形やぺったんこの靴、だぼっとした上着についてあれこれ言われるようになったのだ。

コール内閣のもうひとりの東ドイツ出身者で、研究と技術部門の新たな大臣パウル・クリューガーによると、「政治的な行事でメルケルに会って、外見にまったく気を遣っていないことに驚いた。そういう意味で目立っていた。それでもメルケルには存在感があった。うまく説明できないが、私は最初からメルケルは違っていると感じた。権威が漂っていた」とのことだ。

〝Mehr sein als Schein（見た目より中身）〟はメルケルが信仰するルター派の信条のひとつだ。現在のメルケルは、その地位に見合うように信条も変化して、見た目も重視するようになった。最初はデメジエールが女性のアシスタントに協力を求め、その後ヘルムート・コールが自身の妻の手を借りて、ファッションセンスが皆無のメルケルを変身させたのだ。

「当時のアンゲラは学生のような格好だった。ぶかぶかのズボンを穿いて、足元はサンダルだった」とデメジエールは言う。モスクワへの初の公式訪問を控え、デメジエールは自身の秘書室長に、「ドクトル・メルケルと話をしてくれないか？　あんな格好のメルケルと一緒に旅をするのはごめんだよ」と頼んだ。メルケルがモスクワ行きのための新たないでたちで現れると、デメジエールは

「すばらしい！　すごくいいよ、アンゲラ！」と絶賛した。メルケルは褒められて喜ぶかと思いきや、「ビーツのように真っ赤になった。彼女にしてみれば、そういう状況はとんでもなく恥ずかしかったのだろう」(3)とデメジエールは言った。

見た目を変えるというメルケルの努力は、一九九〇年代にちょっとしたジョークとして人々の口によくのぼった。

「メルケルは昔の服をどうするのか？」
「まだ着てる」

「男であれば、一〇〇日間、毎日、濃紺のスーツを着ていてもなんの問題もありません。それなのに、私が四回同じジャケットを着たら、国民から手紙が来ます……一度など、私の履きつぶした靴を撮ろうと、テーブルの下にもぐりこんだカメラマンがいたほどです」(4)とメルケルは不満を漏らしたことがある。

だが、いつものようにメルケルは順応した。男性のダークスーツに相当する衣装をそろえ、外見が話題に上らないようにしたのだ。ハンブルクの評判の良い高級洋服店であつらえた色とりどりのかちっとしたジャケットと、穿き心地のいい黒いパンツと、黒いフラットシューズでクローゼットをいっぱいにした。さらに、毎日、美容師に髪を整えてもらうのも、政治家という仕事の代償のひとつとして受け入れた。

旧友ミヒャエル・シンドヘルムはメルケルがザルツブルク音楽祭にディルンドル（バイエルンの民

族衣装のたっぷりとしたギャザースカート）で現れたのを見て、驚いたのを覚えていた。「アンゲラ、きみがドレスを着ているのを初めて見たよ！」とシンドヘルムが思わず大きな声で言うと、メルケルは見るからに恥ずかしそうにした。

一方、首相に就任後、ノルウェー訪問時にゴージャスなイブニングドレス姿でオスロのオペラハウスに行ったときには、イギリスの外交官ポール・リーバーに「マダム・チャンセラー（首相閣下）、お綺麗です」(5)と褒められたのがよほど嬉しかったのか、ドレスやデザイナーについてあれこれと話をした。とはいえ、そのことがお決まりの制服からの脱却として、メディアに大きく取りあげられると、メルケルは二度とそのドレスを着なかった。

公の場での悩みは他にもあった。たとえば、演壇に立ったときに両手をどうするかということだ。そわそわと手を動かしていては、発する言葉がきちんと伝わらない。そこで試行錯誤を繰り返し、最終的に、〝メルケルの菱形〟に落ち着いた。指先をぴたりと合わせたその手の形は、彼女のトレードマークになった（数年後、メルケルの政党はキャンペーンで、〝ドイツの未来は頼れる人の手に守られている〟というキャッチコピーとともに、その手の形をアイコンとして使った）。

党の男性たちが反メルケル・ネットワークを結成

そんな不器用な一面もあったが、一九九〇年代のボンでは、東ドイツ出身の若い女性であるメルケルが、政治家としての階段をあまりにも早く上りすぎているというムードが漂うようになった。(6)実際、政界入りしてわずか一年での入閣は、（控えめに言っても）異例だった。コール首相はメルケルを弟子のように可愛がり、それが側近たちを当惑させ、ＣＤＵの党員の中には不満を抱く者もいた。そういった党員からメルケルは、政治家として昇進するはずがない、東ドイツ出身の招かれざる侵入者と見なされていた。いったい誰がメルケルを止めるのか？　それはその首都で一日の仕事を終えて酒場に集まる人々の、政治談義のテーマになるほどだった。また、ＣＤＵ内では、一二人の若く有望な男性議員が、女性議員——党内の希少種——抜きで、〝ワーキンググループ〟を組織していたが、メルケルはそんなことが起きているとは夢にも思わなかった。アンデス協定《アンデンパクト》という名のその組織のメンバーは全員、産業が盛んで豊かな州の出身で、出世に関して互いに助け合う約束をして、政党の高いポストに女性を就けないようにするという身も蓋もない取り決めを交わしていた［一九七九年、視察旅行中にアンデス山脈上空を飛ぶ旅客機のなかで結成されたため、この名称で呼ばれる］。

賢くも、有力な男性からの支援を得るという揺るぎない地盤を自力で築き上げたメルケルは、旧東ドイツのメクレンブルク＝フォアポンメルン州から出馬し、選挙運動を展開して、ドイツの連邦《ブンデス》議会《ターク》の議席を勝ち取った（入閣には国会議員であることは必須ではないが、大半の大臣は国会議員だ）。その地の有力な政治家であったギュンター・クラウゼが、メルケルのために選挙区をお膳立てしたのだった。

メルケルはバルト海地方の出身ではなかったが、選挙運動では果敢にも地元の漁師とシュナップス［アルコール度数の高い蒸留酒］を一気飲みし、わかりやすい方法で人々の心をつかみ、若々しい楽観主義で支持を取りつけた。選挙に出馬した政治家として、偉ぶることもなければ、すべての答えを知っているふりもしなかった。可能な限り地元の人々の話に耳を傾け、共感し、得意とする平易な言葉で考えを伝えようとした。それによって、有権者はメルケルを自分たちと同じ国民であると仲間意識を抱いた。その結果、一九九〇年以来、選挙のたびに、その地の代表としてメルケルを国政に送り込むことになった。

メルケルはCDU内に男たちの秘密のネットワークがあり、自分を蹴落とそうとしていることに気づいておらず、それゆえに、一見、世間知らずのお嬢さんに見えたかもしれない。それでも、危険をますます敏感に察知するようになっていた。「誰かが異例の出世を遂げれば、すぐに欲とねたみが頭をもたげる。油断なく監視され、小さなミスまでひとつ残らず記録され、その先には激しい反感が待っている」と一九九一年に言っている。コールにえこひいきされていると思われていることに憤り、何かにつけて「コールのお嬢さん」と呼ばれることにも腹が立った。「迷惑だと思えば、やんわりとその気持ちを伝えます。私たちの関係は……いつでも良好というわけではありません。コールはじっくりと批判的に私の仕事ぶりを見ています[7]」とメルケルは強調している。

とはいえ、自分を国際政治の舞台に招き入れてくれたのがコールであることは、きちんと認めている。一九九一年、コールはアメリカ訪問にメルケルを同行させ、メルケルが英雄と崇めるロナルド・レーガンに引き合わせた（その頃には、残念ながらレーガンのアルツハイマー病はゆっくりと進行していた）。ジョージ・H・W・ブッシュ政権時代のホワイトハウスに、メルケルは初めて足を踏み入れた。「閣議室で大統領と握手をすると、メルケルは感極まったと言わんばかりの表情を浮かべた[8]」と、当時のアメリカの駐独大使ロバート・キミットは言った。

その旅のあいだに、コールはメルケルに、東ドイツの人たちから自分がどう思われているのかを尋ねた。メルケルにとって、〝真実ではないこと〟を口にするのは罪深い行為で、また、お世辞でお茶を濁したりもしなかった。そこで、正直に言った――長年のプロパガンダのせいで、東ドイツの人々はコールを漫画の登場人物のように感じている。アメリカ政府に支えられた、洋梨のような顔［コールの顔を洋梨（Birne）に見立てた風刺画はドイツでよく知られていた。Birneには「間抜け」という意味もある］の資本主義者だ、と[9]（※）。メルケルにしてみれば、エゴを満たすだけの浅ましい行為より、真実のほうがはるかに重要なのだ。メルケルは気持ちを偽るのが苦手で、偽り方を学ぶことにも興味がなかった。

※ソ連政府の息がかかったプロパガンダはずいぶんあからさまだ。私はハンガリーの幼稚園で、翻訳不可能なハンガリー語の詩を教わり、今でもそれを一字一句たがわず覚えている。詩の内容は、アメリカのアイゼンハワー大統領は爆発寸前の時限爆弾であるというものだった。

信仰が支えとなった

それとは逆に、当時、興味があったのは、感情を抑えることだ。政治家になってからの数年間、メルケルはときに屈辱を味わわされたが、それによってあくまでも冷静でいることを学んだのだった。一九九一年春、イスラエルを訪問した際に、その国の政治家たちから大臣の補佐官と勘違いされて、完全に無視され、いくつかのメディアで、メルケルが悔し涙を流したと報じられた。「私はもっとタフになる必要がある」と、メルケルはヘルリンデ・ケルブルにそのときの気持ちを吐露している。

イスラエルへのその旅が涙で始まったとしても、旅のしめくくりは、涙とは無縁のものとしてメルケルの心に刻まれている。旅の最後に、ガリラヤ湖の男子修道院を訪ねたのだ。

「私たちはその場に立って、丘に囲まれた田舎の風景を眺めていました。ガリラヤ湖があるその地を見つめていたんです。すると、ひとりの修道士が言いました。『主イエス・キリストはまさにその丘を下り、湖のほとりで、漁師のペトロと出会いました……そして、もう少し遠くのほうで、五〇〇〇人に食事を与え、その後、嵐に遭ったのです』と。私は聖書を精読していて、ガリラヤ湖での出来事もよく知っていました。それでも、その出来事はここで起きた、まさにこの場所で、と誰かがはっきりと言うのを聞いて、驚かずにいられませんでした(10)」

目がまわるほどの変化の中で心の拠り所を求めていたメルケルは、ガリラヤ湖でインスピレーションを得た。「自分の信仰について常に確信していたわけではありません。ときには疑うこともありました」と、政治家にはめずらしく正直な気持ちを語っている。だが、その場所、ガリラヤ湖のほとりに立つ修道院――ベネディクト会の修道士が体の不自由な若者とともに働いている修道院――で、話をしてくれた修道士には「困難な務めを行いながら、うらやむほどの強さの源がある」ことに気づいた。

首相としてメルケルは幾度となくイスラエルを訪問し、いまだ緊張をはらんだドイツとユダヤ人の関係を、自身の政府の核となる課題のひとつと捉えている。そればかりか、新しいドイツの礎のひとつにしようとしている。だが、その初めてのイスラエル訪問において、メルケルが得ようとしていたのは内面的な強さだった。政治家になってからの二年間で、メルケルの足元は大きく揺らぎ、ドイツという国が姿を変えるにつれ、メルケルも自身を変えることになった。大望を実現させるためにより強固な礎を必要とするようになったのだ。メルケルの個としての信仰と聖書は、険しい道のりの中で大きな拠り所となる。

当初はドイツ統一の〝トロフィー〟扱い

東西両陣営の厳重に警備された最前線だったドイツは、核による最終戦争《アルマゲドン》をなんとしても阻止しようとするアメリカにとって、長いあいだ最重要地点だった。一九九〇年代のコール政権下、その国は数十年間の緊張状態から解き放たれ、ほっとひと息ついた。統一が成し遂げられ、アメリカや一九九三年に発足した新たな欧州連合（ＥＵ）など、戦後の多国間ネットワークの一員としての安堵感を得たのだ。大西洋同盟はまさに絶頂期だった。その同盟は資質も弱点もそっくりなふたりのリーダー、ヘルムート・コールとビル・クリントンの友情によって実現した。

コールの目標は東と西のふたつのドイツを、ひとつの国家にまとめ上げること。建前だけでなく中身まできっちりとまとめることだった。一九九四年七月の雲ひとつないその日、クリントンとコールはブランデンブルク門を歩いて、西ベルリンから東ベルリンに入った。それは五〇年に及ぶ歴史ドラマの完璧なフィナーレに思えた。一九四八年のベルリン大空輸では、ソ連のバリケードで封鎖され、困窮したその街の市民に、アメリカの輸送機が食料や水や薬を届けた。一九六一年の壁の建造や、チェックポイント・チャーリーでのアメリカ軍とソ連軍の戦車のにらみあい。一九六三年のケネディ大統領が西ベルリンで行った「私はひとりのベルリン市民である（Ich《イッヒ》 bin《ビン》 ein《アイン》 Berliner《ベルリーナー》）」という演説。そして、一九八七年六月のロナルド・レーガンの「ミスター・ゴルバチョフ、この壁《ティアー・ダウン・ディス・ウォール》を壊しなさい！」という演説――。コールのもとで、統一ドイツはヨーロッパ最大の国となり、やがて、ヨーロッパ大陸の経済大国になる。

コール政権のなかで傑出した東ドイツ出身者であるアンゲラ・メルケルは、ふたつのドイツをひとっくにまとめ上げるというその首相の計画の一部だった。政治家になった頃のメルケルの伝記を書いたシュテファン・コルネリウスは、コールがメルケルのことをドイツ統一の〝トロフィー〟のように扱っていたと記している。おしゃべりで洞察力も人並みのコールが計算に入れていなかったのは、その〝トロフィー〟には独自の計画と野心があり、それを叶えるために虎視眈々とチャンスを窺っていたことだ。

女性・青少年問題担当大臣として、メルケルは特に目覚ましい業績は残さなかったものの、柔軟でイデオロギーに縛られず、物議を醸す問題では妥協ができる政治家であることを示した。たとえば人工中絶に関して、合法化には反対したが、処罰の対象からの除外には賛成した。多くの場面で保守的な見解を崩さず、問題を巧みに回避した。

率直な物言い、誠実さ、慎重さという能力を発揮したメルケルを、一九九四年、コールはより権限のある環境大臣のポストに据えた。明らかな昇進に、メルケルは即座に首を縦に振るかと思いきや、またもや考える時間がほしいと言い、数週間、その件を誰にも話さなかった。自己アピールを特技とするボンの政治家の中にあって、それはめずらしいことだった。もしかしたらメルケルは本当に興味がないのだろうか？　とコールは不審に思った。だが、メルケルはそれほど高い地位に就いた自分に、この先何が待ち構えているのかを考えていたのだった。ヨーロッパの工業大国で、政府の比較的新しい環境保全政策を担当するのは、〝女性枠の大臣〟が負えるような責任ではなかった。

メルケルが考える〝女性差別に対抗する最強の武器〟とは

メルケルは長年、〝東ドイツ出身者《オッシー》〟にしろ〝西ドイツ出身者《ヴェッシー》〟にしろ、どんな属性であっても決めつけられまいとしてきた。また、〝女性〟というレッテルにも抵抗してきた。自分のアイデンティティの中でその要素はあえて強調すべきことではないと感じていた。一九九三年五月、（声高ではないにしろ）基本的にはフェミニストであると公言する方法を見つけた。ドイツの女性向け全国紙のために、メルケルはスーザン・ファルーディ著の『バックラッシュ――逆襲される女たち』（邦訳は新潮社刊、伊藤由紀子・加藤真樹子訳）の書評を書いた。内容は以下のとおりだ。

> マスコミ、政党、営利団体、ビジネスの世界で女性がトップに立たないかぎり、また、一流のファッションデザイナー、一流のシェフの仲間入りをしないかぎり、女性のロールモデルは男性が決めることになる……私がトップの座に就いたら、結婚できないのでは？　流産しやすくなるのでは？　仕事と家庭を両立させようとしたら、私の子供は大変な思いをするだろうか？　そういった問題は否定的な例を用いて何度も議論され、女性の意欲を削いできた。それは、今の地位を守るための男性のやり口だ……私が考える平等とは、女性も自分の人生を自分で決められる平等の権利を持つことだ。

まちがいない。アンゲラ・メルケルはフェミニストだ。にもかかわらず、女性の地位向上に貢献していないと、何年ものあいだ多くの人から批判されてきた。メルケルは女性のためにほとんど声を上げていない、と言われているのだ。女性差別的な冗談にメルケルが怒ることはあっても、そういった冗談を口にした者を公の場で非難することはない。「私は相手を睨みつけます。そして、あとでまわりに人がいなくなってから、あれはよくないと注意するのです(11)」と、自身のやり方を説明している。女性差別に対する最大の武器は、自分が人生で成功をおさめ、あとに続く女性のための道筋をつけることだとメルケルは言う。女性問題にしろなんにしろ、メルケルは首相という地位を過剰に利用することなく取り組んでいる。

四〇歳で環境大臣に就任

環境大臣となったメルケルは、それまで以上に厳しい視線にさらされながら、ドイツの政治とメディアの関係をうまく取り持たなければならなかった。政治家として二年弱の経験しかない者がそんな重責を担えるわけがないという噂が、首都で囁かれていることに本人も気づいていた。「なぜアンゲラ・メルケルなのか?」と声高に疑問を呈する者もいた。世界を相手にするには英語が下手すぎる、とライバルたちは不満を漏らした。すると、メルケルはすぐさま夜に英語のレッスンを受けて、その噂を一蹴した。また、環境大臣になって一月半後には、人望のある副官クレメンス・シュトレートマンをクビにした。環境問題の専門家シュトレートマンは、その省のトップであるメルケルに自分がいかに頼られているかを、小さな首都のあちこちで吹聴していたのだ。シュトレートマンの資質についてはともかくとして、メルケルはその決定によって、新たな環境大臣が躊躇なく権力を振るうことを示したのだった。

その頃に撮られた写真の大半では、四〇歳という年齢よりはるかに若く見えるメルケルが、すでに忘れられて久しい政治家たちを笑顔で見つめている。写真のメルケルはたしかに笑っているが、若い環境大臣の肩を抱く古参の政治家を分析していた。誰が政治家として成功するのか。その理由もきちんと考えていた。雄のクジャクのように自己顕示欲の強い政治家に苛立つこともあったが、そんな感情をうまくコントロールしなければならなかった。「事実を論じるのではなく、誰が一番うまく相手を恫喝できるか――そんな話ばかりしている男性がそばにいると、それだけで不快だった(12)」とメルケルは言っている。その点でも、メルケルはうまく感情を隠すことを学んだ。

ドイツのような工業大国で環境大臣を務めるのは大変だ。「缶詰業界や州、連邦議会、そして、もちろん、訳知り顔の経済学者からも非難されてばかりです。ＥＵ、公正取引委員会、さらには憲法裁判所。規制が不十分だという意見もあれば、規制しすぎているという意見もある。規制などないほうがいいと言う人もいれば、すべてを規制してほしいと言う人もいる。そんな状況で、朝の目覚めが良いわけがありません(13)」と、メルケルは新たな職務の苦労を語った。それでも、いつものように綱渡りを続けながら合意点を探っていった。それが成功することもあれば、失敗することもあった。

フラストレーションだらけのある閣議で、メルケルを非難する人々の酒のつまみになるような出来事が起きた。不覚にも、メルケルは泣いてしまったのだ。それに関して、「男のように怒鳴ったほうがましだったかもしれない(14)」とのちに言っている。涙が出るほど感情が昂ったのは、大気汚染に関する議論だった。

「もうすぐ夏なのに、彼らはまだ私にあちこちで無駄話を続けるように仕向けたんです。神様だか、世界だかに話してまわれ、と。そんな状況ではどんなことになるのか目に見えていました。だから、私は手短に言ったんです……多くの親が子供を外で遊ばせられないと考えている、人々は恐れていて、今すぐになんとかしてほしいと願っている、と」

メルケルの涙の訴えに驚いた閣僚は、すぐに行動し、大気汚染防止に向けた厳しい規制を通した。疲労とフラストレーションのせいでメルケルは涙を流した。閣僚たちの優柔不断で人を見下した態度――そのせいでメルケルは不毛なPR活動を延々と行なう羽目になった――に対する人間的な反応だったが、それが功を奏した。とはいえ、閣議の席でメルケルが涙を見せたのは、あとにもさきにもそのとき一度きりだ。

コールの後に首相となる野党SPDの党首ゲアハルト・シュレーダーは、さまざまな問題でメルケルを攻撃し、「指導力がない、使いものにならない」と非難した。シュレーダーの政治手腕は強硬だったが、それに対してメルケルは涙ではなく、怒りと果敢な抵抗で応じた。「いずれあなたを窮地に追いこみます。それにはもう少し時間が必要だけど、そのときが来るのを楽しみにしています、と私はシュレーダーに言った」――そうメルケルはケルブルに話している。かつての内気で、どこかおずおずとしていた東からやってきた〝お嬢さん〟は、新しいことを次々に吸収していった。

西の作法の習得に余念がなく、また、コール内閣の外にロールモデルを探していたメルケルは、ライン川を越えたそのはるか先にいる政治の大家たちに答えを求めた。「メルケルからは、イギリスの政治制度について数えきれないほど質問された」と言うのはポール・リーバー。一九九七年から二〇〇三年にかけてイギリスの駐独大使を務めた人物だ。「イギリスの首相は支持者にどのぐらいの時間を割いているのか？　首相と若手議員の関係は？　とかだ。メルケルは国際的な役割を担う日に備えて、準備しているようだった[15]（※）」。

「メルケルの場合は、好奇心と目的意識がひとつに合わさっていた」と、当時のアメリカの駐独大使ロバート・キミットは言う。メルケルはウッカーマルク郡にある質素な別荘に、キミットとその妻を招いた。自ら腕をふるったグーラッシュ［ハンガリー由来の牛肉と野菜の煮込み料理］を昼食に出し、その後、夫婦揃ってハイキングをした。「驚いたのはきちんと計画されていたことだ。メルケルの夫ヨアヒムは私の妻を連れて一方の道を行き、アンゲラと私は別の道を行った。それからの数時間、私は質問攻めにあった。『ＮＡＴＯについて教えて欲しい』、『さまざまな安全保障体制でのアメリカの役割は？』――東で生きていた人間にはわからなくて当然かもしれないが、政界の階段をもう一段上るには知っておかなければならないことばかりだった」[16]とキミットは言った。ライン川のほとりの小さな街がメルケルの最終目標地点でないことは、キミットにもよくわかった。

※二〇〇一年九月、シュレンドルフはメルケルを、当時のアメリカの国連大使で私の夫でもあるリチャード・ホルブルックに引き合わせた。当時、リチャードはボスニア・ヘルツェゴビナ紛争終結のための協議を行ったところだった。私も夫とともにメルケルとの会合に出席し、未来の首相に初めて会った。作家のスーザン・ソンタグもシュレンドルフの家でのその昼食会に参加していた。ソンタグとメルケルは対照的だった。ソンタグはオープンな性格で、一方、メルケルは熱心な聞き役だった。

ベルリンでのＣＯＰ１で温室効果ガスの排出削減に貢献

メルケルにとって環境大臣としての四年間はフラストレーションだらけだったが、いくつかの功績もおさめた。一九九五年、かつて浮き世離れした東側の科学者だったメルケルは、歴史的な国連の気候変動枠組条約第一回締約国会議（ＣＯＰ１）のホスト役を務めた。ベルリンの自然史博物館に飾られた大きな青い地球儀の下に立ち、世界一六〇カ国からやってきた一〇〇〇〇人を超える代表団を出迎えたのだ。当時、国務次官としてアメリカの代表団のリーダーを務めた元上院議員ティモシー・ワース（コロラド州選出）は、メルケルと初めて会ったときの印象を、「コール首相は東出身の野暮ったいこの女性を選ぶことで、さまざまな条件をクリアできたのだろう[17]」と言った。だが、その後の数日間のメルケルの活躍を目の当たりにして、その見解を変えた。

　メルケルは相変わらず慎重で、平易な英語を自ら使うのは、少人数のグループでの話し合いだけだった。一〇〇〇人の代表団に向けたスピーチはドイツ語で行った。さらに、いつものように、協力的な人物と積極的に話をした。インド代表の経験豊富なカマル・ナートのアドバイスを受けて、代表団を開発途上国と先進国に分けると、そのふたつのグループのあいだを行ったり来たりした。独断的な決定はせず、譲歩によって良い結果を出そうとした。

　また、初めて、首相としての強みとなる資質も示した。それは驚異的なスタミナだ。夜を徹した交渉が終わるのは朝方で、大半の使節は疲れ果て、ふらふらになった。だが、メルケルは違った。朝からまた別の会議の議長を務め、最終的にベルリン・マンデートと呼ばれる合意を得た。それは、温室効果ガス排出削減に関して、具体的で法的拘束力のある目標とスケジュールを、各国政府に求めるというものだ。二年後、この合意が画期的な京都議定書へとつながることになる。

　メルケルはベルリンでのCOP1について、「私の最大の業績のひとつ」と言った。だが、いつものように前言を撤回し、「私の業績というのは不適切ですね。経験と呼ぶことにします」と言い直した。世界の檜舞台へのデビューをあくまでも控えめに呼ぶメルケルだが、「生まれて初めて、世界中の異なる文化とそれぞれのやり方を知る機会を得ました。本当に嬉しくてたまりませんでし

⑱た」とも言っている。さらに、その気候会議で多くの友人を作り、開発途上国にとっての親しい友人となり、それが将来大いに役に立つことになる。メルケルの自信はふくらんでいった。

結婚式に家族も呼ばなかった

公の場ではほとんど人間味を見せないメルケルだが、少人数のグループではそれが垣間見えることもある。ベルリン気候会議から数年後、メルケルは当時のアメリカの財務長官ヘンリー・〝ハンク〟・ポールソンに協力を求めた。ジョージ・W・ブッシュ大統領との初会談に向けての準備を、手伝ってほしいと頼んだのだ。「有力者を集めて、メルケルに会わせた」とポールソンは当時を振り返る。

「CEO、銀行の総裁、財界のリーダー。メルケルの質問に答え、逆にメルケルに質問を投げかける人々だ。その会合で、メルケルは可愛い一面を覗かせた。質問されているときに、テーブルの下でときどき私の手を握りしめたんだ。あれは決して忘れられないよ」ポールソンは生真面目なメルケルの意外な一面を思い出しながら、にっこり笑った。

ポールソンはメルケルと親しくなるにつれ、別の一面――タフな一面――を目にすることになった。それについて、次のようなエピソードを語っている。

「メルケル政権になってからのことだが、私は財務大臣のペール・シュタインブリュックに手を焼いていた。するとアンゲラは、『いいですか、ドイツは連立政権なのです。シュタインブリュックは連立相手であるSPDの議員で、自尊心が高く、おそらく首相になるつもりでいる。だから、シュタインブリュックからは目を離さず、褒めそやして、その発言に耳を傾けておけばうまくいきます』と言った。それで私は言われた通りにした。メルケルは正しかった。その財務大臣との関係がずいぶん上向いたのだ。男は往々にして相手を支配しようとするか、やりこめようとするものだが、メルケルはそんなことはしない。他者に追従することもない。メルケルのような女性には会ったことがなかった。相手に合意を求め、手の内を見せず、それでいて、強い信念を持っている[19]」

ハーバード大学の学長ローレンス・バコウも、公の場ではめったに見られないメルケルの人間味に驚かされたひとりだ。二〇一九年五月、同大の卒業式でメルケルがスピーチをすることになった(スピーチの内容については三四二ページを参照)。そこで前もってふたりで打ち合わせをしたところ、メルケルはバコウの母親について尋ねた。いつものように、メルケルは予習に余念がなく、バコウの母親がフランクフルトにほど近い小さな村で生まれたのを知っていた。バコウの家族や親戚の多くは、ホロコーストによって亡くなっていたのだ。メルケルはバコウの腕に手を置くと、母の生まれた村を訪ねたことがあるかと訊いた。「ありますよ」とバコウは答え、辛い経験を打ち明けた。母親の実家がナチスに押収された後、ずっとその家に住んでいる老女と顔を合わせたのだ。「あれはなんとも気まずかった」とバコウはメルケルに言った。

「そうでしょうね、よくわかります」とメルケルは応じた。

「人がそういう出来事から受ける苦しみに、メルケルはきちんと向き合っている」とバコウは言う。「両方の立場に立って、和解の道を真剣に考えていた。メルケルがそういったことに向き合っているという事実にも、心からの思いやりにも、私は感動した[20]」。

一対一でいるときには生来の人間味を見せるメルケルだが、必要とあれば断固とした姿勢も見せる。メルケルが環境大臣を務めているときに、大きな影響力を持つケルン大司教のヨアヒム・マイスナー枢機卿がタブロイド紙「ビルト」のインタビューに応じ、「どうやら、キリスト教徒である女性大臣は同棲しているらしい」と言った。枢機卿の公の場での叱責ともいえる発言に、メルケルは黙っていなかった。「私は車で枢機卿の家へ行くと、慎重であることがいかに大切か、その理由をきちんと伝えました。一度結婚したことがあれば、用心深くならざるを得ない、と説明したのです」とメルケルは言い、枢機卿からの攻撃を逆手に取った。枢機卿ではなく自分のほうが、人を戒める神の僕であるかのように振る舞ったのだ。

その後、一九九九年一月二日、多くの発行部数を誇る日刊紙「フランクフルター・アルゲマイネ」に、ある広告が掲載された。それは広告を出したカップルの性格そのままに、「私たちは結婚しました。一九九八年一二月　アンゲラ・メルケルとヨアヒム・ザウアー」という型どおりのそっけないものだった［ドイツの新聞には死亡広告だけでなく、結婚報告の広告も掲載される。なお、二人が実際に結婚したのは一二月三〇日］。控えめな結婚式は、その夫婦のプライバシーへのこだわりを表していた。式にはメルケルの両親も、ヨアヒムの息子たちも呼ばれなかった。「もう誰にも期待されないようになってから、私たちは結婚したんです[21]」とメルケルは言っている。たしかに、予想外の行動はメルケルの特技ともいえる。ドイツという国は一般的には保守的で、それをよく知るメルケルは正式に結婚することで、政界の階段をもう一段上がるための潜在的な障害を消し去ったのだった。

かつてメルケルは、ドイツの政治にどんな貢献をしたのかと訊かれ、「自由のない体制の中で三五年間生きてきたがゆえに、自由の価値をきちんと認識している。ＣＤＵにはそういう者がいませんでした……また、予想外の出来事を進んで経験しようという者も、社会の架け橋になろうとしている者も、変化を強く望んでいる者もいませんでした」と答えた。だが、メルケルの次のステージでの役目は、橋をかけるのではなく、燃やすことだった。

コールの闇献金問題を大胆に批判、一気に駆け上がる

一九九八年、五期にわたって首相を務め、一六年間権力の座に君臨しつづけたヘルムート・コールは選挙に負けた。さらに、その翌年、出所不明の政治献金を一九八二年に受け取っていたという闇献金問題が降りかかった。首相の座はSPDのゲアハルト・シュレーダーに譲っていたものの、コールは相変わらずCDUの有力なリーダーで、献金者の名を明かさず、最後まで捜査を妨害した。それは「名誉の問題だ」と主張しつづけたのだ。

その頃すでにCDUの指導部内でも目立つ存在になっていたメルケルは、前大臣として、そして、連邦議会の議員として、十分に名が知れていた。にもかかわらず、多くの人が、メルケルのことをお人好しのお嬢さんだと思い込んでいた。だが、実際にはそうではないことを、まもなくその党もドイツ国民も知ることになる。

一九九九年一二月二日の朝、ドイツ国民は「フランクフルター・アルゲマイネ」紙でひとつの記事を目にすることになった。〝ヘルムート・コールの行動が党に痛手を負わせた〟という見出しで、アンゲラ・メルケルの署名入り記事が掲載されたのだ。〝王は死んだ、女王陛下万歳〟と、見出しを差し替えても通用したかもしれない。その記事はメルケルのかつての師にとっても、後継者と目されるヴォルフガンク・ショイブレにとっても、いや、ドイツのどの政治家にとっても衝撃的だった。

メルケルはコールのスキャンダルを〝悲劇〟と呼び、自分が忠誠を尽くすのは、ひとりの男性に

対してではなく、党の未来だと明言した。〝党首コールの時代は完全に終わった〟とメルケルは宣言したのだ。そして、権力という重荷から解放された晩年をコールに過ごさせてあげたいといった趣旨のことを、大胆にも、だが、それとなくほのめかした。「わが党は歩むことを学ばなければならない。〝老いた軍馬〟なしで、政敵と果敢に戦わなければならない」と書いたのだった。

〝老いた軍馬〟を安楽死させ、それによってキリスト教民主同盟という政党を救う勇気がある党員は、メルケルをおいて他にいなかった。「コールの反応はまさにダビデとゴリアテだった。『小生意気な若造がオレさまに石を投げつけるとは何事だ』と言わんばかりだった」とフォルカー・シュレンドルフは言う［旧約聖書のサムエル記には、イスラエルの羊飼いダビデがペリシテ軍の巨人ゴリアテを石投げ紐と石一つで倒した話がある］。あれほどの大物と渡りあうのは怖くなかったのか、と訊かれたメルケルはとぼけるように、「彼を怖がるですって？　八年も一緒に仕事をしてきたのに(22)」と答えた。その言葉は、ここには巨人はいない、みんなただの政治家だ、というメッセージだった。

二〇年以上党首を務めた大物がいなくてもＣＤＵはやっていける――メルケルの勇敢なその姿勢は、現代のドイツ政界でもひときわ大胆だ。それまでの約一〇年間、メルケルはさまざまなことに穏当に対処してきた。それゆえに、周囲の政治家はメルケルには狡猾さが欠けているという錯覚を抱いていた。ところが、穏やかさの下に隠し持っていた確固たる意志を、メルケルは不意に表出させたのだ。メルケルにとってその記事を書くのは、個人として、また、政治家としての殻を破るために不可欠な行為だった。何年ものちに、その記事を書いた理由を訊かれると、「何よりもまず、自分を縛りつけているものから解放されて、自分なりの居場所を作りたかった(23)」と正直な気持ちを吐露している。

メルケルの記事は、CDUの次のリーダーの座を争う有力なライバルをも失脚させた。その有力候補とは、やはり不正献金疑惑が囁かれ、相変わらずコールに与していたショイブレだ。頭脳明晰で政治家として人気も高いショイブレは、一九八四年から大臣を務め、コール派として知られていた。一九九〇年、選挙の決起集会で銃撃され、脊髄に損傷を負ったが、それでもコールはショイブレを支援した。車椅子生活を余儀なくされたショイブレには政治家として十分な活動ができるはずがないと、党員の多くが見限るなか、コールはショイブレを支援し続けたのだった。ショイブレとメルケルふたりにとって、コールは上司であり師でもあった。また、ショイブレにとっては、CDUの後任党首として自分を指名してくれた人物でもある。そんなコールを非難する記事を書いたことを、メルケルはショイブレに伝えていなかった。自身の不正献金疑惑も大きく取り上げられるようになると、ショイブレは観念して、自ら党首を辞任した。

二〇〇〇年初頭、メルケルはさらに上がった知名度と、署名記事によって明らかになった大胆さを武器に、CDU党首に名乗りを上げると、満場一致で選ばれた。元科学者で四五歳、スキャンダルとは無縁の政治家によって、冷戦後のその政党のイメージは一新され、新たなスタートを切ることになった。コールから解放されたメルケルはそこで初めて、政党の運命を自身の手で握ったのだ。そして、保守的な男たちの党をしっかりコントロールしなければならなくなった。

四月一〇日、CDUの党首としての初日、メルケルはボンにある党本部の会議室に入った。そこでは党の幹部が待ち構えていた。メルケルは部屋を見渡すと、すでに席についていた幹部全員を立ち上がらせ、間隔を空けて長いテーブルに着くように求めた。(24) それが意味することは明白だ——私に抗《あらが》おうと策略をめぐらすのはやめなさい。私はあなたたちをきちんと見ている。その政党はアンゲラ・メルケルのものだった。

その年、ベルリンはドイツ連邦共和国の正式な首都として、歴史にその名を刻むことになった。メルケルはいくつかの心残りを胸に、ライン川沿いのこぢんまりとしたボンの街を離れた。偏狭で、保守的で、あくまでも男性優位のその街が、メルケルの心の故郷になることはなかった。

政治家としての見習い期間を終え、メルケルはほっと胸を撫で下ろした。そんなふうにしてベルリンへ戻った。子供の頃、東ベルリンに住む祖母のところによく遊びにいっていたことからも、ひじょうに馴染み深い街ベルリンへ。とはいえ、豪邸が立ち並ぶ緑豊かな高級住宅街に居を構えることはなかった。グリューネヴァルトやダーレムやシャルロッテンブルクに住もうとはしなかった。メルケルとヨアヒムが選んだのは、かつての東ベルリンの中心地。ペルガモン博物館の向かいに立つ地味な賃貸マンションだった。メルケルにとっては、テンプリーンのヴァルトホーフに負けず劣らず見知った界隈だ。

ボンの住まいの窓からは、ゆったりと流れるライン川が見えたが、ベルリンの新居の窓から見えるのは、世界的都市ベルリンの名に恥じないよう、突貫工事で再開発が進められている街の景色だった。地平線にいくつものクレーンが立ち並び、かつての無人地帯のあちこちに醜い壁の残骸がむき出しのまま取り残されていた。戦争の傷跡が残っていた国会議事堂《ライヒスターク》は修復工事を終えたばかりだった。そんなベルリンで、アンゲラ・メルケルはようやく故郷に戻ってきたような気分になった。足元が固まり、もう人生の教訓は必要ない、そんなふうに感じていた。

コールからの意味深な手紙「チャンスをきみは摑み取った」

頑ななエゴがあるかぎり、傷が癒えることはない。それでも、ヘルムート・コールはついに可愛い弟子と和解した。二〇〇五年、コールはメルケルを首相候補として承認したのだ。さらにその四年後、メルケルはコールの自宅を訪ね、公に仲直りした。本心までは知る由もないが、政治のルールを心得たふたりは、失望も心痛も表には出さなかった。二〇一二年、アメリカの駐独大使フィリップ・マーフィーが、コールの首相就任から三〇年を祝う少人数の晩餐会を開いた。メルケルは中国から帰国したその足で晩餐会に駆けつけ、かつての師に向けて心温まる乾杯の挨拶をした。「メルケルが旅の話をしているあいだ、私はずっとコールを見ていた。コールはわが子を見守る親のように誇らしげな笑みを浮かべていた。とはいえ、どちらが首相なのかは見間違いようがなかった」と、晩餐会に出席した元大使キミットは言った。

二〇一四年、メルケルの六〇歳の誕生日に、コールは意味深な手紙をメルケルに送っている。「今振り返ってみれば、確かなことがある。波乱に富んだ人生が差し出したチャンスを、きみは摑み取ったのだ[25]」と。チャンスを摑み取る才能はまぎれもなくメルケルの強みで、老いた軍馬——権力とは何なのか、メルケルが多くを学ばせてもらった人物——は、それを称賛せずにいられなかった。

自身の人生の中でコールが果たした役割を、メルケルはきちんと自覚している。それでも、コールに恩義があるのは政治家としてだけで、個人的なものではないと考えている。メルケルが何よりも恩義を感じているのは、統一によって二度目のチャンスを与えてくれたドイツという国に対してだ。

第6章 初の女性首相へ登りつめる

ライバル・シュレーダーの自滅を待ち、51歳でついに首相の座へ。質実剛健な執務室にはエカチェリーナ二世の肖像画。ドイツを謙虚ながら自信に満ちた国にしたい。

2005年11月22日、アンゲラ・メルケルは歴史を作った。女性、科学者、東ドイツ出身者と３つのハンデを負ったアウトサイダーであるメルケルは、ドイツ初の女性首相として就任の宣誓を行った。そうして、男性ばかりの歴代首相が並ぶポートレート・ギャラリーに、その肖像画が掲げられた。

ドイツ人が求めているのは、鏡を見つめる者ではなく、問題を見つめる者だ。自分に焦点を当てないメルケルの政治スタイルは申し分ない。

——カール＝テオドール・ツー・グッテンベルク
（第二次メルケル内閣の国防相）

私は話が得意ではない。
私にできるのは真実を伝えることだ。

——ソクラテス

二〇〇五年、ゲアハルト・シュレーダー首相が早期の総選挙を決めると、アンゲラ・メルケルの時代がやってきたことに、ＣＤＵのメンバーはひとりとして異を唱えなかった。かつて男性が支配していたその政党は、中道派で穏健な経歴で、大西洋の両側に強いコネを持つ実務的なリーダーを選び、新たなスタートを切ることにした。そのリーダーにドイツ初の女性首相として歴史に名を刻むチャンスも与えたのだ。

ドイツ人はメルケルの謙虚さを好意的に見ていた。そっけないが単刀直入な話し方も、芝居じみたことをしないのも、さらに、傍目には易々と東から西へと活躍の場を広げたように見えることにも好感を持っていた。メルケルの人となりについては、党と国民を失望させたコールを容赦なく切り捨てたという予想外の冷静さを除けば、ほとんど知られていなかった。だが、メルケルもそのライバルであるSPD右派のゲアハルト・シュレーダーも、ドイツの穏健な和の政治からの脱却を目指していた。波乱に満ちた歴史から教訓を得て、第二次世界大戦後のドイツでは、政治は退屈なぐらいがちょうど良いとされてきたのだ。

九月の総選挙までの数週間の世論調査では、おしゃべりでプライベートもあけっぴろげ、格好のネタを提供してくれるシュレーダーをメディアがひいきしていたにもかかわらず、メルケルの勝利は確実に思えた。ところが、形勢はあっという間に逆転し、メルケルは危うく敗北しかけた。その経験から貴重な教訓を得た。ひとつは、自分のまわりに配する人物の重要性。もうひとつは、自分が率いようとする国の雰囲気に敏感でいなければならないことだ[1]。

問題は税金にまつわることだった。選挙運動中、メルケルは未来の内閣の財務大臣として、名門ハイデルベルク大学の法学教授パウル・キルヒホフを選んだ。キルヒホフは政治音痴な学者で、すべての国民が同税率で所得税を払うことを提唱していた（※）。その案は評判が悪く、苦戦を強いられたシュレーダー首相にとって格好の攻撃材料になった。現実を知らない保守の過激な政治家メルケルは、ドイツ経済に致命的なダメージを与えかねない、と攻撃したのだ。それまでのメルケルの二桁のリードは、あっというまに一桁に落ち込んだ。

※ドイツの税制は累進課税で、課税所得額にしたがって支払う税金が増える。

政権争いでシュレーダーは自滅

議院内閣制のドイツでは、各選挙区の有権者は自分たちの代表となる国会議員を投票で選ぶ「ドイツでは小選挙区比例代表併用制が採られているので、同時に政党にも投票する」。そうして選ばれた国会議員が首相を選ぶ。もっとも多くの議席を獲得した政党は、第二位の政党、あるいは、複数の政党と連立を組み、複雑な交渉を経て、各党への閣僚ポストの割り振りを決める。そのために数週間、あるいは、数カ月間も調整が続くこともある。

二〇〇五年の選挙の夜、シュレーダーとメルケルの政党は互角の勝負を演じていた。どちらも他党と連立せずに首相を決めるために必要な票数が獲得できなかった。まさに接戦で、最後までどちらが勝つのか予測がつかなかった。その夜、候補者はそれまでのドイツの慣習にしたがって、連立に乗り出す前にテレビで会見を行い、記者から厳しい質問を受けた。強い照明に照らされたメルケルは、やつれて、疲れ果てているように見えた。

その隣で、どっかりと椅子に腰を下ろしたシュレーダーは、視聴者に向けて堂々と言い放った。「私が首相を続ける。私の政党がメルケルからの話し合いに応じると思うか？」と。シュレーダーの顔には、ほくそ笑んでいるようにも嘲笑《あざわら》っているようにも取れる笑みが浮かんでいた。ちょうどそのとき、カメラがメルケルに切り替わった。疲れた顔にかすかな笑みが浮かぼうとしていた。メルケルは何も言わず、シュレーダーが吠えるに任せておいた。これこそがメルケルの得意とすることだった。群れのボスをしゃべらせておいて、自ら墓穴を掘るのを粘り強く待つのだ。

満を持して、メルケルはマイクに向かって身を乗りだすと、「はっきり言いましょう、今日、あなたは勝ちませんでしたよね」と冷ややかに言った。次に、怒るシュレーダーから視聴者のほうへ向き直り、「約束します、私たちが民主主義のルールを覆すことはありません」と話を締めくくった。拍手喝采が沸き起こると、メルケルは満足そうに微笑んだ。

〝いずれシュレーダーを窮地に追いこむ〟と胸に刻んだ誓いを果たしたのだった。その過程でメルケルは歴史を作った。

五一歳でドイツ初の女性首相に

二カ月後の一一月二二日、アンゲラ・メルケルはドイツ初の女性首相として宣誓した。就任式が行われたのは、あの国会議事堂《ライヒスターク》だ。ライヒスタークは一九三三年の不審火で炎上し、それをきっかけにアドルフ・ヒトラーが全権を掌握したといういわくつきの議事堂だが、すでに見事に修復されていた（※）。

ベルリンは再統一されたドイツの栄光の首都だった。ライヒスタークのガラス張りのドームから光が射しこみ、その透き通った光は、ドイツの贖いの民主主義のシンボルとなった。

黒いスーツに身を包んだ五一歳のアンゲラ・メルケルは、神妙な面持ちで右手を上げると、「ドイツ国民の幸福のために全力を尽くし、国民を繁栄させ、国民を危険から守り、憲法を支持し、擁護することを神に誓います」と宣誓した。拍手が沸きあがると、それに応じようとメルケルは顔を上げ、はにかんだ笑みを浮かべた。それまでの人生で最大の奇跡のようなこの瞬間に、こみ上げてきた涙を、瞬きをして押し戻した。

その様子をメルケルの両親ときょうだいは淡々と見つめていた。そもそも、感情をそう簡単に表に出すような家族ではなかった。ホルスト・カスナー牧師の胸にはどんな思いが去来していたのだろう？　控えめでありながら独立心旺盛な娘が、父が心の底では認めていない政治体制の国を率いるための宣誓を行ったことに対して。

意外にも、その歴史的セレモニーにメルケルの夫は出席しなかった。ザウアーはいつもどおり、研究室での量子化学者としての仕事に忙殺されていた。妻のほうも、夫が出席しないのを気にしている様子はなかった。「大変なときに、夫が支えになってくれることのほうがはるかに重要ですから(2)」と新たな首相は言った。たしかに、まもなくその支えが必要になる。

ドイツの第八代首相を真っ先に祝福した者の中には、第七代首相がいた。シュレーダーは就任式のあとで「親愛なる首相閣下」と言いながら、メルケルに片手を差し出した。「われわれの国のためにあなたがしっかり仕事をしてくれることを祈っている(3)」。

「あなたが私たちの国のために行ったことすべてに感謝します。あなたがやり残したことは、私が責任を持って処理します」とメルケルは快活に応じた。だが、論争もなく、スムーズに政権交代が行われるような成熟した民主主義国にあっても、昔の遺恨はいつまでも残るものだ。二〇〇七年七月、シュレーダーが歴代首相として掲げられる自身の肖像画の除幕式のためにふたたび官邸を訪れると、メルケルは「これで私たちはどちらもこの壁にたどり着きましたね」と言った。「他の人より早目にたどり着いた者もいるようだが(4)」とシュレーダーは応じた。

宣誓就任式を終えて首相となったアンゲラ・メルケルは、立派な柱が並ぶライヒスタークの西門から外に出た。そのアーキトレーブ［柱と柱の間に架け渡した梁］に〝Dem Deutschen Volke（ドイツ国民に捧ぐ）〟という有名な言葉が取り付けられたのは、第一次世界大戦中のことで、その文字はフランスの大砲［ナポレオンからの解放戦争で鹵獲《ろかく》された］を溶かして記された。メルケルは広い芝生を新たな執務室へと足早に進みながら、早く仕事がしたくてうずうずしていた。だが、まずは、世界各国のメディアの相手をしなければならなかった。

誰よりも冷静な首相が公の場で口がきけないほど驚いた場面を、多くのドイツ人は一度、あるいは二度ほど目撃している。一度目は、就任式直後の記者会見でのことだ。言葉に詰まるほどメルケルを驚かせたのは、ごくありふれた質問だった。「マダム・チャンセラー、どんなお気持ちですか?」――「インターナショナル・ヘラルド・トリビューン（現インターナショナル・ニューヨーク・タイムズ）」紙のジュディ・デンプシーが発したその質問に、新たな首相は不意を突かれたらしい。メルケルは感情を事細かに伝えるタイプではなかった。特に自分の感情に関しては。「ああ、ええと、まあ、この状況では……」と束の間口ごもってから、いつもの冷静さを取り戻し、信条である〝静寂の中にこそ力がある（In der Ruhe liegt die Kraft）〟という言葉どおりに行動した。公衆の面前でふたたび冷静さを失うのは、それから一〇年後のことだ。

※一九三三年二月二七日、アドルフ・ヒトラーが首相に就任した四週間後に、国会議事堂は火事になった。原因は放火だった。ヒトラーの政府は共産党員の仕業だとして、自国が共産主義の脅威に晒されているという口実に使った。その結果、ヒトラーが敵と見なす人々が次々に逮捕されたのだった。

「謙虚でありながら自信に満ちた国」を目指す

ドイツでは首相であるメルケルが唯一の権力者ではない。とりわけ国内問題では、一六の州と強固な憲法裁判所にも決定権がある。ゆえに、首相は合意と説得によって国を治めることになる。それに比べると、外交問題は首相の裁量に任される範囲が広い。

メルケルが執務室に新たに持ち込んだのは、計画や具体的な政策というより、いくつかの基本的な価値観だった。個人としての深い信仰心、責務と奉仕についての確固たる信念、メルケルが〝ショアー〟と呼ぶ、ユダヤ人に対してドイツが行ったことへの永遠の償いの念。また元科学者としての、正確で根拠《エビデンス》に基づいた意思決定。さらに、自国の民を投獄した独裁者への激しい憎悪。表現と行動の自由は、その両方が手に入らないまま人生の最初の三五年間を生きた政治家にとって、陳腐な謳《うた》い文句であるはずがなかった。

そういった揺るぎない信念を持つメルケルだが、独断的なリーダーではない。国民がついてこれるスピードで物事を進め、自身の考えが政治的に実現可能かどうかを確かめるために投票を行う。ただし、ごく稀に、いつもの慎重さを忘れ、ドイツ国民を――のちには世界を――あっと言わせることもある。

首相就任時のメルケルの目標は、ふたたび侵略的になりつつあるロシアに対抗する力をドイツがつけることだった。また、永遠になくならない人種差別や外国人嫌悪というウイルスに冒されないよう、ドイツという国が自覚を持つことでもあった。外交政策の基盤は、ＮＡＴＯおよび大西洋沿岸諸国との関係だ。メルケルのドイツはヨーロッパの一部になる――ヨーロッパ大陸をリードすることもなければ、脅かすこともない。メルケルにとってのヒーローは、レーガン大統領とジョージ・Ｈ・Ｗ・ブッシュ大統領。そしてもちろん、ドイツの再統一のために尽力し、経済大国ドイツに対してイギリスとフランスが抱いていた懸念を払拭した善き師のヘルムート・コールだった。メルケルは彼らを手本に、ドイツを立派な国にするつもりだった。その国を率いている女性そっくりの、謙虚でありながら自信に満ちた国に。

ソーシャルメディアからは距離を置く

就任初日から、メルケルの仕事場には病院にも似た静謐《せいひつ》さが漂っていた。ガラスと金属の近代的な建物は、セレモニーの場ではなくまさに仕事の場だ。門の前に立つ濃紺の制服姿の衛兵は、暇さえあれば射撃の練習やトレーニングに励むタイプには見えなかった。むしろビジネスマンの雰囲気で、整列して行進を行っている姿は思い描けない。建物の中の淡い緑色の壁には、権力や歴史を想起させるものはひとつも見当たらず、皇帝や軍人の立派な肖像画もかかっていなかった。それが、自国の歴史に責任を感じ、大国という現在の地位に安住することもない国の、権力の中枢だった。

ほぼ毎日、ベルリンの夜明けとともにメルケルは連邦首相府にやってくる。ある側近によれば、〝神が創りたもうた姿のままで〟だ。ノーメイクで、髪も整えず、地味な服装で、すぐにでも仕事に取りかかろうとする。一〇年以上メルケルのスタイリストを務めるペートラ・ケラー――メルケルの旅には同行するが、自宅までは同行しない――が、世界中の人が知るあの首相のイメージにメルケルを整える。その間、当の本人は朝食をとり、夜のうちに入ってきた連絡事項とニュースをタブレットで読む。混乱しそうなほどいくつもの重大な局面に瀕していても、メルケルのチームのおかげで、執務室にはどこか和やかな雰囲気が漂っている。メルケルが子供時代を過ごしたテンプリーンの牧師館にも似た雰囲気だ。

官邸から発信する情報とメッセージをきちんとコントロールすべく、メルケルは細心の注意を払ってソーシャルメディアを避けている。一瞬にして広がる誤報の威力はもとより、何気ないやりとりさえ政敵からの攻撃材料になりかねないのを決して忘れない。

メルケルがインターネットの力を意識していることは、二〇一七年六月、パリの華やかなエリゼ宮で行われたバルカン諸国とＥＵの会議での出来事で明らかになった。その会議の成果を祝して、セルビアの副首相イビチャ・ダチッチが、お気に入りのカンツォーネ「オー・ソレ・ミオ」を歌いだした。すると、その場にいたＥＵのリーダーはこぞって携帯電話を取りだした。歌う副首相は面白いエピソードとしてソーシャルメディアで公開されようとしていたが、メルケルが感じたのはそれが災いをもたらしかねないということだけだった。メルケルは立ち上がると、「みなさん、電話を置いてください！　その写真がネット上で広まったら、この会議の印象がとても悪くなります」と訴えた。ヨーロッパのリーダーたちは言われたとおりに携帯電話の電源を切り、副首相は途中で歌をやめた。それこそが、その場にいる他国のリーダーをも黙らせたアンゲラ・メルケルの静かな権威だった。

広々した執務室で、メルケルが最初に変えたもののひとつは家具の配置だった。小学生の頃から前列に座るのが嫌いで、真ん中あたりの席が好きだった。そこなら、クラス全体が見わたせるからだ。そこで、巨大な部屋の奥のほうに置かれていた前任者の戦艦並みに大きなデスクは使用せず、ドアの近くに自身の作業机を置くと、部屋に入ってきた者が首相の姿を見る前に、メルケルのほうが訪問者を見られるようにした。

光り輝く近代的な建物の首相府内にあるメルケルの執務室は、大国の中心というより、成功したベンチャー企業の社長室のようだ。見るからに質実剛健なそのしつらえは、謙虚と質素というルター派の教えそのものだった。テラスに出れば――メルケルはよくそうやって、訪問者に発展する街の景色を見せている——正面にライヒスタークがそびえ、その力強い波動が伝わってくる。メルケルと近代的な首都は、近年の歴史とともに劇的に変化しつづけている。

自ら来客にコーヒーを淹れ情報収集

ぎっしり詰まった一日のスケジュールに取りかかる前に、メルケルは何本か電話をかける（自ら電話をすることが、メルケルのプライドでもあるのだ）。電話で他国の大統領と話をすることもあれば、毎朝、咲いたばかりの花を執務室に届けてくれる庭師に礼を言うこともある。また、前任者がクローゼットとして使っていたスペースを簡易キッチンに作り替えた。そこで自らコーヒーを淹れて、来客者に勧めることもめずらしくない（執務室に染み込んだシュレーダーのキューバ産葉巻の匂いは、徐々にコーヒーの香りに変わっていった）。

来客者のためにコーヒーを淹れるのは、カフェインを欲する客を満足させるためだけではない。執務室を人間味のない冷たい場所にしないためでもある。メルケルはコーヒーを淹れながら、客にいくつもの質問をする。そうやって情報を集めるのだ。元国連事務総長特別代表のマイケル・キーティングは、二〇〇六年にコフィ・アナン国連事務総長が初めてメルケルの執務室を訪れたときのことを、こんなふうに言っている。

「メルケルは穏やかな表情を浮かべながら、なぜドイツにとってアフリカが最重要事項なのかという話にしっかり耳を傾けた。気候変動の影響、アフリカの経済力、移民、テロなどについて議論を交わしたが、そこにはたくさんのユーモアも織り込まれていた」

キーティングはメルケルの机の上にある銀色の写真立てに目を留めた。そこにはロシア皇帝エカチェリーナ二世の肖像画が入っていた。その女帝は、北ドイツでアンハルト＝ツェルプスト侯の娘ゾフィーとして生まれた。実のところ、メルケルが育ったテンプリーンからさほど遠くないシュテッティンという町で育ったルター派のキリスト教徒だった。ピョートル大帝の孫にあたる未来のロシア皇帝ピョートル三世と見合い結婚をすると、ゾフィーというドイツ名をエカチェリーナというロシア名に変え、やがて一七六二年、クーデターで夫を幽閉して自らがロシア皇帝の座に就いた。明敏で意思強固な女帝は、自分を侮った男たちを倒し、三四年のあいだロシアの頂点に君臨した。数ある功績のひとつには、オスマン帝国からウクライナを奪ったことがある。メルケルもやがて、ウクライナをめぐって、現代のロシア皇帝ウラジーミル・プーチンと争うことになる。

メルケルの執務室の壁には、ベルリンの壁の前で並んでいるヘルムート・コールとジョージ・H・W・ブッシュ大統領の大きな写真が額に入れて飾ってある。また、オーストリアの表現派の画家オスカー・ココシュカが描いたコンラート・アデナウアーの肖像画も飾られている。第二次世界大戦後、西ドイツの初代首相となったアデナウアーは、崩壊した自国と西側諸国との絆、とりわけアメリカとの絆を深めたのだった。メルケルのデスクには、プレキシグラスの立方体が置かれていて、そこには信念である〝静寂の中にこそ力がある（In der Ruhe liegt die Kraft）〟という言葉が刻まれている。また、執務室の片隅には、大きな木製のチェスの駒がひとつ置かれている。その駒はもちろんクイーンだ。

全行動に護衛がつく中で、日々さまざまな行政部門とのスケジュールをこなすメルケルは、仕事とプライベートをそれまで以上に明確に分けるようになった。メルケルの住まいは首相府から数分のところにある一見なんの変哲もない賃貸マンションだが、そこに側近を招くことはない。また、メルケルが首相になってまもなく、側近は新たな首相ができる限り自宅のベッドで眠りたがるのを知ることになった。たとえ数時間だろうと、また、ヨーロッパのどこかの国の首都で一日を過ごしたあとでも、自宅で寝るのを好むのだ。

チーム・メルケルの顔ぶれ

一六年ものあいだ首相を務めていながら、メルケルの日常はほとんど変化していない。毎日八時半には、（側近いわく）〝首相の鎧〟を完璧にまとって、会議に臨む。その会議の出席者は首席補佐官のベアーテ・バウマン、シュテッフェン・ザイバート報道官、長年あらゆることをこなしてきたエヴァ・クリスティアンセン、第四次政権から国家安全保障担当補佐官となったヤン・ヘッカーだ［ヘッカーは二〇二一年八月、駐中国大使に任じられたが、赴任直後に急死した］。この四人の側近の中でもっとも重要な役目を担っているのがバウマンで、メルケル政権下のドイツで二番目の権力者と言っても過言ではない。夫を除けば、バウマンほどメルケルを知る者は他になく、バウマンほどメルケルから信頼されている者も他にいない。

メルケルより九歳年下でケンブリッジ大学を卒業した独身のバウマンは、メルケルの政治方針とアメリカに対する畏敬の念にも似た信頼の形成に大いに貢献した。表舞台には登場しないため、顔をほとんど知られずに済んでいるというのは、メルケルにとってはもはや手の届かない夢のような立場だ。一九九五年にメルケルの個人秘書兼オフィスマネジャー［総務・管理担当者］となり、二〇二一年もその肩書きに変わりはないが、実際の仕事内容は職務明細書に書ききれないほど多岐にわたる。二五年間、二人三脚で政治の道を歩んできたメルケルとバウマンだが、今でもやや他人行儀に〝Sie（あなた）〟と呼び合う［ドイツ人は親しくなるとDuという二人称を使う］。とはいえ、他の職員がメルケルを〝Frau Bundeskanzlerin（首相閣下）〟と呼ぶのに対して、バウマンは〝Frau Merkel（メルケルさん）〟と呼ぶ。それはバウマンが特別な地位にあることの証だ。「ツァイト」紙で長年メルケルを取材しているベルント・ウルリッヒは、ふたりの関係について、「姉妹のようだ。お互いに相手の話に割って入りもするし、お互いに相手の意見に異を唱えることもある。ふたりのあいだには壁はなく、信頼しきっている」と言う。メルケルが首相に就任した最初の年には、前列に陣取ったバウマンが時折ジェスチャーで合図を送る姿が見られた。「もっと速くしゃべって」、「そろそろ終わり」、「少し笑って」などの合図が送れるのはバウマンだけだ。

バウマンがメルケルによく似た妹だとしたら、エヴァ・クリスティアンセンは華やかな妹だ。旧東独におけるインターネット・アクセスの改善を主眼とするデジタル化担当者であるクリスティアンセンは、メルケルと一五歳ほどの年の差がある。金髪でスリムな容姿は、健康的な美人ヨガ・インストラクターのようだ。メルケル、バウマン、クリスティアンセンにくわえ、第三次・第四次メルケル内閣の国防相で現在は欧州委員会委員長を務めるウルズラ・フォン・デア・ライエンの四人は、マスコミから「ガールズ・キャンプ」などと揶揄されているが、当人たちはそんなことを気にするそぶりもない。

二〇一八年六月、首相府を訪ねた私は、メルケルとバウマンとクリスティアンセンの知的レベルが合っているのを目の当たりにした。事前に示し合わせたわけでもないのに、三人ともドイツの歴史家トーマス・バウアーの著書『曖昧な文化：もう一つのイスラム史』（未邦訳）を読んでいたのだ。イスラム文化の伝統と現代、そこに複雑に織り込まれた緊張関係が記された本だ。

メルケルは側近に常に率直な意見を求める。「メルケルのスタッフにおべっか使いはいない。私たちは彼女を批判できる」(5)と〝ガールズ・キャンプ〟のひとりは言う。

メルケル政権下で長きにわたり大使の職にあったひとりであるヴォルフガンク・イシンガーは、メルケルと側近の関係が緊密であることを認めた。また、側近に登用する人物には、いつから側近になるのか、何をするべきなのかを、メルケルは明確に知らせるという。

「オバマ大統領時代、ホワイトハウスに向かっていると、メルケルの電話が鳴った。メルケルは電話に手をかけ、私に向かって『もちろん、これは極秘事項です』と言った。自身が任じた大使である私に、そんなことをわざわざ断っておくべきだとメルケルが考えたことに驚かされた」(6)とイシンガーは言う。メルケルは長いあいだ、人を信じるとトラブルに巻き込まれかねない警察国家で生きてきた。ならば、そういった言動は意外なことではないのかもしれない。

メルケルとの仕事は激務。だが彼女のユーモアに癒やされる

メルケルは政権の重要ポストを側近ばかりで固めているわけではない。二〇一七年、メルケルはお得意の手を使った。かつて首相二期目をかけた総選挙で打ち負かしたフランク＝ヴァルター・シュタインマイアーを招いて、大統領になってほしいと頼んだのだ。ドイツで大統領は名誉ある地位だが、概ね儀礼的な公職だ。「友は近くに置け。だが、ライバルはさらに近くに置け」というのが、メルケルのもうひとつの信条らしい。それと同じ手を、強敵となる可能性のあるふたりの人物に対しても使っている。二〇一八年に保健大臣に任命したイェンス・シュパーンと、メルケル政権最後の内務大臣ホルスト・ゼーホーファーだ。極めつけは、かつてはメルケルのライバルとなりうる存

在で、コールの不正献金疑惑のとばっちりを受けて辞任したヴォルフガンク・ショイブレ。ショイブレは第一次内閣で内務大臣に任命され、二〇〇九年には財務大臣に転じ、第二次・第三次政権の荒れ狂う八年間を勤め上げた。

メルケルの要求水準を満たせない者は、その地位に長く留まることはない。「いつでもメルケルの期待に応えなければならない」と言うのはトーマス・デメジエール。メルケル政権で国防大臣と内務大臣を務めた彼は、メルケルのかつての師ロタール・デメジエールの従弟でもある。メルケルは何につけても正確で、それと同じ正確さを側近にも求める。デメジエールの話を聞くと、それがよくわかる。

「あるとき、私は数字を示してメルケルに説明した。あくまで、おおよその数字だ。数日後、メルケルは演説の中でその数字を用いたのだが、それが間違っている――というか、正確ではなかったことが判明した。そこで、私はメルケルにどこからその数字が出てきたのかと尋ねると、『一週間前にあなたから教わったんですよ！』と言われた。何気ない会話の中で口にした数字だったのに、当然のごとくメルケルは正確に覚えていた……彼女の記憶力はずば抜けている。側近はいつでもきちんと準備をしておかなければならないのだ[7]」。

それだけの正確性を求められるとなれば、メルケルとの仕事は相当な激務で、いつでも快適とは言えない。二〇年間、メルケルと働いて楽しかったかと尋ねると、トーマス・デメジエールは聞きまちがいようがないほどきっぱりと「そんなことはない」と答えた。

「常に能力が試されて、かたときも気が抜けなかった……それでも、唯一の救いはメルケルに素晴らしいユーモアのセンスがあることだ。公の場ではなかなか発揮されないセンスだが」とデメジエールは認めている。

緊張が高まると、メルケルはユーモアを用いて場を和ませる。二〇一〇年一二月、アフガニスタンに配備したドイツ軍の視察のために、エアバスＣ－１６０輸送機に乗っているときもそうだった。飛行機が交戦地帯に近づくと、電子警告システムが作動し、敵の攻撃を混乱させるためのフレア［赤外線誘導ミサイルをそらすために打ち出す熱源］が飛行機の後部から発射された。パイロットは回避行動を取り、飛行機は激しく揺れ、ハッチが開いたままの銃座からフレア発射時の煙が流れ込んできた。警報が解除されると、メルケルは護衛の兵士に向き直り、何気ない口調で尋ねた。「それで、他にはどんなショーを見せてくれるのですか?」[8]。

メルケルは意外なことを面白がる。メルケルの飛行機に頻繁に同乗するある人物はこんなことを言った。「以前、メルケルは私たちにドイツの潜水艦の輸出について話をしました。それを買った国が代金の支払いを渋り、くだらない言い訳を並べ立てたとのことでした。支払わずに済まそうと、最後に口にした言い訳は、潜水艦が真っ直ぐではなく、バナナのように曲がっているというものだった――メルケルはそう話しながら、お腹を抱えて大笑いしました」[9]。

メルケルは面白おかしくウラジーミル・プーチンの物真似をすることでも知られている。たとえば、プーチンが苛立って、紙に何かを書き殴っているところだ。「これだ！　これだ！」と金切声を上げながら、紙に指を突き立てているプーチンの真似をする。その様子はロシアの大統領のいつもの無表情な顔とは天と地ほども違っている。

オバマのような美辞麗句はいらない

首相府は五〇〇人の職員と補佐官など一〇〇人の政策スタッフを抱えているが、メルケルがそこで働く者を甘やかすことはない。あるスピーチライターは「メルケルは美辞麗句を嫌う。現実離れしたアイディアや大袈裟な言葉はすべてタブーだ」と不満を漏らした。そのスピーチライターは情熱的で能弁な演説を書くのが夢だったのだ。たとえば、二〇一五年三月七日にアラバマ州セルマでオバマ大統領が行った演説（キング牧師が率いた壮絶な公民権運動デモの五〇周年記念式典での演説）のようなものを。

「メルケルはああいう演説を受けつけない。たとえ、私がそのような原稿を書いたとしても、メルケルにはできないだろう――オバマ大統領のような演説は」

メルケルは演説の練習をほとんどしない。特に鏡の前では絶対にしない。多くの場合、渡された原稿をそのまま読みあげる。「なぜ、メルケルは演説であれほど官僚的な言葉を使うのか？」[10]と元外務大臣のヨシュカ・フィッシャーはときどきこぼしていた。だが、メルケルにとって、群衆を煽るのは危険な才能でしかないのだ。

メルケルが内容重視の飾り気のない演説にこだわるのは、雄弁に語りかける才能に欠けているからというだけではない。ヒトラーの激しい言葉は、今でも多くのドイツ人の記憶にはっきりと刻まれているのだ。これまでの経験から、メルケルは言葉を盲信せず、慎重に配備すべき武器のようなものと見なしている。リベラルな欧米先進国で民衆を扇動する言葉が飛び交うなか、地味ではあるが賢い守護者であろうとしている。きらびやかな言葉を操るオバマ大統領の能力は、メルケルから見れば長所ではないのだ。

ドイツの現代の政治家で誇張した表現を嫌うのは、メルケルひとりではない。徹底した民主主義者で厳格な首相だったコンラート・アデナウアーも、おがくずのように無味乾燥な演説で有名だった。当時の識者がアデナウアーには二〇〇程度の語彙力しかないと批判すると、アデナウアーの支持者は、「それよりもっと語彙力があっても、賢明だからそれを使わないのだ」と反論した。[11] メルケルにも同じことが言える。

生き残るためにメルケルが必要としたものに、感情を切り離すという類いまれな能力がある。私情をはさまない政策。そこにエゴはない。それゆえに、連立政権内のライバル——女性のリーダーを受け入れるのに長い時間を要した人たち——からの攻撃にも耐えられる。

メルケルが内政にあまり熱心ではないのは、いたしかたないことだ。国内問題ではときに、非協力的な連立パートナーとの交渉が必要となるからだ。連邦議会には多くの議員がおり、さらに各州にはそれぞれ固有の利害と、生活のあらゆる面に及ぶほど細かな規制がある（※）。それを思えば、外交政策のほうに熱心になるのも不思議ではない。そこには創造力を活かす余地が充分に残されていて、ずば抜けた分析力も存分に発揮できる。そういう首相は他にも大勢いたが、メルケルは特にその傾向が強い。東ドイツ時代に創造力も行動も厳しく制限されていたせいかもしれない。

首相が内政に熱心でなくとも、ドイツ経済は順風満帆だった。メルケル政権下でドイツはさらに富み栄え、フランスを追い越して、ヨーロッパでもっとも競争力を有する経済大国になった。目覚ましい発展の原動力は、前任者のゲアハルト・シュレーダーが採用した政策［労働市場改革］だ。それでも、メルケルが頼りになるその手でドイツ経済を導いたのは事実だ。さらに、まもなく明らかになるとおり、世界的な不況の中でユーロを救ったのもメルケルだ。

だが、メルケルが強い関心を示し、目覚ましい功績を上げたのはドイツの外であった。メルケルが首相を務めた年月の中で、比較的平穏だったのは前半で、その頃に起きたふたつの出来事は特に注目に値し、どちらにもメルケルの性格とリーダーシップが見て取れる。ドイツ国内での出来事ではないものの、メルケル率いるドイツに大きな影響を及ぼしたのはまちがいない。

※私がボンに住んでいるとき、大家から日曜日のシャワーは手短に済ますように注意された。日曜日は静かに過ごさなければならなかったのだ。大家はご丁寧に、その地域の決まり事を紙に書いて、私の部屋の玄関に貼った。

イスラエルでの初めての演説

最初の出来事はイスラエルで起きた。メルケルにとってアメリカを除き、もっとも重大な意味を持つ場所だ。

二〇〇八年初春、ホロコーストを生き延びた高齢者の一団が、丘を上っていた。ゆっくりとした足取りで進んでは、途中で立ち止まって息を整え、丘の上にあるクネセトを目指していた。クネセトとはイスラエルのイェルサレムにある近代的な四角い国会議事堂だ。

キッパー［ユダヤ教徒の男性がかぶる丸い帽子］を頭にのせて開襟シャツを着たおじいさんや、安息日用の美しい服をまとったおばあさんがその丘を上っているのは、ドイツ――たった六〇年前に、イスラエルの民を根絶しようとした国――の首相の演説を聞くためだった。イスラエルの国会議員一二〇名中六名が、メルケルがイスラエル人の前で、「殺人者の言語で」演説を行うことに抗議して、退席した。イスラエルの青と白の国旗が、黒と赤と金のドイツの国旗と並んで風にはためく光景さえ、彼らにとっては見るに耐えなかった。

イスラエルに向けたドイツ首相の初の演説は、〝殺人者の言語〟では始まらなかった。黒いスーツに身を包み、イスラエル国旗の傍に立ったメルケルは、ヘブライ語で静かに語りかけた。「この国の国会で私がみなさまに語りかけるのをお許しくださった神に感謝します」。

それから、ドイツ語で演説を続けた。

「私が母国語で話すのをお許しくださったことにも感謝します。私は犠牲者の前で跪きます。生き残った方々の前で、そしてまた、彼らが生きるために手を貸した人々の前で跪きます。ショアー（ホロコースト）を我々ドイツ人は心から恥じています。それはドイツの首相である私にとって、イスラエルの安全は議論の余地なく守られるものであることを意味します」

ホロコーストを生き延びた人々や、生き延びられなかった人々の子供や孫の真剣な顔をまっすぐ見つめて、メルケルは話した。その謙虚さと平易な言葉は人々の心に響いた。

演説の直前に、メルケルは頭を垂れて、ヤド・ヴァシェム・ホロコースト記念館にあるキャンドルに照らされた洞窟の狭い螺旋階段をのぼった。ホロコーストで殺された一五〇万の子供を思うと、胸が張り裂けそうだった。そこに記された子供たちの名前を見たショックが、苦しげなメルケルの顔にはっきり刻まれていた。

「文明の破壊というショアーが残した傷跡。その傷は今でも癒えることはありません」とメルケルはきっぱり言った。「イスラエルとドイツが新たな関係を築くのは不可能にも思えます。イスラエルのパスポートには長いあいだ、〝ドイツを除くすべての国で有効である〟という文言が記されていました」。そう言ってから、自国ではほとんど語られなかった事柄について口にした。

「私が人生の最初の三五年間を過ごした東側のドイツでは、ナチズムは西ドイツの問題とされていました……ドイツ全体が自国の歴史的責任を認識し、イスラエルという国を認めて、受け入れるのに、四〇年以上の歳月を要しました……他のどこでもないこの場所で、私は声を大にして宣言します……この歴史的責任こそが、ひとつになったわが国の存在意義です」

公の場で、これほど明確に、ある国のために自国は存在すると言い切るのは、あまりにも大胆で前例がなかった。

だが、メルケルの話はそれで終わりではなかった。イスラエルの安全に議論の余地はないと明言した上で、話題をイランに移した。「もしイランが核兵器を所持したら、大変なことになります。何よりもまず、イスラエルの安全と存続のために、そして、周辺地域のために、ひいてはヨーロッパと全世界の人々のために……なんとしてもそれを阻止しなければなりません」と宣言したのである。メルケルは国連の演説でもかならずこの言葉を口にして、ついに二〇一五年、イランの核兵器計画を阻止する国際協定が結ばれる。

メルケルはイスラエルでの演説をヘブライ語で締めくくった。

「建国六〇周年を迎えたイスラエル。シャローム（さようなら）！」(12)

演説を聞いていたイスラエルの国会議員とホロコーストを生き延びた人々は、立ち上がって拍手を送った。

メルケルはイスラエルの首相エフード・オルメルトと親交を結び、二〇〇六年から二〇〇九年にかけて、オルメルトの執務中にほぼ毎日話をした。だが、後任のベンヤミン・ネタニヤフ首相と生産的な協力関係を築くのは、あっさり諦めた。ネタニヤフがパレスチナ人との交渉に関して真摯な姿勢を見せず、二国間の問題解決を妨げているとメルケルは感じたのだ。それでも、二〇〇八年春にイェルサレムで明言したとおり、イスラエルはドイツの存在意義のひとつであるという信条を固守しつづけた。

また、ドイツに住むユダヤ人への責任も忘れていなかった。ミュンヘンの大きなユダヤ人コミュニティの代表シャルロッテ・クノブロッホは、首相に同行してイェルサレムに赴き、その問題に関するメルケルの方針に一役買った。クノブロッホは当時のことをこんなふうに語っている。

「メルケル首相とのやりとりが始まったのは二〇〇〇年代の初頭で、その頃のメルケルはホロコーストについてほとんど知りませんでした。それでも、本気で知りたがっていました。神学者の娘として、ユダヤ教とキリスト教のルーツが同じであることをきちんと認識していました」

メルケルがドイツ国民のユダヤ人を特に気にかけているのは、ルター派のキリスト教徒であることに端を発するとクノブロッホは考えている。「メルケルのポリシーはトーラー（律法書）にある倫理観に基づくもので、その倫理観はのちにキリスト教の教えにも受け継がれました」。

クノブロッホはメルケルに、「反ユダヤ主義は私たちの問題ではない」のを理解してもらいたかった。そうして、メルケル政権下でそれはドイツの問題となった。

二〇〇九年、メルケルはそれまで公然と批判された経験がほとんどない権力者を叱責した。ローマ教皇、しかもドイツ人であるローマ教皇ベネディクト一六世だ。ホロコーストを否認してカトリック教会から破門された四人の司教を復権させるとは何ごとかと、教皇を非難したのだ。

「バチカンの決定は、ホロコーストについて嘘の言説を撒き散らしても、ひょっとしたら大丈夫かもしれないという印象を与えかねず、根本的な問題がうやむやにされる可能性がある」[13]と、牧師の娘であるメルケルは強く主張した。その結果、問題の司教は全員、ふたたび破門されることになった。

ヨーロッパ、そして、大西洋の向こう側でも、人種差別が溶岩流のようにじわじわと広がっていた。それにつれて、ドイツ国内の反ユダヤ主義との闘いが、その後のメルケル政権の重要なカギとなるが、そのときはまだ誰もそのことに気づいていなかった。

3・11に恐怖を募らせ、脱原発に舵を切る

その数年後、メルケルはまたもや大胆な行動を取った。とはいえ、それはルター派の信仰によるものではなかった。科学者としての経験、さらには、メルケルの政治的な日和見主義のせいでもあった。

二〇一一年三月一一日、日本を史上最大級の大地震が襲った。マグニチュード九・〇の地震によって、大きな津波が起こり、多くの命が奪われた。大津波は家どころか、町ごとさらっていった。地震が起きた場所には複数の原子力発電所があり、それによって地震は大きな自然災害では終わらず、さらに悲惨な緊急事態へと急変した。日本政府は戦後最大の危機と位置づけた。

福島第一原子力発電所の原子炉建屋が爆発したとき、その発電所の周辺地域には約一六万人が暮らしていた。また、放射能が人体に及ぼす影響を完全に把握するには何十年もかかるとみられた。それは、一九八六年にソ連で起きたチェルノブイリ原子力発電所の事故以来最悪の原発事故だった。

日本から遠く離れたベルリンで、一国の長としてただひとり物理学者の経歴を持つメルケルは、次々に明らかになる惨劇に恐れおののいた。メルケルは自身のｉＰａｄの画面に映し出される福島の爆発から目を離せず、おぞましい映像に恐怖を募らせていった。そうして、三カ月後の六月九日、険しい表情を浮かべ、連邦議会で発言した。

「核エネルギーにつきもののリスクは制御できません。人間が決してミスを犯さないのであれば、核エネルギーというリスクを許容できるかもしれない。でも、人がミスを犯せば、その結果はあまりにも壊滅的で、長期に及び、核以外のすべての力によるあらゆるリスクを合わせたものを完全に上まわります」

激しい反核運動に難色を示す大企業のトップを長いあいだ支持してきたメルケルだったが、本格的な議論も、各省庁での手順どおりの調査もなしに、ドイツの核エネルギーの即時の段階的廃止を提言したのだ。二〇二一年までに六つの原子力発電所を停止させ、その翌年には、さらに三箇所を閉鎖すると言った。

これによって、それまでメルケル批判を繰り返していた人物が、今度は称賛する立場に変わった。その人物とは、ノーベル賞を受賞したアメリカの経済学者ジョセフ・スティグリッツだ。メルケルは原子力排除の理由を危険回避のためと説明したが、スティグリッツは経済的にも意味があるとして次のように言った。

「資本主義社会であっても、すべての核施設は政府の補助金なしでは成り立たない。そして、万が一、核施設が爆発したら、政府と社会はその費用を負担することになる。核廃棄物をどうすればいいのか誰も見当がつかない。国民は核エネルギーにかかる全社会的費用に目を向けず、隠れたコストを見逃している」

その後まもなくドイツの大統領に就任するヨアヒム・ガウクも、メルケルの脱原子力は単に科学に基づく決定ではなく、政治的にも賢い行動であると言った。のちにガウクは私に次のような話をしてくれた。

「私はメルケルに、その決定は元科学者にしては少し妙だと言った。隣国のフランスやポーランドにも科学者がいるが、どういうわけか、彼らは原子力発電所の稼働に賛成している。メルケルは明言を避けながらも、そこには当然、政治的な問題もあることを匂わせた。あれはおそらく、次の選挙での勝利を確実なものにするための戦略でもあったはずだ」

メルケルは世論の支持を得られればチャンスはあるとわかっており、素早く行動した。もちろん彼女の気候変動への取り組みは真剣だったが、有能な戦略家であるメルケルは重大な問題に対する国民感情の変化を、毎週、世論調査担当者に報告させてもいた。他にも、西部ノルトライン・ヴェストファーレン州や南部バイエルンの人々がなんと言っているか、どんな感情を抱いているか、何を心配しているかを直に報告してくれる人がいた。メルケルはそういった情報すべてを考慮に入れて、計算したのだ。(14)

原子力発電所を閉鎖することで、緑《グリューネン》の党のもっとも強力なスローガン、「Atomkraft? Nein Danke!（原子力？　もういらない！）」も封じ込めた。

脱原発によって、メルケルは政治家であると同時に論理的な人物でもあるという印象を国民に植えつけた。まさにメルケルらしいやり方だ。思い切った政策をあえて実行に移す場合、その大胆な決断が国民に受け入れられるタイミングをしっかり見計らうのだ。首相になって六年が過ぎてもなお、職を賭してまで主義主張を貫こうとしたわけではなかった。それでも、目標とする場所にたどり着いたのだった。

第7章

ブッシュ大統領と親交を結ぶ

信仰に篤く、裏表のない性格のブッシュ大統領とはウマが合い、テキサスの牧場へ招かれる仲に。信頼関係を築き、相手の気持ちを変える――それがメルケル流の外交だ。

2006年７月、メルケルの地元選挙区であるメクレンブルク=フォアポンメルン州でバーベーキューを楽しむジョージ・W・ブッシュ大統領。ブッシュはシュタージの国で過ごしたメルケルの青春時代にとりわけ興味を示した。一方、メルケルはブッシュを“信頼に値する”と感じ、一緒に過ごす時間を心から楽しんだ。

©Guido Bergmann/BPA/Picture-Alliance/dpa

アンジー、きみはなんて賢いんだ！
——ジョージ・W・ブッシュ大統領

アンゲラ・メルケルが第一次内閣のときに特に意義深い関係を築いた相手はふたりいた。正反対の性格を持つウラジーミル・プーチンとジョージ・W・ブッシュだ。男らしさを誇示する連中に囲まれて過ごしてきたメルケルは、プーチンのようなタイプには慣れていた。ソ連の諜報機関の残党であるプーチンは、アメリカの政治家一族という特権階級の御曹子ブッシュに比べると、さまざまな意味でメルケルと共通する部分があった。

だが、とうの本人にとっても意外だったことに、アンゲラとジョージ（アメリカの気さくな第四三代大統領は、最初からファーストネームで呼びあうように求めた）は強い絆で結ばれた。大人になってから信仰に目覚めた《ボーン・アゲイン》キリスト教徒で尊大なテキサス人ブッシュと、東ドイツからやってきた科学者上がりの控えめな政治家メルケルは、うまくいきそうにない組み合わせだった。だが、ブッシュには大きな強みがあった。メルケルはアメリカという国とその価値を尊重していた。さらに、ドイツという国にも、自分にも、二度目のチャンスが与えられたのは、主にアメリカの介入があればこそだと感謝していた。ジョージ・W・ブッシュの父である第四一代アメリカ大統領は、分断された国の平和的統一に一役買ったことから、メルケルにとっては冷戦時代の英雄のひとりだった。メルケルの執務室には、ベルリンの壁の前でコール首相と並んで立つパパ・ブッシュ大統領の写真が飾られている。

国のトップ同士が個人的にも信頼し合えば、国同士の関係も良好になるとは言い切れないが、それでもメルケルは努めて信頼関係を築こうとする。首相として、相手国のリーダーを公然と批判するようなことはしなかった。プーチン、トルコのエルドアン、中国の習近平、さらには最初から親しくする努力すらしなかったトランプに対しても、批判はしなかった。首相としての一期目で、メルケルはジョージ・W・ブッシュをテストして、それがまもなくメルケルの常套手段になった。信頼関係を築いたら、お互いの好意――少なくとも信用――を利用して、相手の気持ちを変えようとするのだ。

初の会談でブッシュに好感を抱く

二〇〇三年三月にアメリカの軍事介入で始まったイラク戦争を、メルケルは真に支持したわけではなかった。だが、悲惨極まりないその軍事行動の最中に、当時のドイツの首相と違ってメルケルがブッシュ支持に傾いたことで、もっとも重要な同盟国のひとつとの関係に、ひびが入らずに済んだことは確かだ。メルケルは首相に選ばれる二年前の二〇〇三年二月、「ワシントン・ポスト」紙のオピニオン欄で、その侵攻に反対するシュレーダー首相の姿勢を批判していた。

他国の新聞で自国のリーダーを批判するのは、控えめに言っても異例だ。それはメルケルのアメリカとの関係に対するやや行き過ぎた執着と、ドイツがふたたび孤立することへの不安の表われと言ってもいい。孤立したドイツというのは、メルケルにとっておぞましい未来だ。ドイツの孤立という過去の出来事――メルケルにとって、ホロコーストと警察国家のふたつから成る出来事――は、埃をかぶった学術書に記された歴史ではなく、ＤＮＡの一部に刷り込まれている。だから、ワシントンとの衝突を避けるためならなんでもする覚悟なのだ。厄介な問題を解決するために、一時的に武力行使に対する嫌悪感すら呑みこむのだ。

とはいえ、メルケルはアメリカ大統領と完全に足並みがそろっていたわけではなかった。首相になって二カ月目の二〇〇六年一月、ブッシュに会うためにワシントンＤＣへ向かう直前に、「シュピーゲル」誌のインタビューに応じ、キューバのグァンタナモ米軍基地にある収容キャンプの閉鎖を呼びかけている。テロに関与したとされる囚人には、拷問ではなく別の方法で対処するべきだと主張したのだ。これから訪問しようとしている国の政策を公然と批判するのは気まずいと考える政治家が多い中で、メルケルは意図的にそういうことをする。会談の場で不意を突いて相手を驚かせないように、いつでも配慮しているわけだ。

歴史的な米独会談のための準備はそれだけではなかった。メルケルはイメージチェンジを図り、「こんな自分は見たことがない」と嬉しそうに言った。ハイライトを入れた髪に感激し、おしゃれなクーアフュルステンダムにあるカリスマ美容師ウド・ヴァルツの店のお得意様になった。さらに、一カ月後には別のヘアスタイルとヘアカラーを試した。以来、その美容室通いは続いている。(1)

さらに、アメリカ訪問前に起きたもうひとつの変化も、その後の習慣になった。それまでメルケルは外国の要人との会談では通訳を使っていた。アメリカ大統領執務室を訪問するにあたって、メルケルはイシンガー大使からブリーフィングを受け、通訳を入れないことを提案された。『そんなに英語が上手くない』とメルケルは抵抗したが、私は『ブッシュだって同じですよ』と言って、メルケルを説得した」とイシンガーは当時のことを語った。

イシンガーのアドバイスにしたがって、メルケルは通訳を使わず、ブッシュと親しくなった。ジョージ・W・ブッシュはメルケルの人生に大いに興味を抱き、「本当に警察国家で育ったのかい?」と不思議そうに尋ねた。東ドイツでのメルケルの若かりし頃の話を詳しく聞きたがったのだ。

首相になってまもないメルケルは、テキサス出身のその大統領は〝本物〟だと思った。〝本物〟というのはメルケルにとって最大の褒め言葉だ。ブッシュの押しつけがましくないところも、知ったかぶりをしないところも気に入った。さらに、ブッシュはわからないことがあれば、素直に尋ねる。また、メルケルも信仰を持っていることから、ブッシュの信心深さも、ふたりが絆を深めるのに一役買った。

メルケルは東側での経験を政治に生かし、自分と同じ視点でブッシュが物事を見られるようにした。核開発を進めるイランへの制裁が必要かどうかをブッシュと話し合っているときに、かつて暮らしていた町で、オレンジの価格が不意に上がったのを思いだした。それは一九七九年、アフガニスタンに侵攻したソ連に対して、アメリカが幅広い制裁を科したせいだった。「とんでもないとばっちりだと東ドイツ国民は思った」とメルケルは言った。イシンガーによると、「メルケルはそういう体験談を通して、イランに対する制裁の必要性についてブッシュに考えさせた」とのことだ。ブッシュ大統領は、「アンジー、きみはなんて賢いんだ!」と褒め称えた。

その夏、ある映像が話題になった。それは、ロシアのサンクトペテルブルクで開かれたG8サミットで撮影されたものだった。丸いテーブルについて座っているメルケルの肩を、うしろからゆっくり近づいてきたブッシュ大統領がぐっとつかんで、いかにも親しげに挨拶したのだ。メルケルはドイツ人ではまずありえないこの愛情表現に驚いて、思わず両手を上げ、振り向いた。そんなメルケルにブッシュはウィンクしてみせた。馴れ馴れしいことをしたのがブッシュだと気づくと、メルケルはいわくありげな笑みを浮かべた。サミットという台本どおりの設定の中で、めずらしく自然な光景を目にした他の六人のリーダーははっきりと気づいた。重要な仲間であるそのふたりはすでに友人なのだ、と。

そのサミットより前に、メルケルとブッシュはそれぞれの配偶者とともに、バルト海に面したメルケルの選挙区で、二日間を過ごした。ブッシュは果敢にもその地方の名物であるイノシシの料理を食べて、地元の漁師が獲った大量のニシンを受け取った。形式ばらない雰囲気に合わせて気さくな一面を見せ、そこでもまた失言して、イノシシのことを「ブタ」と言った。だが、そんな失言すら笑い飛ばすブッシュを、メルケルは尊敬せずにいられなかった。

ブッシュの牧場で家族ぐるみの付き合い

二〇〇七年一一月、メルケルは公の場にはほとんど姿を現さない夫とともに、テキサス州クロウフォードにあるブッシュの牧場に招かれ、ふたりのリーダーの絆はさらに深まった。「あれは素晴らしい旅だった」と、メルケルの外交・安全保障担当補佐官を務めたクリストフ・ホイスゲンは当時を振り返って言う。「アメリカ訪問の中であれが最高だった」。

ブッシュ大統領はジーンズにシャツ、足元はもちろんカウボーイブーツといういでたちで、ドイツからの客人を出迎えた。アメリカ訪問ではめったに味わえない、くつろいだ雰囲気だ。メルケルはいつものジャケットを着ていたが、ザウアーはスーツからカジュアルな服に着替えた。

「人を家に招くのは、思いやりと敬意の表れだ」と、ブッシュは同行した記者団に話した。ブッシュはメルケルの背中をそっと叩くと、ファーストレディのローラとともに、自身のピックアップトラックへ連れていった。ブッシュ自らハンドルを握り、助手席にはメルケルが座り、ローラとザウアーは後部座席に腰かけた。田舎を愛する四人は生き生きしていた（メルケルは若い頃、カーラジオでブルース・スプリングスティーンの曲を聴きながら、ロッキー山脈をドライブしてみたいと夢見ていたから、その夢にもっとも近づいたひとときだった）。

翌日の早朝、ブッシュはメルケルを長い散歩に連れだした。歩きながら政治の話もしたが、チャンス到来とばかりに自慢の牧場を見せてまわった。プレーリー・チャペル・ランチと名付けられた約六・五平方キロメートルのその牧場の大半を、妻とふたりで作り、その地方固有のイトスギやブルーボネット、ヤナギトウワタを植えたと説明した。屋根付きの通路を指差して、天気のいい日にはそのあたりにイーゼルを置き、絵を描くとも言った。

その夜、四人は長い夕食をとり、テキサスの空に満天の星が浮かぶまでテーブルを囲んだ。アメリカ初のアフリカ系国務長官コンドリーザ・ライスは、メニューのコピーを四人にまわしてサインをしてもらい、それをお土産として随行したスタッフに配った。彼らはサイン入りのメニューを額に入れ、今となっては遠い昔にも思えるそのひとときを懐かしんでいる。

ブッシュが心から故郷と自然を愛していることを目の当たりにして、メルケルのブッシュに対するイメージが変わった。めずらしく夫も一緒だったこともあり、メルケルにとって何よりも印象深い旅だった。

そのザウアーは当初、〝ファースト・ジェントルマン〟になるべく努力したものの、まもなくその役は自分には向かないときっぱり諦めた。そう決めたのは、二〇〇六年初頭にオーストリアのウイーンを公式訪問した際、コンサート会場で外交儀礼にしたがって妻のうしろに座らされたからかもしれない。ある意味で屈辱的ともいえるその出来事以降、妻の公式訪問にはほとんどつきあわず、もっぱら自分の予定を優先させた。王室の仰々しい行事が待ち構えているロンドン訪問には同行したが、結局、公用車のリムジンを降りて、自分の用事を済ませにピカデリーサーカスの地下鉄駅へ向かった。そんな夫を、メルケルは羨ましいと思ったにちがいない。

米大使「メルケルはとても愉快な人」

二〇〇六年には、アンゲラ・メルケル個人に加え、各国のリーダーと交流を深めることで西欧民主主義国の集団指導体制を彼女なりに構築しようという試みが、大いに注目を集めた。メルケルの控えめな態度、エゴや大袈裟な言動がないところ、勤勉さ、点数稼ぎではなく成果主義に徹しているところを、ドイツ国民は高く評価している。他国のリーダーからメルケルが愛される理由もまさにそれだ。

だが、相手と親しい関係を築くのに役立っている、もうひとつの資質はあまり知られていない。アメリカの元駐独大使で現ニュージャージー州知事のフィリップ・マーフィーは、「メルケルはとても愉快なんだ」と言う。また、一日中激務をこなしても尽きることのない驚異のスタミナも、人間関係の構築に役立っている。気が合う他国のリーダーと夜遅くまで酒を酌み交わしながら語りあうのを、メルケルは楽しむ。普段は辛辣な「エコノミスト」誌も、〝アンゲラ・メルケルが世界を魅了〟という見出しの記事を書き、グラスを掲げて微笑むメルケルの写真を掲載した。[2]

「就任から一〇〇日もしないうちに、ミズ・メルケルは先例のない記録を打ち立てた。ワシントン、ブリュッセル、エルサレムと歴訪し、喝采を浴びた……そればかりか、先週のドイツの世論調査では、八九％という高い支持率を叩きだした。それは歴代の首相の中で記録的な高支持率だ……かつてヨーロッパで最下位だったドイツ経済は上向き、景況感は高く、輸出は最高額に達し、消費もついに活況を呈するようになった」

当時は女性蔑視的な文言もまださほど問題視されなかったことから、その記事では〝ミズ・メルケルの野暮ったさも払拭された〟と、外見の変化も褒め称えている。

その夏のベルリンでは、それまでまず見られなかったドイツの三色旗がはためくようになった。黒と赤と金の国旗が窓にたなびき、車のボンネットにかけられ、リュックサックから顔をのぞかせ、子供の顔にペイントされた。政権発足当初の〝黄金期〟と、どうやら自国の首相がいまやヨーロッパでもっとも尊敬される有能なリーダーになったらしいという国民の共通認識が生まれた時期は、偶然、自国を誇らしく思う気持ちが高まった時期と重なっていた（オバマ大統領が就任一年目でノーベル平和賞を受賞したように、メルケルに対する称賛も中身というよりイメージによるところが大きかった。だが、まもなく中身も追いつくことになる）。

とはいえドイツ国民が国旗を振って応援していたのは、メルケルではなくサッカーのドイツ代表チームである。サッカーのワールドカップ二〇〇六年大会は自国開催で、しかもドイツ代表チームは有力な優勝候補だった。そんなことから、普段はサッカーに興味がない者まで熱狂する一大イベントになった。世界中からやってきた一〇〇万の人々が、「いいぞ《アリバ》！　いいぞ《アリバ》！」と叫び、ベルリンの公園ティーアガルテンのパブリックビューイング会場に集まった。ドイツのサッカーファンは国歌より国際サッカー連盟（ＦＩＦＡ）の賛歌《アンセム》のほうをよく知っている。めったに歌われないドイツ国歌の歌詞を知っているドイツ人は、五一％にすぎなかった。だが、そんなドイツ人もまもなくその歌詞を覚え、自国の代表チームがフィールドに出てくるたびに国歌を口ずさんだ。最終的には、ドイツチームは三位に終わったが、順位は問題ではなかった。サッカーを介して、ドイツ国民としてのプライドをようやく表に出せるようになったのだ。

メルケルは熱狂的なサッカーファンだが、自国への思いを表現する際には〝プライド〟という言葉は使わず、ドイツ人でいることが〝幸せ〟だと言うことが多い。「〝祖国〟という言葉を使っても、気持ちが高揚することはありません」とメルケルは言っている。

「ドイツ人が特に悪いとか、特に素晴らしいとか、そんなふうには思いません。私はケバブ［トルコ系移民が多く暮らすドイツにはケバブの屋台も多い］が好きで、ピザも好きです。イタリアには美しいテラス席のカフェ文化があり、スイスには陽光があふれていると感じます。私はここで育ち、ここでの暮らしが気に入っています。この国を信じていて、私はこの国の歴史の一部です。苦しい歴史も良い歴史もすべて合わせて(3)」

外国人への差別とポピュリズムが広がりつつある今、この発言を読むと、メルケルが控えめでありながらも進歩的なのがわかる。新しい時代に向けての発言のようにも思える。

ブッシュに気候変動対策を認めさせる

メルケルのブッシュとの交流は大きな実を結んだ。二〇〇七年六月、ドイツのハイリゲンダムで開かれたG8サミットで、ブッシュは気候変動が現実に起きていることを初めて公に認め、二〇五〇年までに排出量を半減させることを「真剣に検討する」と言った。それはひじょうに重要な問題で、当初は気候変動に関して懐疑的だったアメリカ大統領を、メルケルは味方につけたのだ。

また、親しい関係を築いていたがゆえに、外交的危機を招くことなく、相手の意見に異議を唱えられた。ロシアはかつて支配下にあった国が続々とNATOやEUに加入していることに神経を尖らせていた。そこで、メルケルはウクライナとジョージア共和国をNATOにくわえるというブッシュの計画に反対し、話し合いの結果、メルケルの意見がとおった。気候変動に関しても、メルケルが事実と歴史を冷静に伝えたからこそ、やや衝動的なきらいがあるブッシュも納得したのだった。

第8章

プーチン、習近平——独裁者と付き合う方法

自由主義者メルケルvs.独裁者プーチン。ともに警察国家育ちだ。会談で犬をけしかける卑劣なプーチン。メルケルはもう一つの独裁国家・中国の重要性にいち早く気づいていた。

アンゲラ・メルケルの表情は言葉以上に胸の内を明かす。2017年7月7日、ドイツのハンブルクで開かれたG20サミットで、中国の習近平国家主席、ロシアのウラジーミル・プーチン大統領、トルコのレジェップ・タイップ・エルドアン大統領と並んだメルケル首相（メルケルのうしろにはインドのナレンドラ・モディ首相と日本の安倍晋三首相もいる）。

©Wolfgang Rattay/Reuters/Alamy

政治のコツ？　ロシアと良好な条約を結ぶことだ。
――オットー・フォン・ビスマルク
（ドイツ帝国の初代宰相）

　ロシアにしろ中国にしろ、独裁政権に対するメルケルの対処法は実用本位だ。公衆の面前で派手に独裁者を吊し上げるのは逆効果と考える。映画『ゴッドファーザー・パートⅢ』で、アル・パチーノ演じるマフィアのボス、マイケル・コルレオーネは「敵を憎むな。判断が鈍る」と言う。メルケルならその言葉に賛同するはずだ。メルケルは忍耐力と粘り強さを発揮して、わずかな合意点を見つけだすことで、ライバルに対処する。自身の価値観と政治的打算とドイツの長期的な利益を見据えながら、そういったことを行うのは、不可能とは言わないまでも、ときに想像を絶するほど難しい。

　予想にたがわず、メルケルが初めてその方法で臨んだ相手は、ウラジーミル・プーチンだった。

　二〇〇七年二月一〇日、復活を遂げたロシアのしかめ面の大統領は、ミュンヘンで開かれた国際会議の舞台に堂々と上がり、民主主義や西側諸国、さらにはメルケルが支持するものすべてを辛辣に批判した。

「ロシア人は常に民主主義を学んできた。ロシア人に民主主義を教える者たちが、己について何も学ぼうとしないときでさえ」と、米国と西欧諸国の安全保障の責任者や官僚を痛烈に非難したのだ。そこにはもう、数年前までの柔軟なプーチン――ヨーロッパの一員になったことを喜び、ドイツの首相がロシア語を流暢に操ることに誇りを感じていたロシアの大統領はもういなかった。

プーチンが明言した目標は、必要とあればどんな手を使ってでも、比類ない超大国というかつてのロシアの地位を取り戻すことだった。嘘と脅迫を織り交ぜながら、その会議の出席者をなじり、不都合な質問をかわし、西側の道徳観念をずたずたに切り裂いた。

西側諸国が世界中で和平調停を試みているにもかかわらず、「戦争は減らず、死者の数はむしろ増えている」と切り捨てた。当時のプーチンはシリアの独裁者バッシャール・アル＝アサドの自国民に対する虐殺を支持してはいなかったが、中東での戦争に関してワシントンを非難し、冷戦を「安定した」時代と呼んだ。最前列に座っていたメルケルは、プーチンの敵意に満ちた演説と、メルケルを三五年ものあいだ囚人のように閉じ込めた体制を「安定」と呼ぶことに、激しいショックを受けた。

ロシアのリーダーが世界に向けてこれほど辛辣な言葉を発するのは、一九六〇年にソ連の最高指導者ニキータ・フルシチョフが、国連総会で演台を靴で何度も蹴飛ばしたときや、それより少し前に「おまえたちを葬ってやる！」と暴言を吐いたとき以来だった。だが、フルシチョフがそんなことをしたのは冷戦の真っ只中で、かたやプーチンの演説は二〇〇七年の話だ。世界情勢がまるでちがう。いずれにしても、その後の一五年間、メルケルにとってプーチンとの関係は何よりもフラストレーションが溜まり、危機を孕《はら》むものになった。同時に、外国のリーダーとのつきあいでは、もっとも長いものになる。ある意味で、そのふたりの関係は一九八九年一一月九日に始まったとも考えられる。

東独でKGBの工作員をしていたプーチン

ベルリンの壁が崩壊した夜、三七歳のウラジーミル・プーチンはKGBの職員として、ベルリンから列車で二時間足らずのドレスデンに駐在していた。だが、メルケルとは違い、壁の崩壊に歓喜を覚えることはなかった。「ベルリンの壁が崩れ落ちたとき、すべてが終わったと思いました。本当にぞっとしました。自分の国のように感じはじめていたその国が、消えてなくなってしまうのだ、と」[1]——当時のプーチンの妻リュドミラは、そう言っている。

プーチンは、東ドイツ第二の都市であったドレスデンで、ソ連のスパイとして充実した四年間を過ごしていた。かつて、芸術と音楽の華やかな都だったその街は、西側のテレビ放送が受信できなかったこともあり、KGBの諜報員のリクルート活動がさかんに行われていた。エルベ川に面し、かつて壮大なバロック様式の建物が並んでいたドレスデンは、第二次世界大戦でドイツが降伏する三カ月前に、連合国の爆撃で壊滅的な被害を受け、それゆえに、西側諸国への恨みが根強く残っていたのである。その西側諸国には、アメリカの〝操り人形〟とされる西ドイツも含まれていた。東ドイツ政府は街の中心にある大きなドームで名高い聖母教会を、空襲で破壊されたままの状態でわざと放置していた。「奪われた無数の命と、帝国主義者の蛮行に苦しめられる人々」を忘れないためだ。

ウラジーミル・プーチン中佐は第二の故郷であるその街で、東と西の両方のドイツ人を監視していた。「我々に課せられた主要な任務は、市民の情報を集めることだった」とのちにプーチンは言っている。ドレスデンでの活動中に、「東ドイツの国家人民軍への多大なる功績」によって銅のメダルを授与された。プーチンと妻とふたりの娘（下の娘エカチェリーナはドレスデンで生まれた）は、その街での暮らしを楽しみ、ドイツ語を素早く習得した。ドレスデンでのプーチンの唯一の反省点は一〇キロ以上太ったことだ。腹回りについた贅肉は、おいしい地ビールのせいだった。

東ベルリンとちがい、ドレスデンではドラマのような諜報活動が繰り広げられることはなかったが、ＫＧＢによる西ドイツの最先端技術の窃取が行われていた。ソ連の技術は西側の最先端技術には遠く及ばず、プーチンの任務のひとつは、シーメンス（電機・鉄道など）、バイエル（製薬）、ティッセン（鉄鋼）といった大企業の研究員やビジネスマンを囲いこむことだった。

任務の一環として、プーチンはドレスデンの中心部にあるアム・トアという薄暗いバーによく出入りしていた。そこで内通者の候補と会っていたらしい。そのバーからほど近いエルベ川の岸辺に立つベルビュー・ホテルは、シュタージが所有するホテルで、優雅なレストランや客室には隠しカメラが付いていた。こうした諜報活動にはしばしば脅迫が用いられ、シュタージとＫＧＢは協力関係にあったのだ。

ベルリンの壁の崩壊で屈辱を味わう

壁が崩壊して一カ月後の一九八九年一二月五日、怒りを抑えきれずにいるプーチンは苛立ちながら、ＫＧＢのドレスデン支部であるアンゲリーカ通り四番地にある三階建ての建物の表に出た。門がついた鉄のフェンスの向こうには、少人数ながら敵意に燃える東ドイツのデモ隊が集まっていた。

「下がれ！　ここはソ連の領土だ。ここには武装した兵士がいて、発砲する権限がある」とプーチンははったりをかました。武装した兵士などいなかったが、時間稼ぎをしなければならなかった。

それより少し前に、私服姿のプーチンは、怒ったデモ隊がシュタージのドレスデン本部を襲撃するのを目撃した。その場所はKGB支部の目と鼻の先だった。その光景にはらわたが煮え繰り返ったが、止める手立てはなかった。とはいえ、デモ隊にKGBの鉄の門まで破らせるわけにはいかなかった。

「おまえは誰だ？　ずいぶんドイツ語がうまいじゃないか」とデモ隊のひとりが言った。「私は通訳だ」とプーチンは嘘で応じた。武器を持たないデモ隊はまもなく去っていったが、プーチンはモスクワにも、モスクワに忠実だった衛星国にも裏切られた気分だった。血気盛んなデモ隊はまた戻ってくるはずで、そのときはもっと数が増えているにちがいない。絶望的な気分で、プーチンは近くに駐留しているソ連軍の司令部に電話をかけた。だが、戦車隊の司令官は、「モスクワから指令があるまで何もできない。モスクワは沈黙している」と言うだけだった。

取り残されたプーチンは最悪の事態に備えた。山ほどあるKGBの書類やファイルをかき集め、小さな薪ストーブに放り込んだ。四年をかけて集めた機密情報だが、暴徒の手に渡るぐらいなら、燃やしてしまうほうがましだった。コール政権内の情報提供者から受け取ったファイルも火に投じた。西ドイツのハイテク企業の内通者の報告書も、ライプツィヒ大学（まだカール・マルクス大学と呼ばれており、元の名に戻るのは翌年のことだ）の近くでスカウトしたラテンアメリカやアフリカの留学生との会話記録も燃やした。「昼も夜も燃やしつづけた。すべての接点は消えてなくなり、情報提供者との関係も断たれた。資料はモスクワで保管されていたものを除いて、すべて消滅した」

とプーチンはのちに語っている。大量の資料を次々に燃やしたせいで、薪ストーブは壊れ、真っ黒焦げの鉄の塊と化した。

それから数カ月後の一九九〇年、政治家アンゲラ・メルケルが誕生したまさにその年に、プーチンは中古のトラバント［西のフォルクスワーゲンに対抗して開発されたちゃちな大衆車］のハンドルを握り、デモ行進が革命の色を帯びてきたドレスデンを逃げだした。ふたりの幼い娘を連れ、二〇年ものの古びた洗濯機と一緒に、まもなくサンクトペテルブルクというかつての名を取り戻すことになる街レニングラードに戻った。

「ソ連人はすべてを置いて、立ち去った。モスクワがあれほど早急に東ヨーロッパから撤退しなければ、われわれは多くの問題を避けられたはずだ」と、プーチンはその帝国の崩壊を苦々しげに語っている。

ウラジーミル・プーチン――屈辱を味わったソ連にかつて誇りをもってその身を奉じた男――は、決して忘れられない教訓を得た。当局の監視下にないデモや各種の自由をいきなり認めてしまっては、世界一の軍事力をもつ帝国すら転覆する。プーチンの「二〇世紀の地政学的大惨事」と見なしているものへの闘いは、同じく堕ちた国家で育ったアンゲラ・メルケルを巻き込むことになる。ふたりの複雑な関係は、メルケルにとっては失望とかすかな希望の狭間で、さらには、各々の断固たる決意の狭間で激しく揺れうごくことになった。メルケルはドイツの首相で、プーチンはロシアの現代の皇帝《ツァーリ》だ。そこに別離という選択肢はなかった。

警察国家で育ったメルケルは、プーチンの狡猾さを理解している

世界は大国同士の争いの場だ——プーチンがミュンヘンで描いてみせたシナリオは、メルケルにとっては歴史のおぞましい退行に他ならなかった。「決して繰り返さない」というホロコースト後のドイツのモットーには、その後の冷戦時代の首相らによって、「決して孤立しない」という言葉が付けくわえられ、メルケルもそれに賛同した。もっとも頼りになるアメリカ政府に守られ、西側の同盟国に囲まれて、ドイツは成長を続け、経済大国になった。メルケルが目指すところは、ルールに基づいた国際秩序と欧州連合で、それは単なる巨大な官僚機構ではなく、民主主義の価値観を共有した国々の実質的な共同体だった。それがプーチンによって脅かされようとしていた。

プーチンが尽くしてきた大義を一掃した出来事によって、メルケルが首相までのぼりつめたことは、メルケルもプーチンもよくわかっていた。年の差わずか二歳で、まさに同時代を生きてきたふたりは、似たような社会背景の中で頭角を現しながらも、その世界観はまるで違っていた。プーチンの見解では、冷戦は一九八九年に終わったわけではなく、その年に少し息抜きをしただけだ。

以降、ロシアの作戦は進化した。ソ連が核ミサイルを誇示したのに対し、プーチンが用いることにしたのは、従来とは違って目立たないが、より柔軟で効果的な武器だ。そのひとつが西側諸国を不和に陥れるための偽情報とサイバー攻撃だった。プーチンは「最後の偉大な国粋主義者」を自称し、欧州連合とその同盟国であるアメリカの弱体化を最終目標に掲げている。かつてプーチンはドレスデンでのKGBの活動に関して、「第一の敵はNATOだった(2)」と言った。それは今も変わっていない。

アンゲラ・メルケルが好敵手であることは、プーチンもよくわかっている。メルケルはプーチン

の国の言葉を操るだけでなく、各国の首脳の中で誰よりもロシアを知っている。ロシア語弁論大会で優勝し、そのご褒美に十代前半で旅したモスクワの印象は、メルケルの心に深く刻まれた。圧倒的な大きさ、首都の建造物、そして、ボリショイバレエ団や荘厳なコンサートホールや劇場などは、メルケルが憧れて止まなかった文化だ。そういったものは、東ドイツの恐怖政治が手本としていたソ連のほぼ完璧な監視社会とは、あまりにも対照的だった。その後、一九八四年の休暇で、メルケルはソ連の中でも外国人の立ち入りが禁止されている地域へヒッチハイクで向かった。その結果、ソチで警察に捕まり、無許可で旅をした罪に問われ、〝大学を卒業して、法律を知っている私が、なぜ法を破ったのか〟という反省文を書かされた。すると、その街の警察官はメルケルの見事なロシア語に感心し、メルケルとその友達を釈放して、ベルリンに戻ることを許した。(3)

それから何年も経って、メルケルは二度目のソチ訪問を果たした。そのときにはドイツの首相という立場で、厳重に警備され、多くの側近と報道陣に付き添われて、ロシアの大統領ウラジーミル・プーチンとの会合に臨んだのだった。

メルケルがプーチンに対して抜かりなく対策を講じられるのは、言うまでもなく、長年、ソ連に支配された場所で生きていたからだ。プーチンが仕えていた警察国家に苦しめられた経験を持つメルケルは、プーチンの狡猾さや冷淡さを身をもって理解していた。また、お互いに相手の経歴も熟知していた。

同じ社会主義の下で生きてきたふたりの違いは、はっきりしている。メルケルはシンプルで禁欲的ともいえる生活を送り、なんであれ権力を飾りたてることを嫌う。一方、プーチンは帝王のような暮らしを追い求める。なにしろ、これまで一貫して政府の仕事に従事してきたにもかかわらず、世界有数の大金持ちと言われているのだ。「ふたりは互いに相手のことを知り尽くしています」と、メルケル内閣の元国防大臣カール＝テオドール・ツー・グッテンベルクは言った。

プーチンが手本にしているのはスターリンだ

首相に就任してからというもの、メルケルは定期的にプーチンと話し合いを続けてきた（メルケルのロシア語はさすがに錆びつきはじめているが、プーチンのドイツ語は今でも完璧で、話し合いは主にドイツ語で行われている）。話し合いの最初の三〇分は、メルケルが聞き手にまわり、西側諸国によってロシアが被った被害――事実も含まれているが、大半は被害妄想――をプーチンに愚痴らせる。メルケルはそれをプーチンのためのセラピーと考えている。そんなふうにして言いたいことをすべて吐きださせてから、「いい？　ウラジーミル、他の国は物事をそんなふうには見ていない。これはあなたにとって得策じゃない」と釘を刺すのだ。

ふたりのリーダーの会合に何度も同席しているメルケル内閣の長老トーマス・デメジエールによると、「プーチンが心から敬意を表す国家元首はメルケルだけだ。メルケルにはいつもの手がまるで通用しないのを、プーチンは知っている」とのことだ。〝いつもの手〟とは、常習的な嘘と、鈍い相手を混乱させるプーチン特有の妄想を指している。

プーチンとメルケルの関係は際立った違いの上に成り立っているが、それでも互いに相手のことを百戦錬磨の戦士として、不本意ながらも尊敬している。また、どちらも相手の文化と言葉を尊重している。メルケルがドストエフスキーやゴーゴリといったロシアの文豪の作品を好むことを、プーチンは高く評価し、一方、メルケルは二国の複雑に絡み合った歴史を重く受け止めている。

ロシアはアドルフ・ヒトラーが始めた戦争で多くの命を失った。一九四一年にヒトラーは当時の同盟国を裏切り、大規模な奇襲攻撃を行ったのだ。その戦いで二七〇〇万人が命を落とした。ドイツ軍による一〇〇〇日間のレニングラード包囲戦では、プーチンの兄ヴィクトルが亡くなった。ふたりが公職に就いて間もない頃は、メルケルもプーチンも両国の関係や自分たちの関係も少しは上向くはずだと希望を抱いていたにちがいない。

二〇〇一年、ふたりの関係に重大な意味を持つことになる出来事が起きた。その年、ドイツ連邦議会に招かれたプーチンは、不器用そうな雰囲気で一見謙虚にも見えた。流暢なドイツ語の演説で、プーチンは西側諸国と友好関係を結びたいという願いを口に出し、ドイツとロシアは同じチームのメンバーだと訴えた。「スターリン的な全体主義は、もはや自由と民主主義には対抗しえない……ロシア人の政治的選択によって、ソ連はベルリンの壁を崩壊させた」と、壁が開いたのを自国の手柄にしたのだ。「ロシアは友好的なヨーロッパの国だ」とプーチンは断言した。

議員たちは立ち上がり、拍手を送った。だが、議場の二列目にいた未来の首相がにこりともせずに座ったままでいたことに、果たしてプーチンは気づいただろうか？　メルケルは拍手などしなかった。西ドイツの国会議員が知りようのないことを知っていたからだ。ＫＧＢの職員としての価値観、忠誠心、訓練の成果がそう簡単に消えてなくなるはずがなかった。

プーチンも穏健な路線に転じるかもしれない――メルケルがかすかな希望を抱いたとしても、現実がその希望を消し去った。まもなくウラル山脈の鋳造所でプーチンの銅像が作られ、また、ロシアのあちこちの工場でプーチンの顔が描かれた敷物や時計や皿が作られた。プーチンがウラル山脈西部の工業都市マグニトゴルスクを訪れると、その日にプーチンが身につけていたものはすべて、その街の博物館に展示された。メルケルはすぐに、自分が相手にしている男を理解した。プーチンが手本にしているのは改革主義のミハイル・ゴルバチョフではなく、独裁者のヨシフ・スターリンだ、と。

メルケルに犬をけしかけるプーチン

メルケルが首相になってまもない二〇〇六年、プーチンは報道陣に向かって、「ミセス・メルケルはロシアに多大な関心を寄せている。そして、ロシア語を話す！」と誇らしげに語った。だが、メルケルが人権問題を重要な政治課題にしているとわかると、その好印象は長くは続かなかった。いかにもＫＧＢの元諜報員らしく、プーチンはメルケルの弱点を調べはじめた。初のクレムリンでの会談でも、メルケルを相手にＫＧＢの常套手段である睨めっこを繰り広げた。だが、メルケルは平然としていた。

黒海で行われた次の会談では、犬に二度噛まれたことがあるメルケルが犬を怖がるという情報を手に入れて、プーチンはコニーという名の飼い犬――黒いラブラドールレトリバー――を部屋に入れた。コニーがメルケルのまわりをまわって、匂いを嗅ぐと、プーチンは不敵な笑みを浮かべた。それでも、メルケルはひるまなかった。「プーチンはあんなことをするしかなかった。ああやって自分がいかに男らしいかを見せつけた。これだからロシアは政治も経済もうまくいかないのよ」と、メルケルは腹を立てている側近に言った。

それでも性懲りもなく、プーチンのメルケルいじめは続いた。力を誇示するために、メルケルとの会合に遅れて現れた「メルケルに限らず、プーチンは外国首脳との会談で遅刻することが多い」。遅刻を諌められると、プーチンは肩をすくめて、「ああ、きみとの仲ならこのぐらい普通だろう」と言い、それに対してメルケルは「私たちはそんな仲ではありません」と言い返した。牧師の娘として、謙虚さや義務感はもとより、幼い頃から時間厳守を教え込まれてきたのだ。それができない相手は許せなかった。

プーチンの稚拙ないじめに対して、メルケルはささやかなお返しをした。プーチンがクレムリンの執務室の近くに礼拝堂を建てたことを知ると、「ウラジーミル、またお祈りをしたの？」とからかった。だが、プーチンはだらしなく脚を大きく広げて座ったまま、いつものように薄ら笑いを浮かべただけだった。その笑い方についてオバマ大統領は、「教室のうしろで、暇を持て余している生徒」にそっくりで腹が立つと言った。だが、メルケルは幼稚で見え透いた挑発でしかないと相手にしなかった。

メルケルは側近に、プーチンは「人の弱点を利用する。一日中でも人を試している。やりたい放題にやらせていたら、こっちがどんどん卑屈になってしまう」と話した。そう言いながら、人差し指と親指を近づけて、プーチンがどれほど人を卑屈にさせるかをジェスチャーで表現した。

メルケルもきっちり仕返し

とはいえ、プーチンはメルケルを卑屈にさせることはできなかった。プーチンが人生最大の屈辱を味わった街ドレスデンで、メルケルはきっちり仕返しをした。プーチンを貶《おとし》めると同時に恥をかかせたのだ。

かつてプーチンが暮らしていたその街で、ふたりのリーダーが会ったのは、二〇〇六年一〇月、モスクワでアンナ・ポリトコフスカヤが暗殺された三日後のことだった。ポリトコフスカヤはジャーナリストで人権活動家でもあり、チェチェン紛争におけるロシアの残忍さを記事にして、プーチンを苛立たせていた。モスクワの自宅があるアパートのエレベーターで、ポリトコフスカヤが射殺された日は、奇しくもプーチンの五四回目の誕生日で、そのタイミングでの殺人は偶然ではないと考える者もいた。

なんとも大胆なこの殺人事件について、プーチンは沈黙を守っていた。ドレスデン城の前で黒いリムジンを降りたプーチンに、メルケルは不意打ちを食らわせた。集まった報道陣に対して、「あれほどの暴力行為にショックを受けている」と話し、「ポリトコフスカヤ殺人事件はかならず解決されなければならない」と言った。意表を突かれたプーチンは口を尖らせ、支離滅裂なことを口走った。「あのジャーナリストはロシア政府をこき下ろした。しかし、それによるわが国への政治的影響は極めて少ないと考えられる……あの殺人がロシアに害を及ぼすことはない……彼女が書いた記事に比べれば害は少ない」と、まるでその殺人事件の真の被害者が自分であるかのように馬鹿げた言い訳を並べた。

報道の自由を尊重するメルケルの姿勢も、プーチンを苛立たせた。二〇〇五年九月三〇日発行のデンマークの新聞「ユランズ・ポステン」に、預言者ムハンマドの一二枚の風刺漫画が掲載されると、抗議運動が起こり、何人もの人が殺された。二〇一〇年九月、メルケルはその風刺画を描いて殺害予告を受けたクルト・ヴェスタゴーを称えた。ポツダムで開かれたその式典に出席したメルケルは、一九四五年にその地にスターリンとチャーチルとアメリカ大統領ハリー・S・トルーマンが集まったとき以上の厳重な警備に出迎えられた。屋上には何人もの狙撃手が配され、万全な安全対策が敷かれた。

メルケルは式典でのスピーチを「自由の秘訣は勇気です」と宣言して、締めくくった。また、スピーチの中で、フロリダの教会で起きたキリスト教原理主義者による計画的な焚書にも触れ、「著しく不快である」として、厳しく非難した。メルケルが話しているのはアメリカでの出来事だったが、プーチンはその演説を、主権国家の内政問題に干渉する権利を西側のリーダーに与えたも同然だと受け止めた。

「メルケルがそばにいると、プーチンはいつも仏頂面だ」と、ウクライナの人権活動家マクシム・エリスタヴィは言う。

「プーチンはその気になれば、冗談も言い、陽気にもなる。でも、メルケルと一緒だとそうはならない。メルケルはどうすればプーチンが屈辱を感じるかきちんと心得ているのだ。プーチンの良心に訴えるようなことはしない。そんなことをしても無駄だとわかっているからだ。プーチンの下で人権侵害と残虐行為が行われているのを指摘することで、その責任はプーチンにあると思い知らせる[4]」

歴史が、あるいは、国際刑事裁判所が、残忍なひねくれ者の責任を問うかもしれない、とメルケルはほのめかすのだ。

メルケルが首相になって一六年、ふたりのリーダーはずいぶん長い時間を一緒に過ごした。それでも個人的な話はいっさいしない。たとえば、メルケルはプーチンの娘がモスクワでドイツ語学校に通ったことも知らない。

メルケルとプーチンはどちらも政治のプロなので、プーチンがメルケルの選挙を妨害しようと偽情報を流したときにも、それが個人的な感情に発するものではないとお互いにわかっていた。偽情報とはたとえば、二〇一六年にベルリンでリサという名のロシア系ドイツ人の若い女性が、イスラム教徒の難民にレイプされたという噂だ。プーチンの外務大臣セルゲイ・ラブロフはその若い女性のことを、わざとらしく「われわれのリサ」と呼び、メルケルが「事実を隠蔽している」と責めた。[5]すると、数百人のドイツ人が「リサに正義を」と声を上げ、首相府の前でデモを行った。だが、ベルリン警察が徹底的に捜査すると、その若い女性は両親と口喧嘩をして、男友達のところで一晩過ごしただけだと判明した。それでも、事実が明らかになる頃には、困惑と疑念が社会に広がっていた。メルケルはＫＧＢのその手の露骨な情報操作——昨今はソーシャルメディアの力で何十倍も拡散される偽情報——を忌み嫌いながらも、プーチンが権威主義体制を維持する手段のひとつだと考えている。メルケルはそれを、あくまで個人的な感情とは切りはなして処理するのだ。

一方、メルケルの常套手段のひとつは、常に反体制派を支援することだ。プーチンがそれを好もうが好むまいが関係ない。ロシアのリーダーのように冷酷で執念深い暴君を相手にする場合、いつでも苦戦を強いられるのをメルケルは知っている。

プーチンに暗殺されかかった政敵を助ける

メルケルの執務室の机の上には、エカチェリーナ二世の肖像画がずっと飾られている。ドイツ生まれのそのロシアの女帝は、ロシアを無気力な封建主義から目覚めさせようと、「開けた場所に出よ！」と言った（メルケルもよくその言葉を使って、旧東独の同胞を励ましている。人に対して、新たな経験に対して、新たな生き方に対してオープンになれ、と。鉄条網と壁に囲まれて三五年間を過ごし、その後、開けた場所へ出たメルケルのように)。その励ましは今でも必要だ。ドイツ人だけでなく、ロシア人にとっても。

二〇二〇年六月、ナチス・ドイツと戦って命を落としたソ連軍兵士の記念碑の前で、プーチンは自身の治世を二〇三六年まで延長すると発表した。ロシアは変わるかもしれないというはかない望みを捨て切れずにいたメルケルだが、その願いは打ち砕かれた。投票操作、脅迫、抑圧、政敵の暗殺と、手を替え品を替え、プーチンは自身を終身の独裁者に祀《まつ》りあげた。三一年間権力を握りつづけたスターリンの記録を更新するつもりでいるのだ。悲しいことに、メルケルが心から愛する文化、歴史、言葉を持つ国で、プーチンは民主主義の息の根を止めたのだった。

二カ月後、アンナ・ポリトコフスカヤ殺害事件同様、プーチンを批判した者が命を狙われるという悲劇がまた繰り返された。反体制派のリーダーであるアレクセイ・A・ナワリヌイが、猛毒の神経剤を盛られて、倒れたのだ。ポリトコフスカヤも同様の手口で殺されそうになったが、一命を取り留め、その後、銃で暗殺されたのだった。ナワリヌイが死なずに済んだのは、ひとつにはメルケルが介入したからだ。シベリアからシャリテー・ベルリン医科大学へ飛行機で輸送されたナワリヌイが生死の境をさまよっているときに、メルケルはプーチンに、「この事件を早急に解明するよう、強く求めます。これまでに聞かされた話はひじょうに遺憾です」と迫った。その言葉以上に強いメッセージとなったのは、意識を取り戻したナワリヌイをメルケルが見舞ったことだ。

回復したナワリヌイは超人的な勇気を発揮し、冤罪ですぐさま拘束されるのを覚悟の上で、モスクワへ戻った。そして、ナワリヌイは刑務所の中から、私腹を肥やす独裁者に一撃をくわえる武器を使った。黒海にあるプーチンの豪華な秘密の宮殿が映った二時間の映像を公開したのだ。その宮殿には地下にアイスホッケー場もあれば、カジノや水煙草を吸うための赤いビロード張りの部屋もあった。ポールダンス用の部屋まで用意されていた。そういったものはすべて「史上最高額の賄賂」で購入したものだ、と拘束された活動家は主張した。ＹｏｕＴｕｂｅで公開されたその映像は一日で二〇〇〇万回再生され、全国でデモが繰り広げられた。

「プーチンを相手にするなら、選択肢は三つしかない。黙るか、褒めるか、死ぬかだ」[6]と言うのはウクライナの映像作家で、プーチンによって政治犯とされ、収監されたこともあるオレグ・センツオフだ。プーチンにとってナワリヌイに引けを取らないほど危険な宿敵であるアンゲラ・メルケルは、黙りもしなければ、褒めもしない。もちろん、プーチンもメルケルの口封じはできない。

エネルギー問題では現実主義にならざるを得ない

だが、ナワリヌイへの暗殺計画によって、メルケルの現実主義の悩ましい一面も露呈した。メルケルはヨーロッパに団結を呼びかけ、プーチンの人権侵害を批判する先頭に立っている。だが、誰よりも大きな声を上げるロシア国内でのプーチンの宿敵が、ベルリンの病院で昏睡状態にあるあいだも、メルケルは「ノルド・ストリーム２」計画を中止しなかった。それは、ロシアからバルト海を経由してドイツへと天然ガスを送るための海底パイプライン計画だ。そのパイプラインが完成すれば、クレムリンの金庫に大金が流れ込む。また、それによって天然ガスが供給されるのはＥＵ内でも一国だけ、つまりドイツだけだ。

ノルド・ストリーム計画の続行によって、メルケルの行動と、数々の信念に基づく姿勢の不一致が浮き彫りになった。だが、それは同時に、メルケルが抜け目のない政治家だという証拠でもある。

近年、ヨーロッパで使用される天然ガスの生産国が、ロシアからアメリカやノルウェーに移ったこと、また、ロシアの半国営ガス会社ガスプロムの独占禁止違反事件によって、ヨーロッパでのエネルギー事情が劇的に変化したのは事実だ。メルケル率いるEUは、EU参加国はもちろんのこと、それ以外の国とも結びつきを強めている。だが、ヨーロッパが外交政策の足並みを揃え、成熟した経済圏として振る舞うというメルケルが掲げた目標は、この単独行動によって損なわれた。

さらに、ノルド・ストリームが完成して一番打撃を受ける国は、メルケルが問題解決に長い時間を費やしているウクライナだ［第12章を参照］。バルト海の底をパイプラインが通れば、ウクライナ政府は自国を通るパイプラインから得ていた年間一〇億ドルの通過料を失うことになる。その計画を推し進めればどのぐらい世論の反発に遭うのかという点も含めて、メルケルはすべてをじっくり検討したはずだ。

ナワリヌイの暗殺未遂事件よりだいぶ前に、その問題はドイツと信頼関係にある同盟国のいくつかを困惑させた。「なぜ、ノルド・ストリーム計画を率先して推し進めているのかと、オバマ大統領から何度も訊かれたが、そのたびにメルケルの答えは違っていた」[7]と、チャールズ・カプチャンは私に話してくれた。カプチャンはオバマ政権で大統領特別補佐官と国家安全保障会議（NSC）の欧州担当上級部長を務めた人物だ。「財界からの圧力、内政、連立政権をまとめ上げるためとか、この問題の決定権は自分にはないなど、答えはいつも違っていた」とのことだ。本当の答えは、そういった要素すべてを合わせたものなのだろう。

この複雑な状況に関して、メルケルは「不利益より利益が勝る」という説明を好んで使った。

江沢民・胡錦濤・習近平と早くから交流

ロシアに比べると個人的な関心は薄いとはいえ、メルケルはますます厄介な関係になりつつあるもうひとつの独裁国家に対しても、細心の注意を払っている。

プーチン同様、中国共産党の指導者たちもソ連の崩壊をじっくり観察し、同じ轍は踏まないと心に誓った。北京の中心に位置する天安門広場には、今でも毛沢東の肖像画が掲げられているが、現在の中国共産党は毛沢東の思想を放棄している。エネルギー、映画、ビールの世界最大の消費国である中国は、無数の高速鉄道と空港の建設を進め、その数は中国以外の国々で建設されたそのふたつのインフラを合わせた数を上回る。さらに、中国共産党はソ連を抜いて、史上最長の一党独裁国家になった。世界でもっとも新しい超大国は、すでに世界最大の人口を有する独裁国家なのだ。その力の源は、比較的少ない核兵器保有量ではなく、急成長を遂げた経済力であり、国家目標は半導体製造など主要技術の開発競争で世界のトップに立つことだ。

オバマ大統領がアジア太平洋地域への〝リバランス〟を派手に推し進めるよりはるか前から、メルケルは毎年、北京に赴き、その統治者との親交を深めていた。「メルケルは二〇〇五年にはすでに、成長株の中国と良好な関係を築いておくべきだと言っていた。だから、江沢民や胡錦濤、習近平との対話に多くの時間を割いたのです」と、元外交・安全保障担当補佐官のクリストフ・ホイスゲンは、中国の現在のリーダー習近平と前任者ふたりの名を挙げた。「教訓と危機の両方を世界にもたらす中国が、メルケルのレーダーの監視対象からはずれたことはなかった」のだ。

首相に就任してからの数年間、メルケルは中国訪問に意欲的だった。(8) 何度も北京を訪れては、初めて会う文化人、科学者、起業家、官僚から大いに刺激を受け、世界的な新興大国の驚異的な進歩に目をみはった。無数の国民を貧困から救いあげ、グローバルな展開を加速させるとは、その一党独裁国家の政策はどのようなものなのか？　とメルケルは疑問を口にした。それは先例のない軌跡に思えた。メルケルは北京を訪問するたびに、ドイツ企業にとって有益な貿易協定を結んでは帰国し、やがて、ドイツ車は中国でトップ3のシェアを誇るまでになった。

だが、二〇〇七年一一月、メルケルはひとつの協定も結べないまま三日間の北京訪問を終えて帰途につき、中国の〝奇跡〟の影の部分をあらためて思い知らされた。中国の対応が不意に冷たくなったのは、その訪問の前にメルケルがベルリンでチベット仏教の最高指導者ダライ・ラマと面談したこと、また、北京滞在中に、非政府組織や反体制派やフリーのジャーナリストと話をしたことへの報復だった。「誰と話していても、メルケルは人権問題に触れた」と言うのは、その訪問に同行したメルケルの当時の報道官ウルリッヒ・ヴィルヘルムだ。「中国の発展は本当に素晴らしいと思います。それでも、人権問題を取り上げずに、話を始めることはできません」と、メルケルは初会談の胡錦濤国家主席に言ったのだった。

中国は人権問題という話題を常に警戒し、受け入れがたい内政干渉とみなす。中国当局の怒りを示すために、メルケルを手ぶらで追い返し、その一方で、同じ週に北京を訪問したフランスのサルコジ大統領とは原子力や航空関連で三〇〇億ドルの契約を結んだ。中国の人権侵害というひじょうにデリケートな問題に関して、サルコジがはるかに慎重に振る舞っていることに、メルケルは気づかされた。それ以降、メルケルは中国のリーダーに気づかれないようにしながらも自身の価値観に従い、同時にドイツの通商上の利益を守るという綱渡りを続けている。北京と良好な関係を築くために粘り強く努力して、メルケルは歴代のリーダーからある程度の信頼を得た。だが、そのために、道徳を犠牲にしたのだ。

二〇一三年に国家主席に就任した習近平は、かつてメルケルにこんなことを言った――中国であれどこであれ、人権を擁護する最良の方法は貧困問題に取り組むことだ、と。表向きには中国を褒め称えているメルケルとしては、その意見に全面的に反対はしなかったが、少数民族や基本的人権に対する中国政府の激しい弾圧に関して、自分の考えを口にする権利があるという姿勢は崩さなかった。「こんなことを続けるなら、私たちは反体制派を公に擁護しなければならなくなります」とメルケルは習近平に言ったらしい。習近平の強硬路線と個人崇拝に対して、「失望した」と発言しながらも、自由か自由でないかというよくある二項対立の視点ではなく、さらに複雑な視点で中国を見ている。

また、メルケルはスイッチを切り替えて、ソフトパワーも使いはじめた。交渉で厳しい態度を取るのをやめたわけではないが、中国の長い歴史や、西洋では無視されがちな文化に敬意を払っていることを中国側に伝えるためだ。

テクノロジー（深圳）にも歴史（兵馬俑）にも関心を抱く

メルケルの外国訪問は、慣例である歓迎式典や儀礼的な意見交換や記者会見をこなすだけで終わることも多い。だが、中国訪問の際には多くのことに時間を割いている。最近の訪問では、深圳を視察した。ドイツの自動車業界は独自のバッテリーを開発できずにいるのに、香港に隣接するなんの変哲もない地方都市だった深圳が、どのようにして一二五〇万人が暮らすハイテク産業の中心地へと変貌を遂げたのか？　それを自分の目で確かめたのだ。

また、何度も訪問を重ねるうちに、習近平の他に誰と接触すればよいのか、逆に誰と距離を置いたほうがよいのかを学んだ。習近平は重要な決断をすべて担っているが、国務院副総理の劉鶴の意見に耳を傾ける。ゆえに、メルケルは劉鶴との会談もスケジュールに組み込んだ。

「同時通訳を使いはじめて五年目になったことをお祝いしましょう！」[9]と、少し前の訪問でメルケルは側近に向かって嬉しそうに言った。かつて中国の政治家が会談の受け答えに、ぎこちない翻訳文が書かれたインデックスカードを選んで読み上げていた頃もあったのだ。

二〇一〇年七月、メルケルは自身の五六歳の誕生日の記念として、めずらしく夫を伴い、陝西省の省都である西安を訪ねた。その都で、始皇帝陵そばの兵馬俑に納められた七〇〇〇体の兵士をかたどった埴輪を見て、いたく感動した。それには中国の指導者も気を良くしたにちがいない。

メルケルはもともと歴史好きで、中国の歴史にも強い関心を抱いていた。そんなことから、現在の中国が抱く世界的な野望もさほど不可解には感じず、もしかしたらさほどの脅威も感じていないのかもしれない。科学者だったメルケルは、火薬などの貴重な技術が中国で発明されたことはもちろん、中国が早くから天文学を研究してきた国のひとつであることもよく知っていた。「習近平国家主席とは、それぞれの国の得意分野に関して、互いに学ぶところが大きいという話をよくします」と、あるときメルケルは言った。「中国を訪問するたびに、要人たちは、この二〇〇〇年のあいだの一七〇〇年は、自分たちが経済をリードしていたという話をします。だから、『かつての地位を取り戻したとしても不思議ではないのだ』と」[10]

メルケルはたった二、三〇年で目覚ましい発展を遂げた中国を、第二次世界大戦後の焼け野原から復活した自国になぞらえ、「ドイツと同じように、中国はたゆみない努力と創造力と技術力をもとに発展しました」と言った。メルケルの在任期間中に中国経済は二〇二%も成長したのだった。「二〇年もすれば、中国語の特許書類が読める者が必要になるはずです。なぜなら、中国人は英語で特許書類を書く必要を感じなくなるでしょうから[11]」とメルケルは警鐘を鳴らす。

中国は人工知能の開発でも世界のトップに立とうとしている、とメルケルは閣僚たちに言った。二〇一七年、中国は一二〇億ユーロをAIの研究にあて、かたや、ドイツは五億ユーロだった。メルケルは驚くべき発展を遂げた中国の例を、直接的な脅威と捉えるのではなく、むしろヨーロッパに素早い行動を促す要因になると考え、「EUでチップを製造し、ヨーロッパは独自のハイパースケーラー［アマゾン・ウェブサービス（AWS）のように巨大なデータセンターを持ちグローバルにクラウドサービスを提供する企業］を持ち、バッテリーを製造するべきです[12]」と言った。

国のトップの中で、この手の専門的な問題を堂々と語れる者はメルケルをおいて他にいない。メルケルは監視国家で生きてきた経験から、アメリカや中国ではなく、ヨーロッパがプライバシー保護の基準を定め、世界的なデジタル規格に関しても主導権を握るべきだと考え、「個人データを国や企業に所有させてはならない」と言う。現実主義者のメルケルは中国の大手電話会社ファーウェイと交渉しながらも、その種のプロバイダー企業に関してはドイツがしっかり管理するという点は譲らない。

メルケルは中国という国をイデオロギーの観点で見ていないのだ。それは、共産主義国での国民生活の実態を身をもって経験した者にとって、そう簡単にできることではない。そればかりか、東ドイツやソ連と違って、中国の経済改革が国民の利益になっていることもメルケルはきちんと理解している。

欧米は中国に学ばなければ遅れをとる

中国政府は香港の改革主義者やウイグルのイスラム教徒を、相変わらず弾圧している。それゆえに、二〇一九年には、欧米の人々の目には、頑なまでに現実主義を貫くメルケルの姿は虚しく映るようになっていた。それまでと同じく、メルケルは与えられた選択肢をじっくり天秤にかけ、まだましだと思えるほうを選んでいた。ドイツにとって中国との貿易が極めて重要だとしても、それを中国政府が人質のように扱うのを許すつもりはなかった。歴史家の視点で動向を観察するメルケルは、状況が悪化しつつあることにはっきり気づいている。西欧諸国は今すぐに中国から学ばなければ、遅れをとってしまう。中国は何世紀ものあいだ文化的に世界の頂点に立っていた——その事実を、メルケルはよく引き合いに出す。

紀元前二一〇年に、中国の職人は埋葬用に本物そっくりの兵士の埴輪を作っていた。その頃、ヨーロッパは何をしていたのか？　文明は栄え、しかし、独善的になったり油断したり頽廃的になったりすれば衰える。メルケルは首相としての最後の数年間に行った演説のほぼすべてで、欧米諸国は希望と目的を見失いつつあると注意を喚起した。メルケルは希望の火をふたたび燃え上がらせようとしているが、そのための手段は限られている。人々の気持ちをかき立てて行動を起こさせるのは、アンゲラ・メルケルの得意とするところではないのだ。

第9章

ベールに包まれた私生活

ここで少し彼女の私生活を覗いてみよう。普通のマンション住まいで、スーパーで買い物もする。料理はするが洗濯は夫。音楽とサッカーの大ファン。芸術家と交流し、読書に励む。

ドイツのバイロイト祝祭劇場で毎年開催されるワーグナー音楽祭に、いつもと違う艶やかないでたちで夫とともに現れたメルケル。メルケルの夫ヨアヒム・ザウアーは生粋のオペラ好きで、なおかつメディア嫌いなことから、〝オペラ座の怪人〟と呼ばれている。そんな夫とその妻は頑ななまでにプライベートを明かさない。ザウアーは有名人である妻に関するインタビューにはいっさい応じない。

©Marcus Fuehrer/dpa Picture-Alliance/Alamy

私は何本かの境界線をはっきり引いている。
ゆえに、私の人生の一部は公開しない。
——アンゲラ・メルケル

メルケルは世界一の権力を握る女性だが、そう言われるようになるずっと前から、政治や政治家とは関係のない事柄にも興味を抱く、しっかりとした人間だった。一六年ものあいだ首相を務めながら、そういった性格が変わらずにいるのは驚くべきことだ。変わらずにいられる一番の原因は、現代の大物政治家の誰よりもプライバシーを守っているからで、マスコミを寄せつけないためにいくつもの手段を講じている。メルケルのもうひとつの人生とも言えるプライベートな生活があるからこそ、首相としての重責に耐えられるのだ。

「世間の目を気にすることなく、喜んだり悲しんだりする場所を持つようにしています。そうでなければ、公の場で幸せではいられません。このルールに例外はありません」[1]と、二〇一九年に語っている。とりわけ熱心で献身的な側近ですら、ベルリンの自宅やブランデンブルクの別荘に招いたことはないのだ。

メルケルとその夫の別荘があるのは、ベルリンとポーランド国境の中間に位置するウッカーマルク郡。湖と森に囲まれたホーエンヴァルデという村の近くに、赤い瓦屋根と白壁の静かな佇まいの別荘がある。「内装はとてもシンプルだ」と言うのは、映画監督のフォルカー・シュレンドルフで、時々その別荘に招かれている。「どこからどう見ても東ドイツの家の雰囲気だ。東ドイツ時代、建築資材をひとつひとつ集めてこなければならなかった頃に、アンゲラと夫が建てた家だからね。まだ完成していないようにも見える」。

別荘の道をはさんで向かい側には小さな白い詰所があり、そこで警察官がひとり待機している。それを除けば、そこがドイツの首相が週末を過ごす別荘であることを示すものは何もない。メルケルは公用車の黒いアウディで別荘へ行くが、夫のほうはたいてい、長年の愛車である赤のフォルクスワーゲン・ゴルフを自ら運転していく。

メルケルは努めて警護の人間を気にしないようにしているが、近くの湖でひと泳ぎしてくるときにも、銃を持った二人組の警護官にしっかり見張られている。それでも、警護官には二〇〇メートルは離れているようにと指示している。公式に推奨されている距離とは一五〇メートルも違うのだ。また、メルケルが近所の森を散歩する際には、森のはずれにかならず一台のSUV車が停まり、運転席では警護官が新聞を読んでいるふりをしている。「わかっていますよ、新聞なんて読んでないってことは」とメルケルにからかわれることもあった。誰よりもプライバシーを重視する政治家から、できるだけ目につかないようにしてほしいと、警護官は言われている。

友人の話によると、別荘でメルケルは普通の主婦として過ごしているらしい。オペラを聴いたり、簡単な料理を作ったりして、のんびり過ごす。得意料理はジャガイモのスープで、あとかたづけも自分でこなす。だが、日曜の午後四時をまわると、週末だけの専業主婦は平日の日課を再開し、明日から始まる一週間に向けてスタッフにメールを送る。

「夫との絆があるから、私は安心していられる」

ザウアーは、妻が演じている首相という役をことさら崇めたてるそぶりは見せない。メルケルは五〇回目の誕生日に、いかにも彼女らしいパーティーを開いた。パーティーのメインイベントとして、ある科学者に「脳：指揮者不在の複雑なシステム、われわれのセルフイメージの結果」というテーマで長い講義をしてもらい、それを楽しんだ。だが、そのパーティーでも、ザウアーは深夜〇時きっかりに妻のほうを向くと、「勘弁してくれ、アンゲラ。私は政治家じゃない。明日も早くから働かなければならないんだ」と苦言を呈した。

また二〇一一年六月、オバマ大統領はメルケルに大統領自由勲章――米国における文民最高位の勲章――を授与し、ファーストレディのミシェルとともに、メルケルとザウアーをホワイトハウスのプライベートな部屋での夕食に招待した。ところが、ザウアーはその招待を断った。シカゴに住む研究者仲間と食事の約束があるというのがその理由だった。

かつてのメルケルはプライベートな事柄を明かすこともあり、その頃に、首相というプレッシャーに押し潰されずにいられるのは、夫がいるからだと本心を口にした。「夫との関係が危うくなるぐらいなら、私は予定を三つキャンセルします。政治家としての人生で、夫はとりわけ重要な役目を果たしているから。ある決断が一般の男性や女性にどんな影響を及ぼすかを教えてくれます。第三者の視点で物事を見られるようにしてくれるのです(2)」とメルケルはヘルリンデ・ケルブルに話した。

メルケルが政治家になった頃の上司アンドレアス・アープルトは、その夫婦が密に協力し合っているのを目撃している。「メルケルが党の広報を担当していた頃、党内が大混乱に陥ったことがあった。メルケルは途方に暮れて、ザウアーに電話をかけた。ザウアーはすぐさま、党の記者会見に使える文章をメルケルに送ってきた」とのことだ。

ザウアーは政治関係の相談相手になるだけでなく、メルケルが安心して逃げ込める避難所のような役目も果たしている。「とにかくしゃべるのが面倒になることもある」と、メルケルは政治家の生活につきものの絶え間ない会合に関してケルブルに話し、「ヨアヒムと一緒だと、私は何も言う必要がない。一緒にいるだけでいいんです」(3)と言った。もしかしたら、世界中から注目されている人物の心の拠り所になっているのが、ザウアーの最大の貢献かもしれない。「夫との絆があるから、私は安心していられる」とメルケルは言う。そういうパートナーがいなくてもやっていけるかと尋ねられると、「はっきり言って、無理です」と答えたのだった。

ザウアーはベルリンの住人から、〝オペラ座の怪人〟というあだ名をつけられている。オペラが大好きで、なおかつ、メディアに登場したがらないからだ。さらに、プライバシーの権利を悪びれず主張する。「私は科学者だ。誰も私に興味はない」と。実際には、多くの人が興味を抱いているのだが。

公的な立場とプライベートな生活にはっきりと線を引くメルケルだが、時々、おそらく意図せずに、自分たちがいかに普通の夫婦であるかを明かすことがある。二〇二〇年のあるテックカンファレンスで、自宅でスマート家電を使っているのか、それとも自分で洗濯機を操作しているのかと訊かれると、「正直なところ、洗濯は夫の担当です」(4)と淡々と答えた。その夫婦は、メルケルの言うとおり、あるいは、現代の共稼ぎの夫婦と同じように、家事を分担しているわけだ。

これほどお似合いで愛し合っている夫婦が、子供を持たない理由について、「そういったことと活動的な政治家の組み合わせが想像できない」とメルケルは言った。再婚する数年前の三六歳のときには、こんなことも言っている。「結婚しても私の人生は変わりません。でも、私の場合、子供がいたら政治を諦めるかもしれない。現時点でそれは論外です。おそらく、一生そういうことにはならないでしょう」(5)――たしかにその言葉どおりになった。メルケルがザウアーと結婚したのは、四〇歳をとうに過ぎてからだった。

ごく普通のマンションに暮らし、プライバシーを保つ

メルケルのベルリンの住まいは一国のトップが暮らす家には見えない。戦前に建てられたごく普通の四階建ての賃貸マンションで、場所はかつての東ベルリンの中心地にあり、表札にはザウアーの名が記されている。曲がりくねりながら流れる狭いシュプレー川沿いには、昔ながらの通りやカフェも今なお残っているが、メルケルが若き科学者として七〇年代後半にベルリンに移り住んで以降、ボディピアスの店やインターネットカフェ、ベトナム料理の店、ファラフェル［中東で作られる豆のコロッケ］の店やビーガン料理のレストランが並ぶようになった。そこはメルケルが三〇年前に〝不法占拠〟したアパートのすぐ近くだ。メルケルが三〇歳の誕生日に、父から苦々しげに「なるほど、アンゲラ、おまえはちっとも進歩していない」と言われた場所の目と鼻の先にある。

メルケルは今でも、自宅からほど近いベルトルト・ブレヒト広場にあるベルリーナー・アンサンブル劇場に、芝居を観にいく。さすがに今は、昔のようにフリードリヒ通り駅からＳバーンに乗る

ことはないが、通勤に使っている黒いセダンより、車に追い越されながらのろのろ走る電車のほうが好きらしい。

二〇一九年、側近のエヴァ・クリスティアンセンはクリスマス休暇をニューヨークで過ごした。そうしてドイツに戻り、誰にも知られず気ままにマンハッタンを巡ったことを話した。メルケルはその話を羨ましそうに聞いていた。世界一の権力を持つ女性にはそんな旅は夢のまた夢でしかない。首相を退いても、それは変わらないはずだった。

プライバシーとひとりで過ごす時間を大切にするメルケルだが、周囲にはかならずと言っていいほど大勢の人がいる。それでも、首相になったその日から、警護官とは二〇〇メートルの距離を取り、さらには、夫婦でコンサートやオペラに行く際、その予定を伝えるのは出発のぎりぎり三〇分前だ。そうやって、物々しい安全対策、防護柵や警察犬など、首相夫妻が来ていることがわかるような準備をさせないようにしているのだ。

首相になってまもない頃、メルケルは一度だけボディガードから逃れようとしたことがある。官邸のキッチンについた小さな貨物用エレベーターに飛び乗ったのだ。そのエレベーターには監視カメラもなく、警備もついていなかった。だが、メルケルが自由を謳歌できたのはほんの数分だけだった。駐車場に着くと、警察犬を連れた大勢の警護官に出迎えられた。(6)

ベルリンのフリードリヒ通りにあるフランス系デパートでは、一般の買い物客に混じって、メルケルがお気に入りの黒のフラットシューズをまとめ買いする姿が目撃されていて、そういうときは警護官もできるだけ目立たないようにしている。また、閑静なシャルロッテンブルク地区にある小さなイタリア料理店は、メルケルお気に入りのレストランで、そこで夫とともに食事をすることもある。

メルケルはあくまでもシンプルに暮らそうとしている。たとえば、モーレン通りのスーパーマーケット「ウルリッヒ」は、首相の御用達としてベルリン市民に知られていて、その店でメルケルは人目を気にせずカートを押しながら買い物をする。世界中から注目されていても、ごく普通のことをしているのだ。それでも「メルケルにはオーラがある。それはもちろん権力が発するものだ」とシュレンドルフは言う。また、元ＥＵ外務・安全保障政策上級代表（＝外相）のキャサリン・アシュトンは、「あれがアンゲラ・メルケルだ、と部屋に入ってくれば誰でもわかる」と言った。

メルケルの言葉、皮肉、しかめ面、あるいは眉を上げるだけでも、すべてに影響力がある。何年も前に、メルケルの乗った車が別荘に通じる道に入り、轍《わだち》で車体が大きくはずんだことがあった。メルケルはたった一言「おっと！」と言っただけだったが、翌日に道はアスファルトで舗装された。(7)

芸術家からクリエイティブな刺激を受ける

メルケルは公人としての人間関係がかならずしも性に合っているわけではなく、親しくつきあうのは政界以外の人のほうが多い。とはいえ、そういう友人も首相のプライバシーを完全に守らなければならない。

シュレンドルフは伊トスカーナ州の別荘にメルケルを招いて過ごした週末にまつわる出来事をはっきり覚えていた。自身の妻とメルケル、ザウアーとともにグラッパを飲み、親交を深めたが、シュレンドルフが愛情を込めて、けれど、やや面白おかしくメルケルの人物評を書いたことで、友情にひびが入ってしまった。首相として四期目が終わったら、また科学者に戻ればいいと冗談半分に提案したことを記したのだ。「教えることや研究することが、ときどき懐かしくなるのでは？　科学の正確さがまた恋しくなるのでは？　長年、不透明な政治と経済を相手にしてきたのだから」と。だが、メルケルにしてみれば、たとえ好意的な内容であっても、人物評が公開されるのはプライバシーの侵害だ。それに、もちろん、研究室に戻る気などさらさらない。メルケルは型破りな政治家かもしれないが、政治にどっぷり浸かっている。「それが何かを成し遂げる唯一の方法です」とメルケルは言う。現代の政界の中心で生きることは、研究所暮らしとは比べものにならないほど刺激的なのだ。三〇年間、政界で生きてきてもなお、メルケルは退屈したことがない。

さらに、昔も今も変わらず、自身の仕事とは関係のない分野のクリエイティブな人たちと親しくしている。「政治家は往々にして、同じことの繰り返しを求められます。物理学者という私の前職では、それは大罪です。科学の世界では同じことを二度言うなんてありえません。それは自分が何もしてないという証拠ですから」と、かつてメルケルは冗談めかして言い、政治はうんざりするほど同じことの繰り返しであるとほのめかした。メルケルという政治家は、誰よりも精力的で、さまざまな分野に関心を抱き、芸術家と親交を深めて、彼らの創造力の源を探っている。

シュレンドルフはメルケルに俳優のウルリッヒ・マテスを紹介した。ナチス・ドイツの終焉を描いた二〇〇四年の映画『ヒトラー――最期の12日間』で国民宣伝・啓蒙相ヨーゼフ・ゲッベルス役を演じたことで知られる俳優だ。ふたりは親しくなり、マテスはメルケルの別荘で週末を過ごすようになった。マテスが出演する芝居を観るために、メルケルはベルリンの劇場に足繁く通い、舞台がはねてから、夜更けまで一緒に酒を酌み交わす。そこでどんな話をしているのか、マテスはいっさい語ろうとしないが、メルケルの仕事とは関係のない話にちがいない（イギリスのトニー・ブレア元首相はメルケルのあまり知られていない一面に気づいた。「メルケルは宵っ張りで、夜でも元気いっぱいだ」[8]と、作家のマーティン・エイミスに驚きをもって語っている)。

世界的なソプラノ歌手ルネ・フレミングが、ブランデンブルク門の前で開かれたベルリンの壁崩壊二〇周年の記念式典で歌を披露したときのことだ。フレミングは夫とともに、由緒あるホテル、アドロン・ケンピンスキーに泊まっていた。すると、メルケル首相が下の階の部屋で祝賀会を開催する、という伝言を受け取った。「てっきり、その会には大勢の人が出席するのだろうと思いました」とフレミングは言う。

「階下に降りて初めて、参加者が八人だけだと知りました。私たちのための会だったのです。ソプラノ歌手とその夫のためだけの……しかも、二時間も続きました。メルケル首相は早朝から働いているはずなのに。いくつもの会合に出て、夕方には凍えるように寒い野外コンサートにも出席された。それなのに疲れを見せず、会を早く切り上げようともしませんでした。すばらしい体力です。リラックスして私たちとの会話を楽しんでいらしたのには驚くと同時に、とても光栄でした」

メルケルとザウアーはバイロイト音楽祭とザルツブルク音楽祭というふたつの有名な音楽祭をかならず聴きにいくが、多くの有名人カップルとは違い、騒ぎにならないよう注意している。メルケルは誰かに気づかれると、微笑みながら軽く会釈する。音楽祭にやってきた人たちは、メルケルとザウアーがそこにいる唯一の目的をきちんと知っている。ワーグナーやモーツァルトの音楽を楽しむためだ。そのカップルの振る舞いを見れば、それは一目瞭然なのだ。

熱狂的なサッカーファン

メルケルの趣味は高尚なものばかりではない。庶民の楽しみともいえるサッカーの大ファンでもある。二〇〇六年のワールドカップ・ドイツ大会のあいだ、普段はマスコミに登場したがらないメルケルのインタビュー記事が、いくつもの新聞に掲載された。記事の中で、メルケルは七歳のときからサッカーファンであることを〝打ち明けた〟。また、自宅にはテレビがないので、週末を過ごす別荘近くのパブで試合を観ていると話した。「サッカーは大勢で観たほうが楽しい」と、ドイツ最大の発行部数を誇るタブロイド紙「ビルト」のインタビューでは語っている。

さらに、ドイツ代表チームの宿舎を訪ねた場面も、カメラにおさめることを許した。そこには、失業統計を尋ねるかのような熱意で、選手に根掘り葉掘り質問しているメルケルが映っており、オフサイドのルールを完全に理解していることが見てとれた。また、メルケルはサッカーの作戦を図解にして、取材陣を驚かせ、さらに、準決勝のイタリア戦で試合終了間際に勝ち越しを許すという悲惨な結果を招いた理由が知りたくて、ほどなく代表監督のユルゲン・クリンスマンを執務室に招いた。国のトップでもあるサッカーファンは、呆気に取られている監督に向かって、統計、グラフ、チャートを用いて、選手の強化計画を提案した。

二〇一二年、ワシントンDCから北へ一時間のところにある風光明媚な大統領保養地、キャンプ・デービッドで開かれたG8サミットに、メルケルは出席した。ちょうどそのとき、UEFA（欧州サッカー連盟）チャンピオンズリーグの決勝戦がミュンヘンで行われていて、ドイツのバイエルン・ミュンヘンがイングランドのチェルシーと対戦した。そのサミットの前に、メルケルはオバマ大統領に、会議場の近くにテレビを用意してほしいと頼んでいた。「首相にはテキストメッセージでサッカーのスコアを逐一報告しました」とホイスゲン元補佐官は言う。「バイエルン・ミュンヘンがペナルティーキックを得ると、首相はもう会議室でじっとしていられずに、私と一緒にテレビの前に陣取りました」。ひとりまたひとりと、他国のリーダーもメルケルに続いた（デイヴィッド・キャメロン英首相、フランソワ・オランド仏大統領、マヌエル・バローゾ欧州委員会委員長もいた）。

しまいにはオバマがやってきて、「私たちはサミットでここに集まったのだろうか？　それとも、サッカーを観るために？」と尋ねると、メルケルは「サッカーを観るためですよ」と答えた。試合は一対一の同点で延長戦にもつれこみ、ＰＫ戦でチェルシーの五人目の選手が決めて勝利した。その瞬間、メルケルはキャメロンをハグで祝福した。オバマのドイツ語通訳のドロテー・カルテンバッハが、思わず「くそっ《シャイセ》」と口走ると、オバマはにやりとして言った。「それは私が知っている唯一のドイツ語だ」

元ＥＵ外相のアシュトンによると、普段は真面目なメルケルだが、「ときどき、イヤホンをつけて、サッカーの実況中継を聞きながらＥＵの会議に入ってくることがあった」とのことだ。

時間をみつけては本を読む

音楽とサッカー、そして、アーティストと過ごす夜や週末が、メルケルの癒しの場だとしたら、本もその役目を果たしている。「メルケルは読書好きだ」と、元報道官ウルリッヒ・ヴィルヘルムは言う。

私たちはメルケルに読むべき本を推薦していた。大半は伝記と歴史の本だ。公式訪問の前には、メルケルはその国の内部構造とリーダーの人となりを知るために、その種の本を何冊も読む。リーダーは協力的なタイプなのか？　主義信条は？　精神的に安定しているのか？　会合の合間や移動の機中で、メルケルはいつも本を読んでいる。それに関して、メルケルとその夫はよく似ているようだ。メルケル夫妻と一緒だった一一時間のフライトでは、ザウアー博士はずっと自分のパソコンに向かい、学生の博士論文を読み、研究助成金の申請書を書いていた。

メルケルの知識欲を誰もが称賛するかといえば、そういうわけでもない。二〇一四年、メルケルは六〇歳の記念に、元物理学者ならではの趣味で友人と関係者をもてなした。歴史家のユルゲン・オースタハメルを招いて、四五分間の講演を開いたのだ。テーマは一九世紀のヨーロッパとアジアは互いをどのように理解していたか、というものだった（その前年に、メルケルはクロスカントリースキーで骨盤を骨折し、療養中にオースタハメルが同テーマで書いた一六〇〇ページに及ぶ分厚い本を読んだのだった）。ＣＤＵの何人もの党員は言われるがままに、党本部の広々としたコンラート・アデナウアー・ハウスに集い、カクテルパーティーが始まるのを心待ちにしながら、辛抱強く講演に耳を傾けた。「そこにいる人たちの顔を見れば、歴史家の言葉がほとんど理解できずにいるのがわかった。『一時的地平線』、『相互依存速度』、『合成解析』といった印象的な表現は、彼らには難しかったらしい」と「シュピーゲル」誌は報じた。

ヒラリー「メルケルとサッチャーは比べようがない」

メルケルはタイトなスケジュールの公式訪問にも、向上心のある女性との会合を予定に押し込もうとする。二〇一五年、ペンシルヴェニア通りをはさんでホワイトハウスの向かいにあるブレア・ハウス――大統領用の公式ゲストハウス――で開かれた朝食会には、メルケルが会いたがっていた面々が参加した。メルケルのたっての希望で、最高裁判事のソニア・ソトマイヨールとエレナ・ケイガン、上院議員のスーザン・コリンズ（共和党）とダイアン・ファインスタイン（民主党）、慈善家のメリンダ・ゲイツ［ビル・ゲイツの妻。二〇二一年に離婚］など、さまざまな分野から何人もの女性が招かれたのだ。「テーブルを囲んで、個人的な話もしました」と、ジャーマン・マーシャル財団の代表カレン・ドンフリート［オバマ政権で大統領特別補佐官兼NSC欧州担当上級部長］は言う。あらかじめ決められたテーマはなく、メルケルの興味の赴くままに話が進んだとのことだ。「リーダーという立場とプライベートな生活、また、〝その場にいる女性は自分ひとりだけという状況〟とどのように折り合いをつけているのかなど、メルケルは全員から話を聞こうとしていました。女性と一緒にいるのが楽しくてしかたがない様子でした(9)」

とはいえ、メルケルは歴史を作ったもうひとりの女性リーダー、故マーガレット・サッチャーと比べられるのを嫌がる。「あのふたりは比べようがない」とヒラリー・クリントンは言う。「メルケルは行動で示し、一方、サッチャーはイメージを重視していました。公の場での言動がサッチャーの人格の大部分を占めています。かたや、メルケルは仕事で自身を表現する。サッチャーはどんな会合にも戦闘態勢で臨んだけれど、メルケルは多くの場合、歩み寄りによって問題の解決策を探ります」

ヒラリーはそう言うが、メルケルとサッチャー――小さな町の食料品店の娘で、三回もイギリスの首相に選ばれた女性――には、いくつか共通点もある。どちらも科学者［サッチャーはオックスフォード大学で化学を専攻し、卒業後は食品会社で研究職に就いていた」だったこと、自己形成に励んだこと、男性社会の政界で女性として道を切り開かなければならなかったことだ。メルケルもサッチャーも国民の直接投票ではなく、議会制民主主義のシステムを通じて選ばれた。どちらも類を見ないほど賢く、膨大な情報を記憶して、横柄な男が相手でもひるまない。

他方、外見に関しては、サッチャーはおしゃれなハンドバッグを持ち、アクセサリーをつけて、女性的なスーツに身を包み、艶やかな髪を常に一分の隙もなくきちんと整えていた。できるだけ地味でいようとするメルケルとは対照的だ。サッチャーの護衛はホルスターに拳銃をセットして、さらには、ポケットに替えのピンヒールを忍ばせていたこともよく知られている。また、メルケルと違って、サッチャーの側近はすべて男性だった。

メルケルは有能で権力もある女性と過ごすのが好きだ。だが、意外にも、公的な集まりでフェミニストは手を挙げるように求められると、ひとしきりためらってからやっと手を挙げた。メルケルの四期目がかかった二〇一七年の総選挙に際して、シュレンドルフは全面広告を打とうと、ドイツのある女性団体に協力を求めたが、断られた。その理由は、メルケルが男女同権の理念を推進するためにきちんと声を上げていないというものだった。「メルケルはいつでも、すべてのドイツ国民のために首相を務めていると言っているが、公の場でもっと女性を支援するべきだと言われた」とシュレンドルフは話す。

だが、多くの場面で、メルケルは男性優位の社会を真正面から否定するのではなく、側面攻撃をする。二〇一八年、イスラエルで若いビジネス・リーダーたちとの会合に出席すると、男性ばかりの未来の大企業家を快く受け入れながらも、「次の会では、未来のリーダーの中に女性がいても、私はがっかりしませんよ」[10]とつけ加えた。

そのときのイスラエル訪問では、ハイファ大学から名誉博士号を授与された。その際、同大のロン・ロビン学長は「わが大学の学生の六五％は女性です」と胸を張ったが、女性が教授に占める割合をメルケルが尋ねると、ロビンはおずおずと「いや、それについては、目下、鋭意努力中です」と応じた。メルケルはそれとなく意思表示をして、相手をやり込めるのだ。

男性の聖人ぶった態度を指摘するのは、メルケルにとって密かな楽しみだ。「ヘルムート・コールをはじめ、有力な男たちに泡を吹かせるのは、メルケルの一種のエゴと言ってもいい。メルケルは強い男性を尊敬している。だが、尊敬するのは真の強さであり、口先だけではだめだ」とトーマス・デメジエールは言う。非公式の場では、メルケルは準備不足で意欲に欠ける政治家に対する軽蔑を口にしている。「彼らの三分の二は本気で問題に取り組んでいない。受け取った資料すら読んでいない。何を話し合っているのかさえわかっていないんです」と、ＥＵ加盟国の首脳が集まる欧州理事会について、ヴォルフガンク・イシンガーに本心を吐露したことがある。

もちろん、メルケルは前もって書類を読み込む。さらに、科学技術と法律にはとりわけ詳しく、味方も敵もその知識には太刀打ちできない。交渉時には、細部まできちんと理解しているのを見せつけて、相手をまごつかせる。政治家の中には、甘言や脅しで意見を押し通そうとする者がいるが、メルケルは理論と事実を使う。相手が戸惑えば、宿題をやってきなさいと冷ややかに指摘する。

オーストラリアのケビン・ラッド元首相は、メルケルと何時間も一緒に過ごした感想を、次のように語る。

メルケルは女であることを武器にしない。それは女らしくないということではなく、ゴルダ・メイア［イスラエル初の女性首相、在任一九六九－七四］のようにやさしいおばあちゃんを演じるつもりはさらさらないということだ。メルケルと一緒にいると、偉大なリーダーを相手にしていると感じるが、女性だと意識することはない。以前、リースリングの白ワインが入ったグラスを手に、メルケルと一緒に執務室のテラスに立って、眼下に広がるベルリンの見事な景色を眺めたことがあった。すると、中年のドイツ人の一団がメルケルに気づいて、「ムッティ！　ムッティ！」と叫びはじめた。「お母さん」という意味かと尋ねると、メルケルは少しためらいながら、そうだと答えた。「なるほど、アンゲラ、政治家がそんなふうに呼ばれるのは、いろいろと不都合だろうね」と私は言った。とはいえ、それはドイツ社会が今でもずいぶん保守的だという証拠でもあった。(11)

権力を持つ女性をいまだに「お母さん」と呼ぶような国で、メルケルは首相になったのだ。それ自体がメルケルの偉業を物語っている。

水着姿の写真を即座にネットから削除させる

二〇一三年四月、ドイツ人が驚く出来事が起きた。プライバシーを厳守することで有名なメルケルの水着姿の写真が出まわったのだ。その数枚の写真は、イタリアのイスキア島で撮られたものだった。カーキ色のパンツにカジュアルな青いシャツという姿で浜辺を歩くメルケル。水着の写真もあれば、ショートパンツ姿で、岩を登ろうとする義理の孫に手を貸そうとしている写真もあった。

多くの政治家はこの種の、家族と一緒の日常的なスナップショットを、自分も〝普通の人間〟であることを示す証拠として利用する。だが、メルケルは違う。「ビルト」紙に掲載され、物議を醸した一連の写真は、あっというまにインターネットから姿を消した。

大西洋の対岸からそれを眺めていたヒラリー・クリントンは、メルケルのメディアをコントロールする力を羨ましがった。「素晴らしいとしか言いようがない。浜辺にいるメルケルの写真がインターネットに現れたと思ったら、あっというまに消えたのだから」[12]と感嘆の声を上げた。

首相のプライバシーを暴いたことへの怒りは、メルケルから発せられたわけではない。その出所は大衆だ。メルケルに批判的な者でさえ、スキャンダルのないメルケル政権に敬意を示す。それゆえ、ソーシャルメディアに〝うっかり〟投稿されたプライベート写真があふれる時代でありながら、大半の公人が得られずにいる権利――プライバシー――を、メルケルは与えられているのだ。

メルケルはその秋の選挙で、〝あなたは私を知っている！〟という皮肉たっぷりのスローガンを掲げて、勝利した。実際には、七年近く首相を務めている人物について、ドイツ人は詳しく知らない（メルケルの伝記を書いている私は、ドイツ人から首相に孫はいるのか？　と訊かれることがある）。メルケルの家族、きょうだい、ザウアーと前妻のあいだに生まれた義理の子供たちにメディアが近づくのはご法度だ。プライベートではメルケルが冗談をよく言うことも、一日の仕事を終えて、才気煥発な人々と愉快に過ごすのを好むことも、国民は知らない。メルケルの国の人々は、首相のプライバシーを尊重し、また、プライバシーを守る権利を主張するメルケルを尊敬している。メルケルは勝利のスローガンを掲げて、国民にウインクした。そのお茶目な仕草が意味することは、誰もがわかっていた。

友の死に感情を露わにした瞬間

それでも、ときにはメルケルも胸の奥にある感情を表に出す。二〇一六年、かつて第二次内閣で外務大臣を務めたギド・ヴェスターヴェレの葬儀でのスピーチがそうだった。会葬者の前で、「こんなスピーチはしたくなかった」と、見るからに辛そうに言ったのだ。

ヴェスターヴェレはドイツの公職にある者として初めて、同性愛者であることを公表した人物で、白血病にかかり、五四歳という若さでこの世を去った（その二年前、メルケルは六〇歳の誕生日パーティーで、自分へのプレゼントの代わりに白血病基金に寄付をするように呼びかけた）。

政界引退後の人生設計をよく口にするメルケルは、何より悲しいのは「ギド・ヴェスターヴェレが第二の人生を生きられなかった」ことだと言った。その弔辞で、メルケルはヴェスターヴェレとは首相と閣僚という関係以上に親しくしていたことを明かした。「ギドとは人生について話をしました。お互いに相手を思いやっていました」と。また、ヴェスターヴェレと会う約束――おそらく最後の面会となるはずだった約束――をしていたことも語った。「夕方に執務室で会う予定になっていたのに、ギドはそれをキャンセルせざるを得ませんでした。その夜、テレビ出演が決まっていて、そのために体力を温存したのです。〝また今度〟と私たちはお互いに言いました。でも、その今度はやってきませんでした」と、メルケルは絞り出すような声で言った。

政界での友人の死を心から悼み、その気持ちをこれほど素直に言葉にすることはめったにない。テレビのインタビューのせいで、メルケルは友にさよならを言えなかったのだ。

メルケルにとって信頼は限られた人だけに贈るプレゼントのようなものだ。ヴェスターヴェレと特に親しくなったのは、まさに〝信頼〟のおかげだった。「私たちはいつも頼りあっていました。必要ならば沈黙を守れて、信頼しあえる相手に出会えることは、めったにありません」とメルケルはその葬儀で話した。メルケルにとってそれは最高の賛辞だった。

　とはいえ、少なくともあとひとり、メルケルが愛情と感謝の念を抱きつづけている人がいる。かつては親しかったが、メルケルの信頼を失い、同時にメルケルを信頼できなくなった人物だ。二〇一七年七月、メルケルは欧米各国の首脳とともに、ヘルムート・コールの葬儀に参列した。コールは誰よりも、アンゲラ・メルケルの政界での出世に貢献した人物だ。そして、コールの葬儀で、かつての愛弟子は、ＥＵの青い旗がかけられた棺に続いて歩き、仏ストラスブールの欧州議会の建物に足を踏み入れた。

「コールは偉大なドイツ人であり、偉大なヨーロッパ人でした。壁に囲まれていた無数の人々に自由に生きるチャンスを与えたのです。私もそのひとりでした」と、メルケルは感極まって言った。政界入りしてすぐに、ヘルムート・コールから「私のお嬢さん《メートヒエン》」と呼ばれて、可愛がってもらえなければ、メルケルが政界でこれほど大出世を遂げるとは、誰も想像すらできなかったはずだ。

「感謝します、ヘルムート。あなたが私に与えてくれたチャンスに」

第10章

オバマ——条件つきのパートナー

熱狂的な演説を行うオバマへ当初は警戒心を抱くが、知性派のアウトサイダー同士、尊敬し合う関係に。しかし米情報機関に携帯を盗聴されていたと判明し、メルケルは激怒する。

2015年、壮大なアルプスを背に会話するメルケルとオバマ。両者の関係は、当時、巷で言われていたよりはるかに複雑だった。ふたりには多くの共通点があったが、メルケルは美辞麗句を並べるオバマをいまひとつ信用できず、一方、オバマはときにメルケルの頑固さに苛立った。
©Michael Kappeler/AFP/Getty Images

バラク・オバマのアンゲラ・メルケルに
対する感情を表現するには、愛という言葉では弱すぎる。
——ベンジャミン・ローズ（オバマ元大統領の側近）

「議員の皆様！　そして、議長閣下！」米国下院の守衛官の声が響き渡った。「ドイツ連邦共和国メルケル首相に御登壇いただきます！」

二〇〇九年一一月三日、アンゲラ・メルケルは感激に目頭を熱くしながらも、にこやかな笑顔で、さっそうと演壇へ向かった。特別な機会だけに開かれるアメリカ合衆国議会合同会議で、演説を行うのだ。上下両院の議員が立ち上がり、声援を送り、拍手で出迎えた。いつもなら大袈裟な拍手喝采を好まないメルケルも、そこに集まった人々の心からの歓迎を素直に喜んでいるようだった。米国議会合同会議で演説を行うドイツ首相は、アデナウアー以来およそ半世紀ぶりで、メルケルは自国では行ったことのない類の演説をした。自分自身について語ったのだ。

「二〇年前、壁が崩れる前には、こんなことが起きるとは、想像すらできませんでした。西側の親戚がこっそりくれた映画や本を眺めて、私はひとりでアメリカという国を想像していました」とメルケルは演説を始めた。メルケルが心酔したのはブルース・スプリングスティーンやロッキー山脈だけではなかった。「そうして、アメリカンドリームに夢中になりました。誰にでも成功のチャンスがあり、しかも、本人の努力次第でチャンスを摑みとれるという、その夢に」――二〇世紀の後半以降、アメリカンドリームはめったに摑めないものになったが、メルケルはその夢がときには叶うことを、六五〇〇キロ離れた場所で証明してみせたのだった。

拍手喝采が静まるのを待って、メルケルは先を続けた。

今日、私はようやくお礼を言えます。飛行機でベルリンに食料を届け、市民を飢餓から救ってくださったパイロットに……何十年ものあいだ、ドイツに駐留した一六〇〇万のアメリカの兵士に。米国の兵士や外交官の助けがなければ……ヨーロッパは分断されたままだったでしょう……かつて黒い壁がそそり立っていた場所で、不意に扉が開かれ、私たちは国境を越え、通りに出て、教会に足を運ぶことができました。誰もが何かしら新たなものを築くチャンス、変化を呼ぶチャンス、新たな冒険へと乗り出すチャンスを与えられました。私も新たな人生のスタートを切りました……そう、すべてが可能なのです。

ドイツと違って、感情を表に出すのを許され、それどころか、それが称賛されるアメリカという国で、メルケルは思いのたけ――感謝や希望――を余すところなく言葉にしたくなったのだった。とはいえ、メルケルが演説を感情表現だけで終わらせることはない。心からの敬意の中に、ふたつの現実的な問題も盛り込んだ。未来を見据え、ヨーロッパとアメリカの両方に存在する、グローバル化を恐れる人々に関する話をした。「そういった懸念は無視できません。グローバル化によって世界の国々は協力して行動せざるを得ません。それがどちら側の国にとっても、いえ、あらゆる国にとってまたとない絶好のチャンスであることを、人々に納得してもらうよう努めるのが私たちの義務です。同盟とパートナーシップ……それによって、私たちは素晴らしい未来へと導かれるのです」とメルケルは言った。そうやって、自身の政権の外交政策の柱を明確にしたのだった。二〇〇九年にはその言葉は常套句のようにも聞こえたかもしれない。だが、それから一〇年が経った今では、非現実的な理想でしかないように思える。

演説の最後に、メルケルは自身にとってのアメリカの英雄ふたりに感謝の念を述べた。そのふたりとは、ドイツの統一に尽力したロナルド・レーガン大統領、そして、ジョージ・H・W・ブッシュ大統領だ。「ヨーロッパにとってアメリカは最良のパートナーであり、アメリカにとってもまたヨーロッパは最良のパートナーです」とメルケルは言った。拍手喝采を送っている議員も当のメルケルも、その国会で歓待されているこのときが、メルケルとアメリカ、ひいては、ドイツとアメリカの関係の絶頂期であることを知る由もなかった。

オバマに対する第一印象は「生き急いでいる若者」

メルケルはオバマ大統領とはなかなか親しくなれなかった。若くカリスマ性のあるその政治家を大統領選挙期間中に観察するうち、疑念が湧いてきたのだ。ルター派のプロテスタントであるメルケルが好む美徳は、言うまでもなく謙虚さで、当初、オバマはその資質を欠いているように見えた。生き急いでいる若者といった印象で、要するに、キング牧師やケネディ大統領の真似をしているかのようだった。二〇〇四年の民主党大会での演説で聴衆を魅了し、カリスマ性だけは十分に身にまとっていたが、内実が伴わない政治家に思えたのだ。

「はじめ、メルケルはオバマに対してどこか懐疑的だった。『オバマの政策はどんなものなのか？実際のところ、どんな人物なのか？』ということを知りたがっていた」[1]とヒラリー・クリントンは振り返る。二〇〇八年、ドイツの人気雑誌「シュテルン」は、オバマを表紙に起用し、〝救世主？それとも、扇動者《デマゴーグ》？〟というまさにメルケルが感じている疑念そのものの見出しをつけた。

オバマは大統領候補だったときに、すでに大失敗を犯していた。自身が外交に明るいと印象づけるために、ベルリンのブランデンブルク門で選挙演説をさせてほしいとメルケルに頼んだのだ。ベルリンの歴史的な交差点ともいえるその場所は、かつてその街を二分したソ連とアメリカの占領区域の境界線でもあった。オバマはまだそんな特権を得られる立場ではない、というのがメルケルの見解だった。そこで代わりに、それよりはだいぶ劣る聖地を提案した。ベルリンのティーアガルテンにあるジーゲスゾイレ（戦勝記念塔）だ。オバマはスタッフが出過ぎた真似をしたと言い、メルケルの申し出に素直に応じた。

そんな開催地にもかかわらず、バラク・オバマのベルリン・デビューは政治的な行事というより、ロック・フェスティバルの様相を呈した。夏の夜のベルリンの公園で行われた演説には、輝く希望と愛がちりばめられていた。ロック・フェスティバルからカオスを取り除いたような雰囲気で、金色の勝利の女神像をいただくジーゲスゾイレ――一九世紀のプロイセン王国軍の勝利の象徴――とブランデンブルク門を結ぶ大通りは、二〇万のベルリン市民で埋め尽くされた。アメリカの次期大統領候補が、宙に浮かんでいるようにも見える青い絨毯が敷かれたステージに上がり、まもなく世界中の人が知ることになるあのにこやかな笑顔で、観衆の声援に手を振って応えると、さらなる歓声が湧きあがった。

オバマの演説では、ケネディ大統領の「私はひとりのベルリン市民である」や、レーガン大統領の「ミスター・ゴルバチョフ、この壁を壊しなさい！」といった歴史に残る名言は飛び出さなかった。だが、時代は移りかわり、二〇〇八年には短い激励の言葉では通用しなくなっていた。それゆえに、ケネディやレーガンの前に立ち塞がった壁とは異なる壁があることを、オバマは想起させた。「人種や民族のあいだに、その国で生まれた人と移民のあいだに、そしてキリスト教徒とイスラム教徒とユダヤ教徒のあいだに壁があってはならない。今、私たちはその壁を壊さなければならない！」とオバマは訴え、観衆は歓声を上げて賛同した。

「ひとつの国だけでは、それがどれほど大きく強力な国だろうと、この困難には打ち克てない」とオバマが高らかに述べると、聴衆の興奮は最高潮に達した。それまでのジョージ・W・ブッシュ政権は、国連に頼ることなく、サダム・フセインの〝大量破壊兵器〟という未確認の〝証拠〟をもとに、イラクで破壊的な戦争を始めた。国際社会の規範に目もくれなかった八年間のあとでは、その言葉はいっそう人々の胸に響いた。それは、アメリカが国際協調主義に復帰するという黙約だった。「互いの話に耳を傾け、何よりも互いを信頼し合う同盟国」になる、と。

それでもまだ、メルケルはオバマを信用できなかった。「ひとりの人間が言葉だけで人々を感動させ、気持ちまで変えさせるという考え方に私は共感できません。たしかに、それは美しい考え方ではあるけれど(2)」と冷ややかに言った。懐疑心の裏には、嫉妬のようなものがあったのだろうか？聴衆を鼓舞するオバマをテレビ中継で観ていたメルケルは、言葉だけで多くの人をあれほどの歓喜の渦に巻き込むのは、自分にはできないとわかっていた。メルケルが演説を終えても、「愛してる！」と叫ぶ者はいないのだ。

ある意味で、メルケルはあくまでも退屈な演説家だ。メルケルの言葉に対する距離の取り方には、警戒心が表れている。言葉は少なければ少ないほどいい。言葉より結果が重要だ。だがそのせいで、急を要するメッセージを発信しても、目まぐるしいこの世界では注目を集められないことがある。

たとえば、二〇〇七年九月の国連総会で、イランの核開発に関する話をしたときもそうだった。「その計画の危険性にわずかでも疑いを抱くべきではありません」とメルケルは言い、イランの大使が目に入るところに座っているのに、警鐘を鳴らしたのだ。「私たちは錯覚に陥ってはなりません。イランが核爆弾を作っていることを、世界がイランに対して証明してみせる必要はありません。そんな爆弾を作ろうとしていないことを、イランのほうが世界を納得させなければならないのです」とも言った。もっと押しの強い演説者がこれほどストレートな警告を発したら、世界ももっと注目したはずだ。だが、メルケルの言葉では、パソコンのエラー音が一瞬鳴った程度のインパクトしかなかった。

メルケルは演台に立っているときより、密室での会談のほうが、はるかにパワーがある。首相になる前にも、核保有が必要だと熱く語るイランの特使と話をしたことがあった。その特使は会談の最後に、なぜドイツはイランという国を信用しないのかとメルケルに尋ねた。メルケルは逆に、イスラエル問題に対するその特使の考えを尋ねた。特使が「シオニストども」を長々と非難すると、メルケルは淡々と応じた。「これで、私たちが懐疑的な理由がおわかりいただけたでしょう(3)」。

アウトサイダー同士、信頼関係を築く

メルケルのオバマに対する懐疑心とは裏腹に、大統領に就任して一年後の二〇一〇年、アメリカ国内での支持率は八〇％と記録的な数字に達した。その年、患者保護並びに医療費負担適正化法――いわゆるオバマケア――にオバマ大統領が署名すると、さすがのメルケルもアメリカの新たな最高責任者が口先だけではないのを認めないわけにはいかなかった。

やがて、東ドイツのルター派の元科学者である首相と、ケニア人の父とアメリカ中西部出身の母のあいだに生まれた大統領が、少なくとも性格的にはよく似ていることがわかってきた。どちらも知性的で、感情よりグラフに示された事実、あるいは（とりわけメルケルの場合は）分厚い報告書に記された事実を重んじ、没個性的な政治を好む。つまり政治を自らのアイデンティティとするのではなく、あくまで仕事としてこなすのだ。また、ふたりとも中央の政界から見ればよそ者で、大方の予想をくつがえして政権の座に就いた点も共通していた。

しかし、メルケルにとって意外だったのは、にこやかな笑顔がトレードマークのオバマが、少人数のグループでは無表情な学者のように、さもなければ弁護士のように、厳しい一面を見せることだった。「メルケルは賢い人が好みのようです」とビクトリア・ヌーランドは言った。二〇一三年から一七年までオバマ政権でヨーロッパ担当の国務次官補を務め、ふたりの会談に頻繁に同席していた人物だ。

「メルケルはオバマのことを自分と知的レベルが同じと感じていたわりには、オバマに対してずいぶん馴れ馴れしい態度を取っていました。くすくすと意味深に笑ってみせることもありました。ときには下品なユーモアを発揮して、プーチンの体に関するきわどい冗談を言うこともありました」

とヌーランドは振り返る。

　オバマがメルケルに称賛の念を抱くようになったのは、何年も経ってからのことだ。オバマの側近ベン・ローズ（国家安全保障担当副補佐官でスピーチライター）によると、「アンゲラ・メルケルはまさにオバマが手本とするタイプの指導者だった。現実的だが、信念のためなら賭けに出る」[4]とのことだ。もうひとりの側近で、その後、バイデン政権の国務長官となるアントニー・ブリンケンは、「何か知りたければ、たいていのことはアンゲラ・メルケルに尋ねる」というオバマの言葉を記憶していた。メルケルは一国のトップとして、オバマより三年ばかり先輩であるに過ぎない。それでも、オバマはメルケルの判断を称賛し、頼りにした。

　ふたりの関係が良好だったのは、オバマが真のフェミニストであることによるところも大きい。女性に任せれば、世界の問題の半分は解決するというのが、オバマの口癖だった。何はともあれ、プーチン、エルドアン、ネタニヤフ、のちのトランプと、すべてのトラブルの元凶は男だ。ブリンケンが見たところでは、「オバマに関する限り、一国のリーダーや政治家と真に親しい関係を築いたのはメルケルだけ」だ。

　二〇一一年、オバマがメルケルに大統領自由勲章を授与すると、ファーストレディのミシェル・オバマはメルケルに、「バラクはあなたを大切にしていますよ」[5]と囁いた。この言葉にメルケルは大喜びして、随行していたメディアにも知らせ、「ミシェルはどういう意味で言ったのでしょう？」と少しおどけて訊きもした。その夜に開かれた晩餐会の余興では、シンガー・ソングライターのジェームス・テイラーがメルケルのために、大ヒット曲「きみの友だち（You've Got A Friend）」を歌った。その後、テイラーはその曲は自分が選んだのではなく、ホワイトハウスからのリクエストだったと明かした。

メルケルとオバマのもうひとつの共通点は、ビル・クリントンやヘルムート・コールのように政治をゲームとして楽しんでいないことだ。メルケルもオバマも国民が熱狂しているかどうかを、いちいち確認したりはしなかった。また、政治家同士で群れるくらいなら、政界の変わり者でいるほうを好んだ。ふたりとも政治そのものが最終目的ではなく、政治による問題解決が自身に課せられた仕事であると捉えていた。また、どちらも芝居がかったことはしない。二〇〇三年のジョージ・W・ブッシュのように、イラクにおける大規模戦闘作戦の完了を宣言するための演出として、空母に着艦した航空機から飛行服姿で降りてくるようなことはしないのだ。

メルケルもオバマもユヴァル・ノア・ハラリの大著『サピエンス全史――文明の構造と人類の幸福』（邦訳は河出書房新社刊、柴田裕之訳）を愛読している。また、好むジャンルは大きく異なるが、音楽が癒しと息抜きになっている。メルケルは子供の頃から聴いていた昔ながらのルター派の賛美歌を今でも好み、教会で歌うのを楽しみにしている。また、ドイツ国民らしく、バッハの「クリスマス・オラトリオ」と「マタイ受難曲」に心を揺さぶられる。シンプルなドイツ料理を作りながら、ロシアのソプラノ歌手アンナ・ネトレプコが歌う『椿姫』のヴィオレッタのアリアを聴くのが楽しみだ。一方、オバマはアレサ・フランクリンやプリンスのようなメジャーなブラックミュージックはもとより、チャンス・ザ・ラッパーやジェイ・Z《ズィー》のようなヒップホップもよく聴く。

メルケルもオバマもとぼけた冗談や、ときには皮肉たっぷりのユーモアを口にする。メルケルの場合は、表情でユーモアを伝えることもよくある。ヨアヒム・ガウク大統領の七〇歳の誕生日に、乾杯の挨拶を任されたときも、この乾杯の挨拶を行うのにもっともふさわしいのはヘル《ミスター》・ガウク本人でしょうと言った「牧師出身のガウクは、メルケルと対照的に演説が非常に巧みなことで知られている」。気のきいた言葉のセンスでは、メルケルもオバマに負けていないというわけだ。

武力行使をめぐり考え方の違いが

八年のあいだ協調関係にあったふたりだが、その間に違いも浮上した。とりわけ、ふたりがともに直面したさまざまな危機への対処の仕方の違いがわかりやすい。オバマのどちらかというとシンプルな交渉術は、メルケルの重箱の隅を突つくようなしつこい外交交渉とは大きく異なる。話によると、オバマはロシアのアメリカに対するサイバー攻撃に関して、「やめなさい」とプーチンに言ったという。また、二〇一六年大統領選挙の際、共和党候補ドナルド・トランプが有利となるようにロシアが行った厚顔無恥なサイバー攻撃に関しては、プーチンの嘘にあまりにも腹が立ち、論理的に説得するのをあっさり諦めた。

だが、メルケルは違う。さまざまな危機の局面で、プーチンと話し合いを重ね、オバマにもプーチンに電話をするように強く勧めた。その場にいた人々によると、「これは私ひとりでは無理です」とメルケルはきっぱり言ったとのことだ。

「プーチンは、彼が聞きたいことだけを言うおべっか使いしかいない夢の世界で生きているのだから」とメルケルはオバマに言った。「それに、ホワイトハウスから電話がかかってきたと自慢するでしょうね」とも。だが、メルケルの勧めにもかかわらず、オバマはすぐにプーチンとの駆け引きに辟易して、西側の交渉役をメルケルに任せた。

さらに、オバマはメルケルとの交渉も、いつでも順調にいくわけではないのを思い知らされた。

二〇二〇年に出版した回顧録で、オバマはメルケルに関して、「落ち着いていて、誠実で、正確無比で、本質的に親切だが……気質としては保守的だ」と書いている。

「言うまでもなく、ドイツの選挙民の考え方をよく知るしたたかな政治家だ……ドイツはインフラにもっと予算を割くか、減税を行うかして範を示すべきだと、私が提案すると、メルケルは丁寧に、しかし、きっぱりとそれを断った。『いいえ、バラク、それは私たちにとってベストな方法ではありません』と言って、少し顔をしかめた。まるでこっちが何か下品なことを言ったかのように」

基本的な政治原理でも、ふたりは相反していた。武力行使では危機を解決できないと考えるメルケルの姿勢は、二〇一一年三月にはっきりと表出した。それは国連安全保障理事会での出来事だった。リビアの最高指導者ムアンマル・カダフィの自国民への激しい空爆をやめさせるべく、飛行禁止空域を設定することについて投票を行ったときのことだ。残忍な独裁者には一致団結して立ち向かうべきだとする、ドイツ政府はもとより、フランスや英国、そしてとりわけアメリカからの凄まじいプレッシャーにもかかわらず、メルケルは投票を棄権した。アメリカとの衝突をなんとしても避けたいメルケルにとって、それは苦渋の決断だった。

だが、結局のところ、戦争には意図せざる結果がつきもので、危機は回避されないだろうというメルケルの考えのほうが正しかった。飛行禁止空域という言葉はなんとなく無害に聞こえるが、実態は無害どころではないのをメルケルは知っていた。〝飛行禁止〟と言いながら、それはカダフィの対空火器やレーダーへの爆撃と、リビアの空の二四時間監視を意味していた。メルケルにとってそれは、呼び名が違うだけで、まぎれもなく戦争だった（※）。

メルケルの決断は誰にも支持されず、非難された。その結果、メルケルはワシントンと距離を置くことになり、中国やロシアに同調する立場に立たされた。だが、飛行禁止空域を設定したところで、それによってリビアが無政府状態に陥ると考えれば、メルケルの決断に異を唱えられない。

もしかしたらメルケルは、イラクでのアメリカの悲惨な戦争を支持したことを、後悔していたのかもしれない。先に述べた通り、首相になる前の二〇〇三年のこと、メルケルは「ワシントン・ポスト」紙にオピニオン記事を書き、シュレーダー首相がイラク戦争反対の立場を取るのは〝選挙戦術〟だと述べている。だが、首相となったメルケルは、当時とは考え方が変わっていた。イラクでの長引く戦争が悲惨な結末を迎えると、アメリカが中東における民主化を本当に実現できるのか、疑問が湧いてきた。メルケルはホワイトハウスと対立することよりも、イラクと同じことがリビアでも繰り返されることのほうを恐れたのだった。

オバマの飛行禁止空域の要求が想定外だったという、やむを得ない事情もあった。最後の最後まで、メルケルは戦争を避けられると思い込んでいたのだ。国連安全保障理事会での投票の直前に、ペンタゴンを訪ねたメルケル内閣の国防相トーマス・デメジエールから、オバマ政権の制服組は戦争に反対していると聞かされていた。軍の幹部が、大統領も同じ意見だとデメジエールに明言していたのである。だが、それでもオバマが心を決めかねているなか、リビアのベンガジの町では反カダフィ勢力の活動が激化し、ヒラリー・クリントン国務長官とスーザン・ライス国連大使は〝我々の監視下〟で大量虐殺が起きると予測した。やはり武力行使しかないと決断するにあたり、オバマはその心変わりをメルケルに電話で伝えなかった（メルケルはドイツの国連大使ペーター・ヴィティヒから知らされた）。また、メルケルのほうも、リビアに飛行禁止空域を設定するための国連決議の採決で棄権することを、オバマに電話で伝えなかった。中東での終わりのない戦争にドイツが関与することは、〝ドイツが孤立〟すること以上のリスクがあると、メルケルは考えたのだった。

空爆を行ったあとで、アメリカはあらかたリビアを見放し、リビアは中央政府がないまま、ますます混迷の度合いを深めていった。つまり、メルケルの武力行使に否定的な姿勢は悲劇的なほど先見の明があったというわけだ。

※のちに、トランプ大統領はシリアからアメリカ軍を撤退させ、アメリカの盟友であったクルド人を裏切った。その際、アンネグレート・クランプ＝カレンバウアー国防相は、シリアに取り残されたクルド人を救うために、NATOが飛行禁止空域を設定するように提案したが、メルケルはまたも拒否した。それはドイツが軍事行動を起こすことに対するメルケルの一貫した嫌悪感の表れだった。くわえて、「いずれにしても、ロシアは拒否権を行使するでしょう」と言った。

オバマに携帯電話を盗聴されていたと知り激怒

だが、オバマとメルケルの関係が完全に冷え込んだのは、その二年後のことだ。二〇一三年六月二三日、プーチンが嬉しそうに「今年はクリスマスが早く来た！」(6)と言った。それは、香港発ロシア行きのアエロフロート機に、アメリカの内部告発者エドワード・スノーデンが乗っていたからだ。スノーデンは無数の機密文書を〝手土産〟に、ロシアにやってきたのだ。長年、オバマやメルケルから人権侵害を痛烈に批判されていたプーチンだったが、スノーデンに関しては、政治的亡命者として保護すると積極的に申し出た。

スノーデンはアメリカ政府がその名の下で行っていることを「世間に知ってもらいたい」と自身

の正当性をアピールし、数々の機密文書を「ワシントン・ポスト」紙と英「ガーディアン」紙で公表しはじめた。それによって明らかになった機密事項の中に、オバマ政権によるメルケルのプライベートな携帯電話の盗聴があった。その手の諜報活動は同盟国間でも時折行われているものの、証拠とともに露呈することはほぼない。悪党だと思われていた三〇歳の防衛関連事業請負業者スノーデンは、この暴露によって、大半のドイツ国民にとってはバラク・オバマに代わって一躍新たなヒーローとなった。

研究所の同僚や親しい友人から秘密裏に監視されながら二〇代を過ごしたメルケルは、監視国家の被害者として、スノーデンの暴露によって明らかになった事実に激怒した。すぐさまオバマに電話をかけ、怒りをぶちまけた。あまりにも腹が立って、ドイツ語で激しく非難した。「今はもう冷戦時代じゃない。友達が友達をスパイするなどあり得ない」と。

さしもの第四四代アメリカ大統領もメルケルをなだめる言葉が見つからず、ふたりの信頼は完全に崩れた。両国の関係もすっかり冷え込み、超人的な冷静さで知られる外交・安全保障担当首相補佐官クリストフ・ホイスゲンですら、カウンターパートであるアメリカの国家安全保障担当大統領補佐官スーザン・ライス［この年の七月に国連大使から転任していた］としばらく口をきかなかった。

とはいえ、あれほど緊密だった二つの国のあいだで、沈黙が永遠に続くことはなかった。どのぐらい続いたのか、正確には誰も思い出せない。だが、ドイツがアメリカにきつくお灸を据えることになったのはまちがいない。

オバマにしてみれば、それは外交面のみならず個人的にも厄介な出来事だった。世界中のリーダーの中で、メルケルとはもっとも親しくしていたのだ。「オバマ大統領があれほど落胆しているのを見たのは、あとにも先にもあのときだけです[7]」とライスは言う。チャールズ・カプチャンは私のインタビューに応じて、「ドイツ人はおかしな時間軸の中にいるというのが、我々の見解だった。自分たちはヨーロッパ経済の最大の原動力になるつもりでいるが……大国が決めた国際政治というゲームのルールには従わない、すなわちみんなが互いに盗聴しあうという暗黙のルールには従わない、と言わんばかりだ」と言った。だが、そのように人を小馬鹿にするようなやり方こそが、メルケルを怒らせたのだ。

ビクトリア・ヌーランドはメルケルの通話記録を読んだ。「その盗聴から得たものは何もなかった。メルケルはひじょうに賢く、問題になるようなことは何ひとつ電話では話さなかった。会話の内容といえば、『夕食はどこで?』とか『明日の予定は?』といったことだけだった」とヌーランドは私に言った。また、ドイツの怒りはプライバシーを侵害されたせいではないと、ヌーランドは考えている。「盗聴はオバマから真に信頼されていない証拠のような気がして、メルケルは不愉快だったのでしょう」とのことだ。アメリカが常に機密情報《インテリジェンス》を共有しているイギリスやカナダ［オーストラリア、ニュージーランドを含めた五カ国が機密情報を共有する協定に参加しており、俗に「ファイブ・アイズ」と呼ばれる］とは違い、「ドイツとは……経済情報は交換しているが、機密情報は交換していない。ドイツの連邦議会はザルですから」とヌーランドはきっぱり言った。

ドイツのメディア、特にタブロイド紙は時々思い出したかのように、ドイツ人の潜在意識にある反米感情を表出させた記事を掲載する。スノーデンが暴露した情報の中で、ドイツ人にとってとりわけ屈辱的だったのは、歴史の舞台であるブランデンブルク門にほど近い地点で、アメリカが盗聴を行っていたことだ。「彼らがドイツで携帯電話を盗聴していたなら、このドイツという国の中でドイツの法を破ったことになる。となれば、きちんと説明してもらわなければならない」と内務大臣のハンス＝ペーター・フリードリヒは強く非難した。アメリカの駐独大使ジョン・エマーソンはメルケル政権の連邦首相府長官ペーター・アルトマイアーから、関係修復に向けて具体的な行動を求められ、即刻、ベルリンに駐在するＣＩＡのトップを更迭した（「誰かが犠牲になる必要があった」とエマーソンは当時を振り返る）。一方、オバマはデニス・マクドノー大統領首席補佐官をベルリンに派遣し、メルケルとその側近をなだめようとしたが、徒労に終わった。

「ドイツ人が憤っているのは、監視国家で暮らしていたから」

六月後半にはオバマ自らドイツを公式訪問することになった。「それはドイツの機嫌を取るためだったが、結果的にそうはならなかった」とベン・ローズは言う。ドイツ公共放送連盟（ＡＲＤ）は、国民の六〇％以上がアメリカを信頼できないと考えていると報道した。また、アメリカを信頼のおける同盟国と見なしているのはわずか三五％で、ロシアを友好国と見なしている国民をわずかに上まわっただけだった。

首相官邸を訪れたオバマを、メルケルはバルコニーに案内し、その昔、研究所へ通うために毎日乗っていた通勤列車を指さした。そうしながら、オバマも重々承知しているはずのことを説明した。「ドイツ人がこれほど憤っているのは、多くの国民が監視国家で暮らしていたからです」[8]と。

ふたりで腹を割って話したおかげで、それまでの和解に向けた努力とは異なる結果が得られたらしい。それから数日間、オバマとメルケルが一緒に公の場に登場するたびに、「友達をスパイする」ことに関する質問が飛び交った。だが、最終的には、メルケルの思惑どおり、二国間の崩れた信頼関係が話題にのぼることはなくなった。他にも危機に瀕していることが山ほどあったのだ。

オバマは盗聴に関して公には責任を取らなかったが、今後「私たちは同胞の話を録音しない」と明言した。メルケルは根に持つタイプではなく、また、国家の問題を個人的な感情に結びつけるタイプでもなかった。プライベートな携帯電話の盗聴にオバマが同意したという事実を、メルケルは水に流した。そうしなければならなかったからだ。そうして、携帯電話を買い替えた。

それからわずか二カ月後、メルケルとオバマははるかに急を要する問題に直面することになった。その問題によって、オバマ大統領にはメルケルが不可欠であることが明確になり、ふたりのリーダーはそれまで以上に親しくなる。

シリアへの武力介入を思いとどまらせる

シリアでの革命——四〇年間も残忍な圧政を敷いてきたアサド親子への平和的な抗議デモから始まった革命——に暗雲が垂れ込めていた。二年にわたり、プーチンを後ろ盾にしたシリア軍が、デモ隊に実弾を浴びせかけ、ダマスカスやアレッポ周辺で非人道的な樽爆弾（樽状の容器に金属片などを詰め、ヘリコプターから落下させる爆弾）を用いたことから、無数の難民を生んだ。そして、二〇一三年八月、ダマスカス近郊で化学兵器を使い、眠っていたシリア国民一四〇〇人以上を殺害した。それを知ったメルケルは心底ぞっとした。科学者として、また、おそらくドイツ人であるがゆえに、神経ガスのサリンの恐ろしさを理解していたからだ。おぞましく感じながらも、暴力に暴力で対抗してはならないと決意した。武器によって武器を封じ込めるべきではない、と。それこそが、メルケルという人間を表している。いや、もっと言えば、メルケルがどんな類の人間ではないかということの証拠だ。

だが、オバマは大統領生命を賭してその問題を解決することにしたらしい。「ひとりの独裁者が無数の子供を猛毒ガスで殺しておいて、なんの報いも受けないとしたら、われわれは世界に向けてどんなメッセージを発信することになるのか？……アサドには消えてもらう」とオバマは八月三一日に力説した。それを聞いて、結果重視のメルケルの頭に大きな疑問が浮かんだ。アメリカの大統領はそのためにどこまでやるつもりなのか？　メルケルなら決して犯さない凡ミスを、オバマは犯したのだった。

その数日前に、ジョン・ケリー国務長官が世界に向けて、アメリカはシリアに対し、言葉ではなく爆弾で責任を取らせると公言していた。オバマは一般人に化学兵器を使うのは〝超えてはならない一線《レッドライン》〟であると宣言するとともに、メルケルに対アサド軍事作戦への支持を求めた。「アメリカはメルケルの協力が必要だった。ヨーロッパの有力なリーダーであるドイツの首相の協力が」と大統領副補佐官のローズは言った。

「それまで私は、オバマとメルケルがノートを手に、何時間も話し合っているのを見ていた。世界経済をどう動かすかについての、あるいはアフガニスタンの治安維持のための戦略を練っているのを」

だが、今回、オバマが必要としているのはメルケルの戦略的な助言ではなかった。「必要としていたのは、オバマが絶賛し、誰よりも尊敬しているリーダーからの精神的な支援だった」とローズは言う。フランスのリーダーはダマスカスに向けてミサイルを発射する準備を整えていた。だが、メルケルはそうではなかった。

「あなたの友人として言わせてもらいます。あなたには孤立するような事態に陥ってほしくない」(9)とメルケルはオバマに忠告し、アサドの攻撃に対する共同声明を出すにあたっては、ヨーロッパの支援を取り付けると申し出た。「そうすれば、あなたは漠然とした批判にさらされずに済む」とメルケルは言いながら、イラクでのアメリカの戦争の失敗を思い出していた。

メルケルはあくまでも話し合いによる解決を訴え、中東での戦争にふたたび突入しようとしているアメリカをひとまず落ち着かせようとした。その結果、オバマの心が揺らいだ。メルケルの忠告はオバマに大きな影響力を持っていた、とローズは言う。「オバマがシリアへの空爆を躊躇するのを見たのは、あのときが初めてだった」

大統領はシリアを攻撃しないことにしたと、大統領首席補佐官のマクドノーから聞かされたスーザン・ライス大統領補佐官は、「冗談は顔だけにして《ユー・アー・シッティング・ミー》」(10)と応じた。ライスはもともと口が悪いことで有名なのだ。結局、オバマは武力による報復の承認を連邦議会にかけた。共和党優位の議会は攻撃要請にしろなんにしろ、大統領の要請すべてに反対するはずで、それはアメリカ政府のメンツを保つための苦肉の策だった。前言を撤回するための言い訳がほしかったのだ。

だが、その目論見ははずれた。アメリカの優柔不断な態度は、世界からのオバマの評価を落とした。〝実行を伴わない脅し〟は、アサド政権に対して影響力を保持するためのアメリカの取り組みに暗い影を落とした。アンゲラ・メルケルはたしかに忠実で率直な朋友だったが、アサドの辞任を交渉の前提条件とする、オバマの時期尚早で軽率な要求によって生じたダメージを修復することはできなかった。それによって、シリアの暴君は権力の座に居座るために、あくまでも戦いつづけることになったのだ。

第11章

緊縮の女王
――ユーロ危機と経済大国ドイツの責務

金融危機をきっかけに、ＥＵが抱える矛盾が露わになった。
メルケルは財政悪化に苦しむ南欧諸国の救済策をまとめるが、
緊縮財政を強いたために市民の反感を買ってしまう。

世界金融危機のさなか、ギリシャでは、経済が疲弊している南欧諸国に対して緊縮財政を強いたメルケルへの怒りが沸き起こる。ギリシャ人はメルケルがナチス式敬礼をしている人形を焼き、そのことに彼女は衝撃を受けた。©Evangelos Bougiotis/EPA/Shutterstock

ドイツ人は千年かけて、普通以外のあらゆることを経験した。
——A・J・P・テイラー（二〇世紀英国の歴史家）

アンゲラ・メルケルは首相になるにあたり、ドイツを〝普通の〟国にすることを一つの目標とした。大国になりたい国からすれば、奇妙な望みに思えるだろう。だが、二度の世界大戦による国土の荒廃と、四〇年にわたる国家の分断を経験した後では、順調な経済の果実を静かに満喫できる機会がなんとも貴重に思えるものだ。

戦争より平和、貧困より繁栄のほうがいいし、忌み嫌われるのけ者の国よりも、欧州という共同体のメンバーとして敬意を払われる国でいるほうがはるかにいい——これは、〝ドイツが二度にわたり欧州をバラバラに分断した（しかも一人の人間が生きている間に）〟という認識から戦後世代のドイツ人が得た苦い教訓である。彼らは、自分たちの歴史を受け入れる苦痛に満ちたプロセスを指すための新語まで作った。〝過去の克服《フェアガンゲンハイツベヴァルティグンク》〟というそのドイツ語は、大まかに「過去と取り組む作業」という意味だ。この〝作業〟は、早くも小学校の修学旅行でナチスの〝第三帝国〟が各地に残した強制収容所を訪れることから始まる。また、ドイツの優秀さや愛国心をこれ見よがしに誇示して他の国々——今とは別の国だった旧ドイツの犠牲者——の反感を買わないようにすることも、この作業に含まれる。

皮肉な話だが、そこまでしてもなお、メルケルは自らの手で〝自信過剰なドイツ〟への不安感をふたたび呼び覚ましてしまった。彼女は、団結した強いヨーロッパを実現すれば、ドイツがかつてのような攻撃的な国に決してならない――もしくは二度とロシアに侵略されない――という一種の保証になると思っていたのだ。だが二〇〇八年、その思い込みは世界経済と一緒に粉々に壊れる一歩手前まで行く。金融危機が引き金となり、EU内でかつてないほどの不協和音が生じたからだ。それは一つの根本的な問題を巡る意見の相違だった。すなわち、ドイツを筆頭とするEU内の経済大国は、深刻な打撃を受けた経済弱者のEU加盟国を具体的にどこまで助ける義務があるのか――という問題である。

メルケルは二〇〇八年の金融危機を乗り越えた。その際に発揮されたメルケル流の危機管理は、彼女のリーダーとしての長所と短所を同時にさらすことになる。結果的に彼女は通貨ユーロ（二〇〇二年以降のユーロ圏一九カ国の共通通貨）を救うことに成功し、保守派の支持層を納得させると同時に、実質的な〝ヨーロッパ首相〟としての地位を固めた。これを評して「ニューヨーク・タイムズ」紙コラムニストのロジャー・コーエンは「キッシンジャーのかの有名な疑問〝ヨーロッパに電話するときは、どこにかければいいのだ？〟に答えは出た。メルケルだ」と書いたほどだ。だが、この成功は、メルケルとドイツの評判を大きく落とすというマイナスも生む。

メルケルの携帯に警告が届いた

共通の通貨を使う一九の加盟国からなる国境のない広大な地域――メルケルはこのEUという存

在を歴史的偉業と考えている。ポスト冷戦時代の楽観主義のなかで一九九九年に創設された「ユーロ圏」は、当時からただの通貨連合を超える存在と見られていた。いずれ域内紛争などあり得ない〝一体かつ自由〟なヨーロッパになり、欧州人が国境を越える際にはパスポートの提示も通貨の両替も不要になるだろう、と。すなわち、通貨ユーロはたんなる象徴ではなく、各国の結束を維持するための重要な役割を担っていたのである。

しかし、ユーロは生まれた時からいくつかの重大な欠陥を持っていた。アメリカの連邦準備制度に匹敵するような「欧州連邦準備制度」は存在せず、欧州中央銀行に金融危機を和らげたり、加盟各国を規制したりする権限はなかった。加盟国はそれぞれ別個の政治風土と予算と財政赤字を維持したままだったのである。

加えて、ユーロ圏内の雇用の流動性はあまり高くなかった。ギリシャ人の大工が自国で仕事を失い、ドイツで大工仕事を見つけようとしても、テキサス州で仕事を失った大工がミネソタ州で大工仕事を見つけるほどには簡単にいかない。アメリカ人なら仕事を求めて別の州に移ることをなんとも思わないだろうが、欧州人の多くは言葉や文化や歴史によって各自の出身国の経済に縛りつけられている。要するに、EU加盟国の失業率を簡単に下げる方法はないのだ。

アメリカの住宅市場で何か問題が起きている——警告の第一報がメルケルの携帯電話に届いたのは、夫婦の夏の恒例行事、ザルツブルク音楽祭でハイドンのオペラを楽しんでいる最中だった[1]。メルケルの首席経済顧問を務めるイェンス・ヴァイトマンから届いたテキストメッセージには「IKBに問題が起きています[2]」とある。メルケルは「IKBとは？」と返信した。IKBとはドイツの地方銀行、IKBドイツ産業銀行のことで、米デラウェア州にある同行のアメリカ本社は、その時すでにサブプライム危機で経営基盤が揺らいでいたのだ。グローバル経済とそれに関わる多数の金融機関は、地球の隅々までその触手を張り巡らせており、米国で二番目に小さな州デラウェアにも［ただし、デラウェア州は税制や会社法の面から登録地に選ばれることが多く、全米の上場企業のうち六割が同州に籍を置いている］その触手は伸びていた。米国で問題を抱えたドイツのこの小さな地方銀行がきっかけで、予想もしなかったドミノ倒しが次々と起き、その対応にメルケルはこの先何年間も追われることになる。それは、〝一つのヨーロッパ〟という彼女のビジョンがいかに現実離れしていたかを浮き彫りにするのだ。

サブプライム危機が暴いたユーロの矛盾

サブプライムローン（信用度の低い低所得者向け住宅ローン）や不良資産、公的債務といった複雑な概念は、当初メルケルにとって未知の領域だった。初の首相就任がかかった二〇〇五年の総選挙の際には、「グロス（総額）」と「ネット（正味）」を取り違えたこともある。だが、複雑に絡まり合ったグローバル経済が彼女の周りで崩壊した今、彼女はウォール街の無鉄砲な、あえて複雑に作られた最新〝商品〟を解読する必要に迫られた。

基本は簡単に理解できた。いい加減な融資とお手軽な不動産の担保化により、高リスクな住宅建設・販売ブームが加速し、そこに規制緩和を受けた銀行その他の貸し手が加わり、とても返済できそうにない何十万人という借り手になんとか借金してもらおうと奔走した——その結果が世界的な流動性危機、平易に言い換えれば、キャッシュフローの問題と信用収縮による、過去七五年間で最悪の金融危機だ（メルケルのリーダーシップに関する部分を超えて国際金融の難解な世界を深掘りするのは、本書および著者の守備範囲外である）。一〇四カ国で輸出と輸入の両方が落ち込み、製造・貿易・雇用が急減したと言えば十分だろう。いかに経済がグローバル化していたかを物語る証左である。ヨーロッパだけでも五〇〇万人が職を失った。

　ドイツの受けた影響は他の欧州諸国よりはましだった。文化、政治、ビジネス、金銭に関して昔から染みついているドイツ人気質が理由の一端だ。欧州の他国やアメリカで広がっているような、借金をしてまでの過剰な消費を嫌っていたし、一〇〇年の歴史を持つ制度「操業短縮手当《クルツアルバイト》」［不況の際に従業員を解雇しないで労働時間を短縮し、政府から補助金を受ける仕組み］のおかげで、企業が社員を解雇することも少なかった。

　勤勉、倹約、そして身分相応の暮らし方を心から美徳と信じるドイツは、サブプライム問題、そしてリーマンショックによる世界不況の時期も、近隣諸国より多くの生産量を維持し、失業率もはるかに低かった。そのドイツ人気質を体現したメルケルおよびドイツが、後になって（放蕩者の国々に対して）強い憤慨の気持ちを抱くのは避けられない話だ。欧州の一部ではその気持ちが決して消えることなく、今でも残り続けている。

　金融危機により、本来ならずっと前から自明であるべきはずのことが、ついにみなの知るところとなった。それは、ヨーロッパは北部を中心とする経済の活発な国々から成り立っているという事実、そして周辺と呼ばれる経済停滞気味の国々が、ユーロ圏という共通通貨制度のメンバーであるため、より豊かな国々と同じルールでの経済運営を強要されるという事実だ。

　今回の金融危機で最も打撃を受けたのは、毎度のことながら、経済基盤の脆弱な国々だ。ギリシャ、ポルトガル、スペイン、イタリアでは失業率が急上昇して二〇％を超え、ギリシャの若者に至っては半数が失業者となった[3]。こうした統計値は大恐慌時代に匹敵するひどさで、持つ者と持たざる者との隔たりを浮き彫りにした。

誰か非難する相手が欲しい人々は、ちょっと前まで〝欧州の首相〟と称えられていた女性にかっこうの憎まれ役を見いだした。そのアンゲラ・メルケルは、相互に密接に依存し合うユーロ圏の加盟国ギリシャを支援する必要性と、〝放蕩者の南〟を救済することに対するドイツ国内の憤慨の高まりとの間で板挟みになった。彼女は「一致団結した欧州」というビジョンを抱いていたが、それは最も豊かな国（ドイツ）が経済的に苦しい国に救いの手を差し伸べることを意味する。救済がギリシャに他国依存の文化を植え付け、やっかいな前例となってしまうのではないか——メルケルのビジョンは、彼女の恐れるシナリオに向かって一直線のコースでもあった。彼女の抱えたこのジレンマは、現在に至るまで首相としての彼女に突きつけられた最難関の試金石となった。

誰に聞いても異なる解決策が返ってきた。財務大臣のヴォルフガンク・ショイブレは、ギリシャは自分たちで財政問題を片付けるまでユーロ圏から外れるべきだと主張した。だがメルケルの目的は改善であって追放ではない。ドイツ人はその点ではメルケルを支持した。他の豊かな欧州北部の人々はそうではなかったが。

ドイツ人にとって借金は「罪」

永遠に続くかのようなEU各国との会議の場で、メルケルはよく一枚の図表を引き合いに出した。中国と比べて欧州の生産性がいかに低いかを示す図表である。ヨーロッパ人は新しいグローバル経済のもとで競争に勝つ術を身につけなくてはならない、と彼女は訴えたものだ。将来のために今は歯を食いしばって痛みに耐えなければならない――。メルケルは、〝経済の奇跡《ヴィルトシャフツヴンダー》〟として知られる第二次世界大戦後の西ドイツの急速な復興を誇りに思っており、他の国々も緊縮財政、予算削減、きちんと納税する市民というドイツ型モデルを見習って欲しいと考えていた。ギリシャの場合、市民は半ば堂々と税金を払わないし、それ以前の問題として、国家の経済状況に関して国民を騙しつつ彼らから搾取するような政治家連中を一掃する必要があるだろう――。

こうした理由から、メルケルは緊縮政策を解決策に選んだ。責任ある態度を身につけるまで救済はなし。もともと保守的なメルケルは、どのような財政問題でもたいていは緊縮政策で解決しようとする。「誰もが家の前だけをきれいに掃除すれば、村全体がきれいになる」とゲーテの言葉を引用することもあった。今では彼女を信頼するようになったドイツ国民を落ち着かせるため、彼らの貯金は守られるとメルケルは言葉少なに保証した。だが彼女は、真に深刻な打撃を受けた欧州の国々に対しては、人々を安心させるような言葉をかけなかった。

あらゆる不良債権には借り手と貸し手がいる。貸し手の銀行もある程度の責任を負わされるべきなのに、メルケルはその事実を軽視していたふしがある。銀行とは本来、リスクを判断して思慮深い行動をすべきである。ところが実際には、一国がその財務能力をはるかに超える過剰なインフラ投資・事業投資をするのを銀行が裏で支え、そうした国々が問題を抱えることになった。国と国際金融システムが間違いを犯したのに、それを支えた銀行を罰するのではなく、代わりに一般の人々を罰している――メルケルのやり方は多くの人の目にそう映った。緊縮政策を懲罰ととらえるこの見方は、あながち的外れではないかもしれない。その証拠に、ドイツ語で「借金」を意味する言葉Schuld《シュルト》には「罪」という意味もある。

ノーベル賞を受賞したアメリカの経済学者ジョセフ・スティグリッツは、ベルリンでメルケルと会って助言をしている。だがその助言は受け入れられなかった。「彼女は欧州人として〝我ら人民《ウイ・ザ・ピープル》〟［アメリカ合衆国憲法前文の書き出し］と考えるのではなく、自分はあくまでドイツ人だと狭くとらえていたのです」とスティグリッツ。第三者の目から見れば、メルケルはヨーロッパへの愛を公言したかもしれないが、そのヨーロッパを救うためにドイツを傷つける気はないように見えた。

ドイツは緊縮政策のお手本は示すものの、バランスを取るために自ら積極財政——要するにカネを使う——政策を採って経済回復を助ける気はなかった、とスティグリッツは指摘する。グローバル化で互いに密接に結びついた世界では、一国の運命が残りすべての国の運命に影響を与える。そのような世界になった対価を支払うべき期限が迫っていた。

南欧諸国がメルケルに反乱を起こす

人間の行為には不合理がついて回るということをメルケルが計算に入れ損ねたのは、これが初めてではない。七五歳以上のヨーロッパ人なら誰でも、第二次世界大戦の恐怖を覚えていて不思議はない。ギリシャの場合、ナチスの軍隊がアテネのアクロポリスに鉤《かぎ》十字章を掲げた一九四一年の記憶と共に、反ドイツ感情が生き続けている。

それゆえ、ギリシャが失業率二桁という惨状に落ち込むと、国内の政治家ではなくアンゲラ・メルケルが憎まれ役となり、町の広場で肖像画を燃やされるようになった。資金不足の政府は絶対必要なスタッフ以外を解雇し、首都アテネの歴史あるシンタグマ広場の周囲には回収されないゴミが山積みになった。粗雑な融資を乱発した銀行もみな資金不足に陥った。押しつけられた緊縮政策で日々の暮らしの活気を奪われたのはアテネだけでなく、イタリアの首都ローマ、アイルランドの首都ダブリン、ポルトガルの首都リスボンも同様だった。古都の道々は抗議デモの人々であふれた。自分たちが苦しむのは、政府に予算削減や人員削減をそそのかしたメルケルのせいだ――。

メルケルがもっと器用で口の上手な政治家だったら、自らアテネを訪れ、緊縮政策に苦しむ人々に向かってこう訴えただろう。「私はみなさんの味方です。しかし、ある程度の犠牲を払わなければみなさんを救うことはできません」――いわばチャーチル流の毅然たる〝血と労苦と涙と汗〟のスピーチをすればよかったのだ。だがもちろん、チャーチル流はメルケルのやり方ではない。

二〇一二年一〇月、ようやくアテネを訪れたメルケルは、彼女の政治家人生で一度も経験したことのなかったものと直面する。激怒する大衆だ。メルケルを乗せた車が通ると、ギリシャ人は彼女を野次り、「メルケルを歓迎しない！」と書いたプラカードを掲げた。彼女の車が通るのに合わせて鉤十字章の旗を燃やすグループもあれば、ナチスの制服を着込んだ人々を乗せた車が警察の交通規制線を越えて侵入する場面もあった。メルケルはショックを受けた。ドイツなら、鉤十字章を示すのは犯罪行為になる。

オバマ大統領からの圧力も彼女のストレスを増やす一因となった。(4)「もっと決定的な手を打つ必要がある。最も困っている国々に、ドイツの黒字を融資としてもっと回すべきだ」――二〇一一年にフランスのカンヌで開催されたG20で、オバマはメルケルをせっついた。

「さあ、アンゲラ、あなたはヨーロッパの女王じゃないか！　できるはずだ！」

「彼らは私を〝緊縮の女王〟と呼んでいるわ」とメルケルは苦々しく答えた。

そして、おそらく一九九〇年代以降初めて、彼女は公の場で悔し涙を見せた。「そのような要求はフェアではありません。私は（政治的）自殺などしません……私たちの中央銀行は政府から独立しています。ドイツの憲法を書いたのはあなたたちアメリカ人なのです。そのあなたが、首相に越権行為（すなわち中央銀行の決定をひっくり返すこと）をしろというのですか？　それができないようこだわったのはあなたの国ですよ」(5)。

だが、彼女の気持ちは一般の人々に十分に伝わらなかった。厳しい口調で正論を述べるメルケルの演説は、欧州の苦しい国々に大きな誤解を与えてしまう。

「ヨーロッパはドイツ語を話し始めた」

この二人ほど似ていないペアもそうはいないだろう。当時、欧州におけるメルケルの主な相方(6)であったフランス大統領ニコラ・サルコジは、ほとんど多動と言ってよい人物であり、これ見よがしなおふざけや豪華ヨットの趣味などから〝キラキラ《ブリンブリン》〟とあだ名されるほどだった。直情的で世間の注目を集めるのが大好きで、メルケルが軽蔑する要素をすべて集めたような人物である（メルケルの夫は、妻がフランス大統領のために開く夕食会の下準備をする姿を報道されたが、サルコジのきらびやかな妻、歌手でモデルのカーラ・ブルーニが魚を買いに行く姿はちょっと想像できない）。とはいえ、どのような巡り合わせであろうと、与えられた条件で精一杯やろうとするのがメルケルだ。「ニコラ、あなたと並んでいると自分が省エネ電球に思える」と軽口を叩いたこともある。

ユーロ危機でメルケルと運命共同体になったと知ったサルコジは二〇〇八年、ベルギー、オランダの国境に近いドイツの古都アーヘンで、メルケルが名誉あるカール大帝賞［アーヘン市がヨーロッパ統合の理念にかなう功績を挙げた人物に毎年授与している］を受賞するセレモニーに出席した。「私は東側から来たこの女性をものすごく称賛している」とサルコジは大げさに称えた。

「なんという旅路だろう、鉄のカーテンの向こう側にいた若い女性が、二七カ国の代表にして統一ドイツのトップになるとは！」

そう言うと、サルコジはメルケルの夫ヨアヒム・ザウアーに向き直り、驚いた顔の彼に向かって「アンゲラと私は仲の良いカップルです。彼女は勇気ある女性で、私はこの一年で彼女を尊敬するようになりましたよ、ムッシュ・メルケル」と言った。ザウアーはこの軽口を面白がったようには見えなかった。

サルコジの放言があったとはいえ、カール大帝賞の授賞式は独仏両国にとって歴史あるイベントだ。メルケルはこの機会を逃さず、なぜ通貨ユーロを守り、ギリシャを加盟国として留めることが、たんなる経済問題を超えて重要なのかを明快な言葉で説明した。

「昼夜を分かたず困難な話し合いを続けてまで同じ一つのゴールを目指すのはなぜでしょう？　その理由は、もし通貨ユーロが失敗すれば、それはたんなる通貨の失敗ではないからです。ヨーロッパが失敗したことになるのです」

——要するに、共通の通貨は検問のない国境と同じく、統一ヨーロッパに不可欠ということだ。

独仏二人のリーダーを指してフランスのメディアが〝メルコジ〟と呼んだように、この二人はぎこちないながらも最終的に共同戦線を張ることができた。ドイツの豊かさと安定性は盤石であり、欧州大陸のすべての国——フランスさえも——にとって、ドイツを無視することは自国経済の健全性を失いかねない話なのだ。こうして彼らは、ギリシャ首相ゲオルギオス・A・パパンドレウとイタリア首相シルヴィオ・ベルルスコーニのそれぞれに対し、いっそうリスクを重視した内容の最後通牒を突き付けた。救済を受ける代わりに、ＥＵによる国家財政の監視を受け入れるべし――両国にはこれを受け入れる以外の道は残されていなかった。

こうして話はまとまったが、代償は高くついた。

「ヨーロッパはドイツ語を話し始めた」――通貨ユーロの救済でドイツが果たした役割について、ＣＤＵ院内総務のフォルカー・カウダーが誇らしげにこう言い切るのを聞いて、メルケルの表情は一変した。[7] 上の立場からヨーロッパに命令を下すドイツのイメージは、メルケルにとっては悪夢である。だが彼女にも落度はある。何百万人もの人々が苦しんでいる最中にあまりにも時間を無駄にしたし、世界不況で人々がどれほど多くのものを失ったかを理解するのが遅すぎた。広報戦略の大失敗である。

ドイツは欧州で最も豊かな国であり、メルケルが大切にする欧州連合の要だ。たしかに一部加盟国の経済政策はいいかげんであったし、今回の世界金融危機を引き起こしたのはウォール街の無謀な投資銀行家たちであったが、それでも窮地にある加盟国をメルケルが助けないという選択肢はあり得なかった。今回の危機はメルケルの目の前で起きたことであり、欧州最大の経済大国の首相という立場上、彼女がこの問題解決に当たるのは避けられないことだった。

メルケルはギリシャ救済策のいくつかに合意したとはいえ、彼女の対応の鈍さのせいで人々の苦しみは長引いた。きっちりと秩序だったやり方で問題を解決しようとするメルケルのやり方は、今回の金融危機のように、膨大な数の人々の暮らしが直接影響を受けるような問題にはまったく向いていない。彼女の慎重過ぎるやり方は、メルケルは人々の苦しみに鈍感だという印象を多くの人に与えてしまった。

ギリシャ救済策で妥結――ヤニス・バルファキスの証言

アンゲラ・メルケルはかつて、危機の際に自分はほとんど寝なくてもエネルギーを維持でき、危機が去ってから一気に虚脱するのだと説明したことがある。また彼女にとっては、未知の複雑な問題に対処するよりも、公衆の面前に立たされるほうがエネルギーを消耗する。スポットライトが当たる状況を避けるのは省エネルギーになるのだ。自分を〝省エネ電球〟と表現したのは適切なたとえだった。確固たる自尊心を持っているので、頻繁に称賛してもらう必要がまったくない点も彼女の長所だ。決して傷つかない自尊心を持っているように見える彼女は、他人の自尊心を傷つけることもしない。そうしたことにエネルギーを使わないので、目の前の問題に全力投球できるのだ。問題の複雑さにげんなりするタイプなら、はるか昔に彼女自身もドイツもエネルギーを使い果たしていたことだろう。

二〇一五年、ギリシャはメルケルの過酷な緊縮政策に反発するかのように[8]、カリスマ性のある若き社会主義者アレクシス・ツィプラスを首相に選んだ。彼は公約の一つとして、三回目のギリシャ救済策の条件としてベルリンが押しつけた、厳しい経済運営からの脱却を掲げていた。だが、ギリシャ人の怒りを煽った若きカリスマは、首相就任後まもなく、メルケルの手によって骨抜きにされてしまう。

メルケルの〝心理操作と驚くべき勤勉さ〟によってツィプラスが口説き落とされた様子を、ツィプラス政権の財務大臣を務めたヤニス・バルファキスは、次のように語った。

アンゲラ・メルケルは、ＥＵの公式晩餐会の後でツィプラスと二人の時間を持とうと提案してきました。ツィプラスの用意した文書（ＥＵがギリシャに押しつけた緊縮政策を終わらせるプラン）をメルケルに説明し、二人で内容について議論すればいい、と。ところが公式晩餐会は夜中の一二時近くまで長引き、ツィプラスはメルケルと相対する機会はなくなったと思いました。でも違いました。アンゲラは隣の会議室にツィプラスを誘うと、そこから何時間もかけて、合意文書の一字一句に至るまでツィプラスと作り込んでいったのです……やっと二人が作業を終えたとき（記録によれば四時間後）、メルケルは素晴らしい文書になったとツィプラスを称えました……彼女の褒め言葉、努力を惜しまぬその姿勢、そしてギリシャ救済策の細部に至るまで驚くほど精通していたことに、ツィプラスは強い感銘を受けていました。

二人のリーダーによる徹夜作業は、ツィプラスが望んだようにドイツ側がギリシャ政府の予算制約を緩和するという結果ではなく、逆にツィプラスがメルケルの要求する条件――三回目となる今回のギリシャ救済策と引き替えに税率の引き上げや政府支出の削減を実施――に合意するという結果になった。

二〇一五年七月一三日、徹夜の交渉を終えたメルケルはブリュッセルのＥＵ本部でテレビカメラと向き合い、〝グレグジット（ギリシャのユーロ圏離脱）〟は回避されたと発表した。ギリシャはＥＵに留まることになったのだ。見るからに疲れ切ったメルケルは、「メリットのほうがデメリットより多い（※）」と、いつも通りの簡素な言い方をした。その場にいたジャーナリストのベルント・ウルリッヒはその言葉を次のように解釈した。

「親愛なるみなさん、本当に大変でしたよ。私はギリシャをEUに残すため、この数カ月（数年！）がむしゃらに働いてきました。これはヨーロッパにとって極めて大きな意味を持ちます。でも私は今回の合意成立について華々しく宣伝したくありません。私のことわかってますよね！　とにかく、今の私には睡眠が必要です[9]」

※メルケルが自分の決断について釈明することはめったにないが、彼女とツィプラスの合意がもたらした〝デメリット〟の一つは、一定期間ギリシャに緊縮政策が押しつけられたことであり、それがより責任ある政治と経済成長の伸びに繋がったのである。その好ましい軌道は、二〇二〇年のコロナ禍来襲がなければもっと続いたはずである。

救済策よりも心のこもった言葉が欲しかった

発表を終えると、メルケルは自宅で数時間の睡眠をとるためベルリンに飛んだ。

ドイツ人はおそらく、メルケルのコメントをウルリッヒと同じように解釈しただろう。だが、ドイツ人以外にもメルケルの発言を聞いていた人々は大勢おり、メルケルのコメントはその人たちの聞きたいものではなかった。彼らはもっと心のこもったメッセージを求めていたのだ。メルケルは崖っぷちにいたギリシャをギリギリのところで救済したが、彼女の努力にふさわしい功績が認められることはなかった。

だがしかし、今回のユーロ危機で生まれた最も危険な副産物は、メルケルのイメージ悪化ではなかった。それは、第二次世界大戦後のドイツで初めて大きな支持を集めることになる極右政党、A ｆＤ（ドイツのための選択肢）の誕生である。ＡｆＤは、ＥＵによるギリシャ救済に反対するために結成されたのだ。ドイツやその他の国で台頭する新しいポピュリズムの源泉は、二〇〇八年の銀行の失策にまでさかのぼることができる。メルケルがこの新しい動きの重大性に気づくのは二〇一六年になってからだ。もう一つの別の危機のせいで、視界に入らなかったのである。

第12章

民主主義の守護天使
――ウクライナを巡る攻防

プーチンがついに領土的野心をむき出しにした。ウクライナに対するロシアのハイブリッド戦争を、メルケルはあくまで平和的に解決すべく、超人的なスケジュールで交渉にあたる。

2014年、プーチンがウクライナに侵攻した際に、平和的解決を目指してシャトル外交にいそしんだメルケル首相の外遊スケジュール。米国の外交官ダニエル・ベアは、この画像を上げて「すごい、メルケル首相は疲れ知らずだ。この1週間の行程は、まるで機内誌に載っている架空の路線図みたいだね」とツイートした。メルケルは西側を代表して交渉に当たったが、それは独裁者プーチンに話を理解させることができる唯一の首脳だったからだ。

Courtesy Daniel Baer/Twitter

戦争とは、平和を維持する面倒から
臆病にも逃げ出すことである。
——トーマス・マン

ユーロ危機によりアンゲラ・メルケルが欧州の財務的安定の責任を引き受けざるを得なくなったとすれば、ロシアのウクライナ侵攻によりメルケルは西側世界の政治的リーダーの役目を引き受けざるを得なくなったと言えよう。その役目をドイツが引き受けることも、彼女自身が引き受けることも、メルケルはまったく望んでいなかった。引き受ければ神経をすり減らし、疲れ果てるだろう。

ウクライナ問題で、彼女はネゴシエイターとしての優れた手腕を見せつけるが、同時に彼女の特徴でもある頑固な外交術が、法を軽視する権威主義的な傾向が強まったこの時代とぶつかる限界もさらけ出すことになる。失地回復を主張するクレムリンの独裁者と、原則を重んじる慎重派のメルケル——しかもドイツの憲法により首相の力はあまり強くない——との対決は、公平な条件の勝負とはとても言えなかった。

それでもなお、メルケルは他の誰もがしようとしない（できない）時に、プーチンに立ち向かうことができると示した。ウクライナ危機が深刻化するにつれ、メルケルは営々と積み重ねられてきた民主主義の規範――それは一九九〇年代のバルカン半島の血みどろの戦争という顕著な例外をのぞき、冷戦終結以来最も深刻な挑戦を受けている――を断固として守り抜くという、最も強い意志を持った守護者としてその存在感を増していく。

ウクライナをEUから連れ戻せ

ヨーロッパ全土で二番目に広い国であるウクライナは、その地理的条件のせいで長いこと悲惨な目に遭ってきた。ヒトラーとスターリンのいずれもが、ヨーロッパ大陸周辺部のこの地域を征服し、搾取しようとした。肥沃な農地、鉄鉱石・天然ガス・石油などの豊かな天然資源、そして西側と東側の両方にまたがっているがゆえの戦略的重要性がその理由だ。実際、ヒトラーとスターリンが権力の座にいた時期、欧州で最も死者が多かったのはウクライナだ。ヒトラーにとって、大勢のユダヤ人が暮らすウクライナは大量殺戮の格好の標的だった。

ヒトラーの前にはスターリンが、ソビエト連邦で二番目に人口の多いこの地域を服従させるため、集団農場と工業化を押しつけて農民から食糧自給を取り上げ、彼らを物乞いへと変え、その後に起きる二〇世紀で二番目に酷い人為的な飢饉（最悪の人為的飢饉は後に毛沢東の大躍進政策により発生）により、彼らを死体へと変えた。第二次世界大戦中に〝ジェノサイド（計画的な民族皆殺し）〟という言葉を作ったポーランドの弁護士ラファエル・レムキンは、ウクライナを「ソビエトによるジェノサイドの典型例」と呼んだものだ。

一九九一年にソビエト連邦が崩壊すると、土地と人民をヒトラーとスターリンにしゃぶり尽くされ、立ち返るべき民主主義の伝統もほとんどないウクライナは、それから何十年もの間、元共産党幹部らを中心とするさまざまな腐敗に苦しめられる。二〇一四年にはやっと運命が上向きになると思われたが、まさにその時になってプーチンが昔ながらの言い分を蒸し返し、長い苦難を味わってきたこの国に対する領有権を主張し始めたのである。こうしてウクライナは世界中の関心の的となり、うんざり気味のメルケル、プーチン、そして現在までに三人を数える米国大統領をこの嵐に巻き込むことになった。

ウクライナ危機の根底には、ロシアを世界の大国という昔ながらの地位に復帰させたいプーチンの狙いがある。そのために彼はまず昔の帝国を復元する必要がある。西から南西にかけて国境を接する隣国ウクライナをロシアの勢力圏に加え、米国やEUではなく、ロシアに忠実な国になってもらう必要があるのだ。

二〇一四年二月、ウクライナはEUとの間で政治経済に関する包括的な協定を結ぼうとしていた。この協定によりウクライナは欧州大陸の各国と良好な条件で貿易ができるようになり、政治的には西側に近づく――ただしEU加盟国になれるかどうかは未定――はずだった。トラブルはまさにその時に始まった。断固として協定を結ばせまいとするプーチンは、ウクライナの腐敗した大統領ヴィクトル・ヤヌコーヴィチに圧力をかけ、その協定の代わりにロシア独自のユーラシア経済連合（EEU）に加入するよう求めた。EEUとは、EUと中国に対抗するためプーチンが設立した政治・経済・軍事同盟である。これに不満を抱く層は一五〇億ドルの小切手で黙らせることができると踏んだプーチンは、安定しないウクライナ経済を救済すると約束した。その代わりEUとの包括協定から手を引けと――。

だが、事態は思わぬ展開を見せる。恐れを知らぬ若者たちがキエフの古い街並みに繰り出し〝ヤヌコーヴィチは去れ！〟とデモを行ったのだ。数日間で群衆の数は膨れあがり、より大胆になり、長いこと彼らの国の未来を奪い取ってきた腐敗を終わらせろという声は次第に高まっていった。群衆はヤヌコーヴィチが公約した通り、ＥＵ寄りの協定に署名することを求めた。この抗議デモを注意深く観察していたプーチンは、ＫＧＢ時代の一九八九年にドレスデンで目撃した不愉快な出来事を思い出し、警戒の念を強めた。当時、ロシアの〝利益圏〟と彼がみなしていた地域で衆愚政治が広がっていったのだ。最悪の悪夢がプーチンを一気に目覚めさせたらしい。

二月一八日、キエフのマイダン広場で行われていた抗議デモにヤヌコーヴィチの軍隊が発砲、二〇日にかけて一〇〇人を殺し、非暴力の抗議デモを暴動へと変えた。四日後、群衆を抑えることができないヤヌコーヴィチは、人々から忌み嫌われた独裁者がたどる運命を恐れ、ロシアの安全地帯へと逃げ出した。マイダン広場に集った群衆は、そのニュースを聞いて荒々しい歓声を上げた。

この様子をウクライナの外から見つめていた二人の人物――どちらも独裁政治の仕組みについて身をもって知っている――は、ヤヌコーヴィチの逃亡で生じた権力の空白の重要性を理解していた。アンゲラ・メルケルはこれをウクライナの危機ととらえ、ウラジーミル・プーチンは好機と考えた。先に動いたのはプーチンだった。

電光石火のウクライナ侵攻作戦

「欺瞞作戦《マスキロフカ》」とは二〇世紀前半にロシア軍が生み出した手法で、簡単に言えば「だまし、否定、偽情報」の三語に要約できる。

ヤヌコーヴィチの逃走から一週間もしない二月二七日、全員が徽章のない制服を身につけた武装集団がクリミア共和国の首都シンフェロポリの政府施設を占領した。この集団は、アフガニスタン紛争を知る旧ソビエト連邦の退役軍人やロシアの諜報員、親ロシアのウクライナ人、外国人の傭兵などから成る混成部隊だった。他にも黒海の重要な港湾都市セヴァストーポリ（ロシアの海軍基地がある）や南東部の都市ドネツク、ルハーンシク、ハルキウでも同様の占拠を行い、クリミアのウクライナからの独立を宣言した。

もともと弱小のウクライナ国軍は不意打ちを食らった。長年顧みられることなく、内部では腐敗が進んでいたことから、ウクライナ軍の兵力は貧弱な装備しか持たない三万人の規模にまで弱体化しており、最新装備のロシア軍の侵攻に耐えられるはずもなかった。ヤヌコーヴィチ政権は国防省の入居する建物を売りに出していたほどなのだ。ワシントンの国防総省とホワイトハウスでは警戒の声が駆け巡った。「ロシアはさらに前進を続け、アゾフ海沿岸でウクライナの持つ唯一の大型港マリウポリに至るつもりではないかと恐れたのです」[1]——オバマ政権時代に国防総省でロシア・ウクライナ問題を担当したイヴリン・ファーカスはそう話す。

このような形で冷戦が起きる可能性について、米国もウクライナと同様に心の準備ができていなかった。「ロシア軍が現代化を急いでいるという報告は絶えず情報機関から受けており、軍事行動の危険性は〝高〟へと変更していました」とファーカスは認める。ロシアは二〇〇八年に隣国ジョージア（グルジア）に侵攻したものの、その行為は「一回限りの出来事」だと思われていた。「（米露の）冷戦は過去の話です。二一世紀の欧州で軍隊が隣国に侵入することはないと思われていました。（オバマ）政権の政策担当者たちはそれほど心配していませんでした」とファーカスは振り返る。いざ事が起きると、ワシントンはウクライナ軍に対し、大量殺戮を避けるため兵舎から出ないよう助言した。

メルケルにとっての驚きは、アメリカ政府よりいくぶん少なかった。彼女は、プーチンが自由を愛する民主主義者に変わるなどという幻想を抱いたことは一度もない。ただ、イノベーションを通じて富が形成される西側の事例を見て、富を愛するプーチンがより開かれたＥＵ寄りの政策へと誘導されることを願ってはいた。とはいえ二〇一四年になるまで、メルケルは対ウクライナ政策（そんなものがあればの話だが）をのんきにＥＵ任せにしていた。彼女にとってウクライナは大きな関心事項ではなかったのだ。

プーチンのウクライナ侵攻により、「欧州の安全保障」という幻想は粉々に砕かれた。それまでその幻想は、各国がお互いの国境と主権を重んじると誓った数え切れないほどの条約と文書――そのすべてにロシアも署名している――によって大切に守られていた。だがプーチンはウクライナに侵攻し、クリミアの領有権（※）を主張した時点で、ロシアの未来をはっきりと決めた。それは、西側の一員となる未来ではなく、西側に対抗する未来であった。

西側諸国がショックによろめいている間にも、プーチンは動き続けた。山のような嘘をまき散らし、実際に起きていることが違って見えるよう手を打った。その筋書きは、埃をかぶったソビエト時代のものと何ら変わっていない。「ファシストによる非合法の暫定軍事政権が、キエフとクリミア在住ロシア人の脅威となっている」と主張し、同時にソーシャルメディアやその他あらゆるコミュニケーション手段を用いて現地の群衆をあおり立てた。

クリミアには大勢のロシア人が住んでいることを考えれば、こうした嘘は多大な影響を彼らに与えただろう。工業都市ドネツクでは、迷彩服を着て武器の模造品を手にした親ロシア派の民兵が地元の議会を急襲し、旧ソビエトや帝政ロシア時代の旗をこれ見よがしに振り回した（懐旧の念を加えるためか、アメリカ南軍の旗まであった）。

プーチンは、クリミア在住ロシア人がロシアの介入を求めたと言い張った。同じようなクレムリン考案の作り話は、一九五六年にハンガリー革命の制圧を正当化するのに使われたし、一九六八年の〝プラハの春〟でも鎮圧のための戦車派遣を合法化するのに使われた。さらには一九四八年にまでさかのぼることもできる。モスクワは西ベルリンの封鎖を正当化するために同様の作り話を使っているのだ。ベルリン封鎖は東西冷戦の開幕を告げる出来事だが、冷戦はとっくに終わっているはずではなかったのだろうか――。

※黒海の北部に面した半島であるクリミアの領有権は、ウクライナとロシアの間で何度も移り変わってきた歴史を持つが、一九五四年以降は公式にウクライナの一部であった。

プーチンと渡り合えるのはメルケルだけ

ロシアのウクライナ侵攻をめぐり、西側の対応は二つに割れた。オバマ大統領は黙って我慢する気もなければ、話し合いをするほどプーチンを信頼もしていなかった。オバマは公の場で「プーチンが本当にそれほど自信があるなら、常にシャツを脱いでいたりはしないだろう」と彼をあざける発言をしたと伝えられているし、二国間の関係を大事にしているならロシアを〝地域大国〟とは呼ばないだろう。一方、オバマと違いメルケルは、公の場でロシアの独裁者に対する自分の素直な意見を開陳するような余裕はなかった。なにしろワシントンとキエフは八〇〇〇キロも離れているが、ベルリンとキエフはわずか一二〇〇キロの距離にある。プーチンを嘲笑するなどできるはずもない。

メルケルは案の定、外交による解決の道を唱えた。「メルケルはプーチンと話し合い、さらには説得さえできる自分の能力に絶大な自信を持っていました」とビクトリア・ヌーランドは言う。「彼女はよく『彼をちょっとだけ軟化させてみる』と言っていました。また、『私は科学者です。問題を一番小さく扱いやすい単位にまで分解するやり方が好きだし、感情に引きずられない。大事なのは解決策を見つけること』と私たちに何度も念押ししました(2)」。

オバマはそのやり方に懐疑的ではあったが、より良いアイディアがあるわけでもなく、メルケルにウクライナ問題の舵取りを任せ、西側代表としてプーチンと話し合ってもらうことにした。オバマがそう決めた背景には、プーチンと関わることへの嫌悪感と、なすべきことをきっちりこなすメルケルへの信頼感があった。

プーチンは、何らかの形で彼に恩恵を受けている人物でもない限り、外国首脳と長時間の話し合いをすることは滅多にない。だがメルケルは例外だった。別に彼女はなんとかしてプーチンと西側との間を取り持とうと熱心だったわけではない。ノーベル平和賞を狙っていたわけでもない――どれほど高尚な賞であろうと、メルケルは賞に何かを証明してもらうことを求めていない。彼女はただ、この任務に最もふさわしいのは自分だと理解していただけだ。欧州理事会議長のヘルマン・ファン・ロンパウはプーチンを恐れており、彼との交渉役を引き受けるのに熱心とは言えなかった。プーチンの沈黙が生み出す重圧――やその他のＫＧＢ仕込みの策術――に動じないように見えるのはメルケルだけだった。

この会談で一歩も引く気がないのはプーチンもメルケルと同じだったが、メルケルと違い、プーチンは自分の思い通りにするため武器を使うことを厭わなかった。ロシアの軍隊は、制服を着ていようがいまいが、ウクライナのドンバス、ドネツク、ルハンスクの各地方へと進軍し、プーチンがにこやかな表情で壮麗なソチ・オリンピック閉会式に出席している間も、爆弾と戦車で人々を故郷から追い払い、自国を守ろうとするウクライナ人をなぎ倒していた。

内心では怒りに震えながらも、メルケルはロシアがウクライナを攻撃している間にプーチンと三八回の会話を交わしている。「二人は毎日のように連絡を取り合っていました。メルケルは、攻撃的でこれ見よがしなプーチンの姿勢をなんとかトーンダウンさせようと辛抱強く対話を続けたのです」[3]。メルケルの交渉チームの一員だったヴォルフガンク・イシンガーが振り返る。メルケルはこの戦争を極悪非道でまったく正当化できないと考えており、プーチンにこの戦争から手を引かせるための出口をなんとしても用意すると心に決めていた。彼女の個人的な見解（それは嫌悪感と表現しても言い過ぎではない）がどうであろうと、対話を続ければ最後にはプーチンを現実に引き戻すことができるだろう、とメルケルは感じていた。

「彼女は本当に理性的な人なので、プーチンはいずれどこかの時点で自分の行為——公然たる国境侵犯——が二〇一四年のこの世界で何の意味も持たないことを理解するだろうと思っていたのです」とイシンガーは語る。メルケルは、すでにプーチンが占領した地域をなんとしてもあきらめさせるつもりでいたが、同時に時間稼ぎもしていた。すっかり弱体化したウクライナ軍に体勢を立て直す時間を与えるためだ。軍備で圧倒的に勝るロシア軍に勝つのは無理にしても、せめてこれ以上の侵入を止められないかと。

プーチンとメルケルの会話は通常、まずはロシア語で始まる。だが、細かい点まで極めて正確に伝えたいとき、メルケルは母語に切り換える。彼女はプーチンに道理を説こうとし、「あんたは国際法を公然と無視している」と言った。このときメルケルは、ドイツ語でくだけた呼び方の〝Du〟を使った［一三二ページを参照］。プーチンに対してはいつもそうだ。しかしプーチンは、その軍隊は我々ロシアの軍隊ではない、とメルケルにも嘘をつき、「誰でも我々の軍服を買える」とあからさまな嘘の言い訳をした。

嘘をつくとどうなるかプーチンに教えるため、メルケルは次の電話会談をキャンセルした。ロシアは、欧州大陸で一番大事な貿易相手国ドイツと完全に仲違いしている余裕はない、とメルケルは知っていたのだ。それでも、それから六週間プーチンは作り話を続けた。配下の特殊部隊がクリミア自治共和国議会と二カ所の飛行場を占領したというのに、ウクライナを切り刻んでいるあの軍隊はロシア軍ではない、と言い張った。「彼は現実から切り離された自分だけの世界に生きている」――メルケルはオバマに向かって苦々しくそう言った。

「彼女はプーチンと話した後でオバマに電話することがよくありました」(4)と振り返るのはアントニー・ブリンケンだ。「私に嘘を言い続ける男をいったいどうすればいいのかわからない」と言うメルケルに、オバマは笑って「私も同じだ」と言った。プーチンは必ずしも嘘を信じてもらおうと思っているわけではない。彼の嘘は挑発なのだ。自分の立ち位置すら認めようとしない相手と交渉するのは不可能である。KGBで混乱と不信を広めるよう仕込まれたプーチンにとって、本当の外交は守備範囲ではない。

しかし、プーチンの虚勢の扱い方はメルケルのほうが一枚上手だった。現在、ドイツの駐米大使を務めるエミリー・ハーバーはメルケルの交渉術を観察して次のように述べている。

「彼女は相手が言ったことを、その場でものすごく単純な、子供っぽいと言えるほど無邪気な表現に言い換えて、オウム返しにします。そうすることで、相手の見せかけのポーズから劇的な要素をそぎ落としてしまうのです。例えばプーチンが〝我が国の国家的利益〟とか〝歴史に刻み込まれた悲嘆〟などについて怒鳴り散らすと、メルケルはそれをずっとシンプルな表現に要約して言い換えるのです。すると相手は、自分の言い方がとても賢そうには思えないと感じます」[5]——メルケルは常に、相手の言葉から不要な饒舌を取り除き、本当の狙いを明確にさせることを目指した。そこから初めて本気の交渉ができるからだ。

この緊迫の数週間、メルケルの間近にいた人たちはみな、彼女が自分の感情を強く押し殺す姿を見ていた。当時、米国務省の欧州安全保障協力機構（OSCE）大使を務めていたダニエル・ベアは証言する。「彼女はこの非道で不当な危機に対して相当頭にきているはずだ、と私は見ていました。しかし彼女が怒っている様子は一度たりとも見ていません。その姿はまるでこう言っているようでした。〝私には怒る余裕はない。もっと小さな問題に対処する人は怒っていられる。私には無理だ〟と[6]」

何年も前だが、メルケルはそうした瞬間の自分について語ったことがある。「綱渡りをしている人と同じように集中しているのです。考えるのは次の一歩のことだけ」。戦車も覆面部隊も使わずにプーチンと戦う彼女の武器は、集中力と鉄の意志だけなのだ。

メルケルはあくまで武力行使に反対

イギリスやフランス、アメリカ各国の政府内では、ウクライナ軍を支援するために重火器を供与するという案も一部で出たが、メルケルはこれに反対した。武力が紛争を終わらせることは滅多になく、むしろエスカレートさせるという固い信念のせいもあるが、それ以上にドイツ人の平和主義的な傾向を意識していたからだ（二〇一五年の世論調査では、ドイツ人の六〇％が、たとえ同盟国が攻撃されたとしても武力行使には反対すると答えている）。そのうえ、憲法上、首相にドイツ軍を直接指揮する権限はない（※）。

ドイツとその首相は自分たちの歴史から必要以上に学び過ぎている、と主張する人もいるだろう。そうした批判は大事な違いを見逃している。西側の多くの人にとって〝歴史〟とは第一次および第二次世界大戦を指す。だが、メルケルという人間を形成したのは冷戦である。西側が最終的にソビエト帝国を打ち負かしたのは、封じ込めと忍耐力と戦略によってである。ハンガリーやチェコスロバキアの首都や西ベルリンに、ソビエトの戦車が轟音を響かせて突入し占領したとき、ＮＡＴＯ軍がそれらの都市を解放することはなかった。メルケルは、西側がウクライナで重火器の使用を控えるべきなのはなぜか、と聞かれて次のように答えている。

「私は七歳の子供のとき、ベルリンの壁が築かれるのを見ました。明らかな国際法違反にもかかわらず、東ドイツの市民を守るために軍事介入すべきだとは当時も誰一人考えませんでした。私は、私たちの信じる理念が最終的な勝者になることを一〇〇％確信していています。冷戦が終わったとき、それがいつか終わるとわかっていた人は一人もいませんでした。それでも冷戦は終わったのです」

七歳のアンゲラは、その後の人生で、自分自身と祖国が流血なしで解放されるのを実体験した。そして今、彼女の中では不正に憤る理想主義者を抑え、慎重な現実主義者が最終的な勝者になっていた。

※ドイツが直接の脅威にさらされた場合、戦争を始めるにはドイツ連邦議会の三分の二を超える賛成が必要である［それまで指揮権は国防大臣にある］。

プーチンのしかける「ハイブリッド」戦争に苦戦

プーチンは二〇一四年三月までにクリミアで住民投票を行うよう指示した。現地にロシア軍が駐留していることや、ロシア系住民の多さを考えれば、再建されたロシア帝国に加わるという投票結果になったのも驚きはない。三月一八日、プーチンは意気揚々と宣言した。「人々の心の中では、クリミアはいつも変わらずロシアの不可分の一部であり続けた」。(7) その一月後、彼は「リトル・グリーン・メン」［昔のSF小説などで宇宙人が小柄で緑色の顔に描かれることが多かったことから転じて、正体不明の存在に使われるようになった言葉］とも呼ばれた徽章なしの民兵が、やはり偽装したロシア軍人であったことをついに認めた。(8)

今でこそ、共和党の外交政策の決定権者たちはウクライナへの武器供与に賛成するようになったが、オバマ政権時代は、武器供与推進派は数で負けていた。当時のホワイトハウスは、ウクライナの紛争がロシア対西側の代理戦争になることを恐れたのだ。オバマがメルケルの意見を尊重することを考えれば、武器を供与しないというオバマ政権の決定にはメルケルが極めて大きな影響を与えたのだろう。

それは間違いだった、と指摘するのは歴史家のティモシー・スナイダー［イェール大学教授。主著『ブラッドランド』など］だ。彼は私にこう語った。

「メルケルとオバマは、生き残りをかけて戦っていたウクライナ人にミサイルなどの重火器を供与すべきでした。そうすれば、ロシアの侵攻を十分深刻に受け止めていると世界に示すことになったでしょう(9)」

だが、西側代表として交渉に当たったメルケルは、決して自分の考えを曲げようとしなかった。彼女はイラクやリビアの〝勝つはずだった〟紛争で、意図せざる成り行きになる様子を見ていたし、ウクライナが軍事衝突でロシアの相手になるはずもないとわかっていた。さらに、大半の人より早くメルケルは理解していた。二一世紀の戦争において最も危険な武器は戦車やミサイルではないと。

「私が恐れるのは、武力を使わないハイブリッドの戦争です。それは我々の民主主義の根幹を徐々に弱らせ、我々のマスコミの内部に潜入し、我々の世論の方向性を決めるのです」――二〇一五年のミュンヘン安全保障会議でメルケルはこう発言している。これは、サイバー戦争やソーシャルメディア、偽情報などが新たな戦場になろうとしていることへの早期警戒警報だった。その種の戦争ではプーチンのほうが西側より巧妙であることがすでに明らかになっていた。

「ソーシャルメディアを偽情報のプラットフォームにさせないための策がいくつかありました。我々はシリコンバレーを訪れ、ロシアの情報戦略を抑え込む方法について議論しました。しかし、ソーシャルメディアの巨大な影響力に匹敵するほどの役目はとても果たせませんでした」とブリンケンは語っている。二〇一六年の米大統領選挙で、オバマ政権と彼の後継者候補であるヒラリー・クリントンは、プーチンの強力な〝新兵器〟と相対することになるのだが、その時にはすでに手遅れだった。

情報の武器化は、民主主義の国々で政府への反対意見を植え付けるため、昔からロシアが利用してきた低コスト戦略だ。国同士が定期的にお互いの電話を盗み聞きしていることは否定しようのない事実だが、それでもそうして集めた情報は一般世間に公表しないという暗黙のルールがある。ところが二〇一四年二月、プーチンは覆面部隊にウクライナを攻撃させつつ、世界の目を〝（クリスマスツリーに飾る）キラキラした玉〟（スナイダーの言葉）に逸らすため、米国務次官補ビクトリア・ヌーランドと駐ウクライナ米国大使ジェフリー・パイアットとの会話を暴露した。二人はウクライナの政治状況について電話で議論しており、ＥＵが断固たる行動をなかなかとらないとパイアットが不満をもらすと、ヌーランドが彼をさえぎって「ＥＵなんかくそくらえ《ファック・ザ・ＥＵ》！」と吐き捨てた。この盗聴テープはインターネットであっという間に広まり、ウクライナで偉そうに弱いものいじめをしているのはモスクワではなくワシントンであるかのような印象を与えることになった。

メルケルは、ヌーランドが電話での会話に不用心だった点に腹を立てた。[10] メルケル自身もたまに罰当たりな言葉をもらすことはあるが、たいていはサッカー観戦中にシュートが外れたときだ（ただし、政治の混乱やメディアの大騒ぎについて、彼女が〝クソ炎上《シットストーム》〟と英語のまま表現することはしばしばある）。だが、東ドイツ育ちゆえに監視恐怖症気味のメルケルは、評判を落としかねない発言を電話で口にすることは決してない。ヌーランドは、外交儀礼を破ったことについての謝罪文をメルケルに送るようクリストフ・ホイスゲンに求められ、きっちりとその通りにした。

メルケルも交渉では独自の「欺瞞作戦」を使うことがある。彼女は、プーチンが国際社会で認められることを求めており、また入会資格が最も厳しい高級会員制クラブのＧ８に加盟したがっていることも知りながら、彼に二重のパンチを喰らわせたのである。

プーチンは大変な労力と多額のルーブルを投入して二〇一四年のソチ冬季オリンピックを開催し、

その後に新設のオリンピック都市でG8サミットを開催するつもりでいた。それは帝政ロシアの壮麗さを取り戻したことを誇示する完璧な舞台になるはずだった。だがメルケルが彼のパーティーを台無しにした。彼女は、ソチでG8サミットは開催しないと発表しただけでなく、ロシアはもはやG8のメンバーではないと述べたのだ。ソフトパワーを使うのがメルケル流だが、時にはソフトパワーでもプーチンに痛手を負わせることができると示したのである。

オバマ「アンゲラに電話を繋いでくれ」

二〇一四年の春から夏にかけてロシア軍はウクライナ東部で軍事行動を続け、市民と兵士に数千人もの死傷者を出しつつ、大勢を捕虜として捕らえた。プーチンとメルケルの交渉は行き詰まりを迎えた。だがそのとき、一つの恐ろしい出来事をきっかけに、やはりこの紛争を終わらせよう、そのためにメルケルを支援しようとのオバマの気持ちを、プーチンはうっかり呼び覚ましてしまう。

七月一七日、珍しくオバマと電話で話し合いをしていたプーチンは、急に相手の言葉をさえぎった。「大統領、ウクライナ上空で航空機が破壊されたという報告が今入ってきた……」。オバマはロシア大統領と会話を続けながら、近くにいる補佐官に合図を送り、諜報機関の報告をチェックするよう指示した。電話を終えたオバマのコンピュータ画面には、ウクライナ東部に散らばる遺体やその一部が映し出されていた。ロシア軍と地元勢力との間でまだ戦闘が続いている地域だった。アムステルダム発クアラルンプール行きのマレーシア航空一七便は、親ロシアの分離派による対空ミサイルによって空中で爆破されたのだ。乗員乗客二九八人——多くは国際エイズ会議に向かう途中だった——は全員が命を奪われた。

翌日、ホワイトハウスは同機を撃ち落とした地対空ミサイルがロシア製で、ウクライナ東部の親ロシア分離派の支配する地域から発射されたと断定した。これに対しプーチンは、いつも通り憤慨して見せ、興奮気味に否定し、お決まりの反論を述べた。フェイクニュースであり、西側政府関係者のでっちあげであり、メディアの偏見だ――プーチンのまき散らす嘘の嵐をよそに、国家の協賛を受けたテロリズムともいえる行為に対する国際的な怒りが噴出した。この悲劇の直接的な被害者はオーストラリア、ベルギー、マレーシア、ウクライナ、オランダなどで、オランダ人の犠牲者が最も多かった(※)。

一般市民を乗せた飛行機が撃ち落とされたことで、オバマ政権には怒りの炎が噴き上がり、ワシントンとベルリンの関係に変化をもたらした。オバマの首席補佐官を務めたデニス・マクドノーは、カウンターパートであるペーター・アルトマイアーと自分との間にホットラインを設置した。プーチンと関わるのは時間の無駄だと早くから決めていたオバマだが、この事件から彼は全力で取り組むようになる――ただし、アンゲラが先頭に立つことが条件だ。このときから二人の二人三脚が始まった。オバマはしょっちゅう側近に言うようになる。「アンゲラに電話をつないでくれ」。

この年の九月に英ウェールズで開かれたNATOの会議で、西側同盟国は軍事力・防衛力を〝再活性化〟することを確認し、緊急展開部隊を設立して東欧に駐屯させると宣言した。オバマ大統領は、アジア重視政策に配慮していったんは遠ざけた汎大西洋主義に再び立ち返り、すべてのNATO加盟国にもっと防衛費を積み増すよう大声で訴えかけた。[11] 彼は、こと軍事費に関しては、NATO加盟国が〝口先ばかりで行動しない〟と腹心たちに不満をもらしたものだ（メルケルは一六年に及ぶ首相在任期間中、ドイツの貧弱な防衛力に関して公の場で話題にしたことは一度もない。このテーマが今でも人々から好まれないことを知っており、また彼女自身も防衛力を強化しようと国民に働きかける気がまったくないのは明らかである)。

一方、自分の説得力に自信を持つメルケルは、他の欧州諸国のリーダーの助けも借りながら、プーチンとの話し合いを続けていた。同じ二〇一四年九月、ベラルーシのミンスクにある独立宮殿(大統領公邸)の壮麗な式典の間では、紛争地域の地図に身をかぶせるようにして話し合うメルケルとプーチンの姿があった。二人はウクライナの今後について一歩も引かぬ交渉を続け、時には一五時間もぶっ通しで話し合いを続けることさえあった。メルケルいわく、あまりにも長時間その部屋にいたので、供される食事が肉料理かジャムを添えたパンかによって今の時間がわかるようになったそうだ。

メルケルは現地の航空写真や戦場の地図、ロシア軍の最新の動きなどについて分単位でアップデートされる情報を入手しており、まるで科学捜査官のごとくウクライナ侵攻の動きをすべて詳細に把握していた。民兵の今日の動き、前哨として押さえた場所、彼らが責任を問われるべき犠牲者の数――「ドンバスの木の一本一本まで把握している気がする」と言ったこともある。[12] 本物の火器ではなく、こうしたファクトこそが彼女の武器なのだ。ファクトがあればプーチンの責任を問うことができる。メルケルは、ちょうど親ロシア分離派が攻め込んだばかりの場所、東ウクライナにある三〇世帯の小さな村ロフヴィノヴェを指し、ここでの即時停戦と重火器撤去を強く求めた。なんの重要性もなく、誰の脅威にもなっていない小さな村が、今夜じゅうに全滅するかもしれない――プーチンの描くロシア帝国復活という壮大なビジョンは、突き詰めればこういうことなのだ。

※六年におよぶ調査を経た二〇二〇年三月、ついに裁判が始まり、ロシアの保安局と繋がりのある四人の男たちが二九八件の殺人罪（一件でも終身刑まであり␣える）で訴えられた。被告人らとクレムリンを結び〝毎日のように接触〟していたとされる人物には、プーチンの側近ウラジスラフ・スルコフも含まれる。

プーチンの交渉術

メルケルとの話し合いの最中にプーチンがその場を離れることが時々あった。すると、取り調べで脅し役の警官と宥め役の警官がペアになる戦術と同じように、プーチンの代理として腹心のウラジスラフ・スルコフが席に着く。[13] スルコフの発散する誇張された男らしさがメルケルをイライラさせることをプーチンは知っているのだ。スルコフはいつもむっつりと不機嫌で無愛想で、プーチンの〝攻撃犬《アタックドッグ》〟としての自分の役割を隠そうともしない。メルケルは、クレムリンの裏方担当であるこの男と対峙する時のほうが、鉄壁の自己コントロールを保つのに苦労する。スルコフはボスのプーチンに対しては卑屈なほど忠実で、プーチンを〝ロシアのシャルル・ド・ゴール〟と呼ぶほどだ。そのスルコフは「ロシアが一匹狼になるか、アルファ・メール（群れを支配するオス）として他の国々を飲み込むか、それを決めるのはロシア国民だ」と公言する。スルコフやそのボスがどちらを好むかは言うまでもない。

ミンスクの独立宮殿の会議部屋に通じるドアがわずかに開き、ウクライナ地図の上にかがみ込むメルケルの姿が報道関係者にちらりと見えたことがあった。「部屋の中にいた政府関係者は多くが寝入っていました。フランスの外務大臣ローラン・ファビウスの寝姿も見えました」と目撃者は言う。だがメルケルとプーチンの集中力は衰えることがなかった。

独立宮殿での話し合いは大詰めを迎えていた。プーチンとウクライナの新大統領ペトロ・ポロシエンコは隣同士に座り、占領者と被占領者が一枚に収まるという珍しい写真を提供した。フランス大統領のフランソワ・オランドはメルケルの隣に座った。「アンゲラは決して単独で交渉しません……絶対にヨーロッパのリーダーのように見られたくないのです。実際はそうだとしても」――メルケルの上司だったこともあるロタール・デメジエールは言う。

翌九月四日の午前一一時、昼夜のない長時間の交渉がやっと報われるときが来た。疲れ切った顔のメルケルは、待ち構える報道陣に停戦合意を伝え、「うまくいくと期待しています」と言った。[14] そもそも合意が本当に守られるとして、ではどれほど長く遵守されるかという点について、彼女は甘い夢は抱いていない。だが合意文書にはプーチンの署名もある。これがあれば、プーチンの責任を問うことができる。命を救うことができる。メルケルは黒いセダンに乗り込むと飛行場に向かった。ようやくベルリンの自宅で数時間の睡眠をとれるのだ。

ロシアへの経済制裁をとりまとめる

こうして、ウクライナでの武器を用いた戦争は、実際はともかく理屈の上では終わった。だが、ロシアによるクリミア占拠はまだ続いていた。この時点でメルケルにはもう一つ、強力な武器が残されていた。それは経済制裁だ。自由市場を強く信じるメルケルは、普段ならドイツ企業に負担を強いる手段を好まない。経済制裁がドイツ経済に大きな悪影響を及ぼし、ひいてはビジネス界のリーダーたちのメルケル支持にも悪影響があると知っているからだ。[15] だが同時に、この種の振る舞いをしてタダで済むわけがないとプーチンに示すには、ドイツによる経済制裁が欠かせないことも理解していた。彼を服従させるには、彼（とそのお友達連中）の最終損益が悪化するぞ、と脅す以外の方法は思いつかなかった。

一方プーチンは、メルケルが提案する経済制裁はドイツ実業界の利益のために却下されるだろうとたかをくくっていた。仮にメルケルの提案に従えば、三〇万人を雇用する六千社のドイツ企業によるロシアとの年間貿易額は、例年の四分の三以下に縮小することになるのだ。だがメルケルは、利益よりも欧州の長期的な安全保障を優先するよう、主要な企業幹部を口説き落とした。自動車メーカーや巨大製薬会社を含め、経済制裁を歓迎する企業幹部はいなかった。何十億ドルもの損失と数千人の失業を伴うことになるからだ。それでも彼らは足並みをそろえた。ドイツの銀行界もロシアから撤退し、プーチンを取り巻く新興財閥《オリガルヒ》は新規事業の資金調達に苦労するようになった。

メルケルはドイツ以外の二七カ国のEU加盟国にも、対ロシア制裁で一致団結するよう声をかけた。ハンガリーとイタリアは、貿易やそれ以外でのロシアとの二国間関係を重視したため、足並みをそろえるのに時間がかかった。フランスも、実入りのいい対ロシア武器取引は停止したくなかったが、結局しぶしぶながら従った。こうして一年半という時間はかかったが、すべてのEU加盟国が参加し、三期に及ぶ対ロシア制裁が実施された。プーチンとその取り巻き連中には渡航禁止と銀行融資停止が科され、ウクライナへの攻撃が続く限り貿易もしないという内容だ。

この制裁では米国とEUが協調したが、これは実務的には極めて困難な離れ業であった。多数の未確定要素を何百人もの人手をかけて調整する必要があったからだ。とはいえ、複雑なものを細かい部分に分けて扱いやすくするという手法は、合意形成と並ぶメルケルの得意技だ。もし彼女がいなければEUの団結はなかっただろう。だがそれが実現し、ロシアはそれから七年間も痛い思いをし続けている。プーチンは苦い教訓を得たようで、少なくとも当面の間、旧ロシア帝国に属していた国々は安心できる。不完全な平和ではあるが、それでもメルケルにとっては全面戦争よりましだった（※）。

※ウクライナの領土保全の回復を最終目的とする「ミンスク議定書」と「ミンスク2」は、この昼夜を分かたぬ長期間の努力の賜物である。

超人的な外交スケジュール

二〇一四年から二〇一五年にかけてメルケルの行ったシャトル外交を間近で見ていた人たちは、まるで忘れがたいテニスの試合を見ていたかのような口ぶりで振り返る。時間も天気も関係なく、交互にブレイク［相手サーブのゲームを取ること］を繰り返しながら、ただひたすら続くテニスの試合だ。

ウクライナ停戦合意の監視団の一員だったアメリカの元駐ＯＳＣＥ大使ダニエル・ベアは、二〇一五年二月五日から一週間の、メルケルの外遊スケジュールを示す画像をツイッターに投稿した。それによると、木曜にはキエフにいたメルケルは、金曜にベルリンに一旦戻って公務をこなしてからモスクワへ飛び、土曜にはミュンヘンで国際会議に出席。日曜にワシントンＤＣ、月曜にはオタワ。水曜にベルリンで閣議に出席したあと、その日のうちにミンスクへ移動し、最後にブリュッセルへ。

ベアは、画像に添えて次のようにツイートした。「すごい、メルケル首相は疲れ知らずだ。一週間の行程を見ると、まるで機内誌に載っている架空のエアラインの路線図みたいだ」――だがこれは架空の話ではないし、彼女は六〇代である。

おそらくは疲れ果てていたせいであろう――その日の朝はモスクワ、前日の朝はキエフにいたのである――土曜に開催されたミュンヘン安全保障会議で、各国の指導者を前に、メルケルのスピーチは少し感情的だった。彼女はまず歴史の話から始めた。

「あらゆる文明の価値観に対する完全な背信であるホロコーストは、ドイツによってもたらされ、七〇年前に終わりました。そのような惨事や、何百年という流血の歴史の後で、人々が平和に共存するための新しい国際秩序が生まれたのです」――これは、ウクライナ紛争を終わらせるために協力して事に当たったNATOやEUなどの組織のことだ。

「昨日キエフとモスクワで行われた我々の議論の結果がうまくいくかどうかはわかりません。しかし、試してみる価値はある。ウクライナの人々のために、我々にはそうする義務があります」。メルケルにとって、プーチンが始めた戦争は「国家の勢力圏」や「歴史的怨念」などに関する問題ではなかった。それは人々に関する問題なのだ。うまくいくかどうかはわからないが、いずれにせよ彼女はその人たちのために平和の実現を目指している、と言っているのだ。

この日午後二時一五分、メルケルはミュンヘンを発ってワシントンDCに向かった。八時間半のフライトの間、ほとんどの時間をオバマ大統領との会談の準備に費やした。その先にはドイツのバイエルン州クリュンで開催されるG7サミットも控えているし、一方でイスラム国（IS）が再び勢力を盛り返しているという気になる兆候もある。

ワシントンDCに降り立ったメルケルは、気温一四度と二月にしては穏やかな気候を味わう余裕もなくホワイトハウスに向かい、到着後はセレモニーもなくそのまま大統領執務室に通された。メルケルとオバマ、さらに米側はバイデン副大統領とジョン・ケリー国務長官、ドイツ側はメルケルの外交・安全保障担当補佐官クリストフ・ホイスゲン、そして報道官のシュテッフェン・ザイバートらが部屋にこもって数時間の話し合いを続けた。ウクライナ問題が主な議題だった。

会談の後で記者会見をしたメルケルは、この戦争が武力では解決できないと改めて強調した。話し合いでの解決を目指すメルケルの戦略にリスクはないのか、と質問された彼女は、「もちろん、あります。でも何もしなければもっと酷いことになるでしょう」と答えた。見るからに疲れ切った友人メルケルの横に立っていたオバマが言い添えた。

「成功すれば、それはメルケル首相の並々ならぬ努力の賜物です」

それから四年後、オバマの後継者となったドナルド・トランプは、超人的に粘り強いメルケルの努力にまったく無関心なのか、もしくはあえて無視したのか、ウクライナの新大統領ウォロディミル・ゼレンスキーを挑発しようとこう言った。

「ご存じのように、ドイツはあなたのためにほとんど何もしていない」

トランプよりも分別のあるゼレンスキーは、あえて反論しようとはしなかった。

ロシアは目的を達成した

ロシアの気分次第で頻度は変わるが、二〇一四年以降も、ウクライナでの散発的な戦闘が止むことはなかった。例えば二〇一九年には約一万三〇〇〇人のウクライナ人が犠牲になっている。その四分の一は一般市民だ。今でもざっと月に一〇人のウクライナ市民が、国を守ろうとして亡くなっている。とはいえ、今のウクライナはプーチン侵攻前よりもまとまっている。ウクライナを勢力圏に留めるため武力に訴えた時点で、プーチンはある意味でウクライナを失ったのである。

だが、彼は別の面で目的を達成しつつある。何千人ものウクライナ人がマイダン広場に集まり、青地に金の星が環状に並ぶ欧州旗を誇らしげに振りかざしていた頃の高揚感は失われて久しい。いつ戦争が再開してもおかしくない状態を維持している限り、ＮＡＴＯは内規に従いウクライナを加盟させることはない。プーチンはその点を十分に意識している。ロシアの帝国はこれ以上拡大しないかもしれないが、ライバルの力もまた拡大しないのだ。こうして、今のところウクライナとロシアの戦争は冷戦状態のままである。だがメルケルにすれば、一時的な休戦にはいつか改善する可能性があるから、全面戦争より常にましなのだ。

プーチンにとってウクライナ戦争が成功だったと言える点がもう一つある。新型のミサイルや戦車よりも強力な新兵器を試すことができたからだ。プーチンがいけしゃあしゃあとついた嘘、サイバー攻撃、そして世論を混乱させ、注意をそらすための日々の陽動作戦――こうした武器は次に控えるアメリカ大統領選挙でも使われることになる。新兵器を手に入れたプーチンは、比較的得るものの小さい地域紛争から、世界レベルの舞台へと歩を進める準備が整ったのである。

プーチンがその動きを起こす前に、メルケルはロシアよりもっと身近な場所で難問と向き合うことになる。

第13章

難民少女へ見せた涙

シリア内戦によって大量の難民がヨーロッパに押し寄せた。
メルケルはEUの規約を無視して難民の受け入れを表明するも、
国民をうまく説得できず、 はからずも彼女の弱点が明らかに。

2015年７月、メルケルはロストクで一人の難民少女と出会い、感情を強く揺さぶられる。この出会いは結果的に長期間に及ぶ影響をもたらし、首相としてのメルケルが下した最も劇的な決断へとつながっていく。すなわち、ドイツの国境を開き、中東から100万人の難民を受け入れると決めるのだ。
YouTube

我はここに立つ。他になしあたわず。
神よ我を救いたまえ。
——マルティン・ルター

我々はみな、難民の扱い方をドイツ人から学ぶべきだ。
——トム・セゲフ
（イスラエルの歴史家、ホロコースト生存者の子）

二〇一五年、アンゲラ・メルケルは欧州で日々深刻化する難民危機をなんとかすると決意し、それがドイツを〝世界の良心〟へと変えることになる。世界中の国が次々と外国人恐怖症を発症するなか、慎重なリーダーとして知られるメルケルにしては息をのむほど大胆な決断をし、ドイツを移民受け入れ大国へと変えていく。そして、この決断が彼女の首相としての業績を決定的なものにするのである。

難民の少女に心を揺さぶられる

その一四歳の少女は、レバノン系パレスチナ人のなまりがかすかに残るドイツ語をていねいに話した。わずかに声が震えている。この少女、リーム・ザヴィールが緊張するのも当然だ。彼女はドイツの首相に向かって話しているのだから。

「自分の将来がどのようになるのか見えません。いつかまたどこかへ追い立てられるとすれば、すごく怖いです。私たちはここで幸せに暮らしています。私には目標があります。ここで大学に行きたいのです」

それは二〇一五年七月一五日のことだった。メルケルは定期的に行っているタウンホール・ミーティング（地域住民との対話型集会）を、自身の選挙区にほど近いドイツ北東部の町ロストクで開催していた。会場にも、マスコミのカメラの列にも、とりわけ普段と変わったところはなかった。慎重に選ばれた、マイクを着けた聡明な少女にも特に変わったところはなかった。政治家はみな、選挙民とのこうした集会を何百回と行うものだ。この日のメルケルも自動操縦モードだった。

「政治とは厳しい仕事です」とメルケルは少女に答えた。少しイライラしているようにも見えた。「ここドイツには何千人もの人々がやって来ました。戦争から逃げてきたのではない人たちは、ドイツを出なければなりません。誰でも来ていいですよ、などと言えば、いずれ我々の手に負えない状況になってしまうのです」

気づくと少女は泣いていた。そして、すべてが一変した。メルケルは襟元にマイクを着けたまま、思わず「なんてこと《ゴット》」とつぶやくと、唇をきっと結び、こみ上げる感情で目をうるませながら、少女に近づいた。司会者は予想外の成り行きに驚き、マイクを手にしたまま見るからにうわずった様子で「首相、これはデリケートな問題でして――」と口走った。

するとメルケルは振り向きざま、不運な司会者にピシャリと言った。

「これがデリケートな問題であることは知っています！」

そして彼女は片手でリームの背中をさすりながら、優しく小さな声で話しかけた――「ああ、どうか落ち着いて。あなたは素晴らしい少女のようね。今日はとてもよくやったわよ」。

片や一四歳の難民少女、一方は六一歳の欧州の指導者、いったいどちらのほうがより強く感情を揺さぶられたのか、判断に悩む光景だった。

二一世紀の〝民族大移動〟が始まった

その頃、ドイツにやって来る難民の数はわずか数年で急増していた。二〇一二年には七万七〇〇〇人だったのが、二〇一五年には四七万五〇〇〇人である。

洪水のような人間の流入が本格的に始まったのは二〇一四年。エーゲ海に沿って点在するごく小さな観光地は、戦争や国家崩壊から逃れてきたシリア人やサハラ以南のアフリカ人によって、大混雑の難民キャンプへと変貌した。国連世界食糧計画（WFP）は、供給能力の限界を超える人命救助の支援を難民キャンプに提供してきたが、それが近く削減されるという噂がかけめぐったことも、人の大波がヨーロッパに押し寄せる一因となった。

概して難民を自分たちの問題と考えない西欧諸国のリーダーは、欧州に押し寄せる難民から目を背け、さらに酷い場合は彼らを侮辱した。英国首相デイヴィッド・キャメロンは難民を〝群れ〟呼ばわりし、ハンガリー首相でポピュリストのヴィクトル・オルバーンは「我々の仕事は渡さないぞ！」と難民に警告する広告板を地方の屋外に立てるよう指示した。トルコは一時的な避難先として難民を受け入れたが、すぐに故郷に帰るという望みがかないそうもない難民たちにとって、労働許可も得られないままそこに落ち着くことは何の解決にもならなかった。

シリアから命がけでトルコ、ギリシャ、そしてバルカン半島を渡ってきた難民たち――多くは父親の肩に幼児を乗せ、母親は腕に乳飲み子を抱えている――は、これまでで最も不親切な国に行きあたることになる。ハンガリーはEU加盟国でありながら、〝助けを必要としている人々に最低限の援助をする〟というEUの掲げる（確かに曖昧な表現ではあるが）価値観をあからさまに軽んじていた。二〇一五年の夏、オルバーンはハンガリーとセルビアの国境に鉄条網を設置するよう命じた。その鉄条網をかいくぐろうとする男女や子供たちを押しとどめようと、ライフルで威嚇するハンガリーの国境警備隊の姿をカメラがとらえた。

「保護を求める人々に向けた暴力は、何をもってしても正当化されない」――ハンガリー・セルビア国境で、武装した警備隊が疲れ切った難民たちを檻のような場所に押し込めている写真を見て、ショックを受けたメルケルはそう述べた。

心を揺さぶられたリームとの出会い以降、メルケルはこの難民少女のことをいつも気にかけるようになり、ベルリンに二度も招待した。リームはロストクに来てからの四年間の暮らしについてメルケルに話し、今ではこの町を自分の故郷だと思っていると伝えた。「友達も、自分の部屋も、私のお医者さんも、ぜんぶこの町にあります」。彼女は脳性麻痺を持っていたが、ついにその治療も受けられるようになっていた。二人の出会いは、難民少女にとっても、首相にとっても、心の痛むものだった。リームもメルケルに同情の念を感じていた。リームは後にこう述べている。「（メルケル首相は）私たちと同じだけ助けを必要としていました」。

その夏、気の滅入るような写真や映像がメルケルのよく知る場所から次々と届いた。学生アンゲラ・カスナーが旧東側諸国を放浪した時に訪れた場所、かつてのオーストリア・ハンガリー帝国の荘麗なる門、ブダペスト東《ケレティ》駅である。

メルケルにとって懐かしいこのランドマークは、今やよそ者に対する欧州の無関心さの縮図となってしまった。同駅のそびえるようなアーチの下で、シリア難民がボロボロのテントを張って暮らし始めたのだ。この即席の難民キャンプは、難民認定もせず、かといって国内を通過することも許さないハンガリー政府のせいで身動きが取れなくなった数千人もの人々であっという間にあふれかえった。自らをイスラム教徒の〝侵略〟から欧州キリスト教を守る守護者だと公言してはばからないオルバーンは、国営テレビに難民の子供を撮影しないよう命じた。〝難民は潜在的テロリスト〟とする自分の言い分にハンガリー国民が疑問を持つことを恐れたからだ。

オーストリアやドイツへ向かう列車には乗せてもらえそうもないと絶望した多くの難民は、徒歩でオーストリア国境へと向かい始めた。そしてこの夏、オーストリアの高速道路に放置された保冷トラックから、荷台に閉じ込められたまま窒息死した難民七一人の遺体が見つかった。さすがに無関心な傍観者の中からも、声を上げる人が現れ始めた。アンゲラ・メルケルも、もはや無関心な傍観者ではいられなかった。

ハンガリーはEU加盟国だが、ナチスのホロコーストに手を貸した歴史がある。そのハンガリーから届いた、気の滅入るような写真や映像を見て、メルケルは動揺した。EUの難民受け入れルールを定めたダブリン規約によれば、彼らは最初に到着したEU加盟国で難民申請を行い、審査を受けることになっている（※）。だがそのルールはもはや守られていない。あまりにも人数が多いこと（到着国となることが多いイタリアやギリシャで処理できる人数を超えていた）と、一部の加盟国が公然とルールを無視したことにより、ダブリン規約は実効性を失っていた。そのうえ当の難民も、ハンガリーのような敵意のある国で申請手続きが進められることに抵抗したので、さらに混迷は深まった。オルバーンはこの状況を一気に片付けるため、ついに数千人に上る難民をノーチェックで国外に移動させることにした。彼らはすし詰めの列車に乗り込むと、ブダペスト東駅の悪臭と混乱から逃げ出した。だが、これでは問題解決にならない。国を追われた難民を、もう一度追放しただけである。

※政治難民と認められるのか、それとも経済的移民と見なされるのか、そして永続的な庇護を受けられるのか、それとも短期間だけ守られるのか――彼ら難民の運命は、到着国がその国だけで決める。ただしその判断は、ＥＵ全体で決められたお役所手続きの規則に沿って行われる。細部までしっかり詰めてあるこれらの規則はすべて、戦後ヨーロッパで最大の難民流入という現実の前に用をなさなかった。ＥＵの首都ブリュッセルも、他のどのＥＵ加盟国も、このような事態を想定していなかったのだ。

突然、難民受け入れを表明

こうして二〇一五年の八月後半、なんの前触れもなく、メルケルは突然の方針変更を告げる。「ドイツは難民を追い返しません」――いつもの慎重さをかなぐり捨て、ダブリン規約を公然と無視する発言だった。

「もしヨーロッパが難民問題で落第するようなら、それは我々がなりたいと望むヨーロッパではありません」。そう続けたメルケルは、他の二七のＥＵ加盟国に対し、それぞれの受け入れ能力に応じてもっと多くの難民を保護するよう呼びかけた。そして、「欧州内でどの国がいちばん酷い難民対応をするか、という競争にする気はありません」と宣言した。

ぼろぼろの船で地中海を渡ったり、バルカン半島を徒歩で横断したりしてドイツを目指す難民が増えている以上、この重荷――メルケルは率直にそう述べた――を背負うべきなのは、助けを求める難民たちではなく我々である、とメルケルは言った。決して終わることのない戦争の被害者に対して西側世界が負うべき責務について、一国のトップがここまではっきりとした道徳規準を述べた例は、欧州を見ても、その他の地域を見ても、聞いたことがない。

学生時代に熱心に歴史を学んだメルケルは、この夏と同じように国際社会が沸いた一九三八年の夏についてもよく知っていたに違いない。米国を含む三二カ国が、レマン湖に面した高級リゾート地エビアンに集まり、ヒトラーの死の手から必死に逃れようとしているドイツおよびオーストリアのユダヤ人に対して何をすべきか話し合った夏のことである。結局彼らは何もしないと決め、何百万人ものユダヤ人がナチスに殺されるのを放置した。メルケルは同じ歴史を繰り返さないと心に決めていたのだ。

今になって振り返ってみれば、驚くべきはメルケルが難民問題について矢も楯もたまらずに自分の意見をはっきり述べたことではなく、それについて他の欧州諸国と事前に話し合った気配がないことである。その理由の一端として、夏のバカンスに出かけた閣僚たちを捕まえるのが難しかったというのはあるだろう。結局は彼らもメルケルに説得されるのだが。

例外は、CDUの姉妹政党CSU（キリスト教社会同盟）の党首、ホルスト・ゼーホーファーだ。彼女はどんな理由があったにせよ、彼はメルケルから携帯にかかってきた電話に応えず、後になって、彼女は自分に連絡しようとしなかったと言い張った。彼以外にもメルケルを非難する政治家はいた。CDUの中にも、深く考えずに感情だけで動いたと批判するものがいた――どんなことであれ、アンゲラ・メルケルが感情や衝動だけで動くとはちょっと考えられないのだが。とはいえ、難民に対するドイツおよびEUの政策を変えるなら、もっと上手なやり方があったはずだと感じている人が大勢いるのもまた事実である。

「彼女はEU全体としての解決策を探るべきだった」[1]と指摘するのは、相変わらずマキャベリストであるヘンリー・キッシンジャーだ。「その上で、もし彼女の提案が却下されれば、EUでの解決不能を受けて彼女があのような行動に出たと受け取られただろう」。

あまりにも視野が狭すぎる、という批判もあった。例えばヘルムート・コールは高尚な口ぶりでこう記している。「一国だけでの意思決定や単独行動は、それがその国単体にとってはどれほど正しいように見えたとしても、過去の遺物にならねばならない……何が実現可能なのかという点について、ヨーロッパの各国民はもう一度きちんと考え直す必要がある」[2]——要するに、何千何万という難民に自国の玄関を開け放とうというメルケルは、今の状況においては利己的であると言いたいのだ。

キッシンジャーも同じ見方で、「一人の難民を保護するのは人道的行為だが、一〇〇万人のよそ者を受け入れるのはドイツ社会を危機にさらす行為だ」[3]と、かつては弟子のように目をかけたメルケルに忠告した。それに対し彼女は「他に手がなかったのです」と答えた。

おそらくそうだったのだろう。数十年前からメルケルと付き合いのあるドイツのプロテスタント神学者エレン・ユーバーシェア（彼女はメルケルの母親から英語を習った）は次のようにコメントする。「キリストは常に我々とともにいます。あの決断は、彼女がキリスト教徒として育ったことが一因です。彼女にとってのマルティン・ルター的瞬間だったのです」[4]

メルケルはルター派の価値観を大切にしており、同時にドイツの暗黒の歴史を価値判断の立脚点としている。最近ではギリシャに緊縮政策を押しつけて人々を苦しめるという経験もしている。これらのことを考えると、他に手はないと彼女が心から感じていたとしても不思議はない。だが同時に、他の欧州諸国も自分と同じ状況判断をし、自分の決断を支持してくれるだろうと期待していたのも間違いない。

はるか遠くから欧州の状況を見ていた人たちは、メルケルが期待するような結果にはまずならないだろうと思っていた。「事の成り行きを見守りながら、極めて悪い予感がしていました」と話すのは、元米財務長官のヘンリー・ポールソンだ。

「彼女は極めて強固な善悪の判断基準を持っています。他の問題であれば、彼女は細いロープの上を絶妙なバランスで渡れる人です。しかし難民問題というのは……」と言って、ポールソンは首を横に振った。「もちろん、彼女は正しいことをしました。しかし、それが政治的に彼女の墓穴になるのではと心配でした(5)」。

初めは歓迎していたドイツ人だが——

ファンファーレも下準備もなく突如としてベルリンの壁が崩れた夜を彷彿とさせるように、ドイツは突如として何万人もの移住者を受け入れ始めた。多くが中東出身で、シリア内戦から逃れてきた人が中心だが、イラクやアフガニスタンから来た人も多かった。アメリカが口火を切ってそのまま捨て去った戦争から逃れてきたのだ。ドイツの国境は開放され、普通の移民かそれとも政治的難民かという通常の判定手続き——それによって受け入れ可能人数が変わる——は、人々が殺到し機能しなくなった。

ベルリンの壁が崩壊した一九八九年はサウナに行ったメルケルだが、今回は自分が責任者である。彼女が最終的にドイツ国境を閉じるよう命じたのは、九月と一〇月を通してやって来る移民がついに一日あたり七〇〇〇人に達してからだった。その年の秋が終わる頃には累計二〇万人がドイツに難民申請を行い、年末までにはさらに約八〇万人が新たな申請を行うことになるのだ。メルケルはお茶を濁すことなく、この状況を率直に国民に伝えた。これから直面するのは「東西ドイツ統一以来、我々にとって最大の難題[6]」であると。

それでも、ドイツに来る難民を歓迎したのは、決してアンゲラ・メルケル一人だけではなかった。難民を乗せた列車がミュンヘン駅に到着すると、大人も子供もみな疲れ切った難民たちは「ドイツへようこそ」と書かれた無数のプラカードに迎えられた。彼らを励まそうとする市民がホームに列をなしていたのだ。ボランティアは温かい飲み物と花を難民に差し出した。彼らは翌日以降、学校や店舗を難民用の共同住宅へと改装したり、子供の難民向けの相談所や語学・音楽レッスンを知らせるポスターを貼りだしたりした。

他のドイツの都市も、ミュンヘンと同様に難民を歓迎した。ベルリンのテンペルホーフ空港（一九四八－四九年のソ連によるベルリン封鎖時に米国主導のいわゆる「ベルリン大空輪」の舞台となった）は、あっという間に巨大な難民センターへと改装された。バイエルン地方の村々は午前三時に数百床のベッドを用意した。ドイツの桁外れの歓迎ぶりに、世界の大半、さらには当のドイツ人さえもびっくりしたほどである。

「誰もが支援の輪に加わりました。普段はポルシェに乗ってゴルフに行く私の歯医者さえもです[7]」

と話すのは、ザイバート報道官。彼自身も三人のシリア人の若者を、メルケル政権の報道官室のインターンとして雇ったという。ホイスゲン元補佐官も似たような話をした。「ミュンヘンに住む友人の医者が言うには、何百人もの腎臓結石の患者を手分けして治療したそうです。難民は旅の途中で十分な水分をとりませんからね」。

それまでずっと難民に安全な避難場所を提供してきたアメリカが、その役目を放棄しようとしていた時期だっただけに、ドイツはそれまで自分たちと結びつけられることのなかった特質、すなわち「人道主義的」な行為をすることに誇りを感じていた。ドイツは、珍しく歴史の正しい側に立っていることを堪能したのである。だが、保守的なドイツ社会は急激な変化に慣れていない。メルケルは「難民に幸せそうな顔を見せることができなければ、ここは私の国ではありません！」[8]とまで言い切ったが、全国民が同じように思っていたわけではなかった。

政治家メルケルの弱点を露わにする

危機というのはリーダーの持つ最も優れた資質を引き出すことがある。アンゲラ・メルケルにもそういうことがたびたびあった。だが、この難民危機のケースに限っては、リーダーとしては最悪ともいえるメルケルの資質を二つも表面化させることになる。一つは、難民を受け入れるという彼女の方針がなぜドイツのためになるのか、その点を効果的に言葉で説明することができなかったこと。もう一つは、ふだんは慎重で一歩引いて考えるタイプにもかかわらず、特定の問題について強い確信を抱くと、他人も当然自分と同じ意見だろうと決めつけてしまうことだ。

この二つの資質はどちらも、これまでのメルケルの政治家人生でトラブルを引き起こしたことがある。だが、いずれも今回ほどではなかった。おそらく彼女は、難民受け入れを主として倫理に関わる問題だと見なしたのだろうが、そのせいで、なぜそれが最終的にはドイツの国益につながるのかという点をしっかり説明できなかった。例えば、ドイツが受け入れた難民の優に半数以上は二五歳未満の若者であり、一方でドイツ社会は高齢化に直面している。新しいスキルを身につけたいと強く思っている若い労働力が流入するのは、ドイツの雇用主にとって大きな利益になるはずだ。

言葉足らずはそれだけでなく、文字通り命がけで逃げてくる政治難民とただの経済移民との違いについても、彼女は一度もきちんと説明していない。その違いを国民に理解してもらえれば、メルケルと同じように、倫理に関わる問題としてこの難民問題を見てくれるようになったのではないか。彼女は時として、有権者の不安を軽視してはねつけるところがある。例えば「難民を怖がる人は、難民の知り合いを一人作るべきだ」という一言で片付けたように。

メルケルの政党CDUは、おおむね自分たちの首相を支持した。ライバル政党のSPDも、彼女を支持するだけでなく、〝難民を歓迎する文化《ヴィルコメンクルトゥーア》〟と呼ばれるようになったドイツの新しい政策を大いに称賛した。メルケルは国民に対し、彼女の難民政策が戦後ドイツの誇る憲法（ドイツ連邦共和国基本法）の求めるところに従っているのだと念を押し、この政策に反対するのは外国人恐怖症である、と冷たく切り捨てた。

「人々がただひたすら外国人、とりわけイスラム教徒は誰も受け入れたくないと言い張るのなら、その人たちこそがドイツ憲法と、ドイツが負っている国際法上の義務に反しているのです」

しかし、自分はただドイツ憲法に従っているだけだとするメルケルの主張は、何十年もの間ドイツの政治家がメルケルのようなことを一切しなかったからとはいえ、彼らが憲法を極めて大切にしてきたという事実を無視している。

加えて不運もあった。国民の生活基盤整備に責任を持つ内務大臣のトーマス・デメジエールが、この時期に肺炎で入院し、病床から指揮を執らざるを得なかったのだ。これが難民受け入れ当初の混乱に拍車をかけた。なにしろ受け入れ準備の時間などなく、その場で臨機応変に対応していかなければならない。政府にとっては大変な労力である。使われていない倉庫や体育館、廃工場などを即席の一時宿泊所に改装し、何千何万もの難民を国内のあちらこちらに散らばる新しい〝自宅〟へと輸送し、同時に難民一人一人について移動先や背景事情に関する細かい記録を残さねばならない。しかも難民は次々とやってくる。

「一人たりとも公園のベンチで寝させるつもりはなかった」――ウルズラ・フォン・デア・ライエンと並び、最も長くメルケル政権の閣僚を務めたデメジエールは、二〇一八年に閣僚を退任したが、今でも連邦議会の議員を続けている。連邦首相府にほど近い質素な事務所で、彼は私に誇らしげにそう語った(9)。

だが、首相はそれでは満足しなかった。難民危機の時期にデメジエールの下で内務次官を務めた現駐米大使のエミリー・ハーバーは、当時の緊迫したやりとりを覚えている。やや自信に欠けるデメジエールの意思決定をメルケルが批判したのだ。「なぜ物事を結果まで考え抜いて、そこからさかのぼってやり方を決めないのか?」――メルケルはイライラした様子でそう問いただしたという。

一〇年以上、メルケル政権のために尽くしたデメジエールが最後に御役御免になったのは、彼のリーダーシップにメルケルが不満を抱いたからだというのは衆目の一致するところだが、その不満は少し不当だと言えるだろう。なぜなら、このときはメルケル自身も結論ありきで事を起こし、そこに至る道筋をじっくり考え抜いたとは言えないからだ。

その一方で、彼女の一歩先を読む能力は頭抜けていた。「メルケル首相に、これ（難民受け入れ）が一回限りの緊急特別措置であると宣言するよう助言する人もいました」とハーバーは証言する。だがメルケルはそれを却下した。「仮にそんな発表をしたら、国境に人々が押し寄せるでしょう。今週土曜までは銀行預金が保障されると宣言するようなものです。間違いなくパニックですよ。今日なら国境が開いているから、今行こう！　と」――メルケルは官僚たちにそう説明した。

「もちろん彼女のほうが正しかった。なぜなら、警備隊に国境を封鎖させればいいという単純な話ではないからです。法的枠組みの整備や輸送手段の確保、法的措置も必要になります。すべてを整えるのに結局六カ月の時間がかかりました」(10)

メルケルは事を急ぐようかなりのプレッシャーをかけたが、それでもはやる気持ちを抑えてじっくり先まで考える彼女の能力が役立った。もし、武装したドイツ人警備兵が国境に押し寄せる命がけの人々を押し返すような事態になっていれば、その姿は第三帝国の崩壊後に半世紀をかけて築いてきたドイツに対する親近感をひっくり返すことになっていただろう。

当初は熱狂的な難民歓迎シーンを放映していたニュース番組も、すぐにドイツ国境の混乱状態を伝えるようになり、多くのドイツ人はその映像に強い不安を覚えた。だが、数千人のボランティアが、新たに生じたお役所手続きの手伝いもするようになり、ほどなく混乱は収まった。リーム・ザヴィールとその家族も含め、数十万人の難民が、恒久的な庇護を与えられた。

そして、ドイツが難民受け入れに舵を切ってから三年、二〇一八年後半の時点で、新たにドイツに来た八〇万人の難民のうち優に半数は仕事を得るか、職業訓練を受けるかしている。彼らは全員がドイツ語を学ぶよう求められ、学童年齢であれば学校へ通わねばならず、ドイツのどこに住むかを自分で決めることはできない。メルケルは、フランスやイギリスのように外国からの移住者が都市周辺部に集まることが決してないよう、意識していたのだ。

「私たちにはできる（Wir schaffen das）」――二〇一五年の秋、これほどの難民をどのように受け入れていくのかと聞かれるたびに、メルケルはこの言葉を繰り返した。飾り気のまったくないこの言葉が、地味で落ち着いた口調で語られるとき、それはまさにメルケルそのものであった。ユーロ危機で最も不安が高まった時期も、メルケルはやはり同じ口調でドイツ国民に語りかけた。あなたの銀行預金は安全です、と。その時と同じ鎮静効果を期待したのだが、今回は彼女のそっけない言い方が、反移民を掲げる極右政党にうまく利用され、反メルケルの鬨《とき》の声へと変えられてしまうのであった。

反難民運動が頭をもたげる

ＡｆＤ（ドイツのための選択肢）が結成されたのはユーロ危機の最中の二〇一三年。ドイツによるギリシャ救済に反対するためだった。ＥＵ懐疑主義に基づくこの政党の際だった特色の一つは、男性中心の政党である点だ。支持者のうち女性の割合は一七％に過ぎない。メルケルの政治的・経済的リベラリズムに失望して、ＣＤＵ党員からＡｆＤ支持に転じた人もいる。とはいえ、ＡｆＤは戦後ドイツの政党の中で、他に類を見ないほど露骨に国粋主義と反移民政策を掲げた政党であり、結党当初からその特徴が際立っていた。

結党から二年後、すでにギリシャ救済は過去の話となり、政党としての存在意義を模索していた

ＡｆＤは、難民問題という新たな大義に出会う。メルケルの難民政策と戦うことを政党の使命とすれば、ギリシャ救済よりはるかに強く人々の感情をあおり立てることができる――。

「ドイツのための選択肢」という政党名は、メルケルが好んで使う決め台詞「他に選択肢はない」を巧妙に歪めたものだ（メルケルが初めてこのセリフを使ったのはユーロ危機の時である）。ＡｆＤは反移民という聖戦を掲げることで、旧東ドイツ地域に豊かな票田を見いだすことになった。ドイツ人はみな、旧東ドイツ地域を支援するため、所得レベルに応じていわゆる「連帯税」を払っている［二〇二一年に、納税者の九割は払わずにすむようになった］。このため、東ドイツ出身のポピュリストたちの間には、シリア難民への支援のせいで自分たちへの支援が減ってしまうのではないか、という懸念が生じた。「私たちのことは？」というのが彼らの言い分だった。

このＡｆＤに対するメルケルの戦略は、人々の関心という彼らにとっての〝酸素〟を奪うことだった。「他者の尊厳に疑問を呈する人たちに対しては一切容赦をしません」と彼女はにべもなく切り捨て、一般にドイツ人があまり得意と思われていないことを国民に求めた。ドイツ人の徹底ぶりは素晴らしいが、今我々に必要なのはドイツ人の柔軟さです――そう訴えたのだ。

アンゲラ・メルケルは辛抱強い政治家だ。彼女はヘルムート・コールから、じっと待つことが時には最良の政策であると学んだ。だが、難民に対する反感は、数カ月を経るうちにいっそう高まり、ケムニッツやハイデナウなど旧東独の都市では、街中での暴力騒ぎにまで発展した。それでも彼女は何もしなかった。メルケルは、自分の難民政策が正しいと強く訴えるべき機会を何度も見逃したのである――倫理的に正しい、というだけでなく、もっと説得力のある主張をすべきだったのに。メルケルは決して人心掌握術を身につけない。これは政治家として小さくはない欠点である。

誰かを説得したり鼓舞したり、自分を売り込んだりといった、行動で示すリーダーシップは、政治家の基本的なスキルだ。だが、科学者として事実を探り出しデータを分析する訓練を重ねてきたメルケルは、他人も自分のように合理的だと思い込みがちで、時にはそのせいで判断を間違うこともある。メルケルのつたない雄弁術では、彼女を悪人に仕立てようとする人たちの熱意にとても太刀打ちできないのだ。

ドイツ人は、強烈な言葉を操って人々を扇動しようとする政治家にうんざりしていたので、これまで長いこと、メルケルのそのような欠点は、逆に彼女にとって有利にはたらいてきた。だが、時代の風潮は次第に過激さを求めるようになってきており、メルケルはそれに応じて自分を変える気がない、もしくはその能力がないように見えた。

二〇一五年八月末、チェコとの国境に近い小さな町ハイデナウを訪れたメルケルは、自分と同じ旧東ドイツ出身者から憎しみの対象とされているという事実を突きつけられた。怒れるデモ隊の一人は「我々こそ国民だ！」と叫んでプラカードを掲げた。その言葉は、一九八九年に東ドイツで秘密警察国家を批判した大衆運動の合言葉だった。それがメルケルに向けて使われたのだ。「裏切り者！」――メルケルの乗った車が通り過ぎると、デモ隊はヤジを飛ばして不満を表明した。彼女は下を向いて気づかないふりをした。ここに記すことができないような女性蔑視の言葉を叫ぶ人さえいた。[11]

メルケルは大きなショックを受けたが、デモ隊の相手をしても火に油を注ぐだけだと思い、たった一言「胸が悪くなりそう」とだけ漏らすと、目的地であるホームセンターを改装した難民宿泊所に入っていった。

メルケルに汚い言葉を投げつけたデモ隊から道路を挟んだ反対側には、もっと平和的に抗議の声を首相に伝えようとするグループもいた。だがメルケルは激しい叫び声から逃げるように通り過ぎたため、平和的抗議のプラカードも目に入らなかった。難民宿泊所に入ったメルケルは今、四〇〇人の難民に向かって話している。その姿を中継するライブ映像をｉＰｈｏｎｅで観ながら、平和的な抗議グループの一人が叫んだ。「彼女は難民に向かって、彼らを守ると言っている。我々のことは見ようとさえしなかったのに！　私たちのことは？」――視察を終えてメルケルが難民宿泊所から出てきたとき、その平和的な抗議グループは怒れるデモ隊に合流していた。

もしメルケルが庶民感情を読み取る鋭いアンテナを備えていれば、この日はハイデナウで二つのイベントを同時に行ったことであろう――一つは難民のため。もう一つは難民と同じくらい不安を感じている地元住民を安心させるために。ドイツ人の過半数はメルケルの難民政策を支持していたが、そういう人の多くが住んでいるのはハイデナウのような町ではない。東西ドイツ統一後、ハイデナウでは店舗や企業の廃業が相次ぎ、子供や孫は仕事のある旧西ドイツ地域へと出て行った。旧東ドイツの中では経済が安定している地域でも、地元住民はそれまでの暮らし方や社会的地位が脅かされていると不安を感じていた。彼らはメルケルに、そうした不安を払拭してほしかったのだ。

だが、この日ハイデナウを訪れたメルケルは、純粋に将来への不安を訴えたいだけの人々の声を聞こうとしなかった。彼らの掲げる大義名分や不満の表現方法が彼女の嫌うものだったので、耳をふさいでしまったのだ。メルケルは倫理的に優れた人物であるがゆえに、不満を抱える一部の国民に救いの手を差し伸べることができない。ハイデナウの出来事はその一例だ。そして、そのような人々は決していなくなることがないのである。

テロが難民への恐怖心を呼び起こした

難民危機の真っ最中の二〇一五年秋、メルケルは難民の保護に「限度はない」と述べた。その真意は、保護を受けるという基本的人権に限度はないという意味だったのだが、ヨルダンやレバノン、トルコの難民キャンプに暮らす数千数万の難民たちは、そのように解釈しなかった。彼らの耳には、ドイツの首相が自分たち全員を受け入れると言ったように聞こえたのである。

シリア人難民のアナス・モダマニが、微笑むメルケル首相と自分との自撮り写真を公開すると、難民たちはメルケルを守護聖人に祭り上げた。ユーロ危機の際、メルケルのポスター写真にはヒトラーの口髭が落書きされたものだが、今や地中海沿岸の混み合う難民キャンプで必死に生き延びようとする難民のリュックには、しわくちゃになったメルケルのポスター写真が入っている。

もう一つのメルケルの誤算は、ソーシャルメディアを通して情報が全世界を駆け巡る速さを見くびっていたことだ。[12] 難民たちはフェイスブック上で自分と同じ難民がメルケル首相と自撮りしている写真を見ただけに留まらず、携帯電話のＧＰＳ機能を使ってシリアからドイツへ行く移動手段もダウンロードした。そのアプリ「シリア人が庇護を受けるための安全で自由なルートガイド」を、毎日数千人もの難民が自分の携帯にダウンロードし、切符の買い方から外見（「清潔な服装に整髪料と匂い消しが望ましい」）まであらゆるアドバイスを受けた。

メルケルは、彼女の人生で最も劇的な行動について、これまで一度も後悔の言葉を口にしていない。難民に国境を開放すると決断した半年後、その政策を考え直す気はあるかと問われた時も、ただ「いいえ《ナイン》」の一言で否定した。だが、議会が第一回目の難民救済策を可決して難民対策予算が二倍に膨れあがると、メルケルは開放的な難民政策を軌道修正せざるを得なくなった。彼女はトルコ大統領のレジェップ・タイップ・エルドアン――本来は意見の合う相手ではない――と交渉し、ギリシャ経由でトルコに来た難民を全員トルコが受け入れ、ドイツには来させないようにする代わりに、累計六〇億ユーロもの巨額の難民対策費を（EUがトルコに）支払うということで合意した。国境は閉まり始めたのである。

メルケルは「私たちにはできる」という難民政策の旗印を決して取り下げようとはしなかったが、二〇一五年一二月のCDUの党大会で「難民はドイツのやり方に適応すべき責任があります」として、それまでとは少し異なる政治的メッセージを打ち出した。要するに、難民を笑顔で歓迎しない人は我々の同胞ではない、とまで言い切った時代は終わり、彼らに対する要求をはっきりと伝えるべき時が来たということだ。

メルケルのこの発言は満場の拍手で迎えられた。彼女はさらに「多文化主義は偽善です」と述べた。言葉というものを信じてこなかったメルケルは、その強い言葉の真意をうまく説明できなかったが、要するにドイツを異なる民族集団がバラバラに存在し続ける国にはしたくないということだ。いずれにせよ聴衆は彼女のメッセージを大変気に入り、拍手喝采は九分間続いた。メルケルは無愛想に礼を述べると「やるべきことは山積みです」と付け加えた。まさにその通りだった。

難民に国境を開くと決めたとき、メルケルは欧州共同体が体現するはずだったもの、すなわち〝同じ価値観を共有する国家同士の結束〟をもう一度呼び覚ますことを夢見ていた。しかし、彼女の示したお手本に刺激を受け、ドイツと同じように難民を歓迎する国はひとつもなかった。欧州諸国の中では難民に寛大なほうだったスウェーデンとオーストリアでさえ、国境を閉ざそうとしていた。

二〇一五年一一月、ＩＳ傘下のテロリストがパリで同時多発テロを行い、一三〇人が殺された。その翌月には、カリフォルニア州サン・バーナディーノのオフィスビルのパーティー会場に、イスラム教徒で過激派の若い夫婦が押し入って半自動小銃を乱射、一四人が殺され二一人が負傷した。夫婦は警察に追われて撃ち合いとなり、いずれも射殺された。後で判明したところによると、夫はシカゴで生まれ育ったアメリカ国民で、妻はパキスタン生まれだが合法な移民であったので、これは国内テロ事件の扱いになった。この惨劇で、人々の間には移民に対する恐怖心が膨れあがった。その感情につけ込むのはいとも簡単なことだった。共和党の州知事三〇人が連名でシリア難民の再定住に反対する声明を出し、共和党が過半数を握る米下院はシリア難民のアメリカ入国を実質的に不可能にする法案を可決した。

こうした状況を受け、ホワイトハウスは「シリア難民の受け入れ上限を一万七〇〇〇人から一一万人へと増やした[13]」（オバマ側近のベン・ローズ）。オバマは「アンゲラのためだ。これで彼女は独りじゃない」と述べた。そのメルケルは、米国大統領が議会を無視できないことを知りつつも、西側諸国のリーダーであるオバマがなぜ欧州各国にもっと難民を受け入れるよう強く求め、自分の負担を軽くしてくれないのかといぶかしんだ。さらに、なぜオバマは自らプーチンとの交渉に乗り出そうとしないのか、なぜ自分の力を使って難民危機の根本原因であるシリア内戦に歯止めをかけようとしないのか、という点も納得できなかった。

難民を助けたボランティアに感謝の言葉を述べる

二〇一五年にドイツが一〇〇万人の難民を受け入れたという事実は、もちろんその年のトップニユースであった。だが、それに負けず劣らず驚くべき数字でありながら、ほとんどメディアに注目されなかったもう一つの数字がある。推定六〇〇万人から七〇〇万人のドイツ人がその難民たちを助けたのである。

アンゲラ・メルケルは力強い言葉を発することはないかもしれないが、彼女のリーダーとしての長所のひとつは、聞き上手であるという点だ。それが見事に発揮されたのは二〇一七年の春、彼女の難民政策を現場で支えたボランティアを全国から集めた集会でのことだ。

首相官邸の大広間では、バックパック姿の学生や地味なスーツを着た女性たちが、メルケルを中心に半円を描くように座っていた。彼女がこれほど知られた人物でなかったら、ボランティアと見分けが付かなかったかもしれない。からかい半分に〝善人たち〟と呼ばれることもある彼らボランティアは、最も熱心にメルケルを支える市民だ。

「ええ、確かに険しい道です。でもこれはドイツに関わることであり、ヨーロッパに関わることです」とメルケルは彼らに話しかけた。「私たちの評判、世界の中での立場に関わることです。これは我々の歴史における極めて重要な一章なのです。だからこそ、私はみなさんにありがとうと感謝しています」。

この早春の朝の集会に、彼女はしゃべるためだけに参加したのではなかった。時折小さなノートにメモを書き込む姿が物語るように、彼女は市民と対話をしたかったのである。彼女の目つきさえ、相手の話を促すように見えた。その姿はありのままの答えを探し求めているかのようだった。

「安全でないアフガニスタンに難民を送り返すようなまねがどうしてできるのですか?」ともじゃもじゃ頭の若い男性が聞いた。最近のメルケルはそのようなことをしている。彼女はアフガニスタンが安全でないという点は否定しなかったが、同国大統領から同国を交戦地帯に分類しないよう求められているのだと説明し、「これは政治的判断です」と答えた。シリア人だと名乗る若い男性は、「ドイツ語の専門用語を知らないため、金融の授業が履修できません」とほぼ完璧なドイツ語で言った。メルケルは彼の名前をノートに書き込んだ。

メルケルがボランティアや難民との対話で充実した時間を過ごしたのは間違いないが、自分の職務も忘れなかった。「今、私たちの国は大きく分裂しています。ここまでドイツが分裂したのがいつ以来か思い出せないほどです。少なくともベルリンの壁崩壊から後にはありません。当時の私は、受け入れてもらうことを願う側にいました」――首相が難民になった様子を想像して、ボランティアたちは笑いをかみ殺した。

「しかし、私はすべてのドイツ人の首相です。難民受け入れ派と反対派の両方の首相なのです」

大晦日のケルン暴力事件が及ぼした影響

激動の二〇一五年は、メルケルにとって想像しうる最悪の形で終わりを迎えた。彼女が夫と二人、ドイツ北東部のウッカーマルクにある別荘で簡素な夕食を静かに楽しんでいた大晦日の夜、ドイツ第四の都市ケルンでは恐ろしい光景が繰り広げられていた。

ケルン大聖堂とケルン中央駅の間にある広場は、昔から大晦日の夜に大騒ぎをする若者たちで賑わう。日付の変わる前から通りは人であふれ、警官の姿はほとんどない。例年、花火を振り回す乱暴者と酔っ払いの悪ふざけくらいしか起きないとわかっているからだ。だがこの年は違った。後で得られた証言によると〝外見から北アフリカ人かアラブ人と見られる非ドイツ人〟の一団が女性たちを取り囲み、からんだり体をつかんだりし、複数の女性がレイプされたのである。

「彼らは私の腕をつかみ、服をはぎ取り、脚を押し広げてのしかかろうとしました」と被害者は説明し、二〇〇人が刑事告訴された。最初に逮捕された容疑者三二人の内訳は、アルジェリア人九人、モロッコ人八人、イラン人五人、シリア人四人、ドイツ人三人、イラク人一人、セルビア人一人、アメリカ人一人だった。このうち二二人が難民申請手続きのいずれかの段階にあることも判明した。[14]ただでさえ険悪な状況をいっそう悪化させたのは、事件を積極的に報道しようとしないマスコミと、きちんと公表しようとしない警察の姿勢だった(※)。

この衝撃的な事件に最初に飛びついた一人は、リアリティ番組の人気出演者から大統領候補に名乗りを上げていたドナルド・トランプだ。アメリカ以外でほとんど知られていなかったトランプは、「ドイツ国民は、入国を許された移民から大規模攻撃を受けることになるだろう」とツイートした。

ミュンヘンでの熱狂的な難民歓迎から三カ月、ドイツの世論は変化した。「あの時以降、我々のやることはすべて間違いだと見られるようになりました」。マスコミの報道と世間のムードについてトーマス・デメジエールはそう話す。「あんな大人数に国境を開くなんてどれだけ愚か者なんだ。あいつらはみんな犯罪者だぞ！　というわけです」。

メルケル自身もすぐ注目度の高いテレビ番組に出演してインタビューに答えた。「国はすべての人に法を守らせる責任があります」と強調し、「男女平等、宗教の自由、表現の自由、そして寛容がこの国の基盤です。すべての人がこれらの原則に従わねばなりません」と述べた。

それでもメルケルは、彼女が誇りとする難民政策を逆行させようとはしなかった。いつもと同じように国民の反応を慎重に見定めていたメルケルは、直後に行われた世論調査の結果を見て自信を取り戻した。事件の余韻が冷めやらぬ時期にもかかわらず、ドイツ国民の九〇％は、戦争難民を保護することに賛成と答えたのである。デメジエールの懸念は杞憂であったと証明された。

ドイツ人はメルケルの難民政策を支持したが、彼女の抱く「一致団結した欧州」という大きな夢はまだ実現しそうもない。シリア内戦が続く二〇二〇年の時点でも、欧州は難民危機に対する各国共通の政策を生み出せないままだ。

仮にドイツを除くEU加盟国二六カ国のうち、二、三カ国でもドイツに歩調を合わせていたら、この問題はとっくに解決していたかもしれない。人口六〇〇〇万人ほどのレバノンは一五〇万人のシリア難民を受け入れている。これは二〇一五年に欧州入りした難民と同じ人数だ。EUの人口は四億五〇〇〇万人。仮にシリア人全員を受け入れたとしても、EUにおける人口構成比は四％である。

※米FOXニュースのような存在がドイツのメディア界にないことは指摘しておきたい。概してドイツのメディアは、報道内容もそれを報ずる口調も、米国のメディアよりはるかに節度を保ち、慎重で、ファクトチェックもしっかり行っている。ただし人気のあるタブロイド紙も一紙ある。

メルケル退陣を求める声が高まる

一連の難民危機を通じて、メルケルは常に精神的に落ち着いている様子だった。不眠の兆候や自信喪失の気配は感じられなかった。自分の倫理基準に従ってリスクの高い道を選び、その決断に満足しているように見えた。それでもメルケルの政治生命の終焉を予言する人は出てきた。『瀬戸際にあるドイツ』と題した「ニューヨーク・タイムズ」紙の論説で、保守派のコラムニスト、ロス・ドウザットは次のように書いた。[15]

これまでほぼ均一な人々で構成されてきた社会、そして現在高齢化と宗教離れが進む社会において、あれほど文化的に異なる移民をあれほど大勢受け入れて、それでもなお平和が保たれると信じられるような人物は、ドイツ政府の報道官として輝かしい未来が約束されている。そして同時に愚か者といえる……。アンゲラ・メルケルは去るべきだ。彼女の国と、その国が取り仕切る大陸が、彼女の気高い愚行によってあまりにも高い代償を払わされる前に。

このときAfDのリーダーだったフラウケ・ペトリーという名の女性もまったく同じ考えだった。だが、メルケルにも意外な援軍が現れた。前夫であるウルリッヒ・メルケルだ。これまで彼は公の場で、前妻に関するコメントをしたことがなかった。その彼が最初にして最後のコメントで、メルケルの難民政策を支持したのである。化学者としてのキャリアを終え、ドレスデンで暮らしていたメルケル氏は、次のように発言した。

「彼女の難民政策は、彼女の価値観に基づく政治判断であり、彼女がそのような政治判断を実際にしたのは今回が初めてです。人間性と思いやりを示す正しい行動でした」。同時に彼は、これまで元妻（の政党）に投票したことが一度もないことも認めている。

とはいえ、二〇一六年の政治課題として〝思いやり〟は重要視されていなかった。メルケル退陣を求める人々の合唱は高まる一方であった。

第14章

二〇一六年、最悪の年——英国のEU離脱

イギリスのEU離脱が決まった。各地でイスラム過激派のテロが頻発し、パートナー・オバマの任期も終わりに近づくなど課題は山積。それでもメルケルは四期目への出馬を決意する。

極右政党AfDの新しいリーダーに選ばれたアリス・ヴァイデル（左）とアレクサンダー・ガウラントの前を通るとき、メルケルはわざと視線をそらせた。議会、そして公共の場で彼らが活動するようになり、ドイツ政治は前よりけんか腰に、時には暴力的にすらなった。メルケルにはそれが悔しいのだ——2017年10月24日、ドイツ連邦議会にて

仲間と一緒に戦うよりも悪いことは一つしかない。
彼ら抜きで戦うことだ。
——ウィンストン・チャーチル

アンゲラ・メルケルの首相在任期間のうち、最も困難な一年は二〇一六年だった、ということになるだろう。彼女が大切にするＥＵは座礁し、繰り返されるテロ攻撃はドイツ社会に深い心の傷を残した。そのうえ一一月八日、メルケルが世界で最も敬意を抱く国アメリカで新大統領に選ばれたのは、彼女が辛辣に批判する独裁者たちを公然と支持するような人物だった。

メルケルは、自分が政治家として人々から歓迎される時期をとっくに過ぎていることを以前から意識していた。ヘルムート・コールのように、一六年間首相を務めた後で票を集められず、最後は評判を落とした先例もある。そもそもＣＤＵの舵取りを後進に明け渡すようコールに求めた張本人がメルケルである。彼女は「適切な時期に政界を引退するつもりであり、死に体の哀れな政治家になって最後までしがみつく気はない」と以前から公言していた。実際、三期目の首相任期が終わりに近づくにつれ、第二の、いや第三の人生に向けた準備を着々と進めていた。二〇一六年のある出来事により、逃げ道をふさがれるまでは——。

興味深いことに、メルケルの好きな古代のヒロインは、ギリシャ神話に登場するテーバイの王女アンティゴネーである。[1] 常に情熱的で、常に義憤にかられ、いっさい妥協しなかったがために、自分の人生を台無しにしてしまった女性だ［兄王の命に背き、反逆者として殺されたもう一人の兄の骸を葬ったことで自害に追いこまれた］。一方、リーダーとしてのメルケルは「やるべきことをやる」ために妥協も厭わない点が大きな特徴である。彼女にとって国家とはすべての国民のためのシステムであり、だからこそ「私は全ドイツ人の首相」と何度も発言してきた。ところが、人々が怒りやすくなったこの新しい時代、アンティゴネーの人生を台無しにしたその情熱をメルケルが持っていない、という理由で彼女を酷評する人が大勢出てきた。しかし、メルケルはリーダーに向いていることも、人生を上手に生きられることも、実績で証明している。

それでも二〇一六年、ドイツのリーダーを一一年務めたメルケルの過労と孤独が、冷静沈着なその言動からにじみ出ることもあった。ある紛糾した会議の後、連立パートナーの政治家たちにメルケルは悲しげに言った。「せめてみなさんが私の幸運を祈ってくれれば、それで私は満足です」。[2]だがこの年、メルケルは欧州の実質的な——政治的・経済的・道徳的——リーダーから、自由世界全体のリーダーへと飛躍することになるのである。

イギリスが国民投票でEU離脱を決める

二〇一六年五月、メルケルは第一次世界大戦で最も激しい戦闘とされる「ヴェルダンの戦い」の一〇〇周年記念行事に参加した。独仏合わせて三〇万人の兵士が眠る白い十字架の海を、彼女は頭を垂れて歩いた。[3]

第一次世界大戦は、あらゆる戦争をなくすための戦争であったはずだ。だがそのわずか二〇年後、ドイツの首相アドルフ・ヒトラーが悪意を持って周到に次の世界大戦を引き起こし、その中でホロコーストが起きた。今、凧のような白く長い旗を持った子供たちの一団が登場し、かつて彼らの祖先が血を流した新緑の地を横断すると、メルケルは静かに涙を流した。

ヨーロッパは、第二次世界大戦を阻止するために一致団結することができなかった。だが大戦終結の三年後、ウィンストン・チャーチルは宣言した。「欧州のすべての国の人々が、祖国に属しているという気持ちと同様に自分を欧州人であると思えるような、そんな欧州にしたい。欧州大陸のどこに行こうと〝自分は故郷にいる〟と心から思えるようにしたい」。

だが、二〇一六年時点で、多くのイギリス人はこうした歴史に関心を持たず、欧州を自分の故郷と感じる気もないようだった。

イギリス人は以前から欧州の共同体に対し、相反する複雑な見解を持っていた。一九七五年、当時のＥＣに残るかどうかを問う最初の国民投票が英国で行われた際、当時の西ドイツ首相ヘルムート・シュミットは、この選挙に口を出さないよう釘を刺された。それでも頑固者のシュミットは、外交儀礼を失するのもやむないほど状況が悪化していると判断し、政権与党の英国労働党に向けて次のように述べた。「退場のリスクを負ってでも言いたいことがひとつだけある。欧州大陸の盟友は、あなたたちに残って欲しいと思っている」——シュミットは満場の拍手喝采を受け、英国は投票でＥＣ残留を決めた。

一方、賛否の二極分化が激しかった二〇一六年の国民投票においては、ドイツの首相（しかも、言葉で人の気持ちを変えられるとは信じていない人物）が何を言おうとも、ブレグジット賛成派のイギリス人の投票行動を変えられたとは思えない。それでも六月二三日の国民投票でEU離脱が決まったことは、メルケルにとってつらいことだった。彼女は個人としてもショックを受けたし、首相としてもどう対処すべきか当惑した。ギリシャはなんとかEUに留めておけたが、はるかに影響の甚大なブレグジットに対してはお手上げだった。EUを離脱する国が他にも続くことをメルケルは恐れた。そのうえ、ロンドンが離れたことでベルリンが欧州の実質的な首都になってしまう——メルケル個人もドイツもまったくそれを望んでいない——ことも不安の種になった。

メルケルはイギリスのこの歴史的選択について「残念だ」の一言で済ませた。事が起きた後で何を言おうと意味がないという考え方、そして自制心によって、彼女は痛烈な悲嘆の念を表現することはなかった。西側同盟の分断はプーチンにとって素晴らしいニュースであることを彼女は十分に意識していた。なにしろ英国の離脱によりEUは域内軍事力の四〇％を失うのだ。しかし、メルケルにできることはほとんどなかった。

彼女の政敵である極右と極左のいずれもが活気を帯び、メルケルの難民政策を大声で非難した。いわく、イギリス人の反イスラム感情を高め、結果的にブレグジットを後押ししたと。だが、二〇一六年二月から七月にかけてメルケル首相の支持率は一四ポイント上昇して五九％になった。ドイツ国民の大半は彼女を支持したのである。

とはいえ、二〇一六年はまだ半ばを過ぎたばかりだった。

欧州各国でイスラム過激派のテロが多発

イギリスのEU離脱が決まってから一月後の七月一四日、南仏ニースの海岸の遊歩道には、革命記念日を祝う人々があふれていた。そこにチュニジア人テロリストの運転するバスが突っ込み、子供を含む八六人が死亡、四五八人が負傷した。その四日後、ドイツのヴュルツブルクで、アフガニスタン難民の一七歳の少年が斧を持って列車に乗りこみ乗客を襲撃、取り押さえられるまでに五人が負傷した。さらにその四日後、今度はミュンヘンの混雑したショッピングモールで銃撃事件が起きて九人が死亡、市は非常事態を宣言するに至った。犯人とされる一八歳の少年はイランとドイツの二重国籍を持つが、自分をアーリア人と認識しており、ＩＳではなくノルウェー人テロリストのアンネシュ・ブレイビク（反移民の極右で、二〇一一年にオスロとウトヤ島で七七人を殺害する事件を起こした）の影響を受けていた。ミュンヘンの大量射殺事件により、ドイツ人は前年夏のメルケルの難民受け入れ宣言以降で最も深く、テロリズムに対する無力感を感じるようになった。

アルプスで休暇中だったメルケルは、目に隈のある険しい表情で会見に臨み、ミュンヘンの銃撃事件を含む一連のテロ事件について「市民生活で決して許されてはならない禁忌が粉々に打ち砕かれようとしています。我々全員にとって試練の時です。今後、一人として犠牲者を出してはなりません」と述べた。そしてソーシャルネットワークの監視による早期警戒システムの導入を公約したが、同時に「安全確保の必要性は我々の大事にする価値観とバランスがとれたものでなければなりません。これは極めて難しい課題です。我々は価値観と憲法を維持する必要があり、その憲法には難民の権利がはっきりと記されています」と強調した。

夏の嵐はまだ終わっていなかった。同じ七月、トルコ軍の不満分子がエルドアン政権に対するクーデターを起こしたのだ。間一髪で身柄の拘束を逃れたエルドアン大統領は、携帯電話で支持者に呼びかけ、イスタンブールとアンカラの市街で反撃に出るよう指示した。ジェット戦闘機が上空から攻撃、反乱軍は数時間で壊滅した。革命の次に来るのは反革命政治である。エルドアン大統領は三万七〇〇〇人の逮捕を命じ、クーデターに〝協力的〟とみなされた数十万人が職を解かれた。クーデター失敗後、独立系メディアは実質的に一掃された。イスラム回帰を進めるトルコの独裁者は、反乱関係者に容赦ない復讐を行い、メルケルが〝宗教的でないイスラム共和国のお手本〟になって欲しいと願っていた国で、ますますその支配力を強めたのである。

オバマと二人きりで〝最後の晩餐〟

二〇一六年の秋までに、CDUは地方選挙で四連敗を喫し、メルケルの責任を問う声が上がった。逆に議席を増やしたのはAfDだった。CDUが冴えなかった理由の一端は、一一年間も同じ首相を見続けた人々がメルケルに飽きたこともある。

「私たちにはできる」――口癖のようにメルケルが唱え、冷やかしの対象となることも多かったこのスローガンを、ついに彼女は引っ込めた。二〇一六年になって連続する危機に対し、このスローガンでは何の答えにもならないと認めたのである。「私はみなさんを勇気づけるためにこの言葉を使ってきました。でももう使いません……確かに近年、すべてに上手に対処することはできませんでした」。トップレベルの政治家が悔恨の言葉を口にすることは滅多にない。とはいえ、彼女は自分の政策を変える気はなかった。

最悪のニュースがさらに二つ、今度はドイツ国内ではなく国外から届いた。一つは引退間際のアメリカ大統領バラク・オバマからの電話で、共和党の大統領候補ドナルド・トランプが民主党候補のヒラリー・クリントンに勝ったというニュースだ。ショックを受けつつも、メルケルは無意味な心配にエネルギーを使わなかった。彼女が一番敬愛する国はそのような選択をしたのだ。

メルケルにとってアメリカは「始まりの国」だった。アメリカのおかげで、人生の半ばで再出発することができたのだ。アメリカは一九四五年以降ずっとドイツの安全保障を下支えしてきた。もしアメリカが冷戦のあいだしっかりと西側諸国のリーダーを務めていなければ、ソビエト帝国の崩壊はなかったかもしれない。そのアメリカでトランプが勝ったというニュースがロシア連邦議会に飛び込んできたとき、議場にいた全員が飛び上がって喜び、拍手喝采が沸き上がった。

トランプ大統領誕生により、メルケルは政治家としての自分の将来設計を見直す必要に迫られた。二〇一七年の連邦議会選に出馬して四期目を目指すか、それとも自分が最も嫌う「過去の人」になる前に引退するという当初の計画を貫くか——。

もし四期目を目指すなら、厳しい戦いが待っている。二〇〇五年にメルケルの首相就任を可能にした「大連立」（ＣＤＵ／ＣＳＵ、ＳＰＤの連立政権）はガタがきているのだ。まず、ドイツ社会民主党（ＳＰＤ）は危機的状況にある。同党の主要な政策の多くをメルケルが横取りしたからだ。「女性の権利」については二〇一四年、ドイツ企業の取締役会に対して女性比率最低三〇％を義務化、「結婚の平等」については、ＣＤＵとして反対せずに党員の良心に任せると決め、結果的に同性婚を認める法律が成立した。「気候変動」については、緑の党の主張に比べれば大した成果を上げてはいないが、常に大事な課題であり、ＳＰＤにとっては「原子力発電の撤廃」の影響は大きかった。他方、二〇〇九年から二〇一三年まで連立を組んだ実業界寄りの自由民主党（ＦＤＰ）も、世論調査で人気が低迷していた。

そして、大連立政権にとって最大の痛手だったのは、ＣＤＵの姉妹政党であるキリスト教社会同盟（ＣＳＵ）が、メルケルの難民政策に真っ向から対立する難民政策を、彼らの地元バイエルン州で導入すると宣言したことだ（結果的に実現不可能だったが、口のうまいＣＳＵのデマゴーグ、ホルスト・ゼーホーファー党首は、メルケルの頭痛の種となる）。

二〇一六年一一月中旬、メルケルは二期目の大統領任期満了まで二カ月となったオバマと最後の夕食を共にした。その時点で、彼女はまだ引退か首相続投か決めかねていた。なにしろ彼女は、水泳の高飛び込みをするのに四五分間悩んだことのある人物なのだ。

メルケルは二人の最後の夕食会の場所を慎重に選んだ。首相官邸のダイニングルームを避け、ベルリンの名物ホテル「アドロン・ケンピンスキー」に決めた。(4) 歴史ある大通りウンター・デン・リンデンと著名なブランデンブルク門に挟まれた場所にあり、絢爛たるホテルのレストランからは、国会議事堂も、二〇〇五年に開設されたホロコースト記念碑も一望することができた。この名高いホテルは一九三二年のクラシック映画『グランド・ホテル』のモデルにもなった（当時の名称は「ホテル・アドロン」）。この映画でスウェーデン出身のハリウッド・スター、グレタ・ガルボがつぶやく「ひとりになりたいの」というセリフは有名だ。アドロンは首都ベルリンの展示品であり、生きている美術館なのだ。メルケルとオバマは、そのレストランの小さな個室で二人だけで夕食を共にした。隣接する個室では、それぞれの側近中の側近がやはり夕食を共にしながら控えていた。

二人は丸三時間、通常なら横に控えるメモ取り係も入れずに自由に語り合った。これは二人の友達同士による夕食会なのだ。話題はブレグジットからトランプの勝利、そしてメルケル首相が向き合うであろう、アメリカという味方のいなくなった新しい現実に及んだ。「四選を目指すべきだ」とオバマはメルケルを説得した。オバマの八年間の大統領任期中、これが最も長時間の私的な夕食会だった。

話し合いを終え、隣室に控えていた側近たちに挨拶しに来たオバマとメルケルは「疲れ切った顔をしていた」とオバマの側近ベン・ローズは証言する。メルケルは感情を抑えた口調で彼らに言った。

「我々二人は極めて密接に協力してきました。今回は望まない結果になりましたが、私たちはこれまでのことを誇りにしていいと思います」

ローズは、メルケルにグラスを掲げて「自由世界の新しいリーダーに」と言った。だが彼女の顔に浮かんだ表情は笑顔とは言いがたかった。メルケルはそのような役目を望んだこともないし、その役目に喜びも見いだせなかった。

あえて四期目の出馬を決意

トランプの勝利から二週間後の一一月二〇日、メルケルは二〇一七年の連邦議会選挙に立候補すると正式表明した。首相四期目というのは過去にほとんど例がない。もし選挙に勝ち、四期目を満了すると、メルケルは首相を一六年間——歴代首相のうち、ヘルムート・コール（同じく一六年間）とオットー・フォン・ビスマルク（一八七一年から一八九〇年までの一九年間）を除けば最も長期間——務めることになる。

「このことは長い間、真剣に考えてきました」。ベルリンのＣＤＵ本部に集まった数百人の党員に向け、メルケルは厳粛な面持ちで語った。

「今回の選挙はこれまでで一番厳しい選挙になります。少なくともドイツ統一以降では間違いなく一番厳しい。右から左まですべての政治勢力から攻撃の的とされ、特に右派は過去最大の批判を繰り広げるでしょう……我々の大切にする価値観、関心事、一言で言えば我々の生き方そのものに疑問が投じられるのです……米国大統領選の結果を見れば、それは明らかです」

四期目に何ができるか自分ではっきり見えているメルケルは、「誰であれ、たった一人でドイツや欧州、そして世界の状況を変えることはできません。ましてやドイツ連邦共和国の首相にはとても無理です」と述べたが、周囲は彼女の力をもっと高く評価していたようだ。CDU党員の八九・五％が同党の首相候補としてメルケルに投票した。

メルケルにとって四期目の出馬は合理的な決断ではあったが、それでも個人としてはつらい決断だった。彼女は憎しみにゆがんだ顔を見てきた。女性蔑視も混ざった怒りの叫び声を聞いてきた。そのすべてが自分に向けられたものなのだ。四期目の首相任期中、国内でも国外でも激しい政治論争に巻き込まれるのは確実だ。それでも世界各地で権威主義とポピュリズムが台頭する今、首相選挙に出ないという選択肢は彼女には存在しなかった。もし彼女が政治の舞台から降りれば、トランプとプーチンと習近平が世界をいいようにするだろう。

バラク・オバマが去った後、アンゲラ・メルケルは自由世界の秩序を守るリーダーの役目を、しぶしぶながら引き受けざるを得ないのだ。

ふたたびテロの衝撃、そしてトランプとの対決が近づく

繰り返し危機が発生した二〇一六年は、最後の一撃をまだ残していた。

ドイツのクリスマス・マーケットは、人々に愛される古くからの伝統だ。絵のように美しい木製

の小屋に、手作りの小物や装飾品、郷土料理などが並ぶ。この野外市場は毎年一二月になるとドイツ全土に出現し、それぞれの市場が何千何万という買い物客と観光客で賑わう。

ベルリン西部の繁華街クーアフュルステンダムにあるカイザー・ヴィルヘルム記念教会前でもクリスマス・マーケットが開かれ、スパイス入りのホットワイン《グリューヴァイン》と焼きソーセージ《ブラートヴルスト》の匂いが漂っていた。二〇一六年一二月一九日午後八時過ぎ、一台の大型トラックがここに突っ込み、一二人を殺害、五六人が負傷した。運転していたアニス・アムリはチュニジアからの移民で、彼の難民申請は却下されていた。アムリは現場から逃走し、四日後にイタリアのミラノで射殺されるまで、追跡捜査はヨーロッパ全土に及んだ。ほどなくしてＩＳが声明を出し、このテロ事件は自分たちが首謀者であるとした。ドイツでは過去数十年で最大の犠牲者を出したテロ事件となった。

クリスマス・マーケット襲撃事件の翌日、アメリカの駐独大使ジョン・エマーソンが帰任の挨拶のためにメルケル首相を訪れていた。

「私は彼女の執務室に入るとすぐ、『極めて遺憾なことで』と言いかけたのですが、メルケルは私をさえぎって『私もあなたの帰任を残念に思っています』と言いました。彼女は襲撃事件に関するあらゆるファクト、すなわち誰が背後にいて、関係者は何人いて、負傷者は重傷か軽傷か、そうした詳細な情報をすべて把握するまでは、この事件について意見を言いたくなかったのです。私と会ったときはまだすべての情報が入手できていませんでしたから(5)」

とエマーソンは回想する。そして、そのメルケルの姿勢について、「いかにもメルケルらしいと思います。彼女は事実関係をすべて掌握するまでは、自分の見解を明らかにしたくないのです」と語った。

逆に、メルケルが米国の大使からぜひ聞きたかったことがあった。ドナルド・トランプとの最初の会談に向け、どのような備えをすべきかという助言だ。

「彼女はトランプの選挙集会を見ていました。ですから、自分がいずれアメリカのデマゴーグと会談することになるとわかっていました。ドイツ人にとってはおなじみですが、アメリカ人にとっては初めて見るタイプの人物です。私は、腹をくくってトランプと個人的な人間関係を築くべきです、と助言しました。『なにしろトランプの場合、すべてが個人的関係で決まりますから』と彼女に言いました」

第15章

トランプ登場
――メルケルは〝猛獣使い〟になれるか

「アメリカ・ファースト」を掲げ、戦後の独米が築きあげた信頼関係を否定するトランプ。メルケルの目指す政治が壊れゆくなか、長年のストレスでついに彼女の身体は悲鳴を上げる。

メルケル首相が西側諸国全体を代表して、手に負えない問題児のドナルド・トランプに対抗するため立ち上がったように見える象徴的な写真——2018年6月、カナダのシャルルヴォワで開催されたG7サミットにおけるひとこま。

©Jesco Denzel/Bundesregierung/Getty Images

あなたに馬鹿げたことを
信じ込ませることができる人なら、
あなたに極悪非道なことをさせることもできる。
――ヴォルテール

愚か者、飲んだくれ、
そしてアメリカ合衆国には神の恩寵がある。
――オットー・フォン・ビスマルク

トランプは歴史上の独裁者についてあまりよく知らないようだが、ドイツ人は彼らのことをよく知っている。とりわけメルケルと同世代のドイツ人はそうだ。ナポレオン一世やヒトラー、そしてスターリンが、フランスやドイツやソビエトを〝偉大な国〟にして自らの権威を高めようとした結果、欧州は荒れ果て、墓地は死体であふれた。

戦争を体験した世代がいなくなったらどうなるのか――首相としての最後の数年間、メルケルはこうした懸念をひんぱんに口にするようになる。

「なんらかの優位を取り、そこをしっかり守るのがいい」。トランプの勝利が決まった後で、オバマはメルケルにそう助言した。聞くと行うとではまったく異なる助言であった。トランプのような人物を民主主義的な考え方に改宗させることができると思うほど、メルケルは世間知らずではない。だが、自分がそれなりの優位を守っている限り、自らの信じる価値観を人々に訴え、世界が地滑りのように無秩序になっていくのを全力で防ぐことができると思っていた。その時メルケルはまだ知らなかったのだ。ただ〝守る〟だけでも、尋常でない楽観主義とギリシャ神話のシジフォス［神の怒りを買い、地獄でたえず転がり落ちる岩を山頂へ押し上げる虚しい苦行を永遠に課せられた王］並みの忍耐力が必要であることを――。

共和党の大統領予備選挙の間、トランプは政敵を一人ずつやり玉に挙げては侮辱し、相手の名誉を傷つけてきた。だが、同盟を結んだ国家の集団をいじめるのは、権力を笠に着て個人攻撃するよりも難しい。西側同盟を一枚岩のままで守ることが、メルケルの最大の目標となった。彼女は世界中の市民に向け、自国中心ではなく世界全体のために行動するよう訴えることになる。

人々に訴えかけて影響を与えようというのは、メルケルのように言葉の力に懐疑的で、その使い方も上手でない人物が自然にできることではない。だが、民主主義が支援を必要とした時、アンゲラ・メルケルは底力を発揮してそれをやってのけたのである。

「プレイボーイ」とリアリティ番組で入念な〝予習〟

ドナルド・トランプとの初会談に備えるため、メルケルは一九九〇年の「プレイボーイ」誌のインタビューを読んだ。(1) はるか昔のものなのに、発言内容は今と変わらぬ罵詈雑言と〝負け犬〟への侮辱、そして自己賛美のオンパレード――長い時を経て今や世界中がよく知るようになるトランプそのものだった。当然ながら、メルケルの好む謙虚さはどこにも見られない。それでもインタビューは参考になった。彼の社会ダーウィニズム（適者生存）的な価値観の萌芽が読み取れたからだ。「私は他人を信用せず、敵をたたきのめす（ことが好きだ）」とトランプは誇らしげに語っていた。

　また、この古いインタビュー記事から、トランプがドイツに対して奇妙な敵意を抱いていることも読み取れた（不思議なことに、彼は長年自分の出自を「ドイツ系」ではなく「スウェーデン系」だと主張していた）。当時はまだおふざけだった「もしトランプ大統領が誕生したら、大統領執務室で最初にすることはなんでしょう？」という質問に答えて「この国になだれ込んでいるメルセデス・ベンツに一台残らず税金をかける」と述べている。

　メルケルはトランプ研究をさらに進めるため、一九八七年に彼がゴーストライターに書かせた著書『トランプ自伝――不動産王にビジネスを学ぶ』（邦訳はちくま文庫刊、相原真理子訳）を読んでみた。本来は不動産王の素晴らしい交渉術を自慢する狙いで書かれた本なのに、結果に無関心でただひたすら勝ったと主張するだけの人物像がはからずも浮き彫りになっていた。さらにメルケルは、トランプの癖――手振り身振りや不快なときの表情、そして愛想のよい態度から恐ろしい剣幕へと豹変する、計算され尽くした変わり身の早さ――をよく知っておくため、アメリカのテレビ番組『アプレンティス』［実業家としての成功を夢見る若者たちがトランプの会社で様々な課題に挑み、最後に残った一人をトランプが採用するリアリティ番組。毎回、脱落者に「お前がクビだ！」とトランプが告げるシーンが人気だった］を観るという苦行にも耐えた。

　ヒトラーが大集会を活用した事実をよく知るメルケルにとって、最もショッキングだったのは、トランプがアメリカの中西部《ハートランド》で行った選挙集会だ。とりわけ衝撃的だったのは、トランプが聴衆の怒りの矛先を民主党大統領候補ヒラリー・クリントンに向けさせ、攻撃的な口調で「彼女を投獄《ロック・ハー・》しろ《アップ》！　彼女を投獄しろ！」とみなが一斉に叫んだ場面である。

ホワイトハウス入りすれば彼も変わりますよ――メルケルを安心させるため、ホイスゲンが言った。「彼は決して変わらない」とメルケルは答えた。「選挙で彼を選んだ人々のために、公約を実行するでしょう」。

トランプ時代を生き抜くためには、「謙遜」よりはるかに強烈な資質をいくつも発揮する必要がある――メルケルはそのことをわかっていた。まず最初に、最大限の自己抑制を発揮しなければならない。というのも、トランプという人物が世間からの評価を熱烈に欲しがっており、それを得た他人には嫉妬心を燃やすことがわかっていたからだ。こんなエピソードがある。

二〇一五年一二月、米「タイム」誌が「パーソン・オブ・ザ・イヤー」にメルケルを選んだ。これはベビーブーム世代にとってアカデミー賞に匹敵するほど名誉あることだ。トランプも特にその思いが強く、トランプ自身が「パーソン・オブ・ザ・イヤー」に選ばれて表紙となっている偽の「タイム」誌をわざわざ作成し、自分の所有する四つのゴルフクラブの事務所すべてに掲げていたほどだ。「タイム」誌に訴えられそうになって引き上げたのだが――。その名誉にメルケルが浴したと知り、トランプは次のようにツイートした。「（大統領選の）最有力候補だというのに、『タイム』は何が何でも私を選ぼうとしない。彼らが選んだのはドイツを台無しにしている人物だ」

それでもメルケルは、この新しい米国大統領と協力していく方法を見つけなければならない。彼女はまるで救命ボートにしがみつくように、米国という国そのものに対する敬意を最後の拠り所とし、この大統領選挙の結果はアメリカ人の本意ではなく、複雑怪奇な選挙人制度のせいだと考えることにした。一般投票では三〇〇万票近くもヒラリー・クリントンに負けていながら、トランプに完全な勝利をもたらしたのは、この制度のせいだと。メルケルはいつも通りの慎重な姿勢を保ったまま、トランプに勝利を祝う電話を入れた。そして「我々に共通する価値観は、民主主義や自由、遵法精神、人間の尊厳などです」と釘を刺した。新大統領のもとに殺到した数千もの祝辞のなかで、これほど冷めたメッセージは数えるほどだったに違いない。

彼女はトランプを喜ばすようなことも言おうとしないし、急いでホワイトハウスでの会談を持ちかけようともしなかった。英国のテリーザ・メイ首相や日本の安倍晋三首相が、トランプ・タワーやホワイトハウスにあわてて駆けつけるのを横目で見ていた。そして、自分の出番が来るのをじっと待ちながら、新時代に対応するための研究をじっくり進めていたのだ。メルケルは、トランプのように気まぐれな人物の生の姿をつかむには、彼のツイートをチェックするのがいいと気づいた。「私自身はツイッターを使いません。検索エンジンに〝ツイッター　ドナルド・トランプ〟と打ち込むだけで、（必要な情報が）すべて入手できます」と彼女は話している。

アメリカの友人たちは何度も警告した

メルケルがコール政権にいた頃にアメリカの駐独大使を務めたロバート・キミットを始め、トランプ以前の共和党にいたメルケルの古い友人は、対トランプ戦略を考え直すよう彼女に助言した。「アンゲラ、彼のツイートや感情にまかせた発言などはすべて無視して、トランプをビジネスマンと思って付き合うのがいい。彼は交渉人《ディール・メーカー》だ。だから彼とは取引をすればいい」とキミットは勧めた。一方、ジョージ・W・ブッシュ政権で国家安全保障担当補佐官を務めたスティーヴン・ハドリーは「戦略的な忍耐力を使いなさい」と助言した。共和党の重鎮たちは、誰かしら〝にらみをきかせる大人〟がいるはずだ、とメルケルに請け合った。国境を守るという西側諸国の確約と引き替えにウクライナが核兵器をあきらめたという事実を聞かされれば、トランプといえどもプーチンの攻撃的姿勢に立ち向かう必要性を理解するだろう。そのうえ、トランプが脊髄反射で最悪の行動に出ようとしても、議会もあるし、国務省もあるし、国防総省もあるので、抑止力が働くはずだと――。

トランプが政権の切り札として起用した人物の一人が、国家安全保障担当補佐官に任命したマイケル・フリン退役陸軍中将だ。ところが、彼は駐米ロシア大使との接触に関してＦＢＩに虚偽証言をしたとして、任命から二四日後に事実上、解任された。この時はメルケル政権に大きな希望が生まれた。というのも、トランプ政権の他の顔ぶれは、メルケルとその周辺にとって、数え切れないほどの国際会議を通じてよく知る人たちばかりだったからだ。国務長官はエクソンモービルＣＥＯだったレックス・ティラーソン、国防長官は退役海兵隊大将のジェームズ・マティス、そして解任されたフリンの後任には陸軍中将のハーバート・マクマスター。いずれもＮＡＴＯとＥＵを支持する人たちだ。トランプ政権の初期には、大西洋をまたぐ関係が変わらず維持されるという希望がまだあったのである。

だが、注意深く観察していれば――メルケルは間違いなくそうしていただろう――トランプは大統領就任宣誓の前からこうした希望の芽を摘み始めていたことがわかる。例えば彼は一月一六日のインタビューで次のように言い切っている。「人々は、外国人が入ってきて自分の国を破壊することなど望まない……私はドイツのようなことをしたくない」。

おそらくメルケルが一番心を痛めたのは、トランプがいとも気軽にＮＡＴＯを否定したことだろう。彼は、七〇年にわたり欧州を安全な場所にしてきた組織を「時代遅れだ」と切り捨て、「（ＮＡ

TO）加盟国は本来負担すべき費用を払っていない。これは米国にとって極めて不公平だと考える」と付け加えた。返す刀でEUも否定し、「EU結成の目的の一つは、貿易でアメリカに勝つことだった」とコメントした。

メルケルとプーチンのどちらが信用できるか、との質問に対しては、中立の立場を取った。「まずは両者ともに信用するところから始めるが、どの程度それが続くだろうね」——答えは、極めて短いものであった。未来のスターリンやヒトラーに対抗するため、戦後の欧州と米国で何世代ものリーダーたちが苦労して築き上げてきた安全装置が揺らぎ始めていた。

トランプは「西側を内部から崩壊させた」

当時、メルケルやその周辺は、トランプの登場にどれほどのショックを受けたかを公の場で言おうとしなかった。だが、ドイツの元外務大臣ヨシュカ・フィッシャーが当時の気持ちを明快な言葉にしてくれた。

「まさか西側陣営を内部から崩壊させることができるなんて、考えたこともありませんでした」

トランプの姿勢は欧州のすべての国にとって悩みの種となったが、とりわけ複雑な対米関係の歴史を持つドイツにとって深刻だった。「ドイツという国は、端的に言えば一九四九年に米国によって創られたようなものです。物理的にも精神的にも徹底的に破壊し尽くされたドイツが復興できたのは、米国の意欲と構想と巨額の資本投入があったからこそでした。ところが、今になって米国の大統領がNATOの未来に異を唱えるのです。NATOは戦後の成功例の最たるものですよ。そのNATOの最大の成果がドイツです」とフィッシャーはその理由を説明する。

多くのドイツ人にとって、戦後の西側同盟体制が失われるというのは、フロイト心理学で言う〝喪失〟にも近いほどの感覚である。ジョージ・W・ブッシュ政権の時代に駐米大使を務めたヴォルフガンク・イシンガーいわく、「親に捨てられた子供のような気持ちですよ。『パパはどこ？』という感情です(2)」。

アンゲラ・メルケルは無知な国家元首を何人も知っている。トランプがものを知らないことは、彼女にとって大きな驚きではなかった。彼女が理解に苦しんだのは、彼が西側同盟を支える複数の支柱を攻撃する際に見せる、まったく平然とした態度であった。

それともう一つ、極めて不明瞭なトランプとプーチンとの関係も理解しがたかった。いったいトランプは、一九八八年のクラウス・フックスの葬儀に、ＫＧＢ時代のプーチンが出席したことを、どう思っているのだろうか？　ドイツ人の核物理学者で、ロシアのスパイとして米国の原子力兵器の機密情報を流し続けたフックスは、歴史上最大の損害を米国に与えた人物である。こうした事実はすべて、トランプにとっては太古の歴史に過ぎないのだろうか？――そもそもその事実を知っていればの話だが。

メルケルが差し出した手を無視したトランプ

トランプの側近たちは、メルケルの補佐官チームに次のようなアドバイスをくれた。彼に講義をしてはいけない。集中力が続くのはせいぜい半ページと極めて短い。詳細は飛ばし、背景説明も飛ばし、事実だけを伝えよ。ただし事実が多すぎてもダメ――。

「彼女の首相在任期間で、トランプほど初対面に向けて周到な準備をした相手は他にいません」とホイスゲン元補佐官は言う。

「直前にトランプと一対一で会っているカナダのジャスティン・トルドー首相にも話を聞きました……また、マイク・ペンス副大統領とも話したし、娘のイヴァンカ・トランプと娘婿のジャレッド・クシュナーにもそれぞれ助言を求めました。ダイムラーやフォルクスワーゲン、ＢＭＷなどドイツ企業のＣＥＯにも、我々のホワイトハウスでの初会談に加わるよう声をかけました。彼らはみな来ましたよ。私たちは図表を用意していきました。ドイツ企業がどれほど多くの雇用を米国内に生み出しているかを説明するためです。ドイツによる米国への投資額は、米国によるドイツへの投資額の一〇倍近くになることも図表で示しました」

一方、ドイツ首相との初会談に向けたトランプ側の事前準備はもう少しのんきだった。なんでも即席でやるという評判に違わず、トランプが補佐官のマクマスターからブリーフィングを受けたのは会談当日の朝。大統領執務室の隣にある浴室で風呂に浸かりながら、ドアを半開きにしてのことだった。(3)

こうして二〇一七年三月、トランプ大統領はメルケル首相をホワイトハウスの玄関口で出迎え、慣例通りの礼儀正しさで大統領執務室へと案内した。だがここから先、視界は急速に悪化していく。メルケルが差し出した握手の手を、トランプは無視したように見えた。

「我々記者団にもメルケル首相の『握手しましょう』という声が聞こえたので、彼にも聞こえていたはずです」と、独「ツァイト」紙のカースティン・コーレンベルクは言う。「彼女がドイツ語を話しているとき、彼は（通訳の）イヤホンを着けていませんでした。彼女が身を乗り出すと、彼は身をそらせました」(4)。

記者団とカメラが去ると、トランプはかつてリアリティ番組でよく使っていた戦術に切り換えた。すなわち、競演者（ここではホワイトハウスを訪ねてきた他国のリーダー）の調子を狂わそうと試みたのである。

「アンゲラ、あなたは私に一兆ドルの借りがある」と彼は怒気を含んだ低い声を出した。この数字を考え出したのは、当時トランプの首席戦略官だったスティーヴン・バノンとされている。ドイツがＮＡＴＯの負担金を十分に払っていないというトランプの主張を裏付けることが狙いだ。

「そのような仕組みにはなっていません」。メルケルは冷静に切り返し、ＮＡＴＯはみなが会費を払うクラブとは違うと指摘した（※）。しかも、米国もまたドイツに借りがある。いまだドイツ各地に点在する米軍基地だ。米国にとって中東とアフガニスタンの軍事作戦に欠かせない拠点となっている。その点を彼女は指摘したが、それ以上のことは言い留まった。ドイツが極めて平和主義で反戦的であるという点まで伝えるのは、トランプの理解力の限界を超える恐れがあったからだ。

最近の世論調査によれば、仮にロシアがＮＡＴＯ加盟国に攻撃をしかけた場合、軍事力でこれに対抗していいかという質問に対し、イギリス人の五五％、フランス人の四一％がそうしていいと答えている。だがドイツ人でそう答えたのは三四％だ。

またトランプは、ドイツがこれほど多くの難民を受け入れているのは「正気の沙汰ではない」とメルケルを批判した。これに対し彼女は、アメリカの影響を強く受けたドイツ憲法やジュネーヴ条約に明記されている〝難民の権利〟に関するルールを紹介した。トランプはメルケルをさえぎるように急に話題を変え、最近の自分の支持率について話し出した。難民問題について話すよりこちらのほうが楽しいからだ。

トランプは次から次へと強引に話題を変える習慣がある。メルケルほど冷静沈着でなく、しかも準備も不十分だった他国のリーダーたちは、これであたふたとしてしまう。

「急に話題や本人の雰囲気が大きく変わるので、相手はむち打ち症になる恐れがあります」と言うのは、トランプ政権で国家安全保障会議のメンバーだったフィオナ・ヒルである。ヒルによればトランプは、女性に親切な男のように振る舞い、「アンゲラ、あなたは素晴らしい！」と言ったかと思えば、次の瞬間には「アンゲラ、我々からぼったくるのを止めろ！」と言うのだ。(5)

※北大西洋条約機構は、集団的自衛の概念に基づき、三〇カ国の全加盟国が費用負担することになっている。ただし、「各国が国内総生産の二%に当たる金額を国防費として支出する」という目標を達成しているのは一一カ国のみだ。とはいえ、この二%というのはただの目標（ガイドライン）に過ぎず、トランプが言うような〝請求書〟ではない。

「メルケルの話なら一日中聞いていてもいい」

メルケルは、トランプとの距離を慎重に見定め、微調整を重ねるようなやり方を貫いた。これはある時点までうまくいったようだ。彼女は決してトランプに講義をせず、大量の事実を突きつけることも避け、物事について控え目に説明した。冷静さを保ち、時折あきれて目をクルリと回す以外は、いらつきを示すジェスチャーも控えた。メルケルは大言壮語する男の扱いに慣れており、猛獣使いのように低く落ち着いた口調を保った。二人の会話は英語で始まったが、メルケルは途中からドイツ語に変えた。

「なんと彼は、彼女の話をちゃんと聞いていたんです」とヒルは驚きを隠さない。「結局のところ、（メルケルの話し方が）数多くの事前ブリーフィングより効果的でした。彼にとって大事なのは、かっこよく見せ、威張ることです。そしてメルケルは素晴らしい自制心を発揮しました。彼女が英語を話すときの低く抑えた口調は、相手の警戒心を解いて安心させる効果がありました」。

トランプは英国首相テリーザ・メイとの会談後に、彼女を「うっとおしい」と評した。トランプに気に入られようと機嫌を取り過ぎたせいだ。その一方、「メルケルの話なら一日中聞いていてもいい」と述べている。

メルケルは現実を受け入れて、その中で最善を尽くそうとした。トランプとの会談の翌日、ドイツとアメリカ両国の企業トップによる話し合いの場が持たれた。そこでメルケルの隣席、通常なら米国の副大統領が座るはずの席に着いたのは、トランプの娘イヴァンカだった。そこでメルケルは気づいた。このホワイトハウスは家族経営《ファミリー・ビジネス》なのだと。そしてイヴァンカがトランプの一番のお気に入りであることは明白だ――。その場でメルケルはイヴァンカに声をかけ、近くベルリンのＧ20サミットと並行して開催される〝Ｗｏｍｅｎ20サミット〟に招待した。

「イヴァンカを味方に引き入れたのは賢いやり方でした。イヴァンカは（メルケルに）好感を抱き、それはトランプにも影響を及ぼしますから」とヒルは指摘した。

「会談は大成功」――でも「ドイツはもっと払え」

場面は前日の二人の初会談に戻る。トランプは再び〝親切なホスト役〟モードになり、メルケルをホワイトハウスの二階へと案内した。大統領が私的に使うエリアで、歴史ある「リンカーン・ベッドルーム」をメルケルに見せた。彼女はこの機会を捉え、貿易を同盟国に対する武器として利用してはならないと改めて釘を刺し、相互依存が進んだ今の世界では、一方的な関税や貿易障壁は役に立たないのだとトランプに説明した。ある国が関税を引き上げれば、その貿易相手国も同じことをし、貿易戦争が始まる——もし貿易戦争になればアメリカは得することばかりだ、とトランプがまくし立てると、「ええ、それはあなたが決めることです、大統領」と彼女は答えた。彼が責任者だと念を押すことで、責任ある行動をしてくれるかもしれないと期待してのことだ。

二人の初会談を締めくくるお約束の記者会見は、メルケルとトランプの双方にそれぞれ有益な教訓を与えた。報道陣がみなメルケルに注目しているタイミングで、トランプはあざけるようにこう言った。「少なくとも我々二人には共通点がある。おそらく二人とも前政権に盗聴されていたことだ」——トランプは、二〇一六年の選挙戦でオバマ政権が自分を盗聴していたという虚偽の告発をしている。それに絡めた卑劣な発言だった。

トランプの発言に数人の記者が笑い声を上げたが、メルケルは完璧な無表情を貫いた。信じられないという思いで首をかしげたのと、眉を持ち上げたことだけが、彼女の本心を物語っていた。トランプの妄想に付き合う気もなければ、追従の作り笑いをする気もない、と。

メルケルがベルリンへの帰途にある間にも、トランプはツイッターで「フェイクニュースがどんな報道をしていようとも、ドイツ首相アンゲラ・メルケルとの会談は大成功だった」と発言した。そして、いかにも分裂症そのものの変わり身で、こう続けた。

「ドイツはNATOに巨額の借りがある。そしてアメリカは、ドイツに提供する強大で極めて高額の防衛力の見返りとして、もっとたくさん支払ってもらわねばならない！」(6)

メルケルは旅行から帰ると同時に新しい現実を受け入れざるを得なくなった。論理的な次のステップはドイツの軍事力のてこ入れとなろう。トランプがそれを望むからではなく、ドイツのための政策として。実のところ、二〇一五年以降のメルケルは、軍事費拡大に乗り気でない連立相手のSPDをせっつきつつ、四〇%の軍事予算増強を行っている。だが、トランプの要求はGDPの二%という水準である。世界四位の経済大国であるドイツがその水準まで軍事費を増やそうとすると、数百億ドルもの上乗せが必要になり、その結果ドイツの防衛費は米国と中国に次ぐ世界第三位になってしまう。その点をどのようにしてトランプに理解させればいいのか——。結局、トランプの〝脅し〟の意図せざる結果として、ドイツの防衛予算を増強しようとメルケルが試みることは不可能になった。「この男にもっと支払えだと?」とイシンガーは大げさにあきれてみせた。「絶対にありえない(7)」。

「アメリカはもはや信頼できるパートナーではない」

トランプが大統領に就任してちょうど四カ月後、西側の国際秩序にけんか腰で異議を唱えるトランプに対し、ついにメルケルは返答することにした。滑稽なほどドイツらしい場所で——。ミュンヘンのテント張りのビアホールで、伝統衣装の半ズボンをはいて地元産のビールのグラスを掲げる赤ら顔の男たちや、伝統衣装のディルンドルを着て給仕する女たちに囲まれながら、メルケルはガツンと言ってのけた。アメリカはもはや信頼できるパートナーではない、と。彼女はこの言葉を、ビールを飲みに集まった連中に向けて言い放ったわけだが、もちろん世界中に届くことを意識していた。

同じ月にシチリアで開催されたG7サミットでも、メルケルは同様の発言をしている。「全面的に他人を頼りにできる時代は、ある程度終わった」――この〝ある程度〟というのがいかにもメルケルらしい。何事も断定的に決めつけるのを嫌い、事態が思っていたより良い結果になる可能性も残そうと、常にドアを少し開けておくのだ。そのようなメルケルが、珍しいほどはっきりと言い切った。

「我々ヨーロッパ人は、自分の運命を自らの手で握らなければならない。私はそう確信しています」[8]後にメルケルは言い足した。「もちろん我々は米国や英国、そしてロシアを含めた近隣諸国と友好的な関係を保つ必要があります。しかし、我々は自らの未来を自らの手で勝ち取らねばならないのです」。もはやアメリカはドイツにとってロシアと同様、居並ぶ〝友好国〟の一つに過ぎない――この辛い事実は、歴史の一つの分岐点であった。

「今やアメリカ第一主義を堂々と信じる人物が大統領なのです」とメルケルは言った。彼女はドイツを最優先することを決して誇りに思ったりはしないだろう。ちらりとでも愛国精神を見せつける行為を、彼女は本能的に嫌う。自分の国のどこが好きかと聞かれると、おどけてこう答えるのが定番だ。「嵐にも負けない優秀な窓があるところね」[9]。かつてCDUの晩餐会で、各テーブルに飾られた小さなドイツ国旗をすべて撤去するよう求めたこともある。

だが、トランプのせいでメルケルは、意に染まぬ行為をせざるを得なくなった。「我々にとってこれは、ヨーロッパの理念と価値観を我々自身で守らねばならないということです」と彼女は続けた。ブレグジットで支柱の一本を失った欧州連合が、どのようにそれを実現するのか、答えはまだ見えていない。それでも、メルケルの力強い言葉は欧州諸国のどのリーダーの言葉よりも大きな意味を持つ。アメリカにとってドイツは、とりわけその首相は、欧州における最も強固な同盟相手であり続けてきた。おそらくドイツより強固な同盟相手はイギリスだけだろう（アメリカとイギリスという、世界で最もグローバル化の進んだ二つの国が自国第一になってしまうという皮肉は、衝撃的である）。メルケルは将来に向けた新しい航路を、以前よりも欧州を中心に据えて描き直している。とはいえ、ワシントンとの絶交を検討するには、メルケルはあまりに用心深かった。そのうえ、ドイツが安全保障面で引き続き米国の傘を必要としていることも、十分過ぎるほど理解していた。

そんなメルケルの口ぶりには、それまでと根本的に異なる変化が感じられた。それはドイツの外交および国内政策にとって最大級の意味を持つことであった。

したがって、トランプと二度目の会談を行うためにホワイトハウスを訪問した二〇一八年四月、メルケルは大した期待は持っていなかった。会談は一五分で終わったが、トランプには充分だった。「EUは中国よりひどい。良い点は（中国より）小さいことだけ」と言い放ち、EUはアメリカを食い物にするために設立された、と言い加えた。会談後、記者団はメルケルに聞いた。トランプはかねてから欧州産の鉄鋼とアルミニウムに関税をかけると脅していたが、それを実行するのか、と。彼女は「大統領が決めることです」とだけ答えた。これもまた、トランプに責任ある行動をとらせようというメルケルの試みだが、効果はなさそうであった。

記者会見の間、感情を表さないメルケルの鉄のような自己コントロールが一瞬崩れた場面があった。トランプが突然、退役軍人の扱いに関してアドリブの発言をした時だ。「我が国の退役軍人にひどい仕打ちをするやつらがいたら、我々は即座にそいつらをクビにしてやる！ ドイツのクビ切りと同じくらい素早くだ！」――トランプはメルケルに顔を向けながらそう言った。彼女は驚きのあまり眉――時として最も豊かに彼女の感情を代弁する部位――をつり上げた。「私たちが過去から何を学んだか、次の一〇年で明らかになるでしょう」。トランプとの昼食を終えた後、メルケルは言った。「もしくは、何も学んでいないか、です」。寡黙なメルケルはこれだけしか言わなかったが、十分に言いたいことは伝わった。

メルケルにキャンディを投げつけたトランプ

トランプのトレードマークとも言える〝侮辱外交〟が端的に表れたのが、二〇一八年六月にカナダのシャルルヴォワで開催されたG7サミットだ。本来サミットというのは、風光明媚な土地を舞台に、古い友人や見慣れた顔ぶれが気楽に集まり、西側諸国の民主主義の理念と経済面での協力関係を再確認する場である。この年のサミットは、開催国カナダの青年首相ジャスティン・トルドーにとって、ケベック地方のローレンシャン山地の美しい自然に注目してもらう格好の機会だった。だが、トランプには別の心づもりがあった。

今となっては象徴的に思える一枚の写真（三一八ページ参照）が、このサミットの陰鬱な雰囲気をよくとらえている。肩に力の入ったメルケルが、渋い顔で腕組みするトランプに迫るように立ちはだかる。アゴを突き出したトランプは、あたかも「やれるものならやってみろ」と挑発するかのようだ。安倍晋三ら各国の首脳は陰気な表情で見守るだけで、いじめっ子と対決する役はメルケルにお任せである。

トランプは、この種の国際会議ではいつも苛立っている。数で負けるからだ。彼は、「法に基づく国際秩序」の重要性を再確認するという、当たり障りのない共同声明に署名することさえ渋った。

民主主義の価値観を大切にし、自由市場を維持する西側諸国で団結しましょうという、昔ながらの決まり文句に過ぎないのに――最後の最後で、メルケルからの圧力に負けて仏頂面で署名をしたトランプは、椅子に体を投げ出すとポケットからスターバースト・キャンディ［グミのようなアメリカのお菓子］を数個取り出し、メルケルに向けて放り投げた。

「私から何一つもらえなかったとは言わせないぞ、アンゲラ！」――トランプはニヤリと笑ってそう言ったが、メルケルは表情一つ変えず、子供じみた挑発は空振りに終わった。(10) メルケルは気づかないフリをしたのだ。いじめっ子にとっては一番面白くない反応である。

かつてハリー・S・トルーマン政権で国務長官を務めたディーン・アチソンは、トルーマンを評してこう述べた。「彼にはリーダーとしての最悪の欠点、すなわち〝仕事に私情を持ち込む〟ということが決してない」。トランプの投げたエサに釣られなかったメルケルも、同様の資質を示したことになる。そして、トランプはそれが我慢ならないのだ。

侮辱と恫喝という彼の得意技が通じない女性の相手をするのは苛立たしい。逃げ上手のメルケルは、意味が理解できないフリをしたり、巧みにごまかしたり、質問に質問で答えたり、といったテクニックで応戦する。これほどとらえどころのない相手に初めて会ったトランプは、彼女を〝言葉によるいじめ〟の一番の標的にすると決めた。

面白いことに、トランプは時々、しぶしぶながらもメルケルを褒めることがある。二〇一八年春、新任の駐米大使エミリー・ハーバーと会ったとき、「あなたもボスと同じように頭がいいの？」と聞いている。(11) NATOの会議に出席し、場を引っかき回したあげくに引き上げるときには、周囲にいた報道陣に向け「彼女は大したもんだね」とメルケルを褒め、「あの女を敬愛するよ！」と漏らした。ただし、その後で当然のように「ドイツでは犯罪が急増中！」とツイートしている。実際には一九九二年以降最低の犯罪発生率だというのに。今ではメルケルもよく知るように、トランプにとってファクトはなんの足枷にもならないのだ。

米独関係改善の努力を放棄する

アメリカとドイツの当局者同士の話し合いによって前進が見られた外交問題もある。例えばバルカン諸国やアフガニスタンなど、昔からトラブルが多く、通常の外交努力が継続して行われている地域で、かつトランプの興味を引かないような問題である（トランプはバルト諸国の国家元首たちに話しかけたとき、彼らをバルカン諸国と取り違えていた。同席したメルケルはもはやあきれた顔さえしなかった）。だが、NATOやイラン、ロシア、中国、気候変動といった、メルケルが最重要視する問題については、前進どころか後退してしまった。

トランプは、大変な努力の末に合意にこぎ着けたイランとの核合意や、気候変動に関する二〇一五年のパリ協定から離脱するとかねてから脅していたが、本当にそれを実行した。これはメルケルが最も大切にする政治的信念に対する攻撃だった。なぜなら、イラン問題はイスラエルの安全保障を脅かすし、パリ協定はかつてメルケルが環境担当大臣だった頃、京都議定書のたたき台を作ったという繋がりがあるからだ。

「ひどい話です。私は〝幻滅した〟と言えるでしょう。私にとってこの言葉は非常に強い表現です」[12]

立腹したメルケルはドイツ国民に向けてそう語った。そして、彼女とトランプの決定的な違いについて「私はウィンウィンの関係を信じます。彼はどちらか一方しか勝者になれず、もう一方は必ず敗者になると信じています」と述べた。

この時以降、メルケルはワシントンとベルリンの日常的なやり取りから手を引き、外務大臣や財務大臣、通商代表部や大使などに任せるようになった。「彼女とトランプとの間に〝人間関係〟はありません」と、この頃には国連大使に転じていたクリストフ・ホイスゲンは厳しい口調で断言する。「二人は会話をし、彼は彼女の話を聞き、激高し、そして忘れます。次に会ったとき、彼はまた同じ問題を持ち出して、同じ議論を繰り返します。問題はなにひとつ前進しません。元の木阿弥です」

しかも、メルケルに最も近い側近の一人によれば、二〇一八年頃にはホワイトハウスのスタッフも多くが入れ替わっており、首相府や外務省の官僚が相手をしたのは、どこの誰かもよくわからない〝奇人変人たち〟だった。

メルケルは米独関係をなんとかしようという努力をあきらめ、欧州の活性化を最優先課題にした。といっても、そのためにできるのは実効性のない象徴的なことだけだ。メディアがどれだけ彼女を〝欧州の首相〟ともてはやしたところで、実際はそうではないのだから――。

人々を説得し、自らお手本を示し、ワシントンから吹いてくる不穏な逆風に警告を発することで、彼女は進むべき道を示した。最悪の時期にドイツ首相を務めることになったのは、彼女の選んだことではない。とはいえ、その時代に合わせて自らの信念を曲げる気もなかった。ただただ、ヨーロッパとドイツがトランプ時代を無事に切り抜けることを望んだのだ。自分たちの価値観を守り、来たるべき戦い（暴力ではなく理念の戦い）に備えながら。

時代はメルケルには言えない激しい言葉を求めるように

トランプが四年間の任期の半分を終えた頃、メルケルを取り巻く世界の姿は、彼女が初めて首相に就任した二〇〇五年と比べて大きく変わっていた。荒ぶる攻撃的なロシア、権威主義と拡張主義を強める中国、EUの中でも〝非自由主義的〟民主主義の中欧諸国、そして、〝欧州の玄関口に位置する穏健なイスラム共和国〟になって欲しいというメルケルの願いを打ち砕いたトルコのエルドアン大統領。中東に目を転じれば、進歩的だと思われていたサウジアラビアの若き王子ムハンマド・ビン・サルマンは、どうやら冷酷な人殺しと五十歩百歩であることが明らかになった。

この頃、ドイツの政治学者で歴史家のヘアフリート・ミュンクラーが一〇〇〇ページの大作『三十年戦争　一六一八－一六四八——欧州の大惨事、ドイツのトラウマ』（未邦訳）を著し、メルケルに鋭い警告を発した。同書は、スペインからスウェーデンまで、最終的に欧州のほとんどの国を巻き込み多数の命を奪った一七世紀の残酷な戦争を克明に描いている。むさぼるように読んだメルケルは、著者を首相官邸に招いて二時間にわたり話し合った(13)。一五五五年にアウグスブルクの和議が血みどろの宗教戦争を終わらせ、それから七〇年間の平和が続いた後、なぜ突然戦争が起きたのか。前の戦争から七〇年が過ぎ、残忍な戦争の記憶を持つ人はほとんどいなくなった。それゆえ、欧州は先の見えないまま、愚かで残酷な戦争へと迷い込んでしまった——。

四〇〇年前の出来事と現在の状況に、危険なほどの共通点があると、メルケルは次第に気づいていく。「なぜなら第二次世界大戦が終わってほぼ七〇年、戦争を経験した人は近くいなくなるからです」。二〇一八年五月のスピーチで彼女は悲しげに述べた。周囲を見回せば、世界に再び壊滅をもたらしかねない恐ろしい兆しがいくつもある。「彼らは自分が望むなら何をしてもいいと思っています。こっちで新しい要求を一つ……あっちでももう一つ……今度はもう少し強気に出てみよう――そしてある日突然、すべての秩序が滅茶苦茶になるのです[14]」。誰を指しているのか、具体名を挙げるまでもないだろう。

時代はもっと激しい言葉を求めていた――メルケルが決して使わないような激しい言葉を。中身の伴わない威勢の良い言葉を情熱的に語るということを、彼女は決してしようとしない。あるいは、できないのかもしれない。沈黙、控え目な言葉、そして辛口の機知が彼女の好む武器である。

二〇一九年二月のミュンヘン安全保障会議で、トランプがドイツの自動車に関税をかけると脅し続けていることについてどう思うかと聞かれ、メルケルは「我々の自動車が突如として米国の安全保障を脅かすようになったとすれば、それは我々にとってショックなことです」と述べ、さらに次の点を指摘した。「実のところ、ＢＭＷの最大の工場があるのはバイエルン州ではなくサウスカロライナ州なんですよ！　誰かが不平不満を感じているなら、我々はその人と話し合う必要があります。世界はそのようにしてうまく動いているのです」。

ＢＭＷとメルセデスを脅威に感じている当の人物が、話し合いに乗り気でない――ツイッターで十分だから――ことは指摘するまでもないだろう。

ハーバードの卒業生たちを熱狂させる

二〇一九年春、メルケルの母ヘルリント・カスナーが九〇歳で亡くなった（父のホルスト・カスナーはその八年前に八五歳で亡くなっている）。いかにもメルケルらしく、母の死を悼むのは完全にプライベートの領域にとどめ、公休さえ取らなかった。一度も取材に応じることなく、公の場で娘について話すことさえなかった母だが、アンゲラ・メルケルの人間形成に果たした役割は大きかった。ヘルリントは仕事で東ドイツに転居する夫に同行するため、多くのものをあきらめた。英語教師だった彼女は、ソビエト圏なので英語を教えることも禁じられた。東ドイツの学校に通い、その社会の仕組みに日々不満を募らせる娘アンゲラの聞き役となったのも彼女だった。

ベルリンの壁が崩れたとき、母と娘は、いつかケンピンスキー・ホテルで牡蠣を堪能しようと約束を交わした。その機会は得られなかったが、母は第一子のアンゲラが統一ドイツの首相として就任宣誓する姿を四回見ることができた。ヘルリントは地元テンプリーンのＳＰＤの熱心な支持者で、娘の政党に投票したことは一度もなかったが、それでも二人はとても仲良しだった。母の死によってメルケルは、数えるほどしかいない無条件に信頼できる相手を一人失ったのである。

二カ月後、メルケルはハーバード大学の卒業式でスピーチをするために、マサチューセッツ州ケンブリッジに向かっていた。その道中、隣に座る同大学長のローレンス・バコウに母を悼む気持ちを語った。「母親を失ったことからまだ立ち直れていないのは明らかでした」とバコウ[15]。それは当然のことだ。ここで注目すべきは、みんなの目が注がれるドイツ国内よりも、外国で、よく知らない相手に向けてのほうが、気楽に自分の悲しみを話せたという点だ。

この日、雲一つないケンブリッジで、メルケルは彼女にとって最も理想的なアメリカの一つの姿に出会った。「メルケル首相が到着したときのキャンパスの空気は、ネルソン・マンデラが卒業式で講演したときを彷彿とさせました」と話すのは、シェークスピア研究者で歴史家のスティーヴン・グリーンブラットである。

「彼女が登場すると、道徳的に正しいことを貫く勇気を持った、歴史に残る人物がここにいるという空気が生まれました。今後はもう存在しえないかもしれない一つの生き方を体現する、我々の最大にして最後の希望がそこにいる、と。学生たちは、メルケル首相が守ろうとしているものが自分たちにも大いに関係があると理解しているようでした(16)」

ハーバード大学の卒業式は、中世の儀式かと見まごうほどに壮麗だ。色とりどりのローブを身にまとった教授陣、数千人の卒業生とその親たち、何世代もの卒業生が入り交じり、陽気に連帯感を分かち合う。その雰囲気に影響されたメルケルは、赤と黒のシルクのローブを身につけ、柄にもなく華やかに輝いて見えた。人生の節目に立ち大騒ぎする学生たちの若々しい顔を眺め回して、メルケルは満面の笑顔になった。

史上最年少でハーバード大学同窓会の会長を務める、中国系移民の娘マーガレット・M・ワンがメルケルを紹介した。ワンはメルケルを、欧州のリーダーであり、同性婚を推進し、ドイツ初の最低賃金法を成立させ、一〇〇万人を超える移民に自国を開放した人物だと説明した。聴衆は、メルケルが口を開く前からすでに立ち上がって拍手を送っている。「さあ始めましょう!」――長すぎる拍手喝采をどうにも快適と思えないメルケルは、さっさとスピーチを始めた。

一九四七年に同じ演台でスピーチをした当時の国務長官ジョージ・C・マーシャルは、大打撃を受けた欧州経済の復興を支援し、ソ連の帝国主義に民主主義の側が対抗できるよう、一七〇億ドルの復興援助(マーシャル・プラン)をすると宣言した。メルケルはその同じ演台に立つ歴史的意味を十分に意識していた。そして、今のホワイトハウスが作り出している危険な分断について、かつてないほど強い言葉を使った。

「しっかりと定着して不変に思えるものでも、変わりうるのです。私たちは一国のためではなく、地球規模で考え、行動しなければなりません。単独ではなく、協力して……何事も当然のものと決めてかかってはいけません。我々に与えられた個人の自由は、無条件に保障されているわけではないのです。民主主義や平和、繁栄も同じです」

そして卒業生の方に目を向けると、彼らに促した。「一時の感情に動かされず、自分が大切にする価値観をしっかりと守りなさい……ちょっと立ち止まる。平静を保つ。そして考えなさい」そう言って彼女は、自分の意思決定のやり方を披露した。

この演台に立つ自分にワシントンも注目していることを意識して、メルケルは現実の政策にも言及した。「保護主義と貿易摩擦は、自由な世界貿易を、そして我々の繁栄の基盤を、危険にさらします……気候変動とそれに伴う気温上昇は、人間が引き起こしたものです。単独でこれに立ち向かってもうまく行きません。壁を作るのではなく、壁を壊しましょう。嘘を真実と呼ぶべきではないし、真実を嘘と呼ぶべきでもありません」

そう言って講演を締めくくると、もう何度目になるだろう、聴衆はまたしても立ち上がって拍手喝采を送った。メルケルの講演内容は、正常な時であれば当たり前の話に思えたかもしれない。これだけの拍手喝采を浴びたということは、今が正常な時でないという証左でもあった。

メルケルは、演説で人々を扇動するデマゴーグには反対の立場かもしれないが、ハーバード大学で人々から受けた称賛の拍手には喜びを隠せなかった。極度に分析的で、徹底的に疑り深く、周囲をイライラさせるほどに慎重なメルケルは、それでもやはり人間である。彼女に不満を抱く一部の不幸な自国民から嘲笑やヤジを投げつけられた後で、ハーバードの人々から受けた温かい歓声は、間違いなく彼女を元気づけた。

この日、ハーバード大学の卒業式で、彼女は突如としてオバマに負けないほど聴衆を感動させる演説の名手に変身したわけではない。この日の聴衆にとって、メルケルは彼らがそうありたいと願う価値観をまさに体現している人物だったのだ。メルケルもまた、学生たちの賛同を得られたことが何よりも嬉しかった。彼らは、他人に敬意を払うべきだという彼女の訴え、そして幻想とファクトを区別しなさいという彼女の呼びかけに、拍手喝采で応えた。当時はその両者ともが危機に瀕しており、学生たちは、危機にあるそうした価値観を守ろうとしている女性に対して拍手を送ったのである。

「彼女があのようなスピーチをドイツですることは絶対にないでしょう」とエヴァ・クリスティアンセンは振り返る。「ドイツ人が聞いたら、あまりに情緒的で感傷的に過ぎると思うでしょうから」——だが、まさに彼女のそういうところに、そして飾らない率直な姿勢に、ハーバードの学生は拍手を送ったのである。

プーチン「自由主義は役割を終えた」

マサチューセッツ州ケンブリッジでの素晴らしい一日で浮き立った気分は、しかしその夏いっぱいもたなかった。翌六月の末、メルケルは大阪のG20サミットでトランプと相対した。彼と会う機会は数えるほどしか残されていなかったが、この時もまたトランプは民主主義の価値観と伝統を踏みにじった。彼はプーチンをからかおうとして、ロシアがアメリカの国内政治に干渉することについて軽口を飛ばしたのである。

トランプは満面のニヤニヤ笑いを浮かべ、人差し指を左右に振りながら、「我々の選挙に横やりを入れてはいかんよ！」と「警告」した。困惑したプーチンは、首を横に振り、そんなことをするなんて考えるだけでも恐ろしいというフリをした。トランプが自己満足のニヤニヤ笑いをするのには理由があった。わずか数日前、プーチンは「自由民主主義の死」を宣言して世界中の新聞の見出しになっていたのだ。

「自由主義という概念は、もうその役割を終えた」——プーチンは「フィナンシャル・タイムズ」紙のインタビューで、開かれた国境に世界中が懐疑的になっている点を指摘してそう述べた。彼が時代遅れだと断定した自由主義こそ、リーダーとしてのメルケルの中核をなすテーマだ。

メルケルは、明らかに権威主義へと傾斜していくこの世界と、彼女の大切にする価値観との間で、なんとかぎりぎりのバランスを保とうと努力を続けていた。ドイツほど中国の市場とロシアのエネルギー、そしてアメリカの安全保障を必要とする国は他にない。列強のパワーが拮抗する世界になってほしいと、ドイツほど強く願う国は他にない。メルケルにすれば、ＥＵとは有害なナショナリズムを抑えるための存在だ。だが、イギリスなしでどれほどその使命を果たし続けることができようか？　アメリカの協力さえ得られなくなったら？

メルケルの関心はいっそう、ヨーロッパに、そしてＥＵという脆弱な共同体を構成する二七カ国の結びつきに集中するようになっていった。彼女はレオナルド・ダ・ヴィンチ没後五〇〇年記念の機会を捉え、西側世界に訴えた。「過去五世紀の間、最も重要な発明はヨーロッパで生まれました。しかしここ最近はその限りではありません」。彼女は〝目覚めよ、ヨーロッパ！　目覚めよ、アメリカ〟と言いたいのだ。

二〇一九年六月、メルケルは一九八九年のベルリンの壁崩壊という輝かしい勝利の後に、西側民主主義が直面してきた予想外の困難をおおまかにまとめてこう述べた。

「しばらく後にバルカン諸国で紛争が勃発し、そしてイスラム圏でも発生しました。中国が経済大国として台頭し、非民主主義国家でも経済面で成功できることを示すと同時に、自由民主主義諸国に大きな課題を突きつけています。その次に来たのが、イスラムのテロリズムという問題、とりわけ二〇〇一年九月一一日のアメリカ同時多発テロです」――そして科学者らしい言い方でこう結んだ。「果たして自由主義体制が勝利を収めることになるのか、我々はまだ確固たる証拠を持っていません」。そして彼女らしい控え目な表現で「私はそれが心配です」と述べた。

体のふるえが止まらない――長年のストレスによる限界なのか

この夏、絶え間ないストレスがついにメルケルを捕らえた。[17]

六五歳の女性としては並外れて頑丈な身体――年齢が半分の人でさえ大半が耐えられないであろうハードスケジュールを二〇年以上もこなしてきた――が言うことを聞かなくなったようである。一〇日の間に二回、公の場で、意志に反して震える腕を抑える姿が目撃された。ウクライナ大統領ウォロディミル・ゼレンスキーを歓迎する式典で、軍楽隊がドイツとウクライナの国家を演奏している間、メルケルは身体全体が震えるのを止められない様子だった。

ドイツ国民がメルケルについて当然と思い込んでいる第一の点は、彼女の並外れた頑丈さである。北京から遠路はるばる飛行機で戻ると、その足で首相官邸に直行することで知られる〝鉄の首相〟は、なにか健康問題を抱えているのだろうか?

複数の危機が発生した夏にメルケルの身体が震えるようになったため、これを彼女が弱ってきたサインだと見るものもいた（メルケルの側近たちは、母親を亡くした悲しみが癒えてないからだとした）。

「ぜひ言わせて欲しいと思います。みなさんはかなり長く私のことを見ているし、首相の仕事をこなせることもご存じのはずです。もちろん人間ですから、個人として自分の健康状態は大事な問題です。しかも二〇二一年には政治家を引退するつもりで、その後は健康に暮らしたいと思っていますから」[18]——ドイツのメディアに対し、このようにわかりやすく人間味のある説明をすると、彼女は首相を続けられる健康状態なのかどうかという議論をそれで打ち切った。

アメリカのメディアで働いてきた私から見ると、メルケルの健康問題を積極的に取り上げようとしないドイツのメディアには驚かされる。ベルリン在住のコラムニスト、アンナ・ザウアーブライは次のように言う。「記者協会で話し合いをしました。その結果、伝統に従い、首相としての業務に支障が出ない限りは、健康問題を取り上げないと決めました。今の彼女が首相の仕事をこなしているのは明らかです。ですから、（健康状態は）個人的な問題だと見なすことにしました[19]」。

何かと騒ぎ立てて不安をあおりがちなこの時代に、メディアが協力して首相のプライバシーを尊重しようというのは、まったくもって古風で美しいではないか。

メルケルの地道な努力は、次々と襲いかかる危機に塗りつぶされた

西側の価値観が脅威にさらされている——そう訴えるメルケルの言葉はたんなる警告より深刻に聞こえた。女性で非白人の民主党下院議員四人（うち三人はアメリカ生まれで一人はソマリア難民からアメリカに帰化）をトランプが批判し、「完全に崩壊して犯罪のはびこる彼らの出身地に帰り、そちらで問題解決に当たるべきだ」と述べたことに対し、メルケルは「私はトランプの攻撃にはいっさ

い関わりません」と宣言しつつも、「攻撃された四人の女性には連帯感を感じます」と言葉を継ぎ、「アメリカの強みは、あらゆる国からきた人々が、アメリカを偉大にするため貢献してきた」ことにあるとトランプに思い起こさせようとした。

メルケルが大事にする価値観を支えるために行ってきた努力は、ほとんど世間に知られていない。暗黒の歴史を繰り返さないため、ドイツの首相に与えられた権限の範囲は、とりわけ国内政治に関しては意図的に制限が設けられているからだ。プーチンや習近平、エルドアン、インドのナレンドラ・モディ首相らと違い、メルケルには自分の意志をごり押しするほどの権限が与えられていない。仮にそうできたとしても、そのような政治手法は決して使わないだろうが。

メルケルは、何十年もかけて築いてきた人間関係を利用し、辛抱強くドイツの政治システムに働きかけて物事を動かす。彼女の仲間——信頼できるCDUの党員たち——はドイツ全土に草の根を張り、いつでも必要な情報を上げてくる。内閣は複数の主要政党で構成され、連立に加わる政党で連邦議会の過半数を握るため、大半の法律は差し障りのない議論だけで成立する。メルケルの役割は、しっかりとリハーサルをしてきたオーケストラの指揮者のようなものだ。

だが、残念ながらメルケルの首相時代を特徴づけるのは、彼女が大事にしてきた問題（例えば気候変動やデジタル化）というよりも、むしろ次々と襲いかかった危機である。世界金融危機、福島第一原発の惨事、ウクライナ戦争、そして戦後ヨーロッパで最大の人道的危機となった一〇〇万人の難民受け入れ——この難民問題への対応を、メルケルは自分の実績として強く誇りに思っている。だが同時に、この問題が彼女に次なる危機をもたらすことになるのだ。「ドイツのための選択肢（ＡｆＤ）」の突然の台頭である。

第16章

ドイツにもポピュリズムの波が——台頭する極右

発展から取り残された旧東独では、極右政党が人々の不安を煽り議席を伸ばした。メルケルは、彼らの心に寄り添うことで極右支持者をなだめるが、一方では党首の引退を決意する。

フランクフルト・アム・マインで行われた反AfDデモと、警戒に当たる警察官。

それは実際に起きた。
それゆえ、もう一度起きるかもしれない。
——プリーモ・レーヴィ
（イタリアの作家でホロコースト生存者）

憎しみは犯罪ではない。
——アレクサンダー・ガウラント（AfD前共同党首）

アンゲラ・メルケルは四期目の首相に向けた選挙キャンペーンの最中に、白昼夢でも見ていたのだろうか。時代に何の変化も起きていないという夢を——。

二〇一七年九月二四日、ドイツ人はメルケルに、彼女が時代について来られていないことを知らしめた。CDU／CSUに投票した国民が、第二次世界大戦後で最低となったのだ。CDU／CSUの支持率は四一・五％から三三％へと激減し、七〇九議席の連邦議会で議席数を六五も減らす結果となった。連立を組むSPDも議席を減らした。ドイツ人は今の政府にうんざりし、何の期待もしていないのだ。一二年その座にいる首相も含めて。

メルケルは選挙後もなんとか首相の座に留まることができたが、とても勝利とは呼べなかった。またしてもSPDとの大連立政権となったが、もはやそれほどの〝大〟連立とは感じられなかった。

メルケルは連立をまとめるのに半年かかったが、そこまで長引いたのは主にSPDのせいである。この選挙で結党以来最低の得票となったSPDは、党内で根深い分裂が起き、膠着状態になっていた。SPDの核となる政策を次々とメルケルに横取りされることにうんざりした急進派と、従順な(平均年齢も高い)守旧派との対立だ。

メルケルは別の連立の可能性も探った。中道右派のFDPと環境保護政党の「緑の党《グリューネン》」との連立だ。だが、彼らはメルケルの影となって国の運営に関わる気はなかった。そのメルケル自身が今や大きな影の中にいる。その影を生み出したのは、今回の選挙が突きつけた警戒すべき現実、そして選挙の真の勝者である「ドイツのための選択肢(AfD)」である。

極右政党が一三%の議席を獲得

二〇一七年の選挙で最もショッキングだったのは、極右政党が一九四五年以降で最大の成功を収めたことだ。外国人嫌悪を堂々と打ち出した選挙キャンペーンを経て、今やAfDのメンバー九四人が、真面目で古風な連邦議会にぞろぞろと入場し、総議席の一三%超を占めるに至った。

AfDの出現により、コンセンサス重視で礼儀正しかったドイツの政治の舞台には、それまでにない粗暴な空気が入り込んできた。特に、AfD創設者の一人で七六歳のアレクサンダー・ガウラントは、メルケルを〝仕留める〟と公約した。この不快な脅迫を本気だと受け取る人はほとんどいなかったが、それでも言葉自体がショッキングである。メルケルにとって一番の衝撃は、憎しみと恐怖に満ちたAfDのメッセージを最も受け入れたように見えるのが、彼女の出身地域だったことだ。AfDの支持率はドイツ平均で一二・六%だったのに対し、旧東ドイツ地域ではほぼ二〇%の有権者が、この極右ナショナリスト政党を支持したのである。

選挙結果に対する当初のメルケルの反応は、彼女の性格そのままだった。状況からドラマチックな要素を取り除いたのである。「私は失望していないし、やり方を変える気もありません」[1]——この対応では、ドイツ政治の新しい現実に誠実に向き合っているとは思えないし、そのような現実を正しく認識しているとも思えない。

「恐怖は優れた舵取りではない」——彼女が好んで口にする言葉だ。だが、否定もまた優れた舵取りではない。国を統べるやり方を変える必要はない、と固執した結果、彼女は一部の人々と結びつく機会を逃したのである。不平不満を抱え、ポピュリスト政治家の格好の餌食になる人々と——。首相を務めて一二年、メルケルは一部のドイツ国民と分断され、彼らの不満の感情的な部分に対応できない、もしくはする気がないように見えた。

メルケルはこれまで、政敵との間に共通点を見つけ、彼らの支援者をかっさらえる程度に相手の政策を実現することで、足場を固めてきた。だがＡｆＤにはそれが通用しない。ＡｆＤが掲げる政治テーマは一つしかない。アンゲラ・メルケルへの憎しみである。そして、彼女によって象徴されるものすべて——難民、女性の地位向上、同性婚、ＥＵ、ＮＡＴＯ——に対する憎しみだ。

「彼女は一つの時代精神を体現していましたが、それはもはや時代と合っていないのです」。メルケルの友人でイスラエルの元駐独大使シモン・シュタインは選挙の翌朝、ベルリンのお気に入りの喫茶店で私にそう話した。引退後、あえてドイツに住むことを選んだシュタインは、新しい祖国の将来を心から心配していた。

「おぞましい歴史を持つからこそ、ドイツは他国と違う。そう我々は決めてかかっていました。しかし、いまや〝普通の国〟を目指すうちに、ドイツは周辺の国々と同じ状況になっています。すなわち、ポピュリストが政権にいるか、さもなくば政権のライバルになっているという状況です。これはアンゲラにとっての試練であり、彼女は早急に動かなければなりません。それはまったくもって彼女のやり方ではないのですが(2)」

二〇一三年、EUによるギリシャ救済への反対を旗印に、AfDが初めて表舞台に登場したとき、メルケルはその存在を無視しようとした。政党名さえ口にしなかった。人々の注目という、政治に最も不可欠な要素を与えまいとしたのだ。CDUがライバル政党に勝つためにどれほどAfDの支援を必要としようとも、間接的にでも極右政党と協力することは、メルケルが決して越えようとしない最後の一線だった。だが、メルケルがその存在を無視したからといって、それだけでAfDが消えてなくなるわけではない。

そこで彼女は最終的にいつものやり方に戻った。すなわち、辛抱強い対話である。といっても、憎悪をまき散らす極右政党の指導者たちと対話するのではなく、彼らに影響されやすい市井の人々との対話だ。ようやくメルケルがAfDの支持層に手を差し伸べたのは、時間切れギリギリのタイミングであった。

旧東独の「負け犬」意識が極右を支持した

旧東ドイツ地域には、死に絶えた町が累々とあるわけでもないし、アメリカのラストベルト（錆びついた工業地帯）のような貧困があるわけでもない。だが、旧東側の人々は旧西側の人々と自分を比べて負け犬だと感じている。これはたんなる主観の問題ではない。東に膨大な恩恵をもたらした東西統一から三〇年、いまだに東は収入、雇用、そして将来への見通しで大きく西に劣っている。東の人口一六〇〇万人に対して西の人口は六七〇〇万人。平均すると東の人は西の八六%の収入しかないし、東には大企業の本社が一つもない（※1）。しかも東の人々の鬱憤は、二〇一五年の一〇〇万人近い難民流入により、さらに毒性の高いものへと変化した。こうしたことすべてが相まって、東にはＡｆＤの発する憎悪と排斥のメッセージをすんなり受け入れる土壌ができていたのである。

東の比較的豊かな地域でもやはりＡｆＤの得票率が高いという事実は、東の人々の投票理由が経済だけでないことを示している。「大事なのは経済だよ《イッツ・ザ・エコノミー》、愚か者め《ステューピッド》」［ビル・クリントンの大統領選キャンペーンで使われたキャッチフレーズ］のケースとは違うのだ。東の人々を突き動かしたのは、西の貧困層よりも東の人々のほうがドイツ社会に貢献していることを認めて欲しい、そして五〇年もの間シュタージの牛耳る東ドイツ社会で苦しんだ事実を知って欲しい、という思いである（※2）。彼らと同じ旧東ドイツ出身者の一人は、世界で最も権力を持つ女性となった。では、その彼女が彼らに何をしてくれたのか？　メルケルの周辺には、東の人々を〝オバマ政権に失望した多くのアフリカ系アメリカ人〟に似ていると指摘する人もいる。彼らの状況を改善するためにオバマが何をしようとも、彼らは決して満足しなかったろう。それと同じような考え方である、と。

※1　平均年収は東が二万二五〇〇ドルに対して西が二万六三〇〇ドル。失業率は東が西より一〇%高かったが、東の失業率は最近急速に改善している。

※2　西ドイツは、経済再建のために一三〇億ドルを援助したアメリカのマーシャル・プランのおかげで、第二次世界大戦の荒廃から素早く立ち直り、一九七〇年代には経済的繁栄を実現できた。ところが東ドイ

ツの場合、ソビエトによって本国と同様の独裁政権を押しつけられただけでなく、富をはぎ取られ、後には廃墟しか残らなかった。

ムスリムを見たことがないのに反イスラム

旧東ドイツ地域では、多くの都市が空洞化しているが、こうした実態は統計数値には表れない。この地域に広がる〝取り残された〟という感覚を実感するには、ベルリンから東に向かう列車に乗り、旧東ドイツの町フランクフルト・アン・デア・オーダーまで移動してみるといい。国際色豊かな首都からわずか一時間、同じ〝フランクフルト〟でも、マイン川に面した金融の中心地フランクフルト・アム・マインとは異なる、貧しいフランクフルトがそこにある。

この町に住むほとんどの人は、ひげを生やしたムスリム（イスラム教徒）やベールで髪を隠した女性の姿を、ＡｆＤのポスター以外で見たことがない。そのポスターには「ここはイスラム教徒の場所ではない」とのメッセージが書かれている。ＡｆＤは、こうした外国人嫌悪のプロパガンダを二〇一七年の選挙の時期に大展開し、町の住民の五人に一人が恐怖心からＡｆＤに投票するという成功を収めた。だが、この町を歩いていて非白人の住民を見かけることはめったにない。それどころか人影がほとんどなく、特に日が暮れた後は気味が悪いほどだ。

シミ一つないほど完璧に修復された駅、手入れの行き届いた公園、そしてこの人影の無さ――この町を訪れた人は、ほとんどゴーストタウンのような風景に迎えられる。新しいピカピカのショッピングモールには、買い物客の姿がほとんどない。店頭には値下げされた家庭用品や衣類やおもちゃ――ほとんどが中国製――が山ほど並ぶ。ここでは「グローバル化」は進歩と見なされず、伝染病と同義である。かつての共産党時代には活気があったであろう映画館付きのレクリエーションセンターは、閉鎖されて落書きだらけだ。

一九八九年以降、フランクフルト・アン・デア・オーダーでは住民の三分の一が町を離れた。東ドイツ時代の非効率な工場は操業が止まり、製造業中心の経済がボロボロになったからだ。割のいい仕事は旧西ドイツから来た専門職の人間に奪われ、彼らが物事を決めるようになった。肉体労働者の一部は、町の東を流れ、国境にもなっているオーダー（オーデル）川を越え、ポーランドのスウビツェに移った。そこには煙草の煙が充満する賑やかな酒場や、人通りの多い繁華街、ブラックマーケットで栄える活発な経済があるからだ。確かにビルはおんぼろで舗装道路には穴も目立つ。旧東ドイツ地域のように連帯税の恩恵もなく、いまだに冷戦時代の貧しさを引きずっているように見える。だが、スウビツェの人々は、自らをシュトゥットガルトやハンブルクと比べたりはしない。オーダー川を越えてポーランドに渡るだけで、町の空気はいくぶん軽くなり、憤慨の気持ちは川向こうより少なくなる。一方フランクフルト・アン・デア・オーダーでは、ＡｆＤが住民の被害者意識に油を注いでいる。キオスクに並ぶ右寄りのローカル紙には、ＡｆＤびいきの見出しが並ぶ。「忘れられた土地」（東ドイツのことだ）、「Ｄｅｘｉｔ《デグジット》」（ドイツにＥＵ離脱を呼びかける言葉）——。

気前の良いドイツの社会福祉制度は、あれだけの難民流入でもいっさい削減されなかった。だが、その事実は彼らにとって何の意味もないらしい。旧東ドイツ人は、自分たちを気にかけて欲しいと思っている。そして、喜んでそうしてくれる政党がついに現れた。ＡｆＤに投票した人の六〇％が、無視されたことへの抗議として同党へ投票したと答えている。

「（良いドイツと悪いドイツという）二つのドイツがあるのではない」——おそらく二〇世紀のドイツ

の最も優れた記録者であったトーマス・マンは、かつてそう記した。「ドイツは一つであり、その最も良い部分が邪悪へと変えられたのだ。悪魔のような悪知恵によって」。アンゲラ・メルケルはその種の悪知恵が再び現れるのを恐れているが、それを防ぐ手段はあまり持ち合わせていないようだった。

ＡｆＤは人々の恐怖心を利用する

「我々は恐がりの人々を求めています[3]」と率直に認めたのは、二〇一七年の選挙までＡｆＤの共同代表だったフラウケ・ペトリーだ。ベルリンには、母語がドイツ語でない生徒が八〇～九〇％を占める学校もある。それは、地域住民全員が白人のキリスト教徒という環境――もし現在はそうでないとしても、これまではそうだった――に慣れている旧東ドイツ人にとっては、とても恐ろしいことだ。フランクフルト・アン・デア・オーダー出身者から見ると、人種のるつぼである首都ベルリンで人々が交わす大声は、敵意に満ち、外国語のように耳慣れない言葉に聞こえることもある。彼らの多くは、現在のポスト「大転換」時代（ドイツ人はベルリンの壁崩壊以降の激変の時代を〝大転換〟と呼ぶ）を、過去から一貫して同じ連続体のように感じている。まずナチス、続いて共産党に抑圧された。そして今は三番手によって、相変わらず抑圧されていると。今回は「西の人々《ヴェッシー》」とそのリーダー、アンゲラ・メルケルによる抑圧だというのだ。

人間の感情のうち、他人が最も簡単につけ込めるのは恐怖心である。以前、タウンホール・ミーティング（地域住民との対話型集会）で旧東ドイツ人の中年女性が手を挙げ、ドイツの「イスラム化」をどのように防ぐつもりかとメルケルに質問したことがある。メルケルは静かにこう答えた。

「個人の人生においても、社会の運営においても、恐怖心が良い助言者であった試しはありません。恐怖心によって形作られる文化と社会は、未来を自らの手でつかむことはないでしょう」

まったくの正論である。そして、その正論は中年女性の不安を解消するのにほとんど何の役にも立たなかった。後で二人のやり取りを読んだＡｆＤ支持者にとっても同様である。

こうした〝よそ者〟に対する恐怖心を、極右政党がどのように利用するのか、ドレスデンにあるＡｆＤ本部を訪問してよくわかった。そして、ファクトがいかに軽視されているかも――。

本部の壁には一面に選挙キャンペーンのポスターが貼られていた。あるポスターには、妊娠して大きなお腹をしたブロンドの若いドイツ人女性が写っており、「新しいドイツ人？ 私たちだけでできますから」とある。要するに、移民政策がドイツの落ち込んだ出生率を引き上げるというメルケルの主張に対する反論だ。別のポスターは、水着の女性二人の後ろ姿で、「ブルカ？ ビキニのほうがいい」と書かれていた。

私はドレスデンに二日間滞在したが、中東出身かもしれないと思われる人は一人も見かけなかった。それでもＡｆＤの地元リーダーの一人であるラインハルト・ギュンツェル（※）は力説する。「ドレスデンでは犯罪が増えています。私は妻と娘を夜には外出させません。あの人たちがいるからです」

彼は待ち合わせ場所に古風な自転車でやって来た。ヘルメットをとってくしゃくしゃの笑顔を見せるその姿は、ネオナチというよりも、私の高校時代の理科の先生を思い出させた。

ドレスデンの犯罪率は増えるどころか減っている、というデータを示すと、ギュンツェルは肩をすくめて言った。「まあ、犯罪はそれほど起きてないのかもしれませんが、自分の身に起きるのは嫌ですよね」(4)。

メルケルと同じく、ギュンツェルも物理学者になるための教育を受け、東ドイツ科学アカデミーで働いていたこともある。ただし二人の共通点はそこまでだ。東ドイツの共産党員だったギュンツェルは、メルケルが何十万という難民を受け入れている最中にAfDに加わった。彼は、今のドイツがホロコーストの贖罪をすべき特別な責任を負っているとは考えていない。ギュンツェルは「過去の克服」(二三二ページ参照)という概念に馴染みがない。東ドイツ出身者はみなそうだ。この点が、西と東を分かつ深い亀裂に橋渡しをしようとするメルケルにとって、とりわけ悩ましいジレンマなのだ。メルケルが体現する「罪と贖罪と救済の物語」を、西と東は共有していないのである。

※ギュンツェルは一九四四年生まれで、元はドイツ軍の特殊部隊の将官だった。だが二〇〇三年、保守派の政治家による反ユダヤ主義的な発言を支持して、軍を解雇された。

成功者メルケルに東独人の気持ちはわからない

ドイツでは反ユダヤ主義がいまだにタブーなので、AfDは人種差別主義の色を薄めるため、いくぶん受け入れられやすい反イスラム主義の偏見を利用している。

「我々の言葉と歴史とやり方を学び、我々の基本法(憲法)を支持するのであれば、誰であれ歓迎しますよ」とギュンツェルは明言する。だが、憲法を重視するかのようなポーズは目くらましの煙幕である。彼は先だって述べている。AfDは、憲法の、戦争から逃れてきた人の救済に関わる条項を改正するつもりだと。

「私が子供の頃は、あの手の連中と似たようなおじいちゃん《オーパ》がどこにでもいましたよ」(5)とヨシュカ・フィッシャー元外相は話す。ギュンツェルやアレクサンダー・ガウラントのことだ。「彼らは前時代の生き残りです。私たちは彼らと戦い、彼らを正しい名前で呼ばなければなりません。ナチスと同じ考え方をし、ナチスと同じような話をし、〝千年帝国〟といった言葉を使い、ホロコーストを〝鳥のフン（のような小さな汚点）〟と言うのなら、彼らを『ナチス』と呼ぶべきです……アンゲラ・メルケルも本心では、私に劣らずあの連中を軽蔑しています」

そうだとしても、「あの連中」はメルケルが与えられなかったものを東ドイツ人に与えている。メルケルは並外れた知性に恵まれたうえ、何人もの有力者に自分の行く道を舗装してもらったので、自分以外の東ドイツ人にとって東西統一がどれほど苦難に満ちた悪路だったのかを、十分にわかっていない。かつて彼女を引き立てたロタール・デメジエールは、聖書のエピソードで説明する。「旧約聖書には、自分に従う人々を連れて砂漠を四〇年間さまようモーセの話があります。最初の二〇年が過ぎたとき、『戻って囚われの身になるほうがいい！』と半数の人が言いました。モーセは神に祈りを捧げて尋ねます。『なぜ私の民はあれほど意気地がないのでしょうか？　あとどれだけさまようのでしょうか？』。神は答えました。『奴隷として生まれた最後の一人が死ぬまでだ』(6)と」［デメジエールの話は、実際の「民数記」の記述とはかなり異なる］

旧約聖書に精通しているメルケルだが、モーセの苦難を教訓とすることはできなかった。首相任期の後半になるまで、彼女は〝歴史の犠牲になった〟という東ドイツ人の気持ちを理解できなかったように見える。あるインタビューで、東西統一後の苦難についての不平不満を「馬鹿げている」と一蹴したこともあった。「東にいた我々は、自ら進んで西ドイツに加わると決めたのです。その理由は簡単で、かつ説得力がありました。すなわち、経済秩序も政治体制も西側のほうが順調で、効率的で、合理的で、そのうえ自由だったからです。いまさら四の五の言うなんて問題外。西の体制に加わることを我々が望んだのです(7)」——そして彼女は、変わろうという〝心の努力〟をしようとしない「東の人々《オッシー》」をやんわりと批判する。彼女の考え方は過度に現実的・実利的であり、〝心の壁〟をコンクリート製の壁のように簡単には壊せない人もいるという事実を認めようとしない。徹底的に合理的な科学者であるメルケルは、人の行動の背後にある非合理で感情的な要素がよく理解できないのだ。

成功した女性に対するコンプレックスも

さらに、AｆDが急進した背景には、性差別という要因もある。

壁の崩壊後、早いうちに西に移った女性を中心に、旧東ドイツ出身者は総じて女性のほうが男性より上手に世間を渡っており、そのことで自分が割を食っていると感じる労働者階級の男たちがいる。彼らを指す「東の男(8)」という言い方もあるほどだ。AｆDはその現象を利用したのである（二〇一七年の選挙で、全女性票のうちAｆDが得たのは九％に過ぎない。一方男性は二八％が同党に投票した）。例えばドイツ東部の工業都市ケムニッツの人口を見ると、男性一〇人に対して女性は八人しかいない。こうした人口構成の地域は、男性優位の政党にとってうってつけの票田となる。成功した「東の女」の究極の象徴、アンゲラ・メルケルを見るたびに、東の男たちは失敗した自分の人生を突きつけられるのだ。

壁の崩壊後、旧東ドイツ人は共産党員を粛清することで、自分たちの中のエリートも追放してしまった——もちろん、そうすべきではあったのだが（本書でも、政治家メルケルの初期を描いた部分で、失脚した東出身の政治家が何人か登場する。過去にシュタージに協力したというほんのわずかな形跡によって政治生命を絶たれた政治家は多い）。実のところ、ナチス崩壊後の粛清より、ベルリンの壁崩壊後の粛清のほうが容赦なく行われたほどだ。このため、統一後の旧東ドイツ社会では、エリートを西から迎え入れるしかなかったのである。

今から思えば、新しい世代の東ドイツ人エリートを、政官財の各分野で育成する努力をもっとすべきだったのかもしれない。だが実際はそうでなかった。大きな野心と強い目的意識を持ち、如才なく変身できたほんの一部の者だけが、東側とはまったく違う激しい競争社会の西側で、立身出世できたのである。その中の最高峰が、首相にまで登り詰めたメルケルである。

東西ドイツ統一を仕切った人たち——中心人物は米国のブッシュ（父）大統領とジェームズ・ベイカー国務長官、ドイツのヘルムート・コール首相——は、新生ドイツの再出発を強調する新しい国名を付ける機会を逃した。このため、東ドイツが西ドイツ（ドイツ連邦共和国）に加わるという形になり、東ドイツ出身者の多くが今日に至るまで自分を〝おまけ〟のように感じる結果となった。

メルケルはこの種の不公平感を覚えることがまずない気質なので、彼らの不満に気づくのが大いに遅れた。彼女は絶対的な自信に支えられた楽観主義者であり、目的のために積極的な努力を惜しまない人だ。その性格は彼女の立身出世の原動力となったが、時にはそのせいで、厳しい新たな環境にうまく適応できない人たちが何を求めているのか、よく見えないこともあった。

ＡｆＤは挑発、メルケルは無視

二〇一七年の選挙以降、ＡｆＤはドイツ連邦議会の議場で最前列に陣取るようになった。議席数は全体の一三％を占めるに過ぎず、実際の脅威というよりも「危険の前兆」程度の存在ではあったが、与党にとって一番の反対勢力であることに変わりはない。それでもメルケルは決して彼らの相手をしようとはしなかった。相手をすれば、ドイツ政界に彼らが存在することを〝通常の状態〟だと認めることになると感じていたのだ。このためＡｆＤのメンバーは、議事堂内にある首相専用の部屋に通じる廊下を、無意味にぶらつくようになった。首相はその廊下を通らずには議場に行けないのだ。

二〇一八年三月一四日、メルケルは連邦議会の議事堂に入るとまっすぐ前を向いて大股で歩き、最前列に座るアレクサンダー・ガウラントの横を通り過ぎると、親しい人々のいるエリアに足早に近づいた。そして、友人知人と挨拶や握手を交わし、背中を叩き合った。その落ち着いた様子からはとても読み取れないが、このすぐ後に彼女は四回目にして最後の首相就任宣誓を行うことになっていた。あのヨアヒム・ザウアーでさえ、ついに妻の宣誓式に出席すると決めたほどの大事な晴れ舞台だ。目立つのを嫌うザウアーは、二階の桟敷席でメルケルの母の隣に座った。そこにはメルケルの招待客としてシャルロッテ・クノブロッホの姿もあった。

ミュンヘンのユダヤ人コミュニティの代表であるクノブロッホにとって、これほどガウラントの近くにいるのは心穏やかならぬ経験である。なにしろＡｆＤ党首のガウラントは、大躍進した選挙の後、「ヒトラーおよびナチスは、千年を超える輝かしいドイツの歴史における、鳥のフンのような小さな汚点に過ぎない」と公言したのだ。また、二〇一五年以降に中東から一〇〇万人近いイスラム教徒の難民がやってきたことも、ドイツのユダヤ人社会に不安をもたらした。難民の多くは、人格形成期にユダヤ人憎しの感情をたたき込まれる国から来ている。メルケルの難民政策によって、ドイツ社会のあやういバランスが崩れるかもしれないと恐れるユダヤ人もいる。すでに地域によっては、キッパーを身につけるのは安全ではないと見なされている。

だがこの日、クノブロッホはメルケルを支持する姿勢を示すために連邦議会にやって来た。「メルケルは私たちに誓ってくれました。反ユダヤ主義とは徹底的に戦う。イスラム教徒による反ユダヤ主義も例外ではないと」。そう彼女は私に語った。

議場では、名前を呼ばれた議員たちが立ち上がって投票の列に並んだ。形だけの儀式である。議場の端に設けられた狭い投票ブースでは、仕切りのカーテンがきちんと下がっているかを係員が確認している。二〇分後、財務大臣を退任して連邦議会の議長となったヴォルフガンク・ショイブレが予想通りの投票結果を発表した。アンゲラ・メルケルが首相に四選されたのだ。多くの議員が拍手喝采で称え、SPD、FDP、緑の党などライバル政党の議員たちが笑顔のメルケルに花束を贈る——本来ならドイツの民主主義が極めてうまくいっていることを象徴する場面だが、腕を組んで着席したままの二人の人物、ガウラントとアリス・ヴァイデルがその光景を台無しにしていた。AfDの二人のリーダーを中心に、静かなる敵対的空気が漂っていた。

すると、FDPの議員が二人に近づき、何かささやいた。周囲には聞き取れなかったが、議会の慣習を教え、ルールと礼儀を守ることの大切さを伝えたのは間違いない。AfDの議員たちはしぶしぶ立ち上がり、首相に再選のお祝いを述べる人々の列に並んだ。メルケルは彼らの祝辞を受け入れ、得意のポーカーフェイスでかすかにうなずきながら握手をした。

ショイブレ議長は重々しい口調で「この先の困難な道を行くあなたに幸運のあらんことを」と述べると、木槌を打ち下ろして閉会を告げた。この日、あたかも先の困難さを強調するかのように、AfDの議員がショイブレから罰金を科された。その議員は、秘密にすべき自分の投票を写真に撮り、その場でソーシャルメディアに公開したのだ。その行為自体は、無記名投票という連邦議会の原則に対するささいな反抗と言えるだろう。だが、その新人議員はもっと大きなことを示すために規則違反をしたのだ。「我々はあんたらのルールには従わないぞ」という主張である。メルケルの最後の任期にふさわしく、嫌な予感のする門出となった。

彼女の就任演説は重々しく、あたかも弔辞のような雰囲気さえあった。

「この国はどこか変わってしまった。議論の口調は乱暴になり、自分と異なる意見を尊重する姿勢は失われつつあります。結束もそうです。高齢者と若者、東と西、都市と地方の結束、そして、何世代もここに住んでいる人たちと新しくやって来た人たちとの結束もまた、失われようとしています。真の問題は、法の支配がまだ機能しているのかという点です」

メルケルはその問いに対する答えを持ち合わせていないように見えた。そんな彼女は、長いキャリアの中で見たことがなかった。

“いじめっ子”に言葉の力で難民政策を認めさせる

政治家メルケルは生き延びたが、彼女の最も大事な実績である難民政策は、このところずっと攻撃にさらされてきた。しかも批判はAfDだけでなく、連立政権の内部からも起きていた。CDUの姉妹政党CSUのカリスマ党首ホルスト・ゼーホーファーは、二〇一七年の選挙に向けた準備期間中、メルケルの難民政策を激しく攻撃し続けた。ＡｆＤの請け売りで「ドイツにイスラムの場所はない」とまで言った。

ゼーホーファーはビアホールで酔っ払いが話題にするようなポピュリストで、メルケルよりもハンガリーの大統領ヴィクトル・オルバーンと気が合うような人物だ。彼は、中道右派に位置するＣＳＵの票がＡｆＤに奪われるのではないかと心配していた。これもＡｆＤの表現をマネして、メルケルの難民政策を〝難民救済《アサイラム》ツーリズム〟と呼んだ。

「メルケルは難民と一緒に自撮りに応じた。今度は難民たちがバスに詰め込まれている写真を見せてやる必要がある」――もはやドイツに入国する難民はずいぶん減っているのに(※)、デマゴーグのゼーホーファーにとっては、ファクトや数字よりも支持者の怒りを煽るほうが大事なのだ。

彼はオーストリアおよびイタリアの右寄りポピュリストと組んで、反移民の「枢軸（axis）」を結成すべきだと訴えた。その考えを広めるため、すべての公共施設に十字架を掲げようとも主張した。「枢軸」という言葉は、まさに第二次世界大戦中のナチスによるファシスト同盟の呼び方そのものであり、古い大衆扇動戦術から引っぱり出してきた耳障りな言葉である。

メルケルはゼーホーファーの煽り立てた炎の火消しに追われ、大いに消耗した。だが、またしても並々ならぬ回復力を見せ、二〇一七年の総選挙を乗り切った。ゼーホーファーという自信過剰の〝いじめっ子〟に対する彼女の戦略はいつもと同じだった。相手に徹底抗戦するのではなく、話し合いで解決を探るのだ。

二〇一七年七月二日、ゼーホーファーとメルケルはベルリンのＣＤＵ本部で徹夜の話し合いを終え、青ざめた顔に笑みを浮かべて本部から出てきた。二人の間でどのような取引があったのか、その内容はまだ機密扱いである。現時点で明らかになっているのは、メルケルがいくつかの些末な点でゼーホーファーに譲歩し、その代わりにCSUの一番の要求である〝今後の難民認定数に上限を設けよ〟をはねつけたということだ。(9) この結果、メルケルが最も大事にする難民政策については一切妥協せずに、二〇一七年九月の総選挙を迎えることができた。

徹夜明けの二人は記者会見を行い、堂々たる長身のゼーホーファーの隣に、五フィート四インチ(約一六二・五センチ)のメルケルが並んだ。昨日まで敵同士だった二人の間に残る争点はなにか、と聞かれたメルケルは、一切の感情を表に出さずに「ほとんどありません」と答えた。

その後まもなく、メルケルはゼーホーファーを内務大臣に任命した。これも昔ながらの彼女の懐柔策だ。二年後、彼は公の場でメルケルを「傑出した人物」と称え、一緒に働けることを「誇りに思う」としたうえで、「アンゲラ・メルケルほど信頼できる人は欧州にいない」とまで言った。バイエルンのポピュリストを改宗させる作戦は、ほぼ達成したようである。

一方、AfDはそれほど簡単には手なずけられなかった。国会議員になってからまだ数カ月、三九歳のアリス・ヴァイデルが連邦議会の演台に立った時のことだ。彼女の特徴にもなった仕立ての良いスーツ、糊の利いた白いシャツ、真珠のアクセサリーを身に着けたヴァイデルは、眉をしかめて人差し指を立てつつ、メルケル政権とその前任者たちによる〝犯罪〟の数々を一気にまくし立てた。賄賂を受け取り、納税者のカネを〝狂ったように〟消費し、恐ろしい政治腐敗をもたらした、と。熱狂的なその演説で、彼女は議会に対して何一つ提案せず、話し合うべき法案も法律もいっさい登場しなかった。しゃべり終えたヴァイデルは険しい表情のまま演台の書類をかき集め、自分の席に戻った。立ち上がってお祝いの言葉をかけたのはAfDの共同党首ガウラントのみで、残る立法府全体は静まりかえったままだった。

ヴァイデルに続きメルケルが演台に立った。「民主主義が素晴らしいのは、誰であれ、国にとって重要だと自分が信じることを話す権利を持つ点です」。彼女が明るい笑顔で述べると、議場全体に安堵の笑いがあふれ、拍手喝采が起きた。メルケルは手早く話を先に進め、国にとって真に重要な問題を論じ始めた。住宅不足を解消するためのトップ級会談の提案、新しいデイケアセンターの設立、老人介護の改善策、農村地域のデジタル・アクセスを拡充する政策……この最後のテーマを論じるとき、彼女は原稿を見なかった。シリコンバレーや中国の深圳といったグローバル競争の相手にドイツが追いつく必要性を、説得力をもって訴えた。

二〇分に及ぶスピーチの最後を締めくくるのは、今やお馴染みとなったいつものテーマ、すなわち自由主義の秩序が危機にさらされているという懸念である。メルケルは第二次世界大戦後にドイツが一一〇〇万人の難民を――大半は旧ソビエト圏の東欧諸国から――受け入れてきたことを指摘し、「我々は難民の国なのです」と力説した。そして、みなが同じ価値観を共有していることを改めて議員たちに思い出させようとした。「各国がそれぞれ単独で繁栄できるという考え方――その究極の形が国粋主義です――をする人は、誰もが受け入れられる解決策を探るのがあるべき姿だと考える人と対立するものです」。

最後のほうは賛同の拍手でよく聞こえないほどだった。メルケルの警告が強い説得力を持ったのは、彼女の冷静な口調のせいではなく、直前のヴァイデルの攻撃的な批判演説のせいだ。ＡｆＤはドイツ連邦政府に入り込むことはできたかもしれないが、そこに仲間を見つけることはできなかった。ドイツは成熟した民主主義の国であり、人種差別主義者に耳を貸すことの高い代償を、欧州諸国の中でも最もよく知っている。そもそも、過激派を政府の要職に就けることなど断じて受け入れられない。この点ではＣＤＵ内でメルケルに批判的な保守派でさえ同意見だった。

※二〇一五年以降、ドイツに入国する難民の数は劇的に減り、年間二〇万人をはるかに下回る。それでもＵＮＨＣＲ（国連難民高等弁務官事務所）によれば、ドイツは世界有数の難民受け入れ大国であり、ドイツを超える受け入れ国はトルコ、コロンビア、パキスタン、ウガンダだけである。国連の難民歓迎国リストに載っている西側先進国はドイツのみだ。

聞き役に徹し、極右支持者をなだめる

それでも、ＡｆＤをいきなり連邦議会に送り込む要因となった怒りの感情は、ドイツ人、とりわけ東ドイツ人の暮らしの中で、ゆっくりと火の進む導火線のようにくすぶり続けた。

二〇一八年八月、ついにその導火線がケムニッツで火を噴いた。かつてはカール・マルクス市と呼ばれたザクセン州の都市で、外国人に対するヘイトクライムの発生率がドイツで一番高いという不名誉な特色を持つ。この町で、キューバ系ドイツ人の大工が難民申請中の中東出身男性に殺されたというのだ。この事件は、ＡｆＤと地元のネオナチにとって暴動を起こす格好の口実となった。四〇トンもあるカール・マルクスの頭像の下に集まった八〇〇〇人のデモ参加者は、積年の怒りをメルケル首相に向けた。地元の警察は不意を突かれたが、ＡｆＤは準備万端だった。

「国が市民を守れないのであれば、市民が町に出て自らを守るまでだ」――ＡｆＤ所属の地元国会議員はそうツイートした。ナチスの小道具を見せつけながらデモ行進する人々の姿――少なくとも

一人の参加者がナチス式敬礼をした［ドイツでは鉤十字を示すのと同様、民衆扇動罪で処罰の対象となる］——に多くのドイツ人がショックを受けた。ファシストたちは二日間ケムニッツの街中で好き放題を尽くし、浅黒い肌の住民を追いかけたり、ユダヤ料理レストランを襲ったりした。

アレクサンダー・ガウラントは彼らを「問題意識を持つ市民」と称え、「憎しみは犯罪ではない」と力説したが、メルケルはベルリンから暴徒を非難した。「この国に憎悪の居場所はありません。見た目の異なる人々を襲うのに、正当化も言い訳も通用しません」[10]。ただし、彼女のコメントはそれですべてだった。この恐ろしい出来事に世間の注目を集めたくない、という姿勢がまたしても垣間見られた。

メルケルがやっとケムニッツを訪れたのは事件から三カ月後だ。あまりに遅い。彼女はあまりに長くこの事件を放置した。対決を避け、慎重に慎重を重ねるメルケルらしさがここにも出ている。「私に二つの顔があるように見えることは知っています」。ケムニッツの使われていない機関車工場で、一二〇人の深刻な顔の聴衆に向けてメルケルは言った。工場の外ではるかに多くの群衆が「メルケルは去れ！」と叫んでいる。だが、政治家というよりもセラピストのような優しい口調は変わらなかった。「あなたたちは嘘を聞かされています。憎悪をまき散らす人たちの言う通りにしないで」。

一人の男性が悲しそうに聞いた。「ここでは多くの人が自分を負け組だと感じています。なぜでしょう？」。

これに対してメルケルは「お子さんが町を出て行き、孫の成長が見られないという人もいると思います。いろいろなものが失われました。でも、私たちは多くのことを成し遂げたのです！」と答えた。〝私たち〟という言葉を使うことで、彼女は自分を彼らと同じ東ドイツ人だと認識していると示した。彼女は人々を叱りつけるためでなく、慰めるためにここに来たのだ。

二時間に及ぶ緊迫した会合の間、メルケルは言い訳めいたことも、自分の政策を正当化するようなこともいっさい言わず、厳しい質問にもちゃんと答えた。彼女の口調は、自分ほどうまく適応できない東ドイツ人を冷笑し、どこか見下すようなところのあった若い頃の口調とは違っていた。年齢と時間、そして彼女自身が失敗しかけた経験によって、若い頃のメルケルの傲慢さが薄まったのだ。そのうえ、会場にいるのは彼女の仲間である市民たちであり、おそらくは理屈も通じれば共感も感じられる人々だろう。自国の首相に罵詈雑言を浴びせるデモ参加者とは違う。きちんと話せば、自分への敵愾心を薄めてくれるかもしれない——先の選挙で謙虚になっていたメルケルは、彼らの気持ちを取り戻すため、いつものように事実の羅列で説得するのではなく、慈愛の精神で彼らに訴えた。

会場の雰囲気は少しずつ変わっていった。メルケルが「私たち」と繰り返すたびに、聴衆のなかで最も大きな怒りを抱えていた人でさえ、敵対的な姿勢を緩めていった。会合が終わりに近づいたころ、後ろのほうにいた男性が「首相、この国をおおむね良い状況にしてくれてありがとう」と叫んだ。不意を突かれたメルケルは一瞬言葉に詰まり、なんとか返した。「まあ、今ここにいる方々の多くは、アンゲラ・メルケルが褒め称えられるのを聞きに来たわけではないと思いますがね」——そう言いつつも、半ば驚き半ば満足そうな表情だった。(11) それは小さいながら良い兆候だった。一方、会場の外では、中にいる人より多くの人々が、メルケルの声をかき消しそうな勢いで「ここから出て行け！」と叫び続けていた。

「最高の気分！」——引退を決意していたのか

自分で決めたスケジュール通りに引退する、というメルケルの決意に迷いが生じることは決してなかった。ケムニッツの街中でネオナチがやりたい放題を尽くすという、彼女が激しく嫌悪する光景を見てもなお、政界を追い出される前に自ら出て行くという決意は揺るがなかった。むしろその逆だった。

「ケムニッツの暴動のすぐ後、オクトーバーフェスト［九月半ばから一〇月頭まで行われるミュンヘンのビール祭り］の時期に、私たちはベルリン・ドイツ・オペラで会いました」と話すのは、メルケルの旧い友人でコール政権時代の同僚パウル・クリューガーだ。私は、ポツダムのホテルのレストランで、ノイブランデンブルク市の市長を引退したばかりのクリューガーから話を聞いた。このホテルの内装は圧倒的に茶色が目立った。かつての東で好まれた色であり、メルケルがひどく嫌う色でもある。

「ストレスで参っている彼女を見たことはないですが、その日はいつにも増してリラックスしている様子でした。調子はどうかと私に聞くので、調子いいとは言いにくいよ、と答えました」。それから彼はメルケルに言った。「アンゲラ、本当に大変だろうと思って胸が痛むよ。毎日毎日、ああしたバカ者どものせいで、きみがどれだけ骨を折っているか、よくわかるからね」。

ところが、その後のメルケルの行動はクリューガーを当惑させた。

「私たちが話していると、他の人たちが彼女に近づいてきたので、私はそこで別れを告げました。すると、彼女は走って私を追いかけてきたのです。『あなたに言っておきたかった。私も調子よくやっているって。それどころか、最高の気分！』――これはいったいどう考えたらいいのだろう、といぶかしんだものです。あんな風に私を追いかけてきて、この言葉ですから。でも数日後に謎は解けました[12]」

党首を退き、外交に専念

二〇一八年一二月七日、メルケルは出生の地ハンブルクを訪れた。一六年にわたり党首を務めてきたCDUに別れを告げるためだ。厳しい党内政治の駆け引きに疲れたメルケルは、党首を辞めることにしたのである――もちろんドイツ首相は続けるが。これからも彼女はCDUの非公式な（そして今や歴史的な）リーダーとして、党の政策の方向性を決めたり、次世代のリーダーを選んだりすることになろう。だが、今後彼女の権力は、党首という地位によってではなく、その圧倒的な威信によって保たれる。党の幹部たちは党内政治に明け暮れるかもしれないが、メルケルはそうした政治的駆け引きを超えた場所で仕事をする。彼女は首相として残された三年間を、本当にやりたい仕事にかけるつもりなのだ。すなわち、国際問題である。

洞窟のように深く広大なハンブルク国際会議場の舞台に立ち、メルケルは一〇〇〇人を超えるCDUの党員と向き合った。もはや〝男性ばかり〟とは言えない彼らの大半は、メルケル以外のCDU党首を知らない。会場には別れを惜しむムードが漂っていた。ヘルムート・コールの「お嬢さん」と呼ばれ、二〇〇〇年には闇献金スキャンダルで史上最低の支持率に落ち込んでいたCDUを建て直したその人が、別れを告げようとしているのだ。

メルケルは自嘲的なユーモアで話を始めた。

「二〇〇〇年、党首として私が最初に掲げた党のスローガンは、〝核心へ〟でした。これになかなか馴染めない人が大勢いましたね！　このスローガンのどこに〝ドイツ〟が入ってるの？　〝未来〟や〝価値観〟や〝安全保障〟はどこ？　どこにもありません。〝核心へ〟、それだけです。いかにもメルケルらしく、骨のように無味乾燥でした」

なんとも不器用だった彼女のデビューを思い出して、聴衆は笑い声をあげた。それからメルケルは、東ドイツで過ごした青年時代の話を始めた。近年の彼女はその頃の話をすることが増えている。原稿から目を離すと、ベルリンの壁が崩れた後の、高揚感に包まれた日々を振り返った。

「私たちにとってそれは、何か新しいことがやってくるという期待と、巨大な好奇心にあふれた、夢のような日々でした。『開かれた世界に飛びだそう！』と私は友達の本に書きました。新しい時代と自由がやってくる。何という明るい未来でしょう！……我々の未来は我々だけの手中にあったのです」。古き良き時代、何か良いことが起きるという予感に満ちた日々を懐かしむ口調たっぷりに彼女は話した。

続いて、首相としての自分のやり方を振り返って彼女は言った。「みなさんにはいろいろと我慢をさせました。敵を攻撃することに反対し、剣ではなくメスか沈黙を使う道を選びました。みなさんの忍耐力を試したことは自分でもわかっています」——厳密には謝罪と言えないが、それに近い言葉だった。その気になれば、あの極右政党にもっと決定的な攻撃を与えることもおそらくできた、と認めたわけだ。とはいえ、その場に集まった人々はきちんと理解していた。時には苛立つこともあるが、それが尊敬する我らがリーダーならではのやり方であることを。

メルケルの演説が終わりに近づくころ、その口調はもはや政治家らしくはなかった。自分が倫理的に正しい道を進もうとしてきたことを後悔はしていない、とはっきり宣言する——牧師の娘らしい——口調だった。

「もともと首相やら党首やらが向いていたわけではありません。ただ、いつも私は、尊厳ある政治をしようと心がけていました。そして、尊厳をもって去ろうと。誰であれ人生の時間は限られていますから」

いまや全員が立ち上がり、優に一〇分を超える拍手喝采を彼らの党首に送った。「ありがとう、ボス！」と書かれた紙を掲げる人も大勢いた。男性も女性も流れる涙を拭いていた。メルケルの目にも涙が光っていた。彼女が感動したときはいつもそうするように、何度も瞬きを繰り返した。

当時のメルケルが何よりも望んでいたのは、自分の選んだ後継者——ザールラント出身で五六歳の女性、ＡＫＫの通り名で知られる中道派のアンネグレート・クランプ＝カレンバウアー——に党内政治を託し、首相として残る三年間をＥＵ強化や気候変動など、喫緊の国際問題に全力で取り組むことだった。だが、その願いはかなわない。少なくとも、当時はまだその時期ではなかったのだ。

後継者が極右と協力したことに衝撃を受ける

メルケルを国内政治に引き戻した出来事は、ワイマール（ヴァイマル）の近くで起きた。ワイマールはテューリンゲン州の都市で、同州は重い歴史的意味を背負わされている。ナチスはここで初めて政治権力を握り、それを足がかりにして一九三三年にドイツ全土の政権を掌握したのである。ドイツでは、過去が本当の過去にまだなっていない。今でも首相官邸の近くで第二次世界大戦の遺物、ロシアの不発弾が見つかり、交通が麻痺してメルケルが約束の時間に遅れるという事態が時々おきる。そのドイツで、過去が最も大きくのしかかっている都市がワイマールなのだ。その名前からして過去を映し出している。

第一次世界大戦終結から三カ月後の一九一九年二月、ドイツ各地の代表者がワイマール——ドイツ文化の中心地、ゲーテとシラーとオランダ人哲学者エラスムス、そして作曲家フランツ・リストの心の故郷——に集まり、共に崩壊した建物と倫理のがれきの下から、残されたものを拾い集めようとした。彼らは美しいバロック建築の国民劇場で会議を開き、新しいドイツ共和国の土台を生み出した。それがワイマール共和国だ。新憲法の草案はユダヤ人の弁護士で自由主義左派の政治家フーゴー・プロイスが作成した。続く選挙では穏健左派・中道・自由主義派からなる「ワイマール連合」が圧勝し、保守派はわずか一〇%の得票率に留まった。

そのわずか一四年後の一九三三年、ナチスの宣伝担当責任者ヨーゼフ・ゲッベルスは〝ユダヤ人による知識偏重主義の時代〟が終わったと宣言し、五万冊の本を燃やした。ワイマール共和国を包み込む炎を生み出し、ドイツにおける初の民主主義の実験を終わらせるのに必要だったのは、世界恐慌と巧妙なデマゴーグだけであった。

その一九三三年と二〇二〇年の類似性が、人々の不安をかき立てた。当時と同じようなシナリオが、今回は連邦共和国の脅威となった。

二〇二〇年二月、FDPに属するトーマス・ケメリッヒをテューリンゲンの州首相にするため、CDUがAfDと協力したことを知り、メルケルは衝撃を受ける。新党首アンネグレート・クランプ＝カレンバウアーは、〝極右政党とは協力しない〟というメルケルの方針を覆し、東部の小さな州のトップを選ぶためにAfDの味方になったのである。これも、理解しがたいほど複雑なドイツ政治の特徴が端的に表れた一例だ（バカバカしいほど複雑なドイツの議会制度のせいで、過半数を握るには多種多様な政党で連立せざるを得ない。テューリンゲン州のケースも同様で、ＦＤＰはメルケルの連立政権の一角に加わっていた時期もある）。

自由主義政党であるＦＤＰのメンバーを州首相にするために、ＣＤＵとＡｆＤが手を結ぶというのは、メルケルにすればあまりに無謀な手であった。そして、彼女自身で選んだ後継者はあっという間にその任期を終える。ＡＫＫはこの大失策の責任を取って数日後に党首を辞任した。

メルケルは、自身の政党が一時的に結んだ〝悪魔の契約〟に素早く反応した。南アフリカへの公式訪問を中止し、「ドイツの民主主義にとってひどい日になった」と厳しいコメントをすると同時に、ケメリッヒの州首相選出を無効にしようと呼びかけた。彼女の名声と権威により、その呼びかけは実現し、選挙はやり直しになった（※）。だが、ＡｆＤと手を結ぶという無謀な取引のコストは高くついた。メルケルは後継首相となるべき党首を失ったのだ。

こうして、一つの危機はかろうじて回避できた。だがＡｆＤはまだ政治の舞台から去っていない。一方、メルケルが去る日は近づいていた。

※これが不当に思える読者がいるかもしれないが、そうではない。ＡｆＤの協力を得てケメリッヒを州首相に選出するというのは、〝極右団体とはいっさい協力しない〟という、ドイツの主要な政党すべてで結んだ協定に違反している。二〇二〇年三月四日、左翼党《リンケ》のボド・ラメロウがテューリンゲンの州首相に改めて選出された。二〇一四年以降わずか一月前まで同州首相を務めていた人物である。

第17章

ラスト・ダンスはマクロンと

ヨーロッパに「創造的破壊」をもたらそうとするフランスの若き大統領、マクロン。メルケルは時にその言動に辟易しながらも、彼と手を携えて「欧州合衆国」実現を目指す。

フランス北部のコンピエーニュで開催された第一次世界大戦終結100周年の記念式典で、エマニュエル・マクロンとメルケルは、親密なひとときを過ごした。２人の関係はいつもこれほど和気あいあいとはいかないが、両者とも仲良くするための努力は惜しまない。モスクワとワシントンから発せられる権威主義とポピュリズムの脅威に対抗するには、２人で協力して立ち向かう必要があることを知っているからだ。

©Philippe Wojazer/AFP via Getty Images

〝道徳的人間〟の要素しかもたない人がいれば
それは馬鹿であろう。

――ハンス・モーゲンソー
（ドイツ出身の二〇世紀を代表する政治学者。
この言葉は主著『国際政治――権力と平和』の冒頭に
記した〝政治的リアリズムの六つの原則〟より）

二〇一七年五月、三九歳の進歩主義者でエマニュエル・マクロンという名のエコノミストが、フランス政界をひっくり返した。迫り来るポピュリズムの波を押し返し、ナポレオン・ボナパルト以降で最も若いフランスの国家元首になったのである。

メルケルは、マクロンが前のフランソワ・オランド政権で経済・財務相を務めたときから彼を知っており、高く評価していた。大統領選挙では、トランプとプーチンが支持する極右の国粋主義者マリーヌ・ルペンに大差をつけてマクロンが勝った。メルケルはさっそくお祝いの言葉を述べた。「彼は何百何千万というフランス人の期待を、そして多数のドイツ人の期待も背負っています」。その筆頭がアンゲラ・メルケルだ。

メルケルは西側世界のリーダーになることを、一度たりとも望んだことはない。その役割を押しつけられ、しぶしぶ引き受けたのだ。だが、最後の首相任期が始まって二カ月後、世界の舞台で権威主義の大波を押し戻そうと戦う彼女は、もはや独りではなくなった。少なくとももう一人、欧州の大国の実力あるリーダーで、メルケルの描くヨーロッパ大陸の将来像に賛同する人物が現れたのだ。

二人は「ヨーロッパ合衆国」という、いまだ儚い夢を共有してはいる。ただ短気で直情型のマクロンが今すぐそれを実現したいのに対し、動き始めるのが遅く、なにごともじっくり時間をかけたいメルケルは、はるかに慎重なステップを踏んでその夢を実現するつもりだ。そのうえ、トランプの大衆扇動型政治には嫌悪感を抱くメルケルだが、それでも欧州と米国の同盟関係にはマクロンより強い思い入れがある。二人の政治手法と性格の違いは、この先さらに鮮明になっていく。

独仏の政治文化は対照的

国も人と同じで、成功より失敗から学ぶことのほうが多い。そして、メルケルとマクロンはともに、それぞれの国の歴史が生んだ最も精巧な産物なのだ。

メルケルは、第二次世界大戦の敗戦という屈辱の後に生まれた文化——軍隊の勝利を祝福せず、国旗を振りかざすのは主にサッカーの試合、という文化の産物である。ベルリンを象徴する観光名所には、第三帝国の壊滅的な大失敗を忘れないための記念碑がいくつもある。ドイツにとって第二次世界大戦の象徴はアウシュヴィッツである。ドイツという国は、謙虚でありたいと望み、過去よりも良いおこないをしたいと願う国なのだ。首相として国を導くメルケルのやり方も、同様に謙虚である。灰色の制服を着た地味なドイツ連邦軍でさえ、なるべく注目されないよう努力している。

目立たないことは、アンゲラ・メルケルにとってはクラスで一番賢い生徒だった頃からの目標だが、華麗な制服を着たフランス共和国親衛隊——輝く真鍮製のヘルメットに組ひもで飾られたジャケット、赤いズボンにピカピカのブーツ――はまったくそんなことを考えていない。フランスは西側民主主義諸国のなかで、いまだに軍事パレードを続けている数少ない国だ。二〇一七年七月のフランス革命記念日、馬に乗った荘重な親衛隊に先導され、パリのシャンゼリゼ通りをこれ見よがしに通るフランス軍の最新鋭兵器の行進を見たトランプは、すっかり魅了され、ワシントンDCでも似たような軍事パレードをできないかと画策したほどだ。だが、アメリカはドイツに負けないほど、そのようなことを嫌う国である。

ベルリンのクーアフュルステンダム通りを戦車がガタゴト通過する光景を想像するのは、この世の終末を想像するのに等しい。一方、フランスにとって第二次世界大戦の不朽のシンボルは〝ラ・レジスタンス〟（ナチスへの抵抗運動）である。シャルル・ド・ゴールは「我々がフランスを解放したのだ」と言い続けた。彼の頭の中では第二次世界大戦はそのように解釈されていたのだ（※）。一八〇三年から一八一五年まで続いたナポレオン戦争は、大きな苦しみと深い傷跡を残したが、それでもパリの地下鉄の駅名には今もオステルリッツ［ドイツ語ではアウステルリッツ。一八〇五年、ナポレオン一世率いるフランス軍がオーストリア・ロシア連合軍に大勝した地］やソルフェリーノ［一八五九年、ナポレオン三世率いるフランス軍とサルデーニャ王国軍の連合軍が、オーストリア軍に勝利した地］など、栄光の戦地の名前が使われている。大統領になったマクロンの最初の仕事は、迷彩塗装の軍用ジープに乗ってシャンゼリゼ通りを凱旋門まで上り、戦死者のために名誉の火を灯すことだった。一方、メルケルにとって戦争のドラマは、バイロイト音楽祭の舞台で観るものであって、政治に使うものではない。

※一九九五年、第二次世界大戦後の欧州で最も犠牲者の多かった戦争、ボスニア・ヘルツェゴビナ紛争を終わらせるため、アメリカ主導で停戦協議が行われた後、ジャック・シラク仏大統領はパリのエリゼ宮で和平合意がなされるべきだと言い張った。それまではずっと、オハイオ州デイトンのライト・パターソン空軍基地で協議が煮詰められてきたというのに――。儚い栄光でもやはり栄光なのだ。

メルケルとの会談で誇らしげなマクロン

二〇一七年に大統領となったマクロンの最初の外遊は、メルケルに会うためのベルリン訪問だった。欧州で最も長く国のトップを務める民主主義のリーダーと、新人かつ最年少の国家元首――二人が並んだ姿は、あたかも祝福を与える儀式のように微笑ましく見えたものだ。だが、片や科学者から政治家に転じて、首相を一一年以上務めてきた中年で率直な物言いのメルケル、一方のマクロンは颯爽として細身の体躯、フランス政界にボディーブローを与えたばかり。話が合いそうにはとても見えなかった。

「あらゆる始まりには、ちょっとした魔法の力が働きます」。首相官邸にマクロンを迎えたメルケルは、ドイツの作家ヘルマン・ヘッセの言葉を引用して笑顔を見せた。そして、言葉の力に決して魅了されないメルケルらしく、急いで言い足した。「結果が伴わないと魔法は続きませんけどね」（二人は英語で話した。これは、何世紀も続く独仏関係で初めてのことだ。それまで両国トップの話し合いにはたいがい通訳が介在していた）。

この言葉を聞いてもマクロンのにこやかな笑顔は曇らなかった。歴史的人物と共に世界の舞台に立てることが誇らしかったのだ。同時に、メルケルと会話するマクロンは完全にリラックスしているように見えた。二三歳年長のメルケルは、彼の妻ブリジットとほぼ同じ歳である。

マクロンとメルケルには共通の目標があった。プーチンや独断専行の色を強める中国、けんか腰のトランプなどに負けない強いヨーロッパを作るという目標だ。そのために共に戦う相方として、これまでは頼りないリーダーばかり続いた。弱体化したシラク、衝動的なサルコジ、無能なオランド——やっと頭脳明晰で野心家のパートナーが登場したことで、メルケルはほっとした。とはいえ、彼女がマクロンの副操縦士になるわけではない。「自分のペースでやりなさい」と彼女はアドバイスした。やる気に燃える新大統領が求める助言ではなかったが。

マクロンはどの政党にもしがらみがなかったので、自分の政党「共和国前進！」を創設することができた（メルケルがドイツ国内でどの政党と手を組むとしても、その政党名に感嘆符が使われていることはないだろう）。彼は創造的破壊《ディスラプション》を強く求めており、『革命——仏大統領マクロンの思想と政策』（邦訳はポプラ社刊、山本知子・松永りえ訳）という無遠慮なタイトルをつけた著書で、自分の改革プランを詳しく述べた（※）。

右でも左でも極端論者だけに創造的破壊をさせてはならない、とマクロンはメルケルに訴え、「アンゲラ、あなたと私で創造的破壊をしなければ！」と迫った。そして、もし自分が失敗すれば、ドイツの相方はフランスの極右政党「国民戦線」（現在は「国民連合」）の党首マリーヌ・ルペンになりかねない、と警告した。

※二〇二二年の大統領選で再選を目指すマクロンの選挙用スローガンは〝Nous, Français〟（「私たちフランス国民」）である。アンチ国粋主義のメルケルなら決して許可しないだろう文言だ。この違いが二人の埋

められない隔たりをおおむね的確に示している。

「ヨーロッパ合衆国」という野望

マクロンは、彼の言う〝欧州の主権〟を強化したいという向こう見ずな野心を抱いて権力の座に就いた。ソルボンヌ大学の歴史ある大円形劇場で行った一時間半にわたる演説で、彼はこれまでのメルケルのすべての演説よりも美辞麗句に満ちた、派手派手しい打ち上げ花火をぶちあげた。ユーロ圏の統合強化と単一の銀行制度の創設、EU共同債の発行、共通の移民受け入れ制度の導入——これらの制度はいずれも欧州に必要なのに存在していない。それが壊滅的な形で明らかになったのが、ユーロ危機と難民危機だった。どちらに関しても、EUとしての共通政策がないことが浮き彫りになった(世界中が不意を突かれた二〇二〇年の新型コロナウイルス大流行でも、欧州の公共衛生のインフラに似たような欠陥があることが明らかになる)。

「欧州の主権を構築する必要がある。それを我々の手で行うのだ!」とマクロンは聴衆に強く訴えつつ、同時にメルケルにも支援を求めた。

独仏関係はEUに不可欠の礎だが——つまるところ両国は欧州大陸で最大の人口と国土を持つ——独仏が互いに相手に抱く対抗意識と苛立たしい感情もまた、何世紀も続くヨーロッパの日常的現実である。その違いを解決するのに戦場を使わなくなったのは、二一世紀になってからだ。

レジスタンス運動の英雄で、一九五八年から一九六九年までフランス大統領を務めたシャルル・ド・ゴールは、「ドイツが馬ならフランスは御者である」として、独仏関係を馬と御者の関係にたとえたが、メルケルは少し違う見方をしている。あるとき、サルコジが急に猫なで声を出してメルケルに言ったことがある。「アンゲラ、我々は仲良くやっていくしかない。両国はEUの頭脳であり手足なんだ」。すると彼女は冷たく言い返した。「いいえ、ニコラ、あなたが頭脳と手足です。私は銀行」。

実のところ、共にヨーロッパに創造的破壊をもたらそうというマクロンの挑発に乗れる立場にメルケルはない。第一に、フランスの大統領は西側民主主義諸国のなかでも最大の権力を憲法によって与えられているのに対し、強固な政党組織と権力分散型の連邦制度のもとで国を統べるドイツの首相は、説得と合意に頼るしかないからだ。閣僚を任命するのは首相のメルケルだが、大臣はCDUだけで固めず、連立パートナーの各党から受け入れる。一方のマクロンはフランスの既存政党を粉砕し、実質的に独自の政党を創ったようなものだ。

また、緊縮財政と倹約に対する執念に近いほどのメルケルのこだわりと、その点は全面的に支持するドイツの国民性を考えれば、欧州単一の銀行制度に彼女が賛同するのは難しい。欧州随一の経済大国であるドイツが、いずれ下支えせざるを得なくなる恐れがあるからだ。

マクロンの最終目標は、自給自足できるヨーロッパだ。だが、「欧州軍」の設置という彼の計画——そうすれば欧州大陸の防衛を今ほどNATOに頼らなくてすむ——は、メルケルの支持を得るのがとりわけ難しかった。トランプがどれほど言語道断な言動をしようとも、彼女にとって欧州軍設立はあまりにも度を越しており、あまりにも時期尚早だった。彼女はまだ、欧州と北米の協調路線を支持する汎大西洋主義者であった。

メルケルはまた、どのような改革をマクロンが提唱し**な**か**っ**たかにも注目した。フランスはドイツを経済大国と認めているが、政治の面では同等の扱いをしていない。仮に独仏両国がEU予算を共に負担し、同じ銀行制度を共有するのなら、同じ欧州の大国として国連安全保障理事会にも同等の席が用意されてしかるべきでは？　だがフランスは聞く耳を持たないだろう。

一九四五年に国連が誕生したとき、創設者たちは安全保障理事会の常任理事国をフランス、中国、ロシア、イギリス、アメリカに決めた。七十数年後の今、この顔ぶれは世界の大国の序列を正確に反映しているとは言えないが、フランスはその席を極めて重視している。フランスは欧州の結束よりも権力の象徴のほうが大事なのだ——メルケル政権の高官たちはそう理解している。

また、二人のタイミングのずれも問題の一部だろう。戦いに疲れたメルケルは、政治家として晩年にある。一方のマクロンは、まさに歩き始めたばかりだ。そして、メルケルはオランド政権の経済・財務相だったマクロンを好ましく思っていたが、大統領になり傲慢になったとも感じている（「彼が賢いのは知っているが、なぜいつもそれを見せびらかさずにはいられないのか？」と彼女は側近に語っている）。マクロンはパリの若者に〝マヌー〟［彼の名エマニュエルの愛称］と呼びかけられ、叱りつけたことがある。その様子を見たメルケルの側近はこう思った。第二次世界大戦の頃、ロンドンっ子はウィンストン・チャーチルによく〝ハロー、ウィニー！〟と声をかけていたが、彼らのヒーローからお説教をくらうことはなかった、と。マクロンの権力欲はあからさまで、自分の権力欲を貴重な宝石のように包み隠しているメルケルにすれば、魅力に欠けると映るのだ。

そして、彗星のように華々しく現れた若き欧州の代弁者、人々に刺激を与えずにおかないマクロンに対し、メルケルが極めて人間的な、うずくような嫉妬を感じたとしても無理はない。(1) 新聞のコラムニストたちは、メルケルの求心力が弱まっていると騒ぐ一方で、マクロンの情熱を褒めそやした。欧州委員会委員長のジャン＝クロード・ユンケル［元ルクセンブルク首相］は「本当のフランスが帰ってきた！」と誇らしげに述べたものだ。メルケルは新しい連立政権を発足させるのに四苦八苦し、ストレスの溜まる国内政治に六カ月も縛り付けられていたというのに、その間、新聞の見出しはマクロンを〝新しい世界の指揮者〟と熱烈に称賛した。「彼は国際政治に腕を振るっているのに、私はここで足止め」と彼女はベルリンで愚痴をこぼした(2)（※）。

※マクロンがメディアから称賛されたのは、彼の放つエネルギーとカリスマ性のおかげだ。実際には、彼は停滞したフランス経済と税法の改革に忙殺されていた。それだけでなく、燃料税引き上げに反対する全国規模のデモでポピュリズム的な「黄色いベスト《ジレ・ジョーヌ》」運動の鎮圧にも大いに時間を取られていた。それでも、帝権に近いほど縛りの少ないフランス大統領の権限は、やはりメルケルにとって垂涎の的だった。

トランプの「米国第一」に対抗して手を結ぶ

メルケルは、フランスの新しいパートナーがトランプに求愛活動をする姿を冷ややかな目で見ていた(3)。マクロンは、エッフェル塔での夕食会や革命記念日の豪華絢爛な軍事パレードにトランプを招待しては、フランス的虚飾で彼を感嘆させた。トランプ個人の虚栄心を満たしたところで、せいぜい目先の利益を得られるくらいが関の山だ、とメルケルは思っていた。この空っぽのナルシストに対するマクロンの誘惑キャンペーンは、結局のところ無駄に終わるだろう――確かにメルケルの予想通りだった。二〇一八年一一月一一日、第一次世界大戦終結一〇〇周年の記念式典に出席するメルケルをマクロンはパリ郊外で出迎えたが、その時にすでに彼は気まぐれ屋のトランプを籠絡するのをあきらめていた。

この日、マクロンとメルケルは偽りのない心の通い合いを見せた。パリ郊外のコンピエーニュで会った二人は、おでことおでこを触れ合わせた。そして第一次世界大戦でドイツが最初に休戦協定に署名した歴史的な「休戦の客車」の中では、互いの手を握り合った。その休戦から二二年後の一九四〇年、強大なナチス・ドイツがわずか七週間でフランス全土を制圧し、アドルフ・ヒトラーはその同じ客車において、フランス軍の最高司令官フィリップ・ペタンに屈辱的な休戦条件を押しつけた。それから四年と少しの間、フランスは傀儡のヴィシー政権を通してドイツの過酷な占領下に置かれたのだ。今、その両国のトップ、メルケルとマクロンが欧州の結束のためにコンピエーニュの地を訪れている。それは歴史の移り変わりの早さを印象づける光景だった。

その翌日、土砂降りのなか、黒い傘をさしかけられた八カ国のリーダーが肩を並べ、葬儀の会葬者のようにシャンゼリゼ通りを凱旋門まで行進した。トランプはこの厳粛な行進に参加しなかった。遅刻して不機嫌な顔で椅子に座り、手の中でスマートフォンをせわしなくいじっていた（さらに遅れてきたプーチンと握手するときだけは笑顔になった）。マクロンによる歴史の講義を聞きながら、トランプはここ以外ならどこでもいいから行きたいという顔をしていた。

「古い悪魔がふたたび目覚めようとしている」とマクロンは暗い声で告げた。「国粋主義《ナショナリズム》は愛国主《パトリオティ》義《ズム》への裏切りである。それは、自分たちの利益が一番《ファースト》で他人などどうでもいい、という考えだ」。不機嫌な顔で最前列に座るアメリカ人への辛辣な批判である。

数日後、マクロンが〝欧州の主権〟構築に協力するようメルケルに要請したソルボンヌ大学の演説から一年以上を経て、彼女はようやく答えを返した。欧州旗に合わせた青いジャケットを身に着けたメルケルは、明るい顔でストラスブールの欧州評議会に現れた。〝世界で最も偉大な議会〟と彼女が評する評議会の演台に上り、二七カ国の代表者たちからなる七〇五人のメンバーに微笑みながら手を振ると、メルケルは彼らの多くを驚愕させた。戦争嫌いの彼女が、「正真正銘の現実の欧州軍」を創るときが来たと述べ、マクロンの改革案の中核の一つを支持したのである。

独仏両国は、防衛面や安全保障上の課題について、連携や一本化を進め、次世代戦闘機を共同開発するという新たな計画に合意した。この共同計画は、ＥＵやＮＡＴＯとは別の枠組みとして立ち上げ、参加国は軍事情報や運用能力を共有することになる（独仏以外に二一カ国の欧州諸国が参加する見通しだが、詳細を詰めた最終合意はこれからだ）。日々剣呑かつ予測不能になる世界に直面し、ドイツは国外での軍事活動に対する強い忌避の感情を緩めたのである。メルケルがマクロンの構想に賛同したのは、トランプの暴れん坊ぶりと権威主義者の方を好む傾向、そしてプーチンの露骨な侵略行為の功績と言ってもいい。

だが、変わらぬヨーロッパに〝創造的破壊〟をもたらそうと急ぐマクロンは、常にメルケルの一歩先を行く。二〇一八年五月にカール大帝賞を受賞したマクロン（メルケルも二〇〇八年に受賞）は、アーヘン市庁舎にある戴冠式の間で、最前列に座るメルケルに強く訴えかけた。

「ドイツは財政黒字と貿易黒字への異常な執着を永遠に持ち続けることはできない。それは他国の犠牲のうえに成り立っているからだ。目を覚ますんだ！　別れ別れでいるのも、恐れを見せるのも、じっと待つのも、もう終わりにしよう！」――彼は巧みな言葉の力で即決即断の行動を求め、〝パートナー〟の弱点を突いた。確かに欧州の再活性化はメルケルの願いでもある。だが、例によって彼女にはマクロンの提案をじっくり考える時間が必要であり、またマクロンと違って、行動の前に連立政権内の合意を得なければならない。

一月後、ベルリンから一時間の田園地帯にある政府所有の別荘で開かれた会議において、メルケルは〝欧州金融危機を避けるための銀行制度の統合〟というマクロンの提案に合意すると決めた。彼の壮大なる〝欧州の主権〟構想をまた一つ受け入れたことになる。

プーチンに秋波を送る盟友に幻滅

マクロンとメルケルの関係はその後も安定しなかった。

二〇一九年の夏、フランスの海浜リゾート地ビアリッツで開催されたサミットで、劇的な演出が好きなマクロンは、サプライズ・ゲストを呼んで各国首脳を驚かせた。イラン外相のモハンマド・ジャヴァード・ザリーフだ。そこにはイランとトランプの関係修復を取り持つ狙いがあった。トランプは、二〇一五年のオバマ政権時代に結ばれたイラン核合意から一方的に離脱していたからだ。「何らかの結果につながるのなら結構なこと」というのがメルケルの冷ややかな反応だった。そして案の定、そうはならなかった。これほどの外交上の難題を乗り越えるには、相当な下準備が必要になるが、マクロンはそうした作業をしていなかった。メルケルなら細部に至るまで周到に準備していただろう。

その週のサプライズ・ゲストはイラン外相だけではなかった。数日後、マクロンの夏の別荘で開かれた私的な夕食会に招待されたメルケルは、そこにプーチンの姿を見つけてげんなりした。マクロンはロシアを欧州ファミリーに引き戻そうと狙ったのである。

マクロンが参加者を驚かせつつも如才なくホスト役をこなしたビアリッツ・サミットの期間中、メルケルはつかの間の自由を味わう機会を逃さなかった。ビーチの海水浴客は、報道で見慣れた人物をまったく予想外の場所で見かけて驚いただろう。白いスニーカーに白い普段着のスラックス姿のドイツ首相は、打ち寄せる波に沿うように波打ち際を散歩した。その後ろをV字を作るようにダークスーツ姿の警護官がついて行く――目立たないよう最大限の無駄な努力を払いながら。一団の先頭には、常に首相のそばを離れないザイバート報道官。ワイシャツ姿でズボンの裾をめくり、手に革靴を持って裸足で歩いていく。砂浜を散歩する心づもりで来たのはメルケルだけのようだった。

これは象徴的な出来事に見えた。首相任期があと二年となったメルケルが、〝身を引く〟ための準備を始めたというサインなのだ。メルケルにすれば、欧州の結束強化のために全面的なパートナーになってもいいと考えている男が、その欧州にけんか腰で臨む敵たちと、ワインを飲みながら夕食を楽しむ姿を見るのは、どれほどストレスのたまることだったであろう。それでも彼女はつまらぬ文句を言ったりはしなかった。次から次へと現れる雄クジャクたちを相手にしてきたメルケルにすれば、マクロンとてその一人に過ぎない。それに、少なくとも彼はプーチンやトランプやエルドアンとは違い、民主主義への信頼や法の支配、文化的多元主義といった彼女と同じ価値観を持っているではないか――。海辺の散歩を楽しむほうがいい。芝居は彼女の得意分野ではない。

だが、まだ彼女は舞台を降りてはいなかった。

マクロンが壊し、メルケルが片付けて歩く

その年の後半になって、メルケルとマクロンの間でくすぶっていた不和が、とうとう公の場で破裂した。(4) 多くの注目を集めた「エコノミスト」誌のインタビュー記事で、マクロンがＮＡＴＯを激しく批判したことがきっかけだった。アメリカを頼りにできない以上、「ＮＡＴＯは脳死状態にあ

る」ことをヨーロッパは認めるべきだと主張したのだ。メルケルはこの発言を「足を引っ張るものだ」とした。NATOに疑問を投げかけるのは西側民主主義の秩序を弱めることに等しい、というのが彼女の見解だ。

挑発的な発言からほどなく、マクロンは壁の崩壊三〇周年記念のためにベルリンを訪れた。そしてベルビュー宮殿（大統領官邸）での少人数の夕食会の場で、独仏のリーダーはついに考えの違いをはっきりとさらけ出した。といっても、その場にいた人たちは、終始友好的な雰囲気で楽しいユーモアに彩られた会話だったと言い張っている。「二人の間にはお互いを尊重し合う空気がありますが、それでも二人は違い過ぎるのです」というのは、ドイツ大統領府の外交政策部長を務めたトーマス・バガー。「二人が良好な関係を維持するには、普通より多くの努力が必要でした[5]」。

夕食会でメルケルはマクロンに言った。「あなたのことはわかります。あなたは物事を壊したい。私はその後を片付けて歩かなくてはならない」。そして、彼が抜け駆けでロシアに秋波を送ってEUの結束を乱していることをたしなめ、また、北マケドニア共和国のEUへの正式加盟を拒否したことにも苦言を呈した。メルケルの目には、モスクワへの譲歩だと映ったのだ。欧州を強化したいというマクロンの願いはメルケルも大いに評価しているが、そのために単独で危ない橋を渡るのは、結果的に欧州全体の弱体化にしかならない――その点をマクロンに理解させようとしたのである。

だが、二時間の夕食会でみなが最も感情的になったテーマは、トランプでもプーチンでもなく、押し寄せる危機とも無関係だった。メルケルの人生を変えることになった出来事、壁の崩壊である。夕食会には、あの歴史的な時期にバリケードに張り付いていたという、東ドイツ時代の反体制派が三人出席しており、それぞれにとっての〝バスチーユの日〟［フランスの革命記念日のこと］を語った。それは壁が崩れた一九八九年一一月九日ではなく、その一一月前、七万人の東ドイツ人がライプツィヒでデモ行進をした日であった。彼らは、実際に暴力をふるわれる公算が極めて高いなかで、それに立ち向かったのである。その年の六月、天安門広場で中国軍が市民に発砲していた。同じようにシュタージも発砲するだろう、そう彼らは覚悟していた。ところが、元反体制派の一人ヴェルナー・シュルツいわく、恐怖は「あちら側に飛び移った」。いつの間にかシュタージが市民を恐れるようになっていたのだ。三人はこう感じたという――レーガンでもブッシュでもゴルバチョフでもコールでもなく、自分たちが自分たちを解放したのだ、と。結局のところ〝国を誇る気持ち〟はフランスだけの特質ではないのである。

ベルリンの壁が崩れた夜をどのように過ごしたか、マクロンはメルケルの思い出話を食い入るように聞いていた。その夜、急いでサウナから出ると、タオルを小脇に抱えたまま、検問所が開放されて西ドイツへ渡れるようになったボルンホルマー通りへと急ぐメルケル。自分の新しい人生を始めるために――。

盟友間の激しい不満のぶつけ合いで始まった夕食会は、両者が一致点を見つけて終わった。一九八九年の東西ドイツ統合（※）という歴史的な出来事を振り返ったメルケルとマクロンは、欧州が共通の歴史を持ち、運命共同体であることを再確認して別れたのである。

二人がベルリンで夕食を共にしている間にも、中国ではすでにウイルスが広がりつつあった。そのウイルスによって二人の結束は再び強化され、メルケルは探し求めていたパートナーの姿をマクロンの中に見いだす。だが、他の人々はメルケルへの不信感を募らせることになる。

※東西ドイツ統一の公式な日付は一九九〇年一〇月三日だが、この場面の会話は、一九八九年の壁の崩壊をめぐる感動的な出来事がテーマだった。

慎重すぎるメルケルでは欧州を変えられないと批判されるが……

二〇一九年末、メルケルが首相としての一五年目を終えようとしている頃、英「ガーディアン」紙が、彼女の仕事ぶりを酷評する記事を掲載した。オックスフォード大学を中心に活躍する名高い歴史学者ティモシー・ガートン・アッシュが、苦悩に満ちた口調で「アンゲラ・メルケルは去らねばならない」というタイトルの論説を書いたのだ。メルケルが舵を取るドイツは「太ったビジネスマンがたっぷりと昼ごはんを食べた後、オフィスのソファでくつろいでいる時のゆっくり鼓動する心臓」だと彼は主張した。均衡予算を守るというメルケルの強い意志が、ドイツ経済を民主主義諸国のなかで最も健全なものにしたことは認めつつも、彼女の慎重すぎる姿勢を批判し、ヨーロッパに「ナポレオンのような大計画」を持ち込んで「革命的変化」を起こそうというマクロンの試みを受け入れなかったと非難した。

「謹んで提案したい」とガートン・アッシュは結論で述べた。「メルケルが今の座に留まるのは、ドイツにとってもヨーロッパにとっても最善の策ではない……今こそ変化が必要だ(6)」。

変化は確かに二〇二〇年にやって来た。そして、メルケルが首相の座にいたことは、ドイツとヨーロッパにとって最善の策であっただけでなく、全世界にとっても最善の策であったことが証明されるのである。

第18章

コロナとの死闘

引退後を見据え始めた矢先、世界を未曾有のパンデミックが襲う。コミュニケーションを苦手にしてきたメルケルが行動の自粛を呼びかけるメッセージが、ドイツ国民の心に響いた。

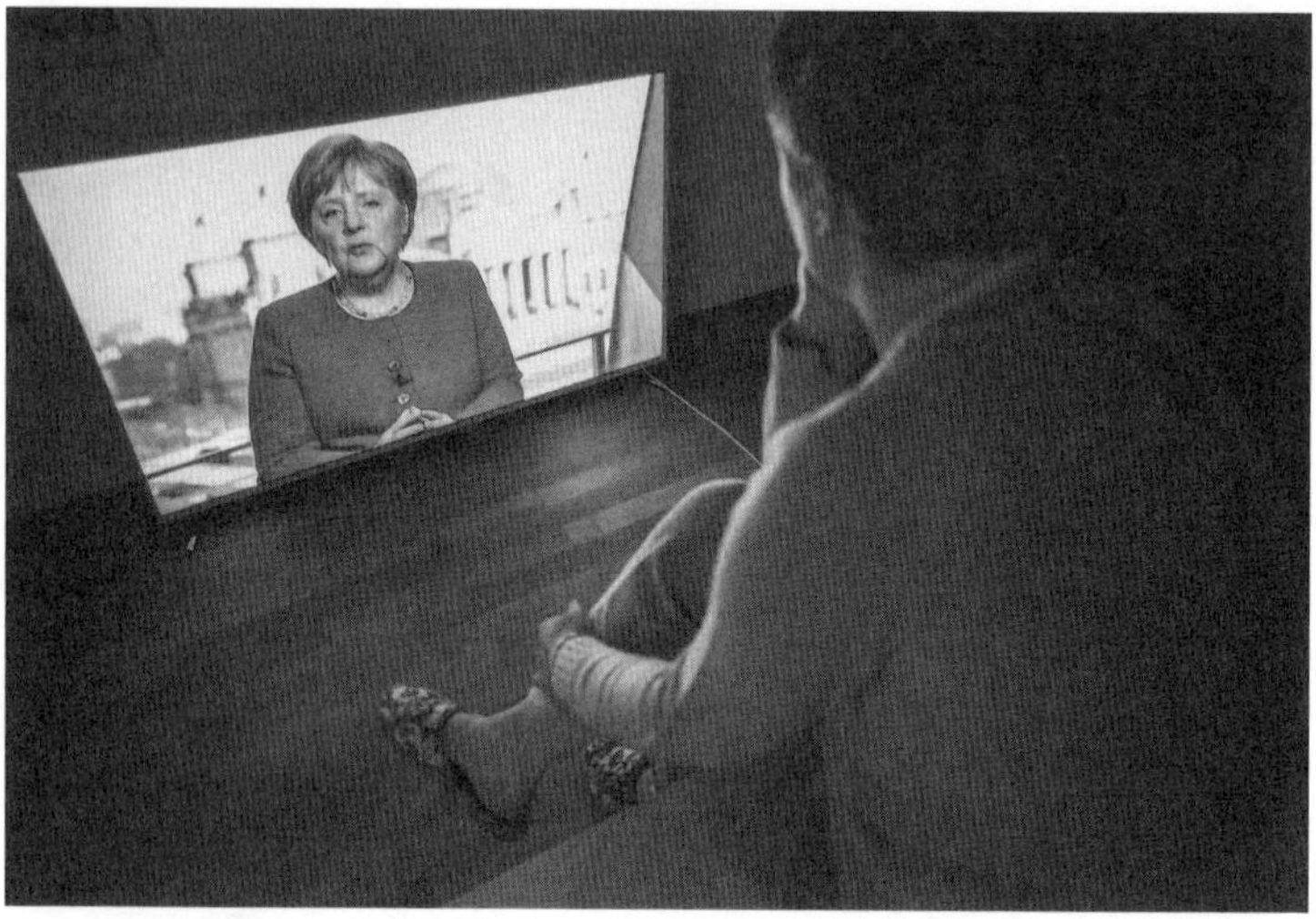

2020年３月18日、アンゲラ・メルケルはドイツ全土に向けたメッセージを、テレビという彼女にしては珍しい手段で伝えた。前代未聞だったのは彼女の口調で、そこには共感と威厳とがちょうど半分ずつ混ざっていた。新型コロナウイルスの最初の大流行がもたらした恐怖の数カ月間、彼女は誰にもなし得ないほどの冷静さでドイツを導いた。

©Armando Babani/EPA/EFE/Shutterstock

馬鹿げていると思われるだろうが、
伝染病と戦う唯一の方法は行儀良くすることなのだ。
——アルベール・カミュ

出来事だよ、きみ。出来事だ。
——ハロルド・マクミラン
（一九五七年から一九六三年まで英国首相。この言葉は、実績を決めるものは何だと思うかと聞かれた際の返答）

アンゲラ・メルケルは、首相としての最後の二年間を、自分の引退後も残るであろう基本政策をしっかりと固める作業に費やした。だが同時に、権力の頂点を極めた人にしては珍しいことだが、自分が政治家として駆け出しだったころに軽んじてしまった人々、すなわち旧東ドイツの人々と、もう一度良い関係を築こうとしたのである。

時とともにメルケルは、自分の青年時代を過ごした閉ざされた世界に対して、また「私ほどの幸運に恵まれなかった」人に対して、それまでよりも優しい気持ちを抱くことを自分に許すようになった。すなわち、統一後の苦難を理解してもらえず、不当に低く評価されていると感じている東ドイツ出身者のことだ[1]。

「そのような不満を感じているのは右派の人たちだけではありません」と彼女は二〇一九年、旧東ドイツの聴衆に語りかけた。

「同じ気持ちを抱いている人は他にもいます。ただ、それほど大きな声をあげないだけです。子供や孫が次々と引越していき、いずれ消えゆく村がいくつもあることを私は知っています」

彼女は連帯感を示す新しい表現方法として、「私たち東ドイツ人」というセリフをよく使うようになった。

歳を重ねるごとに懐かしさを増すふるさと

メルケルは政治家としてのキャリアの大半で、自分の出自というテーマを封印してきた。だが最近になって、恐ろしい壁に囲まれた遠い昔の日々——まだ両親が健在で彼女が勉強熱心な牧師の娘だった当時を振り返ることが増えた。その口調は、時に郷愁の念さえ感じさせる。その気持ちを最も的確に表せる言葉はドイツ語の〝憧憬《ゼーンズフト》〟で、郷愁と渇望、そして遠い昔を思い出すときの言いようのない感情を含んだ言葉である。

歳を重ねるごとに、メルケルにとって、東ドイツは子供時代の風景や音、匂いにますます結びついてくるようになった。若い頃を振り返って何を思い出すかと聞かれ、彼女はこう答えている。

「マツの木、そして干し草、それから蒸し器のジャガイモの匂い。誕生日やクリスマスを一緒にお祝いする友達や親戚もいました。彼らとは悲しみも分かち合う関係でした。アメリカに旅行できないという事実も、毎日の暮らしには何の関係もありませんでした[2]」

　また、大好きな映画は何かという質問に対しては、一九七三年の東ドイツのブラック・コメディ『パウルとパウラの伝説』を挙げている。[3] その答えから読み取れるのは、間違いなく、メルケルが芸術面を評価したのではなく、この映画によって呼び覚まされる時代と場所に愛着を抱いているということだ。映画は東ドイツの日常生活における、最も人間的な部分を情緒的に描いている。すなわち、緊迫した環境下での若い二人の恋物語だ。狭い台所にはご近所さんの姿があり、壁に貼られた絵ははがれかけている。道を行く車は箱型のトラバント――すぐ息の上がるこの車は愛情を込めてトラビと呼ばれた。誰もが等しく貧しかった。

　二〇一三年にリバイバル上映されたとき、夫の隣で鑑賞するメルケルの顔は純粋な喜びで輝いているように見えた。そのような感情を引き起こすことができるのは、〝ふるさと《ハイマート》〟（二九ページ参照）的なものを見たときだけである。突如としてメルケルは、ドイツ連邦共和国の首相ではなく、ただの一八歳に戻ったのだ。初めてこの映画を観たときの年齢。ライプツィヒ大学で物理を学んでいた頃に――。

もはやメルケルの真摯な言葉は人々の心に届かないのか

　一部の東ドイツ人は、最後の最後まで東ドイツ出身の首相に対する厳しい見方を変えようとしなかった。敵と正面衝突するのはメルケルのやり方ではないが、首相に対する激しい恨みを隠そうともしない人を常に避け続けるのは不可能だ。二〇一九年、彼女の選挙区でもあるシュトラールズントでタウンホール・ミーティングを開いたときのことだ。最前列に座る恰幅の良い金髪の男性が手を挙げ、自らを「ＡｆＤの党員でトーマス・ナウリン」と名乗ると、メルケルに向けて激しい非難を浴びせ始めた。

「あなたはこの国を独裁国家にした……基本的な権利は厳しく制限され、報道の自由はない。(共産党時代の)東ドイツがこの現状を見たらうらやましく思うだろう」。そして暴言の締めくくりとして「ＡｆＤの党員である私には、表現の自由が与えられていない」と述べた。

メルケルは完全に冷静な口調で答えた。「なによりもまず、あなたはこの場にいて、最前列に座っています。そして、今の質問をしたことによっていかなる危険にもさらされていません」。旧東ドイツ時代を知る年配の参加者は、もし当時の市民が彼のような挑発的な発言をすれば投獄されかねないことを思い出し、神経質な忍び笑いをもらした。メルケルは続けた。「ＡｆＤは連邦議会において、私や他の国会議員に対して意見を述べることを禁じられているとも思いません」「国民の代弁者は誰か、憂国の士は誰か、という点については、人によって意見が違います。あなたは自分がそうだと考えています。私も、国民の一人として、あなたと同じだけ自分がそうだと考えています……私の難民政策のせいでこの国が分断されたと思っているか、という質問ですが、私は世界から孤立している国は一つもないと思っています……この先も常に、(私の難民政策は)正しいことだったと答えます……自国の豊かさだけを守り続けるなどということはできません。自分たちのことだけを考えていればいいわけではないのです」――彼女は静まりかえった聴衆に向けて言った。「我々はみな、この世界の一員なのです[4]」。

予想外の、感動的とさえ言えるほどの演説だった。だが、辛抱強く、思いやりを忘れず、争いを避け、人間愛という共通項を見つけようというメルケルの訴えは、まるで別の時代の演説のように聞こえることもたびたびあった。彼女の上げる声は孤独に響くかもしれない。それでも残された時間ずっと、彼女はその声を上げ続けていくのである。

「少女たちよ、理系に進みなさい！」

首相としての最後の日々、メルケルは〝高いポジションに女性の姿が見られない〟と指摘することが次第に増えていった。多くの場合、そう指摘する彼女の舌鋒は鋭かった。

二〇一八年一〇月、バルト海に臨む港湾都市キールでCDU／CSUの青年組織の大会が開催された。(5) ドイツの未来を担うとささやかれるメンバーに会ったメルケルは、男性だけの顔ぶれを見渡すとそっけなく言った。「ずいぶん雄々しいこと」(6)——。そして真面目な顔に戻ると彼らに言った。「国民の五〇％が欠けていますね。言わせてもらいますが、女性は人生を豊かにします。私生活においてだけでなく、政治の場においても同様です。あなたたちは、自分が何を失っているか知らないのです！」

周囲の人々は乾いた笑い声をあげた。晴れ舞台にいた代表団の若い男たちは、高い鼻を軽く折られたような顔になった。雄々しさは少し薄れたことだろう。

メルケルは忘れていなかった。駆け出しのころ、ドイツ政界の大物たちが彼女の功名心に対して示した、人を見下すような尊大な態度を——女性・青少年問題担当大臣だった彼女が、男女平等に関する法案への支援を別の大臣に求めたとき、その男性は言ったのだ。「いいかね、お嬢《フロイライン》さん、きみがこれほど魅力的でなかったら、この馬鹿げた法案に賛成などしなかったよ」(7)と。

首相任期が終わりを迎える頃までに、メルケルは完全なる男社会を、より女性に優しい社会へと、いつの間にか変えていた。二〇一八年一一月、ドイツ女性の参政権一〇〇周年を祝うイベントでは、こんな話をしている。

「小さな女の子が、将来の夢は大臣か、もしかすると首相になることだと言っても、今ではもう誰も笑いません。それどころか――」と彼女はおどけた効果を狙って一呼吸置き、「――その仕事が男性に向いているのかどうか、疑問に思う人さえいますからね」。自分の高飛車な発言にニヤリとするメルケルに、会場は笑いの渦に包まれた。

二〇二〇年二月、メルケルは南アフリカのプレトリア大学にいた。舞台の上で学生の質問に答えるメルケルは、片手を椅子の背もたれに回し、くだけた様子だった。ある学生が聞いた。自分で何一つ成し遂げていないフェミニストは、どうすれば堂々としていられるでしょうか？

「自分に自信を持ちなさい。生計を他人に頼らないこと。思い切って反対意見を述べること。何を言われても卑下することはありません」――いずれも若く野心的だったメルケルが、自分のために見つけ出した答えだ。

今でもメルケルが女性のために戦うとき、その最強の武器となるのは、彼女が身をもって示してきた実例だ。例えば彼女は、女性リーダーなら、一般的な権力者のようなこれ見よがしの虚勢を張らずともリーダーでいられることを示した。連邦議会でのメルケルは、頭に詰め込んだファクトから生まれる絶対的な自信を背景に、まるでチェスを指すコンピュータのように落ち着き払ったまま、自分への批判をはねつけたり、質問に答えたりするのが見慣れた風景だ(8)。

ある時、SPDの議員が介護施設のスタッフ拡充策について質問に立ったが、すべての質問を言い切る前に持ち時間の六〇秒が過ぎ、マイクがオフになってしまった。するとメルケルが冷静にその後を引き継いだ。「救援に来ました。あなたがその先に何を質問したかったのか、たぶんわかると思います」。そう言うと、議員たちに向けて、ドイツの介護施設をめぐる複雑怪奇な法制度について解説した。その場にいた人に言わせると、議員たちは「あまりの情報量に頭がクラクラした」そうだ。また、メルケルはよく「少女たちよ、理系に進みなさい！」とハッパをかける。(9) 彼女のリーダー像を見ていると、鼻息荒く怒鳴り散らすような男性リーダーは時代遅れに思えるのだ。

それでも、メルケルが〝女性の代弁者〟と見なされることは滅多にない。確かに彼女は首相としての立場をいかし、いまだに政治の世界で根本的な不平等を被っている人類の半数に地位向上が必要だ、と演説で全面的に訴えたことは一度もない。彼女は議論を呼びそうなテーマに対しては、物事を遠回しに変えていこうとする漸進主義でことに当たる。例えば、伝統的に最も〝男性的な〟大臣職とされる国防大臣のポストを、メルケルは七人の子の母親ウルズラ・フォン・デア・ライエンに任せ、後に彼女が欧州委員会委員長になる道を開いた。このようにメルケルは、実例によって規範を示すやり方を好むのである。

ついにアウシュヴィッツを訪れる

二〇一九年末、メルケルは過去からの借金を一つ清算した。それまでもブーヘンヴァルトやダッハウ、ザクセンハウゼンにあるナチスの強制収容所を訪れたことはあったし、イェルサレムのヤド・ヴァシェム（ホロコースト記念館）で花輪をささげたこともある。だが、人類の残虐さを今に伝える欧州各地の史跡のなかで最も陰鬱な場所、ポーランドにあるナチス最大の絶滅収容所、アウシュヴィッツを訪れたことはそれまでなかった。

その冬の日、厳粛な静けさの中、メルケルは錬鉄製の門へと続く砂利道をゆっくりと歩いていった。門には〝働けば自由になる（ARBEIT《アルバイト》 MACHT《マハト》 FREI《フライ》）〟と掲げられている。残酷な嘘だ。

一昔前なら、それは親善ムードを演出するための義務的な訪問であったかもしれない。だが、ザクセン州ハイデナウ［二〇一五年に難民施設が極右に襲撃された］からバージニア州シャーロッツビル［二〇一七年、白人至上主義者に抗議する人々に自動車が突っこみ、女性一人が死亡した］に至るまで、ポピュリストが反ユダヤ主義と人種差別を煽り立て、ドイツ連邦議会にはＡｆＤが、ホワイトハウスにはトランプが居座る二〇一九年一二月、背後の壁を埋め尽くすホロコースト犠牲者の家族写真の前で発せられたメルケルの言葉は、あたかも警鐘のように響いた。

「今の時代、このことをはっきりと言う必要があります。信仰や出身の異なる人々への偏見と憎悪を煽り立てようとする人たちと、我々は戦っていかねばなりません。アウシュヴィッツはドイツ人によって運営されたドイツの絶滅収容所でした。我々ドイツ人は、そこで行われた犯罪の記憶を絶やさず、加害者を見つけ出し、犠牲者を追悼する義務を、犠牲者および我々自身に対し負っています……この点に議論の余地はありません。アウシュヴィッツはこの先も永遠に、我々のアイデンティティの不可欠の要素であり続けます」

ドイツ人がここで犯した犯罪について、メルケルは曖昧な点をいっさい残さない正確さでリストアップしていった。その犯罪の犠牲者は、「一人ひとりが名前を持ち、経歴を持ち、人としての尊厳を持ち、身の上話を持っていました……（この犯罪は）人間の理解力を超えています……それでも実際に起きました。従って、いつかまた起きる可能性があります」――アウシュヴィッツを生き延びたイタリアの作家プリーモ・レーヴィの言葉を引用し、メルケルはそう述べた。

首相としての最後の一年、メルケルは自分の業績として将来へ残したい〝遺産《レガシー》〟は何か、という質問を受け付けなかった。私は彼女の側近を通して問いかけてもみたが、返ってきた答えは「そんなことをしみじみ考えているヒマはない」とにべもなかった。自分を振り返る――おおむね自分への言い訳で終わる――ことがじれったく我慢ならない、というのはいかにもメルケルらしい。それでもなお、彼女らしい目立たぬやり方で、彼女の遺産である〝国外から来る人々に対してはより寛容、国内では東部の人々に対してより思いやりのあるドイツ〟をしっかり守るために努力を続けていた。そして、自国の過去と永遠に戦い続ける必要があることを、ドイツ人に思い出させた。

残る任期は「環境」と「デジタル」に注力するつもりだった

ドイツの将来に関して、彼女はさらなる計画も練っていた。二〇一九年一二月三一日、大晦日の首相演説で、メルケルはようやく〝気候変動問題担当首相〟になると約束したのだ。

「地球温暖化は現実であり、その脅威は迫りつつあります」と彼女はドイツ国民に対し、いつもより強い口調で訴えた。「この難題に打ち勝つには、人間の力が及ぶ範囲であらゆることをしなければなりません。私個人は現在六五歳なので、政治家が何も行動しなかった場合に起きるであろう気候変動の結果は、何一つ経験せずに終わるでしょう」――それでもメルケルは行動するつもりだ。

同時に、エヴァ・クリスティアンセンの指揮のもと、ドイツ東部および農村地帯のデジタル・アクセス改善の取り組みにも、監督役として関わっている。メルケルは言葉だけで人の心を変えることはできないと信じており、不平不満を抱える〝東の人々《オッシー》〟も日常生活で具体的な改善を目にすれば、西を含めた国全体をもっと身近に感じてもらえるのではないかと期待している。

私が最後に首相官邸に行ったのは二〇二〇年二月初旬だが、その頃のメルケルは量子コンピュータについても勉強していた。これまでとは比較にならないほど高速なシステムで、コンピュータの利用法を次の段階に引き上げると予想する人もいる。また、彼女は米国のテック企業「クリアビューＡＩ」に関する分厚い報告書も読み終えたばかりであった。同社の提供する顔認識ソフトは、民間企業から法執行機関、大学、個人に至るまで広く利用されている。

人工知能（ＡＩ）は日々その重要性を増しており、とりわけ深刻なのは、ＡＩの開発・実装が急速に進む中国の自動運転型電気自動車が、名高いドイツの自動車産業の脅威となっている点だ。しかも、ＡＩの問題は自動車だけにとどまらない。ＡＩは医療や戦争の様相を根本的に変えようとしており、情報技術の世界でも圧倒的な存在になろうとしている。メルケルも知るように、中国はＡＩ分野の世界的リーダーとなるために必要な手を着々と打っており、何十億ドルという資金を研究開発に費やしている。中国政府は中央計画型の経済を駆使して、ドイツのように手間のかかる民主主義社会よりはるかに素早く動けるのだ。

メルケルは、急速に広がるデジタル革命を完全に理解したいと考えていた――そのプラス面だけでなく、社会に及ぼす潜在的な危険性、とりわけ顔認識技術の使い方についても。新し物好きで、科学者としての素養もあり、データの扱いに自信のあるメルケルだけに、技術分野についてはたいがいの政治家より先に詳しくなれる。そのメルケルは固く心に決めていた。中国人は駆け足でどんどん先へ進んでいるが、ドイツ（さらにはヨーロッパ）は決して最先端のイノベーションで後れを取ってはならないと――すでに出遅れているのではという不安も抱えつつ。

これが二〇二〇年二月の首相官邸での話である。わずか数週間後、その官邸――および世界の大半――は暗雲に覆われることになる。そしてメルケルは〝コロナ危機管理マネジャー〟に変身する。

いつもの通り、メルケルは大きな出来事のせいで最優先事項の変更を余儀なくされるのだ。

コロナ対策で国民に届けた力強いメッセージ

二〇二〇年三月一八日、メルケルはドイツにとって〝第二次世界大戦後で最大の危機〟と自ら呼ぶ事態に直面する。コミュニケーション能力で評価されたことのない政治家が、全国放送のテレビに出演し、人々の心を動かすほどの演説を国民に向けて行った。演説するメルケルの背後には国会議事堂の写真、横にはドイツ国旗とEU旗が掲げられていた。通常ならこの効果的なセットを使うのは年に一度、大晦日の演説の時だけだ。それゆえドイツ人は何事かと注目した。共感と力強さが等分にこもったその口調は、ドイツ人がこれまで首相から聞いたことのないものだった。

この日メルケルが行った演説は、国内におけるこの致死的なウイルスの流れを変えた。いや、その感染力の強さを考えれば、国境の外側における流れさえも変えたと言っていい。

「事態は深刻です」。めったにない強い口調で彼女は言った。「この問題を重く受け止めてください」[10]と何度も忠告を繰り返した。そして、ドイツ人はその言葉を信じた。なぜなら、これまでの一五年間でメルケルに嘘をつかれたことは一度もないからだ。国民をうんざりさせたことはあったろうし、自分の決めたことについて国民が納得するまで十分に説明しなかったことは何度もある。だが、事実を粉飾することはめったになく、事実をでっちあげたことは確実にない。信頼の積み重ねが、今になって人々の命を救った。

メルケルは感情を抑えていたが、はっきりと伝わった。彼女はドイツ人のもっとも強い本能に訴えかけた。「私たちのこの社会では、あらゆる命、あらゆる人が大切です。ここに示された数字は、たんなる数値や統計値ではありません。誰かのお父さん、お母さんであり、誰かのおじいさん、おばあさんなのです。この数字は一つ一つが人間なのです」。

なんの飾り気もなく淡々と事実を伝えるその語り口は、技巧に満ちた高邁な演説よりも、危機に際してはるかに人々を落ち着かせる効果があった。メルケルは政治家というよりも、友人に話しかける友達のように、子供に話しかける親のように、人間が人間に話しかけるように話した。自分の言葉で話しているのは明らかだった。最初の草稿は、一番の側近であるベアーテ・バウマンとシュテッフェン・ザイバートの二人が書いたが、メルケルは夜遅くまでかけて自分で書き直した。演説の撮影は撮り直しなしの一発だった。言い間違えがなかったからだ。そのスピーチが強い力を持っていたのは、本心で語っていたからだ。

メルケルの独特な人生のあらゆる部分――ルター派の奉仕精神に浸りきった子供時代や、科学者から政治家に転じてからの三〇年――が、この最後の危機に備えるためにあったかのようにも思える。ドイツの暗黒の歴史を常に意識していたからこそ、彼女は国民にあらゆる情報を公開すると誓った。「私たちは民主主義国家です。制約に縛られて生きるのではなく、知識を共有し政治に参加することによって生きていくのです」。そう前置きしてから、彼女は重大事項を国民に伝えた。「ロックダウンを実施します。社交的活動は中止です。自宅勤務になります。学校にも、居酒屋にも、サッカーの試合にも行けません」

そして彼女は、この種の外出制限が何を意味するか知っていることを国民に思い出させた。「私と同じように、旅行や移動の自由（という基本的人権）を苦労して手に入れた人からすれば、このような制限は、それが絶対不可欠でない限り納得できません。民主主義社会において、このような制限は絶対に軽々しく導入してはならないし、一時的なものしか許されるべきではありません。しかしながら、当面は、命を救うためにこのような措置が不可欠なのです」。

静かに、しかし重々しく、彼女は机の上で両手の指先を合わせ、あの見慣れた菱形を作った。そして、家族に話しかけるように国民に訴えた。「一番辛いのは、人と会えなくなることです。しかし、お互いに距離を保つことが相手への思いやりを示すことになります……犠牲者の数がどれほど増えるのか、愛する人を何人失うのか、それは主に我々の行動にかかっています」。そして彼女は演説の最後で国民に懇願した。

「どうか自分のために十分に気を配り、愛する人を大切にしてください……愛情と友情を伝える方法を自分で見つけなければなりません。スカイプや電話、Eメール、それか、久しぶりに手紙を書くのもいいかもしれません。手紙は届きますから！」——メルケルもこの演説を通して、国民に科学的知識と思いやりを届けたのである。

科学者の経験がコロナ対策に生きる

演説から数日後、地元ベルリンのスーパーで、カートを押しながら買い物をするメルケルの姿が報道された。その写真を見ると、カートに入っているのはワインが二本とトイレットペーパーなど最低限のもの。彼女が国民に伝えたい大事なメッセージの一つ「買いだめはやめましょう！」の完璧なお手本を演出したわけだが、このやらせを責めることは誰にもできまい。多くのドイツ人が知るように、彼女は首相になってからもずっと自分で買い物をしてきた。コロナ禍に合わせて自己イメージを創り変える必要はなかったのである。

多くのリーダーが現実から目を背けてぐずぐずする中、メルケルは静かにその優れた指導力を発揮した。ワシントンからモスクワに至るまで、そしてドイツ国内で、彼女を激しく非難してきた無数の声は、まったく聞かれなくなった。それぞれが政治生命のかかった、もしくは本当に命のかかった、自分の戦いで手一杯なのだ。人々の強い恐怖心や虚勢、非科学的な迷信によって混乱が広がり、最悪の場合は死をもたらすような状況になったこの時期、ドイツ国内でメルケルの支持率は八〇％に急上昇し、歴史的な数字となった。

政治のためでもなく野心のためでもなく、人の命が懸かったこの時こそ、メルケルは自分の真の姿を表に出した。新型コロナウイルスが次第に広まり、進行方向も日々移り変わるようになると、ウイルスを追跡するために、ファクトと精密さを重んじる科学者の姿勢が求められるようになったからだ。スペイン風邪（第一次世界大戦後に流行し、全世界でおよそ五〇〇〇万人が死亡したインフルエンザ）に関する資料を読み込んでいたメルケルは、今後どのような状況になるのか、大まかに予想できていた。「首相が数字に強くて助かりました」と話すのはベルリンのシャリテー医科大学病院のウイルス研究所所長、クリスティアン・ドロステン博士。二〇〇三年のＳＡＲＳ（重症急性呼吸器症候群）流行時にはウイルスの特定に一役買った人物だ。

とはいえ、科学者としての経験がそのまま政治家としての優れた資質に変わるわけではない。ドイツでは国内問題に関する首相の権限が限られており、合意形成とコンセンサスが主たる運営手段になる。メルケルに説得力と理路整然と説明する能力があったからこそ、反対意見もあった国内一六の州を説得し、学校閉鎖や自宅待機を命令する権限を持つ彼らを動かし、素早いロックダウンができたのである。

かつての難民危機を通して彼女は手痛い教訓を得た。国家レベルの危機にあっては、首相はそこにいる必要があり、責任者として指揮する姿を人々に見せなければならない。そうした情報の定期的な発信は、もう一つの〝ウイルス〟が存在するこの時代には喫緊の課題となる。ソーシャルメディアというウイルスは、ものすごい速さで陰謀説や虚報を拡散させるからだ。「噂を信じないでください。公式な情報発信だけを信じるよう、みなさんにお願いします」とメルケルは国民に訴えた。「私が話すことはすべて専門家から聞いた話です」と。

また、彼女はいつも保健大臣のイェンス・シュパーンや、その場にふさわしい政府関係者を左右に従え、チームの一員として国民の前に姿を見せた。危機管理の功績を独り占めせず、彼らとぜひ分かち合いたかったのだ。コロナ禍発生以来、彼女は決して高い場所から発言せず、常に地に足を着けて物を言い、それでいて威厳を失うことはなかった。

医療崩壊にならなかったドイツ

爽やかな春の陽気が訪れ、数週間の自宅待機にうんざりした人々を外へと誘《いざな》い始めた頃、メルケルは国民に対し、ロックダウンからの解除手順は細かく定められていると念押しした。その手順には、メルケルが不可避とみなしている、再び感染者数が増加した際に実施する新たなロックダウンも含まれていた。「仮に実効再生産数が一・二まで増えると、病院は七月までに危機ラインに達する可能性があります」と彼女は説明した。「一・三まで増えた場合、危機ライン到達は六月に早まる恐れもあります」。

先進国では多くの地域で医療機関が危機ラインに達していたが、ドイツの病院は一度もそこまで至らなかった。最初から一日五万人が検査を受けていたので、行政側は感染者と判明した人の行動歴を素早く把握できたのだ。そのおかげで、ドイツの死者数はフランスの三分の一で済んでいた。メルケルの担当医が検査で陽性と判明したとき、彼女は二週間におよぶ自己隔離を行い、国民にお手本を示した。

「生活が一変しました。一日の大半を電話とビデオ会議で過ごしています[11]」と彼女は隔離中の自宅から国民に話しかけた。だが、感染症の世界的大流行でさえ、私生活を決して明かさないという彼女の姿勢を変えることはできなかった。映像には本棚も家具も映っておらず、本の趣味も芸術や家具の好みも知る手がかりはなかったのだ。こうしてメルケルは、声を使って国を運営した。閣僚会議や各国首脳との電話会議を、自宅であるベルリンの小さなマンションで行った。一国のトップどころか腹心のスタッフさえ一人も訪れたことのないその一室で。

つましいことで有名な〝シュヴァーベンの主婦〟［南西部シュヴァーベン地方の主婦は、倹約精神と確かな良識を体現しているといわれる］の倹約ぶりを理想とするメルケルは、以前、「他のEU加盟国のために自宅の玄関先を掃除している」と揶揄されたこともあった。だが、一五年にわたって財布のひもを厳しく締め付けてきた彼女のこだわりが、今になってやっと報われた。ドイツは財政黒字の状態でコロナ禍を迎えたので、ロックダウンの時期に救済策として実施された家計への補助金、特別減税、そして事業者向け貸出金の総額は、米国の救済策と比べて四倍にも達した。しかも借金を負わずにそれを実施できたのだ。操業短縮手当《クルツアルバイト》（二三五ページ参照）も素早く拡充された。この結果、予想されるGDP（国内総生産）の落ち込みは、フランスが一〇～一三％なのに対してドイツは六％にとどまった（※）。

コロナ危機の最初の数週間、メルケルはそれまで欧州団結の旗振り役だったにもかかわらず、ドイツ国民を最優先した。イタリアで広がった新型コロナウイルスが北上してくると、イタリアとの国境を閉鎖したのである。何十年間も人とモノが自由に国境を行き来していた大陸に、突如として障壁が生まれる様子を見るのは衝撃的だった。だが、自国民に多くのことを要求しているメルケルは、第一に果たすべき責任がドイツを守ることだと思ったのだ。彼女は後に、「反射的にまず国内を優先してしまった。間違ったことでした」と連邦議会で謝罪している。「世界規模のパンデミックには、国際的な連携と相互支援が必要です」とメルケルは言い、国内が制御可能な状態に抑えられていることを確認すると、世界全体のことを考えるようになった。

国内での支持率の急上昇という追い風を受け、メルケルは自分の時間とエネルギーをヨーロッパ全体の安全対策のために費やせるようになった。コロナ対策だけでなく、それ以外の将来起こりうる脅威への対策も含めて――。ユーロ危機の時とは打って変わって、コロナ禍がもたらした欧州全土の人的・経済的損害に対してメルケルは迅速かつめざましい反応を見せた。パンデミックの苦難は、彼女に最後の、そして果敢な行動を取るチャンスを与えたのである。

※それどころか、二〇二〇年末時点でドイツのＧＤＰの減少幅は五％と、ヨーロッパで最少である。ちなみにフランスとイタリアは九％、イギリスは過去三〇〇年で最悪となる一一・三％の減少を記録した。

歴史的な金額の復興基金

ソーシャル・ディスタンスが求められる時代、メルケルとマクロンは互いのおでこを合わせて結束を固めることはできなくなったが、それでも欧州の二大経済大国は力を合わせ、苦しむ欧州大陸が待ち望んでいた財政支援を実施した。

二〇二〇年五月一八日、ビデオ会議システムの画面にマクロンとメルケルが映し出された。エリゼ宮の中庭で政権の指揮を執っているマクロンは日焼けした笑顔を見せ、メルケルも微笑みを浮かべていた。二人は五〇〇〇億ユーロという歴史的な金額の復興基金を創設すると告げた。独仏両大国がこの基金に出資する以上、他のＥＵ諸国も多かれ少なかれ出資せざるを得ない。ただし、その後の詳細を詰める今後の作業は一筋縄では行かないことが予想された。

この復興基金は、最も支援を必要とするＥＵ加盟国に対し、融資ではなく純粋な贈与（補助金）を行う。そのような試みはＥＵで初めてとなる。「ドイツとフランスは欧州の理念のために共に戦っていきます」とメルケル。これは、思い切った予算の使い方などということをはるかに超え、マクロンとメルケルの描く理想の欧州像に近づくための決断なのだ。すなわち、最も恵まれない加盟国（コロナ禍で最大の被害を受けた国）を介護し、保護するヨーロッパである。これほどの巨費を投入するというのは、メルケルおよび財政面で保守的なドイツにとって、革命的と言っていいほどの方針変更が生じたことを意味する。もはや彼女は〝緊縮の女王〟ではない。これだけの贈与に踏み出すことで、メルケルは自分自身およびドイツの、強迫観念に近い倹約志向とハイパーインフレーションへの恐怖心とを克服したのである。

「我々がここで成し遂げたのはすごいことだ」とマクロンは興奮気味に述べた。メルケルはいつも通りの控え目な表現で「いわば、ドイツとフランスでほころびに継ぎを当てたようなものです」とした。今回はマクロンのほうが真実に近かった。先例がないほどの資金力をＥＵに与える今回の決定を、〝ハミルトン・モーメント〟と称える人さえいた。これは、アレグザンダー・ハミルトンとトマス・ジェファソンの間で一七九〇年に交わされた合意により、アメリカの各州が負っていた借金を連邦政府に一元化した史実を指す。ブリュッセルで長年議論されてきた〝ヨーロッパ合衆国〟が、まさに現実になろうとしているかのようにも見えた。(12)

メルケルの劇的な方針転換は、最も近しい同盟国さえ驚かせ、彼女の意思決定がごく内輪でひっそりと行われることを改めて印象づけた。そのような動きを支持してくれとメルケルに向けて三年間もキャンペーン活動を続けていたマクロンでさえ、彼女の方針転換を知らされたのは、二人で公式発表をする直前であった。こうして、メルケルに関して次の三点が改めて明らかになった。政治や経済について理念や教義に縛られていないこと、自分の失敗から学んでいること、誰のアイディアであろうと、それが役に立つ限り受け入れること。

「苦難のときこそ新しいアイディアを支持しなければなりません」と彼女は説明した。そのアイディアは迅速で、しかも大きな被害を受けた国にとっては大きな助けになり、欧州の分断を未然に防ぐものだった。相変わらずプーチンのロシアからは冷たい逆風が吹きつけ、中国は次第に攻撃的かつ排外的になり、そのうえ新型コロナウイルス感染症による苦難が広がるなか、国境線がどのように引かれていようとも「単独の国民国家に未来はありません」とメルケルは断言した。

こうして彼女は世界規模の感染症危機というタイミングを巧みにとらえ、欧州諸国に新たな団結を生み出すことに成功した。青と金のＥＵ旗と並んだメルケルとマクロンが、欧州大陸で最も苦しんでいる国々を救済すると宣言する光景は、アメリカからロシアに至るまでの地域にいた国粋主義者とポピュリストに強烈なメッセージを送った。そのうえ、ドイツ国内で高まっていたメルケルへの批判を黙らせる効果もあった。ＡｆＤだけではない。彼女のお膝元であるＣＤＵ内部で、同党を少しずつ左へ動かしてついには中道政党にしてしまった、とメルケルを批判していた保守派もまた、口を閉ざしたのである。

新型コロナウイルスとの戦いに際して発揮されたメルケルの優れた能力と、その戦後処理で彼女が示した品格と政治的手腕を目の当たりにして、中身のない怒鳴り声をあげていたＡｆＤと、不平不満をこぼしていたＣＤＵの保守派は、どちらも一時的に黙り込んでしまった。この時期、ＡｆＤはとりわけ大きく地盤沈下し、支持率は一〇％を切るまでになった。人々の怒りを原動力にしてきた政党は、ウイルスに対する怒りから政治的推進力を引き出すことがほとんどできなかったのである。ＡｆＤは〝反ロックダウン政党〟になってみたが、それほど熱心でなかった支持層を失うだけで終わった。

最後の大舞台でも〝交渉術の離れ業〟を発揮

欧州理事会本部のあるブリュッセルの近未来的な建物「ヨーロッパ・ビル」で、メルケルは六六歳の誕生日を迎えた。そこで彼女が各国首脳を相手に行った駆け引きは、おそらく彼女にとって最後の、そして最も重要な〝交渉術の離れ業〟となるであろう。

二〇二〇年七月一七日、二六カ国のリーダーが巨大な丸テーブルを囲んでメルケルの登場を待っていた。そして、その巨大な部屋に彼女が現れると、全員でヨーロッパを救済する実務に取りかかった。欧州内部にある、とても埋められそうにない深い溝を埋める必要があったのだ。それは、ドイツやオランダなどの豊かな欧州北部と、あまり恵まれないギリシャやイタリアなどの南欧諸国との間の溝、あるいは民主主義的な西欧とハンガリーやポーランドなど権威主義的傾向を強めつつある中東欧との間にある溝だ（※）。

メルケルがその部屋に現れたとき、各国首脳の間から自然に拍手が生まれた。それは彼女に対する敬意と、おそらくは二月のコロナ禍発生以来久しぶりに直接会って外交ができる純粋な喜びの気持ちからだろう。

メルケルは再び議論の場に戻れたことで、見るからにはつらつとしていた。そして、その場で彼女だけが医療現場で使用されるＮ95マスクをしていた。他の首脳たちはみな、自国の国旗をあしらった特別製のマスクを着けていた。わずかな感染の可能性さえ残さぬよう安全性の高い用品をわざわざ選んだメルケルの姿勢は、彼女がパンデミックを極めて深刻にとらえていることと、ドイツのリーダーとしてのみでなく、欧州全体のリーダーとしてその場に臨んでいることを示していた。

翌二〇二一年が首相メルケルの最後の年になることもあり、その巨大な会議室では、今まさに歴史が作られつつあるという暗黙の空気が感じられた。とはいえ、感慨にふけるようなムードはメルケル本人にはいっさいなく、仕事をきっちりやり切るという強い決意だけが全身にみなぎっていた。新型コロナウイルス感染症の大流行は、第二次世界大戦後にヨーロッパが直面した最も深刻な脅威です――とメルケルは出席者に語りかけた。そして〝おかあさん《ムッティ》〟モードになると、きちんと鼻までマスクで覆っていないブルガリア首相をたしなめた。非常時であることを容赦なく思い出させるかのように、会議室では数時間ごとに拭き掃除が行われ、ドアのすぐ外には医師が一人、準備万端で待機していた。一つのエレベーターに三人以上の国家元首が一緒に乗るのは許されなかった。

この数カ月間、各国首脳との話し合いはストレスの溜まるビデオ会議で行われてきた。相手が話し終わるまで待ち、消音《ミュート》ボタンを探し、突然切れる接続の回復を辛抱強く待つ日々だった。そしてやっと今、メルケルは自由自在に話せるようになった。

それからの五日間、計九〇時間に及ぶ交渉――話し合いが中断されるのは、ブリュッセル名物の「ポム・フリ」(二度揚げしたフレンチフライ)が出てくる軽食の時間と、話し合いを続けながらの簡素な食事の時間だけ――を通じて、メルケルは世界を相手に外交術の特別上級クラスを開講した。くどくどした饒舌はなし、個人攻撃もなし、相手を出し抜くことも禁止。みなの公益のため、みなが合意できる点を探る、という骨の折れる作業のみをひたすら続ける――この種の真剣で中身の濃い人間同士のやり取りは、派手なパフォーマンスやビデオ会議では決して実現できないものだった。

メルケル独自の外交術は、必ず相手と顔を付き合わせる必要がある。言葉に表れない手がかりや手振り身振り、沈黙などを注意深く読み取り、直に会っている時にしか生まれない自然発生的な歩み寄りを大事にするからだ。ソーシャル・ディスタンスを守って相対した今回の会議でも、メルケルはすべての出席者に言いたいことを言わせた。ハンガリー首相のヴィクトル・オルバーンが扇動《デマ》政治家《ゴーグ》らしい物言いでわめくことさえ許した。「なぜあなたたちは私とハンガリーをそこまで憎むのか?」と彼は出席者全員に尋ねた。あたかも自分がハンガリーであるかのように――だが、極めて重要な会議の本題を放置してまで彼のお芝居に付き合うものは誰一人いなかった。

熱い議論が交わされたものの、まだ明確な合意点が見えないまま一日が過ぎ、七月一八日に日付が変わった深夜二時、会議の参加者たちはメルケルの誕生日を祝うシャンパンの栓を抜いた。ポルトガルのソウザ大統領が自国のノーベル賞作家ジョゼ・サラマーゴの小説『白の闇』(邦訳は河出文庫刊、雨沢泰訳)をメルケルにプレゼントした。この小説では、〝視界が真っ白になる盲目〟をもたらす感染症が大流行し、女性の主人公が感染者の安全を守るために彼らを導く。痛烈に意味深長な贈り物だ。マクロンからのプレゼントは、メルケルのお気に入りのブルゴーニュの白ワインを一ケース（一二本）だった。

夜が明けた二日目、議論は激しさを増した。「我々がここにいるのはお互いの誕生会に呼んで欲しいからではない。それぞれが自国のために仕事をしにここへ来たのだ」とオランダ首相のマルク・ルッテは言い、ＥＵ加盟国がどれだけ「法の支配」を忠実に守っているかに応じて補助金が支給されるべきだと主張した。ＥＵが貿易のためだけに存在するのではなく、特定の価値観を共有する存在であることを、オルバーンのようなリーダーに向けて念押ししたのだ。これに対してハンガリーの独裁者は鋭い口調で（しかし意味不明な内容で）言い返した。「共産主義者みたいだな」[13]。

メルケルは、年下のパートナーであるマクロンの応援を受けつつ、勝手なことばかり言う国々を次第に一つへとまとめていった[14]。いわゆる倹約派と言われる国々――オランダ、オーストリア、スウェーデン、デンマーク、フィンランド――を「異例の状況には異例の取り組みが必要」だとして説得し、イタリア、スペイン、ギリシャ、その他のパンデミックで大打撃を受けた国々に対して付帯条件なしの救済を行うことを認めさせようとした。ちなみに「異例の取り組み」には、彼ら倹約派の国庫を前例のない規模で開放することも含まれる。

メルケルはお得意のグラフと数字をひんぱんに確認しつつ、この話し合いの行方次第ではすぐにも起きかねないリスクを参加者に思い出させた。不況の深刻化、失業率の上昇、貧富の差のさらなる拡大、社会の不安定化。彼女が指摘するまでもなく、各国のリーダーたちはわかっていた。今の欧州をとりまく環境――ブリュッセル（のＥＵ本部）に対する怒りを糧にする欧州のポピュリストたち、むき出しの野心を見せる習近平、欧州内で各国が常に反目し合うよう様々な手を尽くすプーチン、大統領選挙を控えて予断を許さぬアメリカ――を前にして、欧州内の一国たりともパンデミックの犠牲としたり、デマゴーグの手に委ねたりする危険を冒すわけにはいかない、と。二日目の未明になっても議論が続くなか、コロナ禍による世界の死者数は六〇万人を超えた。

二日目も朝から話し合いが続き、日が暮れるころにはみなの神経がささくれ立っていた。夕食を取りながら議論を続けていると、オーストリア首相のゼバスティアン・クルツに電話が入り、彼は応答するためにその場を離れた。すると、腹を立てたマクロンが巨大なテーブルをバンと叩いて大声をあげた。「ほら、クルツはどうでもいいんだ。他の人の意見など聞かない……相手にするのはメディアだけ。うんざりだ」。

クルツは黙って席に戻り、二度と離席しなかった。西側のリーダー役、六六歳のメルケルが四夜連続で話し合いを続けられるのなら、三三歳のクルツは間違いなく最後までやり遂げられるはずだろう。

※メルケルとマクロンの「復興基金」構想では、欧州委員会が借金をし、そのカネを贈与という形で苦しい国の救済に使うとしている。だが、経済が順調で財政の健全性を重視する欧州北部の一部の国々にとっては、融資でなく贈与という点が受け入れがたい。そうした国々を説得することが、この会議でメルケルとマクロンに課せられた大きな難題であった。

「交渉成立！」

日曜日の午前三時、メルケルとマクロンは二人の宿泊先のホテル、ヒルトン・ブリュッセル・グランド・パレスのバーで共に白ワインのグラスを傾けていた。〝倹約派〟は妥協しようとせず、話し合いは袋小路に入り込んでいた。経済が順調で健全財政重視（そのうえ頑固というのがメルケルの見解）のオランダは、〝付帯条件なしの贈与は認めない〟という立場を頑として譲らず、進展のなさにみな疲れ切って、前日のお祝いムードは消え去った。マクロンはいつでも帰国できるよう、大統領専用機の準備を部下に命じた。

のるかそるかのジェットコースターのような交渉過程に慣れているメルケルは、最後まで自分の立場を変えなかった。結局、欧州の最重要人物であるメルケルとマクロンが張った共同戦線に、頑固な反対派も少しずつ根負けしていく。ＥＵ最大の人口を持つ両国は、一致協力すれば敵はいないことを証明した。巨大なテーブルに着いたリーダーたちは誰一人として、危機の真っ最中にＥＵを弱体化したいとは思っていないし、交渉を投げ出して自分の評判をリスクにさらすことも望んでいない。しかも、彼らの大半はこの救済措置で恩恵を受ける立場にあった。このパンデミックという試練からは誰も簡単には逃げ出せない。それゆえ、彼らは合意に至る必要があるのだ。

「交渉成立《ディール》！」──七月二一日午前五時三〇分、欧州理事会議長のシャルル・ミシェルはそう一言だけツイートした。マクロンのツイートはもう少し優雅だった。「ヨーロッパの歴史に残る日だ」。そして、この画期的な合意の一番の立役者である女性は、いつも通りの控え目な表現だった。「お互いに妥協して合意に至ったことは責任感のある行動でした」。疲れと安堵でしわの寄った彼女の目だけが、無表情の裏に隠した本心を伝えていた。アンゲラ・メルケルは微笑んでいたのである。

今回の合意では、欧州内でコロナ禍の被害が最も深刻な国々を救うため、七五〇〇億ユーロの支出が予定されているが、それよりすごい点がある。自分の取り分にしか関心のない身勝手な国の集合だと揶揄されることの多かったEUが、今回だけは一つにまとまって行動したのだ。四〇〇〇億ユーロ近くを付帯条件のない純粋な贈与（これとは別に三六〇〇億ユーロ超は融資）に充てると合意したことで、欧州北部の豊かな国々は、EU内の貧しい国々が借金漬けになる——二〇〇八年のユーロ危機ではメルケルとドイツのせいでそうなった——のを阻止したのである。

財源は共同体として集める。すなわちEU名義で発行される債券で資金を調達する。これに関してはドイツが最大の貢献をすることになるだろう。フランスとドイツは、自国で新税の導入や国民負担率の引き上げなどが必要になるかどうかについて明言していない。メルケルは、復興基金の七五〇〇億ユーロを〝長い時間をかけて〟返済しなければならず、ドイツはその三分の一近くを負担するだろうと述べている（※）。

「この危機を見事に乗り越え、いっそう強くなるために、私たちはヨーロッパとしての行動をとらなければなりません」とメルケルは報道陣に語った[15]。そうすることによりEUは、将来の危機に備えるための先例と仕組みを作り上げ、より人間らしく官僚的ではないEUに向けて、途方もなく大きな一歩を踏み出したのである。

※二〇二一年五月、EU復興基金の財源となる共同債券の発行について全加盟国が批准、これにより、補助金・融資を合わせて最大七五〇〇億ユーロに上る復興基金の財源を市場から調達することが可能になった。加盟国には、気候変動への対応策や官民のデジタル化などを必ず含む復興計画の提出が求められてい

る。八月には、計画の承認を受けた国に対して、復興基金の予算執行が開始された。

残る大きな課題は成長を続ける独裁国家・中国

欧州は「自分の運命を自分の手で握る」[16]必要がある――アンゲラ・メルケルは首相として残された日々をそう訴えることに費やした。メルケルにすれば、ヨーロッパはたんなる共通市場や移動の自由よりも大きな何かを意味しなければならない。

「ヨーロッパは中立ではない。ヨーロッパは政治的に西側に属する」と彼女は言い続けた。幸運なことに、半年の輪番制である欧州理事会の議長国ポストが、二〇二〇年七月にドイツに巡ってきた。メルケルはこの機会を活かし、欧州単独の問題だけでなく、喫緊の懸案事項である別の国とEUとの関係に焦点を当てるのである。

「中国は今世紀のキープレイヤーの一つです」と彼女はEU議長の就任時に述べた。そして自分の六カ月の任期中、中国は最優先事項の一つになると宣言した。新型コロナウイルスの感染爆発が最初に武漢で起きたとき、北京が関連情報を公開しなかったことについて、メルケルは他の多くのリーダーほど驚かなかった。彼女の子供時代の経験と、あらゆる国のリーダーのなかで中国への訪問回数が一番多いことを考えれば、それもうなずける。情報を統制し悪いニュースを否定するのは、一党独裁国家の常套手段だ。彼女は身にしみてそれを知っている。それでもなお、香港に対する北京の容赦ない弾圧と、一〇〇万人のウイグル族イスラム教徒を〝再教育収容所〟に拘禁したことは、メルケルにとってショックだった。同時にそれは、彼女にとっての最後のジレンマ――明らかな解決策の見えないジレンマをもたらしたのである。

中国の進んでいる道は民主化への道ではない。それははっきりしていた。メルケルが年に一度の中国訪問を始めた二〇〇六年当時、唯一の合法な政党である共産党が押しつけるマルクス・レーニン主義は、当時の西側諸国にとって政治や経済、さらには国家安全保障の面からもさして重要ではなかった。メルケルはもっと人間的だが似たような社会主義の実験を知っていた。一九六八年のプラハの春だ。その〝人間の顔をした社会主義〟の試みは、ソビエトと東ドイツ、その他ワルシャワ条約機構加盟国の戦車と軍隊によって押しつぶされた。若きメルケルにとって胸が張り裂けるような経験だった。

メルケルは、一九七六年の毛沢東の死後に始まった、中国の改革開放路線が続くことを願っていた。だが、二〇一二年に共産党の総書記に就いた習近平は、党と自分の絶対的権力を最優先する姿勢を鮮明にした。世界中がコロナ禍で方向転換を余儀なくされるなかでも、習は権威主義の手綱をさらに厳しく締めつけている。彼の自信、自己主張、野心は全世界に向けられており、それを実現する資力はほぼ無限にあるように見える。中国は二〇二〇年代のうちにも、米国を抜いて世界一の経済大国になる見込みだ。

この問題（そして、収まらないコロナ禍と欧州のワクチン接種が順調に進まないこと）が、首相メルケルの最後の数カ月における大きな課題となった。メルケルにすれば、巨大な影響力を持つ中国とは、絶対に話し合える関係にならなくてはいけないのだ。だが、どうやって？

大げさな言葉はかえって逆効果になると彼女は思っている。公の場で中国を批判しても、中国国内のナショナリズムを勢いづかせるだけだ。メルケルの場合、ドライであると同時にもっと繊細なやり方をする。今やEUにとって最大の貿易相手は米国でなく中国である。端的に言えば、ドイツはこのアジアの巨人との貿易条件を、今より有利なものに変える必要があるのだ。加えて、気候変動問題も、次のパンデミックに備える体制作りも、中国抜きの話し合いでは本当の進展は生まれない。これが新しい現実であり、アンゲラ・メルケルはなによりもまず現実主義者である。世界レベルの権力者の大半とは異なり、メルケルは自分を強く見せる必要がない。彼女が欲しいのは結果なのだ。どれほど慎ましい結果であろうとも。

ＥＵと中国の歴史的な包括投資協定を取りまとめる

もうすぐ二〇二〇年が終わると世界中が歓迎していた年末最後の数日間、メルケルは最後の外交実績を挙げた。中国とＥＵ二七カ国との間で歴史的な包括投資協定を結んだのだ。彼女はＥＵ議長を次にバトンタッチする前日に、不平不満の多い加盟国を取りまとめた。この協定により中国市場は開放され、ＥＵ加盟国と中国の貿易条件は公平――すくなくともある程度は――になり、そのうえ常に問題含みの先端技術保護問題に対処することまでも視野に入れていた。

貿易・金融・気候変動・人権問題までカバーする複雑な包括協定の全貌をＥＵはまだ明らかにしていない――詳細を詰めるにはあと一〇年かかるかもしれない――ものの、主な成果は判明している。中国は貿易と金融で主要な参入障壁を撤廃し、同時にＥＵ企業が中国市場参入時に要求される合弁要件も緩和される。さらに、中国は気候変動問題での前進を約束し、市民社会の関与や強制労働の見直しなど、人権問題でも前例のない譲歩を見せた。もちろん、どのような約束も実行されなければ意味がないし、いざ約束を果たすよう北京に圧力をかける時期には、メルケルはもう権力の座にいない。だが、彼女は中国を、避けて通れない世界有数の力の一つ――地球上で最後の拡張主義共産党政権――と見ており、二〇二〇年一二月というタイミングは、長年かけて彼女が築いてきた中国の指導者たちとの信頼関係を、次世代へ引き継ぐ遺産として確固たる形に変える最後のチャンスであった。

彼女がどれほど慎重にメリットとデメリットを天秤で測ったかを知れば、この時期に急いで合意に持ち込んだ理由も理解できるだろう。発足直前のバイデン政権からは、〝西側〟（トランプとブレグジットの後でもこの分類にまだ意味があるのか不明だが）が統一戦線を築けるようになるまで、中国との交渉を待つべきだと暗に言われていた。

だがメルケルは抜け目なく計算し、中国もまた合意を急いでいると見抜いたのだ。トランプが四年かけてボロボロにした西側の同盟にアメリカが完全に復帰する前に、合意をしたいのだと。中国政府にとって、バイデンのアメリカが復帰した後の西側同盟は今より手強い相手になる。それゆえ、そうなる直前の今なら習は喜んで妥協するのではないか――。こうして、またしてもメルケルは、自分の政策を進めるチャンスがあるうちにそれを利用した。中国の指導者層およびEU諸国首脳部に対するメルケルの威信が、確固たる彼女の意志と結びつき、この合意を成立に導いたのだ。

これまでメルケルは、大事な外交交渉の場で、強情な相手をファクトで圧倒するために椅子を引いてきて相手のそばに座ったり、相手と一緒に図表や地図を熱心にのぞき込んだり、といった極めて人間的な付き合いを好んで利用してきた。だが、今回の外交実績を達成する過程で、そうした得意技は使えなかった。ロックダウン後の世界の流儀に従い、オンラインのスクリーン上で交渉が進められたからだ。

EU加盟国のリーダーのなかには、今回の合意内容が高度に技術的かつ専門的なのに、メルケルが（専門知識を持つ官僚に頼らず）強引に進めたことに不満を持つ者もいる。また、習近平が独裁支配を強化しているにもかかわらず、あたかも彼が〝ビジネスの相手にできる〟リーダー（かつてミハイル・ゴルバチョフを評してマーガレット・サッチャーが言ったセリフ）であるかのように扱ったとの批判もある。さらに、今回の合意はあまりにもドイツの利益が前面に出ているとの不満もあった。なぜなら、ドイツは中国の五大貿易相手国の一つであり、ドイツの自動車業界や産業界は中国市場の参入障壁の緩和を熱烈に求めていたからだ（※1）。

だが、メルケルは合意を望んだ。そして、他のEUのリーダーにすれば、彼女の長いキャリアの最後を飾る花道を壊してまで、この合意に反対するなどとてもできなかった。新型コロナウイルスの変異株の出現でパンデミックが長期化する恐れがあるなか、各国はイデオロギーの違いを超えて、医療や気候変動などのボーダーレスな問題で協力する必要がある――科学の基礎知識を持つメルケルはそう考えた。間違いなく今回の合意は、欧州の価値観ではなく欧州の自己利益に基づくものだ。

そして、どう考えてもリスクはゼロではない。なぜなら、ヨーロッパ経済が中国依存を強めていけば、EUは中国からの圧力に弱くなりかねない。その中国は、メルケルがどうしても許せない政策をいくつも推進している国である。すなわちこれは、メルケルによる〝レアルポリティーク〟の実践なのだ。ヘンリー・キッシンジャーならきっと拍手喝采を送るだろう。そしてメルケルに言わせれば、双方が何かを失うと同時に何かを得るような〝不完全な合意〟であっても（※2）、それは常にゼロよりましなのである。

※1　二〇二〇年、ドイツは中国に対して一〇〇〇億ドル弱に相当する商品を輸出した。これはEU全体

の中国への輸出額の半分近くを占める。そして、ドイツは中国への輸出額を超えるほど同国から商品を輸入している。この結果、中国はドイツにとって総合的に最大の貿易相手国となり、ドイツの輸出の伸びを支えるエンジン役にもなっている。EUと中国の包括投資協定は、ドイツから中国への輸出をさらに伸ばすことになり、両国間の貿易不均衡を均衡に近づけることになろう。

※2　合意内容の全文はまだ公表されていないが、それでも明らかな点は、中国がいくつかの分野を開放して欧州との貿易や合弁事業を認め、市場のコントロールをある程度まで手放すという譲歩をしたことだ。

〝パクス・アメリカーナ〟の終わりを宣言

交渉が成立したとき、メルケルはいつものドライな口調でこう述べた。

「錯覚してはいけません。中国は競争相手です……ですが、公平な競争条件は広く行き渡るべきです」

これで中国との競争条件はいくぶん公平になるだろう。欧州のビジネス界にとっては有り難いニュースではあるが、一方で世界に及ぼす中国の影響力もますます強固に、いっそう広範囲になる。実利を重視するときのメルケルは、世界にこうあって欲しいとかつて願った姿ではなく、ありのままの世界を受け入れ、そういうものとして扱うのだ（※）。

メルケルが、議長のうちに急いで中国との協定をまとめたかった理由はもう一つある。これはワシントンに向けたメッセージでもあるのだ。〝ヨーロッパは自分たちの利益のために単独で動くこともできる〟と。

大統領に就任したばかりのバイデンが「政治とは必ずしも燃えさかる炎である必要はない」と演

説で述べたとき、一部の人には空耳が聞こえたことだろう。メルケルが安堵のため息とともに漏らした「まったくです《アーメン》」という声が――。とはいえ、同盟とは信頼の上に成り立つものであり、その信頼はすり減っていた。四年の間、ヨーロッパはいくつもの危機をワシントンの助けなしで乗り切った。今さら急に元の大西洋同盟に立ち返り、ふたたび米国に従属するつもりは欧州にはない。先例のない脅威がいくつも発生し、米国が一番大事にすべき相手との信頼関係が揺らいだときでも、米国は素早く適切な対応ができなかった。メルケルにとってそれは、手に負えない危険なトランプ時代の負の遺産であった。

要するにこれは、欧州のリーダーのなかで最も親米派であるメルケルが、「アメリカの覇権」の終焉を宣言したということだ。第二次世界大戦後、ワシントン主導で作り上げられた国際秩序〝パクス・アメリカーナ〟は、歴史の一ページになったのである。

※ところが、北京との関係強化を目指したメルケルの努力は、次第に残酷さを増す中国の発言と政策によって大きく後退してしまう。彼女がまとめた包括投資協定を最終承認する主体は欧州議会だが、同議会は二〇二一年五月、ウイグル族の人権問題に絡んで中国と対立し、この協定の審議を一時凍結した。

エピローグ　世界最大の権力を持った女性

世界を前進させるという大事な仕事は、完全無欠の人々によってなされるのを待ってはいない。

——ジョージ・エリオット

（一九世紀イギリスの小説家。本名はメアリー・アン・エバンス）

メルケルの首相としての最後の一年は、季節ごとに感染状況が悪化したり落ち着いたりするパンデミックに振り回され、[1] 引退後の一市民として過ごす日々についてゆっくり考える時間はほとんどなかった。[2]

多くの人と同様、彼女もコロナ以前の生活を懐かしんだ。相手と直に会い、その場に合った機転の利いた会話を楽しむ政治家メルケルにとって、ビデオ会議では決して埋められない空しさが残るのだ。出張先はほとんどがＥＵ議会のあるブリュッセルだが、「レストランさえ開いてない今、前ほど楽しくない」(3)と認めている。気晴らしは毎日の散歩だ。社会的距離《ソーシャルディスタンス》を取り、マスクをした側近の誰かが付き従うことが多い。いつもなら冬のベルリンは陰鬱としているが、今年はワクチン予約の人々で賑わっている。世界で最初に新型コロナワクチンの製造販売の承認を得たのが、トルコ系ドイツ人の創業したドイツのバイオ医薬ベンチャー、ビオンテックであるという事実を、メルケルはとりわけ誇らしく思っている。

二〇二〇年の冬、ドイツでは新型コロナウイルスの第二波を受けて感染者が激増した。イギリス発の感染力の強い変異株（アルファ株）により、やっとパンデミックを抑え込めるはずだった取り組みが阻まれたのだ。欧州内のワクチン接種が遅々として進まぬ状況は、ＥＵという組織が大陸全般にわたる大規模事業に不慣れなことを露呈させた。また、変異株の出現により、ドイツ人は分権型政治体制のツケを払わされた。国家的危機の時でさえ、どうしても中央集権国家より意思決定が遅くなるからだ。

夜間外出禁止や自宅隔離で疲れ果てたドイツ国民からは、もはや新型コロナウイルスと戦って打ち負かしてやろうという意気込みは感じられない。メルケルもまた、この目に見えない敵にうんざりしていた。ワクチン接種が腹立たしいほど進まないこともあり、国民に忍耐を求めるメルケルの呼びかけも、最初の頃のような効き目はなくなってきた。パンデミックの初期に彼女が見せた、情熱的な激しさと人間らしい共感とのブレンドが人々に与えたショック効果も、一年後にまた繰り返せるようなものではない。

それでも、一六年間の首相任期でわずかなスキャンダルさえなかったこともあり、メルケルの世界的な名声は圧倒的だ。それは、多くの政治家を襲う悲しい運命を避けられたことを示す。すなわち、メルケルは首相としての最後の数カ月間すら、レームダック（政治的な死に体）にはならなかったのだ。メルケルは政治や党派を超えて、ドイツの象徴に、そしてドイツを映す鏡像になったのである。

「呪わしい務め」を全うした

自分の将来や政治家としての遺産についてじっくり考える時間はない、とどれほど否定しようとも、独りで静かに過ごす時、アンゲラ・メルケルは想像したに違いない。行かなくてはならない場所、解決すべき世界的危機、説得しなければならない独裁者、常に付きまとう警備員や記者、それらすべてがない生活とはいったいどのような感じなのだろう。旅するのを夢見ていた土地に行くため、飛行機のチケットを予約するとき、どんな気持ちがするだろうと——。

欧州最強の国で一六年にわたり実権を握ってきたメルケルは、ほぼ完璧な〝政治マシーン〟と化して、自分の政党と国、そして西側同盟（の名残り）を切り盛りし、結果を出し、まとめ上げてきた。そうした役割を決して自分のアイデンティティにしなかったことで、彼女の首相引退はそれほど辛いものにはならないだろう。

他の多くの政治家と異なり、メルケルは精神面で自己充足しているように見える。ビル・クリントンや、彼女の前任者であるゲアハルト・シュレーダーやヘルムート・コールのように、大衆から愛されることを強く求めてもいない。近現代で最大の権力を持つ女性は、ありのままの自分でいるだけで完全に満たされている。この先、権力という麻薬を恋しがることはないだろう。それを深く吸い込んだことがないからだ。この先、彼女が落ちた偶像になることもないだろう。すでに世界の注目は、彼女の後継者や国際政治の新たな登場人物に移っているからだ。

メルケルはかつて首相の仕事を「私の呪わしい務め」と呼んだことがある。牧師の娘にふさわしいルター派の表現だ。その「呪わしい務め」を彼女は十分に全うしただけでなく、ヨーロッパにかつてない結束をもたらした。首相官邸を離れるときに手にする最大の報酬は、自分の務めを十分に果たしたという満足感である。彼女の父は、牧師としての自分が必要とされていると思ったから東ドイツに引越した。歩んだ道こそ違えど、彼の娘もやはり奉仕することを選んだ。

メルケルは首相でなくなった後も、別人に変わることはないだろう。好奇心旺盛で、新しいアイディアに前向きで、物事の仕組みや人々の願いを貪欲に知りたがる(4)——彼女はもともと、首相を一六年務める前からそういう人だった。

任期も最終盤にさしかかったある晩、ベルビュー宮殿で公式夕食会が開かれたことがある。その席でメルケルは、彼女にのしかかる数々の問題——習近平やプーチンの引き起こす問題や、世界中が注目していたアメリカ大統領選挙——にいっさい触れず、大学院生時代に訪れたプラハの日々を懐かしんだ。彼女は、チェコの偉大な詩人ヤン・スカーツェル（チェコ語の自由な構文と対比させることで共産党の抑圧をくっきりと表現した）が大好きだったと振り返り、同じチェコ出身でこれも高名な作家であるミラン・クンデラが、スカーツェルの詩が読めるというだけでチェコ語を学ぶ意味があると述べたことを、夕食会の出席者にそれとなく思い出させた——。政治と無関係の世界に対する彼女の飽くなき好奇心は、決して弱まることはない。

そして、メルケルは〝道徳的な世界の弧は長く伸びているが、それは正義に向かっている〟［マーティン・ルーサー・キング牧師の言葉で、バイデン大統領も就任演説に引用した］とは信じていないものの、歳を取っても、権力を得ても、人の善意を疑うシニカルな見方をしたり、悲観主義になったりはしなかった。「私は楽観主義者の一員です」と述べたこともある。「山頂まで大きな石を押し上げ続けるシジフォスは、私から見ればまったく絶望しているように思えません」――これらすべてが、彼女の信じられないような旅路の次なる章も素晴らしいものになるだろうと示している。

メルケルの〝レガシー〟

彼女は豪華な首相公邸から質素な住居に引越す必要もない。なぜなら、ベルリン中心部にある賃貸マンションにずっと住み続けているからだ。彼女が語る理想の一日は、ごく普通の一日だ。「まずはたっぷり寝て、くつろいだ朝食をとります。次に、新鮮な空気を吸いに外出し、夫や友達とおしゃべりするでしょう。演劇やオペラ、コンサートに行くのもいいですね。たっぷり休んだ後に本を読むかもしれません。それから夕食を作ります。料理が好きなんです！」(5)――これが、この一六年間本当の意味で自由になったことのない人物の夢である。彼女はまだ十分に元気であり、簡単にできる娯楽を楽しめる。田園の散策、（政界と無関係の）友人とのゆっくりした食事、図表や世論調査の代わりに音楽や読書を味わう――。こうした娯楽から得る喜びは、彼女の伝説的なスタミナと自由自在にファクトを操る能力で見事に政敵を出し抜いた時の満足感には及ばないだろう。だが、自分の感情をしみじみと反芻するようなことを決してしない彼女は、自分がこれからの新生活にどのような反応を示すのか、科学者の好奇心で冷静に観察するはずだ。

当面は、ブランデンブルク地方にあった子供時代の自宅の近くで過ごすのだろう。自然を愛することを初めて知った土地であり、彼女にとっては今でも〝ふるさと《ハイマート》〟なのだ。旅行もするだろう。

かつて自分の夢として彼女が挙げたことの一つが、アンデス山脈への旅行だった。その旅は彼女のなかで〝自由の象徴〟として理想化されている。そして、もしも権力者たちに囲まれる日々が恋しくなったら、何らかの役職に就いて再び政界に戻るという選択肢もなくはない。だが、我々も多少はアンゲラ・メルケルを知っている。彼女は何事も急ぎはしない。仮にいつか公職に戻るとしても、自分なりのペースでそうするだろう。

終わったことを振り返る趣味のないメルケルは、引退後に初めて、政治家として自分が遺したものについて思いを巡らす時間を持つことになる。ドイツの自己イメージ、そして世界がかつての第三帝国をどう見るか、という点において、メルケルの難民政策は大転換をもたらした。かつてホロコーストを引き起こした国が、今や世界的な道徳の中心地と見られているのだ。これは驚愕以外のなにものでもない。

確かに一〇〇万人の難民をドイツ社会に融和させていく作業は時間がかかる。だが、メルケルが首相官邸を去る頃には、次の点がはっきりした。すなわち、人口八三〇〇万人のドイツは、彼らを受け入れても圧倒されるほどの影響は受けなかった。社会福祉制度も、学校も、国家予算も、いずれも大きなマイナスは受けていない。難民の多くがイスラム教徒であることも、概して彼らの融和の妨げにはなっていない。それでも、メルケルは首相任期中で最も大胆なこの決断により、大きな代償を払わされたと認めざるを得ない。ＡｆＤはメルケル時代の申し子なのだ。

ほとんどは彼女の責任ではないが、二〇〇五年のメルケルの首相就任時と比べ、世界はさまざまな面ではるかに荒っぽい場所になった。タブーが続々と破られ、政治規範が次々と移り変わるなか、アンゲラ・メルケルのもたらした理性と節度の政治が、今後どれだけ持ちこたえるかは不明である。

当面、少なくともドイツにおいては、彼女の遺産はしっかりと守られそうだ。二〇二一年一月一六日、CDUはメルケルの後任としてアルミン・ラシェットを党首に選んだ。ドイツで最も人口の多い州、ノルトライン・ヴェストファーレンの州首相を務めるラシェットは、メルケルの難民政策をしっかりと守り、団結した強いヨーロッパを目指す人物である。

メルケルなしの世界はどうなる

それでもなお、次のような疑問は残る。世界のリーダーたちが交渉するテーブルにもはやメルケルが着席しなくなった時、果たして彼女の後継者は、徹夜してまでかすかな共通点のカケラを探し出そうとするだろうか?

あの〝働けば自由になる〟という残酷な嘘が掲げられた門を最近くぐったばかりのメルケルは、文明の周辺部では常に人間の弱さが表面化することを心に刻んでいる。首相としての最後の数年、彼女は民主主義がいかにもろく、人々の記憶力がいかに弱いかを、毎日のように思い知らされた。彼女が昔から変わらず刺激と支援を求める国、アメリカ合衆国は、多国間の話し合いを善しとするメルケルの世界にふたたび戻ってきたが、その姿はぼろぼろだった。

トランプ政権時代の一番最後にメルケルが行ったのは、バイデンの勝利に対するEU各国の反応を一つに取りまとめることだった。同盟各国のぴたりと息の合った反応は、西側同盟を分断しようとしたトランプの試みが無駄に終わったことを彼に伝えた。ただし、これですべての危険が去ったわけではない。二〇〇〇年から権力の座にいるウラジーミル・プーチンはいまだにクレムリンにおり、誰はばかることなく公然と粗暴なふるまいを続けている。そのうえ、二〇二一年一月六日、アメリカ大統領に扇動された暴徒が米国の国会議事堂に乱入する様子を見て、メルケルは打ちのめされた。トランプ時代の終幕にふさわしい暴力的なシーンは、メルケルが滅多に感じない気持ちをかき立てた。「私は怒りを感じています」と彼女は言った——「同時に悲しみも」。

それよりさらに彼女の不安をかき立てたのは、盗まれた選挙という〝大嘘〟がトランプと一緒には消えなかったことだ。メルケルは〝大嘘〟の力を知っている。第一次世界大戦後にヒトラーが帝国議会で躍進するのに一役買ったのは、ドイツが敗れたのは共産主義者とユダヤ人による〝背後の一突き《ドルヒシュトス》〟（裏切り）のせいだとする〝大嘘〟だった。トランプの騒々しい退出劇を見て、メルケルの一番強い確信はますます強固になった。すなわち、民主主義社会とは壊れやすいものであり、不注意に扱えば、スルリと手から逃げていく。トランプは打ち負かせたかもしれないが、トランプ主義《トランピズム》は生き残っている。

権力の絶頂で引退することで、民主主義のありかたを示した

難民の定住を支えるボランティアをねぎらうため、首相官邸で開かれたあるイベントで、私はアンゲラ・メルケルに質問したことがある。政治家としての長い年月を支えた自分の資質を一つだけ挙げるとすれば、それはなんでしょうか——。「忍耐力です！」と彼女は笑顔で答えた。しわの増えた顔と非常に青い目を引き立てる表情だった。

彼女は短距離ランナーではなく、マラソン走者だ。そして一六年間も首相を続けるという忍耐力を示すことによって、日々短くなる我々の集中力の持続時間に「ノー」を突きつけた。だが、メルケルはただ耐え忍んだだけではない。彼女の回復力《レジリエンス》——個人として、政治家として、何かを失った後で跳ね返るように元に戻る並外れた能力――が、そのとてつもない旅路の推進力になってきたのだ。常に謙遜を心がける彼女ではあるが、自分が次の世代のためのお手本となることは十分に意識している。彼らは視界不良の将来に向け、ロールモデルを探しているからだ。

世界で最大の権力を持つ女性は、それが可能である限り、ありのままの自分を変えずにここまでやってきた。彼女は今でもクラスの一番後ろの席に座る、生真面目な少女なのだ。周囲をじっと観察し、言うべきことがあるときだけ口を開く。「メルケル・ドクトリン」というべきものを、彼女は残さなかった。口数の少ないこの女性の世界観を垣間見られるのは、せいぜいのところ、怒れるAfD党員に彼女が静かに言った言葉――「我々はみな、この世界の一員なのです」――くらいのものだ。

彼女は知っている。どの国であろうと――ドイツも中国もアメリカも例外なく――壁を築いてその中で長く生き残ることはできない、と。この知識こそが、子供時代から最も忍耐強く彼女の中に残ってきた教訓であり、アンゲラ・メルケルの遺産なのだ。

昔から、老残をさらす前に引退することを目標としていたメルケルは、まさに権力の絶頂で政界を離れることを誇りに思っても当然であろう。前任の首相たちは誰一人としてそれができず、首相の座を追放されるまで居座った。威厳を保ったまま退任する姿は、権力の座を自分の所有物だと勘違いして手放そうとしない政治家たちに向け、彼女が示した最後のお手本である。どうすれば民主主義がちゃんと機能するのか、それを彼らに見せたのである。

「努力の人だった、と歴史書に書かれたい」

彼女には、身をもって示したレガシーもある。

二〇二〇年の欧州復興基金を振り返ったとき、おそらく真っ先に思い浮かぶ印象的な写真は、EUの首都ブリュッセルで、欧州委員会委員長ウルズラ・フォン・デア・ライエンとメルケルの二人の女性が並んだ写真だろう。ピュー・リサーチ・センターが二〇二〇年九月に発表した調査結果によれば、世界で最も信頼されているリーダーはメルケルだった。この調査はリーダーを性別で分けずに聞いている。であれば、これは誇っていい勲章かもしれない。彼女は、責任ある立場に女性は向かないのではないかという疑問をすべて払拭したのである。彼女が成し遂げたことの大部分は、女性にもかかわらずできたのではなく、女性だからこそできたといえる。

彼女はこれまで何度も、望ましい結果を得るために自分のエゴを脇に置くことができた。交渉というのは、骨も折れるし根気も試される、気の長い作業である。手っ取り早く人々の注目を浴び、即座に自分の功績とされることを望む人には向かない仕事だ。だがほとんどの政治家は、注目と功績の両方をなんとしても手に入れたいと思っている。そして、そのほとんどは男性であると言わざるを得ない。一方、注目と功績はメルケルが最も欲しがらない報酬である。彼女が欲しいのは結果、ただそれだけだ。

メルケルの他にも、国のリーダーとして優れた指導者ぶりを発揮している女性は数人いる。だが、残念なことにその数はまだあまりに少なく、エゴを抑えられるという理由で女性のほうが最高権力者に向いているかどうか、まだ明確な結論を出すことはできない。ただし、アンゲラ・メルケル一人の例をもってして、一足飛びにそう結論したくなる気持ちも抑えがたい。

男女を問わず、メルケルの後を追う人はいよう。しかし、彼女の唯一無二の長旅をもう一度繰り返す人はいまい。その旅路がどれほど非凡なものであったか——ソビエト支配下の東ドイツ、テンプリーンの辺鄙な村落から、世界の舞台の中心へ——を自覚するメルケルは、自分が選ばなかった道を後から悔やむことはほとんどないはずだ。自分の価値観に従う姿勢が最も強い政治家であり、自分の定めた行動指針を最優先して動いてきた彼女は、首相官邸を去るに当たり、自己の価値観を曲げずに最善を尽くしたという満足感を抱いていることだろう。

歴史の本にどのような人として描かれたいか、と聞かれた彼女はかつてこう答えている。「努力の人だった、と」[6]——。自信たっぷりのデマゴーグが横行するこの時代、彼女が選んだ碑文の謙虚さと慎ましさは、それだけで多くのことを物語っている。

謝辞

自分語りに興味がまったくといっていいほどない人のライフストーリーを書くのは、控えめに言っても困難を極めた。公人のなかでも、プライベートを明かすことが近年でもっとも少ない人物の一人がメルケルである。しかも、彼女については書かれた記録が――日記や私信、スタッフのメモすら――残っていないため、執筆はさらに難航した。

しかし、アンゲラ・メルケルは、この四年間、自分の仕事ぶりを見せてくれ、私が友人や側近に取材することを許可してくれた。私は、メルケルが自分のプライバシーをどれほど厳密に守っているかを知っているので、自由に取材させてくれたことに感謝している。そしてこの四年間、何時間も私の取材に答えてくれた友人や側近の人たちにも感謝したい。その好意と信頼に報いるために、私は全力を尽くして、最大限の努力を払い、アンゲラ・メルケルのバランスのとれた本格的な評伝を書くことができたと自負している。

しばしばフラストレーションを感じながらも、このユニークな人物の謎に迫ることは、私にとって強力な、そして人生を変えるような経験となった。そのことに深く感謝したい。

とりわけエヴァ・クリスティアンセン、フォルカー・シュレンドルフ、トーマス・バガー、ヴォルフガンク・イシンガー、クリストフ・ホイスゲンの各氏は、ここ数年、何度も取材に時間を割いてくれ、彼らとの会話は有益な視点を与えてくれた。フォルカーが、メルケルとの友情と交流の思い出を語ってくれたことで、この本の記述は非常に豊かになった。

執筆を始めるよりもずっと前になるが、ドイツ系アメリカ人の著名な歴史家である故フリッツ・スターンと私の亡き夫であるリチャード・ホルブルック（リチャードがクリントン政権で駐ドイツ大使を務めたさい、フリッツは大使の顧問としてともにボンへ行ってくれた）から聞いた話は、アンゲラ・メルケルと戦後のドイツを生き生きと描くために必要だった、この国の重層的な歴史に対する理解を深めてくれた。フリッツもリチャードも亡くなってしまい、この本を読むことができないのが残念であるが、きっと評価してくれることだろう。

ベルリンのアメリカン・アカデミー――亡き夫の誇りうる遺産――は、現地取材の期間中、しばしば私にとっての駆けこみ寺となった。いつも温かく迎え入れてくれたガール・バートとベリット・エバートの友情にお礼をいいたい。そして、アカデミーでの仕事の合間を縫って、私のドイツ取材に同行してくれ、通訳をしてくれたり、調べものをしてくれたりしたトラビス・ペナーには、感謝してもしきれない。ドイツの複雑な政治を理解するためにレクチャーをしてくれたうえ、取材の初期段階でベルリンに関する豊富な知識を提供してくれたアルムート・シェーンフェルトにも感謝している。

ロックフェラー財団にも感謝したい。財団には、コモ湖畔の荘厳なベラージオ・センターで仕事をするためのフェローシップを与えていただき、そこで私は草稿を書くことができた。

ニューヨークに戻ってからは、ラムヤ・ジャヤンティがいつも気丈に振る舞い、ほぼ常に取材を一緒に進めてくれた。ジェフリー・シャンドラーとアイダ・ロスチャイルドは、草稿の構成に素晴らしい提案をしてくれた。その示唆に満ちた意見に礼を述べたい。友人かつ尊敬するジャーナリストであるリチャード・バーンスタインとアン・ネルソンは、快く時間を割いて、原稿の推敲を手伝ってくれた。

私の最初の、そして最も見識のある読者の一人であり、無二の親友でもあるジョエル・モトリーには、ロックダウン期間中、多大な貢献とサポートをしてくれたことに感謝したい。私の友人であるデンマーク系作家のモーテン・ホイ・イェンセンも、最終稿に鋭い意見を寄せてくれた。クレイリー・プーレンは、優れたフォト・リサーチャーという評判に違わなかった。彼女が見つけた素晴らしい写真によって、この本はより魅力的なものになった。

この本に取り掛かったとき、編集者として担当してくれたのは、私の過去の四作品も編集してくれた、かのアリス・メイヒューであった。アリスは新型コロナウイルス感染症の流行が始まった直後に急逝してしまったが、彼女の存在、そして長年にわたる懸命な助言と限りない情熱は、つねに私の傍ら、そしてこの本から離れることはなかった。そして、サイモン＆シュスター社のプリシラ・ペイントンとミーガン・ホーガンの素晴らしいチームに、ふたりにとっての〝新たな子供〟の製作にあたって多くの提案をしてくれたことに感謝したい。ロックダウン中に、それに対応してシームレスに作業環境の移行ができたことは、驚くべきことだった。

いつものように、アマンダ・アーバンは友人として、刺激を与えてくれ、導いてくれた。彼女なしには、執筆活動ができるとは考えられない。

もちろん、家族抜きの生活などは考えられない。リジーとクリス、そしてコリーヌとイローナの子供たち、きょうだいであるジュリアとアンドルー、甥と姪のマチュー、サビーヌ、リュシアン、レオナール、オルソン、ニコラ、リリ、そしてホアキン。パリ、ブリュッセル、ニューヨーク、テキサス州フォートワース、カリフォルニア州インバネスに散らばっていた私たちは、この大変な一年、オンライン会議システムやｉＰｈｏｎｅのビデオ通話、そしてたくさんの愛で、長い距離を乗り越えてきた。

このプロジェクトを興味深く、時には楽しくしてくれた多くの人々に感謝の気持ちを込めて、私がインタビューした方々の一部を紹介する（名前のアルファベット順）。その多くが、複数回の取材に応じてくれた。彼らの忍耐力と素晴らしい洞察力には、感謝してもしきれない。

アレクシス・パパヘラス、アルムート・メラー、アンドレアス・アープルト、アンナ・ザウアーブライ、アントニー・ブリンケン、ベン・ローズ、ベルント・ウルリッヒ、レディ・キャサリン・アシュトン、チャールズ・カプチャン、シャルロッテ・クノブロッホ、クリスティアン・デムート、クリストフ・ホイスゲン、クリストフ・マイヤー博士、コンスタンツェ・シュテルツェンミュラー、ダーフィト・ギル、ダニエル・ベア、ダニエル・ベンジャミン、デレク・ショレ、デレク・スカリー、デーケル・ペレッツ、エレン・ユーバーシェア、ジョン・エマーソン大使、エミリー・ハーバー大使、エリカ・ベン、エヴァ・クリスティアンセン、イヴリン・ファーカス、フィオナ・ヒル、フランク・ミエシュカルスキ、フリッツ・スターン、ゲイリー・スミス、ジョージ・ディーツ、グリフ・ヴィッテ、ヘンリク・エンダーライン、ヘンリー・キッシンジャー、ヘンリー・〝ハンク〟・ポールソン、ヘルリンデ・ケルブル、ヒラリー・ロダム・クリントン元国務長官、ジャック・ルプニク、ジャクリーヌ・ボイゼン、ジャクリーン・ロス、ジェームズ・デイビス、ヨーグ・ハッカーシュミット、ジョセフ・スティグリッツ、ヨアヒム・ガウク元大統領、ヨシュア・ハマー、ヨシュカ・フィッシャー元外相、ヨシュア・ヤッファ、カール＝テオドール・ツー・グッテンベルク、カレン・ドンフリート、カリン・プリッツェル、ケビン・ラッド、カースティン・コーレンベルク、ジョージ・ディーズ、ジョージ・パッカー、ラルス・ツインマーマン、ローレンス・バコウ、ロタール・デメジエール元首相、マーカス・ウォーカー、マヌエラ・ヴィリング、マシュー・ポッティンジャー、メラニー・アマン、ミヒャエル・バーンバウム、ペーター・ユンゲン、ペーター・シュナイダー、フィリップ・マーフィー、レイチェル・ドナディオ、ライナー・エプルマン、ラインハルト・ギュンツェル、ラインホルト・ハーバラント、レネ・プフィスター、ロビン・アレクサンダー、ロジャー・コーエン、シュテッフェン・ザイバート、シャイ・レーヴィ、ヨーゼフ・ヨッフェ、シモン・シュタイン、ジグムント・A・ケーニヒスベルク、シュテファン・コルネリウス、スティーヴン・グリーンブラット、トーマス・バガー、トルステン・ベンナー、トーマス・デメジエール、ティモシー・スナイダー、シュテファン・フォン・ホルツブリンク、ペーター・ヴィティヒ、ティム・ワース、ティモシー・ガートン・アッシュ、ウルリケ・デンマー、ウルリッヒ・シェーナイヒ、ウルリッヒ・ヴィルヘルム、ビクトリア・ヌーランド、フォルカー・ベルクハーン、フォルカー・シュレンドルフ、ヴェルナー・パットツェルト、ウイリアム・ドロツディアク（マクロンの伝記作家）、ヴォルフガング・イシンガー、ヤシャ・モンク。

訳者あとがき

本書は、アンゲラ・メルケルの評伝として決定版と言えるだろう。その理由はいくつもある。まず第一に、政治家としてだけでなく、一人の人間としてのメルケルを描いている点だ。それゆえ、彼女がなぜ希有な政治家なのかよく理解できる。

例えば、彼女は今でもごく普通の賃貸マンションに住み、週末は近所のスーパーで買い物する姿がよく目撃される。洗濯は夫、料理は彼女の担当――。要するに、決して権力を楽しもうとせず、普通の生活を営むことを大事にしているのだ。権力が嫌いなのではない。彼女にとって権力は、「何かを実行するための道具」なのだ。このように、本書は決して自分語りをしないメルケルの価値観や性格を丹念に掘り下げ、それがどのようにドイツ、欧州、そして世界を変えていったかを明らかにする。

第二に、ヘンリー・キッシンジャーやヒラリー・クリントンなど、アメリカ政界およびドイツ政界の大物を多数直接取材しており、メルケルの意外な素顔や知られざるエピソードが満載である。ドナルド・トランプやウラジーミル・プーチンといった一筋縄ではいかない男たちとどのようにやり合ってきたのか、国際政治の舞台裏の生々しい描写は極めてスリリングで興味深い。ユーロ危機の際、放漫財政を巡って対立していたギリシャ首相と徹夜で話し合い、一晩で彼の考えを変えてしまった場面は圧巻だ。本書を読むと、一国のリーダーというものが本来どのような仕事をするものなのか、極めてよくわかる。

三つ目は、原書の刊行が二〇二一年一〇月末であり、二〇二〇年以降のメルケルを描いている点だ。難民問題で大きく支持率を落とし、一部では死に体と見られていたメルケルが、コロナ禍への対応で見事な指導力を発揮して再び輝いたのは二〇二〇年以降である。支持率八〇パーセントという求心力を背景に、引退直前の彼女が強引に中国と結んだ包括投資協定やEU強化策を通して、彼女が引退後の世界秩序をどのように想定しているかが垣間見える。一言で言えばそれは「アメリカの覇権」が過去のものになった世界である。

本書がメルケル伝の決定版と言える四つ目の理由は、著者のカティ・マートンにある。決して内面を明かさないメルケルを、彼女なら深く理解できるだろうと思わせる人物なのだ。

マートンはハンガリー出身のアメリカ人女性で、パリのソルボンヌ大学やアメリカのジョージワシントン大学で学び、アメリカの大手メディアNPRとABCニュースの記者（ベルリン特派員）を長く務めた。いずれも日本未訳だが、著作も多数あるベテラン・ジャーナリストである。

彼女の祖父母はユダヤ人で、アウシュヴィッツの強制収容所で亡くなっている。ナチス・ドイツ時代の贖罪は、メルケルの心の中核にあるテーマのひとつだ。また、メルケルの価値観の大きな部分は、監視国家・東ドイツで過ごした時期に形成されたが、マートンもハンガリーでの子供時代、ジャーナリストの父が秘密警察に連行されるという経験をしている。このように、冷戦時代に旧ソビエト連邦の衛星国で育った経験が、メルケルという人物を理解するのに役立ったと本人も述べている。

加えて、自己顕示欲の強いきらびやかな男たちのなかで頭角を現してきたという実績も、メルケルとマートンに共通する経験だろう。現在七二歳のマートンがジャーナリストとしてキャリアを積んだ時代、アメリカのマスコミ界で女性の地位は低かったはずだ。おそらく同じ苦労をしたであろうメルケルへの思い入れも随所に感じられる。メルケルは決して大声でフェミニズムを訴えないが、次々に女性を要職に就けることでドイツや欧州の女性の地位向上に貢献してきた。そうした政治家としての地道な功績も、筆者はしっかりと描いている。

最後になるが、本書は前半第10章までを森嶋マリ、後半第11章以降を倉田幸信が訳した。このような名著を訳す機会を与えてくださった文藝春秋の衣川理花氏、入稿作業を担当してくださった續大介氏に感謝する。

二〇二一年一〇月一五日

倉田幸信

政党略称一覧

※ドイツの政党の多くは、頭文字による略称でよばれる。本文中にも説明はあるが、あらためてまとめる。

・CDU（ツェーデーウー）：キリスト教民主同盟
キリスト教民主主義、自由主義、社会保守主義を綱領とする中道右派政党。アデナウアー、コールといった首相を輩出し、メルケルが2005年から2018年まで党首を務めた。

・CSU（ツェーエスウー）：キリスト教社会同盟
南部バイエルン州の地域政党であり保守政党。

※CDUとCSUは緊密な提携関係にあり、国政レベルではキリスト教民主／社会同盟（CDU/CSU）という一体化した呼称でよばれる。

・SPD（エスペーデー）：社会民主党
戦前から続くマルクス主義政党であるが、1959年以降は市場経済を認めマルクス主義を放棄、中道左派の国民政党となった。英労働党、仏社会党とともに、欧州の社会民主主義の中心的存在。メルケルの前任であるシュレーダーの出身政党。

・FDP（エフデーペー）：自由民主党
小さな政府、規制緩和など新自由主義的政策を掲げ、経済界に近いとされる中道右派政党。

・AfD（アーエフデー）：ドイツのための選択肢
2013年、反EUを掲げて結成された右派政党だったが、2015年以降、反移民・難民、反イスラム、治安重視といったテーマに傾斜し、極右政党と呼ばれる存在になった。2017年の連邦議会選挙では議席獲得のみならず、一気に第三党（野党第一党）に躍り出た。

・SED（エスエーデー）：ドイツ社会主義統一党
戦後の東ドイツで事実上の一党独裁支配を行った共産主義政党。現在のドイツにおける後継政党の左翼党は、統一後の経済的停滞に失望した旧東ドイツ市民から一定の支持を集めている。

年表

メルケルの歩み	年	戦後ドイツの歴史
	１９４５	ナチス・ドイツが無条件降伏。連合国により分割占領される
	１９４６	（東）ドイツ社会主義統一党（ＳＥＤ）結成
	１９４８	ソ連によるベルリン封鎖。英米軍が食料や物資を空輸（～１９４９）
	１９４９	（西）ドイツ連邦共和国成立（臨時首都ボン）、キリスト教民主同盟（ＣＤＵ）のアデナウアー内閣成立（～１９６３）
		（東）ドイツ民主共和国成立（首都ベルリン）
7月17日、西独ハンブルクに牧師ホルスト・カスナーの娘として生まれる。まもなく東独ブランデンブルク州クヴィッツォに移住	１９５４	
	１９５５	（西）主権を回復しＮＡＴＯに加盟 （東）ワルシャワ条約機構に加盟
同州テンプリーンへ引越す。弟マルクス誕生	１９５７	
	１９５９	（西）社会民主党（ＳＰＤ）がゴーデスベルク綱領を採択し階級闘争を放棄、国民政党へ脱皮
	１９６０	（東）ウルブリヒトＳＥＤ第一書記を国家評議会議長に選出（～１９７３）

テンプリーンの普通総合技術学校（10年制の小中一貫校）へ入学	1961	（東）ベルリンの壁建設
妹イレーネ誕生	1964	
自由ドイツ青年団に入団	1968	
	1969	（西）SPDのブラント内閣成立（～1974）、東方外交始まる
テンプリーンの高校（大学進学コース）へ入学	1971	（東）ホーネッカー、SED第一書記に就任。1976年から党書記長・国家評議会議長兼務
	1972	東西ドイツ基本条約で互いに主権を承認
ライプツィヒ大学（当時の名称はカール・マルクス大学）に入学、物理学を専攻	1973	両独同時国連加盟
同じ大学に通うウルリッヒ・メルケルと結婚	1977	
大学卒業。ベルリンの科学アカデミーに就職	1978	
ウルリッヒと離婚	1982	（西）CDUコール内閣成立（～1998）
	1985	（西）ヴァイツゼッカー大統領、連邦議会で「荒れ野の40年」演説
博士号を取得。学会出席のため初めて西独旅行が許される	1986	
壁が崩壊した日、初めて西ベルリンに足を踏み入れる 12月、「民主主義の出発」（DA）の結党メンバーになる。翌春、科学アカデミーを退職、同党の広報担当に	1989	（東）9月、ハンガリー・オーストリア経由で東独市民集団脱走。10月、ホーネッカー党書記長・国家評議会議長解任。11月9日、ベルリンの壁開放

4月、デメジエール政権の副報道官となる。10月、再統一直前に西独のＣＤＵ党大会に出席、コールに出会う。統一後ＣＤＵに入党、12月の総選挙で初当選	１９９０	（東）3月、最初で最後の自由選挙が行われ、ＣＤＵ（西独のＣＤＵとは別組織）のデメジエール内閣が誕生 10月3日、東西ドイツ統一
第4次コール内閣で婦人・青年担当相に就任	１９９１	欧州連合（ＥＵ）創設を定めたマーストリヒト条約に調印。ＥＵは１９９３年1月発足
第5次コール内閣で環境・自然保護・原子力安全担当相に就任	１９９４	
国連の気候変動枠組条約の第1回締約国会議でホスト役を務める	１９９５	
野党に転落したＣＤＵで幹事長に就任 ベルリン・フンボルト大学教授の量子化学者ヨアヒム・ザウアーと再婚	１９９８	総選挙でＣＤＵが敗北、ＳＰＤシュレーダー内閣が成立。コールがＣＤＵ党首を辞任し、ショイブレが党首となる
コール政権時代の闇献金疑惑に関し、新聞にコール批判の文章を寄稿	１９９９	ユーロが決済通貨として導入（現金の流通は２００２年から）
4月、ショイブレの辞任にともなうＣＤＵ党首選で勝利	２０００	
11月、史上最年少・女性初の首相に就任	２００５	9月の総選挙で、ＣＤＵが僅差で第1党となり、ＳＰＤとの大連立政権が誕生
ＥＵ議長国として、ＥＵの新たな基本条約となるリスボン条約の取りまとめに尽力（２００９年1月発効）	２００７	
第2次内閣発足	２００９	総選挙でＣＤＵが勝利、自由民主党（ＦＤＰ）との連立政権が誕生

	２０１０	ギリシア財政危機から波及しドイツ国債の格下げ・ユーロ下落（ユーロ危機）。
福島第一原発事故を受け反原発政策に転換	２０１１	
第３次内閣発足	２０１３	総選挙でＣＤＵは過半数を割る。ＦＤＰが惨敗したため再びＳＰＤと大連立政権となる
前年に始まったウクライナ危機に関し、仏オランド大統領とロシアとウクライナの停戦合意を仲介 中東からの難民１００万人受け入れを決定	２０１５	大晦日にケルンで北アフリカ系・アラブ系外国人集団による性暴力事件が発生
	２０１７	総選挙で極右政党「ドイツのための選択肢」（ＡｆＤ）が初めて議席を得る。ＣＤＵは議席を減らし、連立協議は難航
第４次内閣発足。12月の党首選に出馬せず。首相も任期限りで退任すると表明	２０１８	半年間に及ぶ協議の結果、ＳＰＤとの連立政権が誕生。州議会選挙でＣＤＵは苦戦が続く
仏マクロン大統領とともに、ロシアとウクライナの停戦合意を仲介	２０１９	欧州統合の強化に向けた協力を進めるアーヘン条約を仏と締結
３月、国民にロックダウンを伝えるテレビ演説 12月、連邦議会演説で「祖父母との最後のクリスマスにしないで」と訴える	２０２０	新型コロナウイルスの感染が拡大。２０２１年９月までの累計感染者４１４万人、死者９万３０００人
首相を退任	２０２１	ロシアとドイツを結ぶ天然ガス海底パイプライン「ノルドストリーム２」が開通 ９月の総選挙でＳＰＤが勝利、連立交渉に入る

sche Zeitung online, sueddeutsche.de, last modified April 3, 2020; Laura Spinney, "Germany's Covid Expert," *Guardian* (US), April 26, 2020; Philip Oltermann, "Angela Merkel Draws on Science Background in Covid-19 Explainer," *Guardian* (US) online, last modified April 16, 2020, ttps://www.theguardian.com/world/2020/apr/16/angela-merkel-draws-on-science-background-in-covid-19 -explainer-lockdown-exit.

(11) Holger Schmale, "Working from Home," *Berliner Zeitung*, April 1, 2020; Frank Jordans, "Merkel in Quarantine After Doctor Tests Positive for Virus," *Associated Press* online, last modified March 22, 2020,https://apnews.com/article/f71e89eacd7cc6f84b81991c03e82c31.

(12) バガーへのインタビュー、「ワシントン・ポスト」紙のマイケル・バーンバウムへの著者によるインタビュー、Victor Mallet, Guy Chazan, and Sam Fleming, "Merkel Makes a U Turn to Save Stricken Bloc," *Financial Times*, May 23, 2020; Peter Muller, "Merkel and Macron Find Strength for Europe," editorial, *Der Spiegel,* May 22, 2020.

(13) バーンバウムへのインタビュー、ジャーナリストのクリスティーヌ・オックランへの著者によるインタビュー。

(14) Jean Pierre Stroobants and Virginie Malingre, "Bilaterales, Coups de Gueles et Portes qui Claques," *Le Monde*, July 20, 2020.

(15) Nikos Chrysoloras and John Ainger, "Why Europe's Pandemic Recovery Deal Is a Big Deal," *Washington Post*, July 21, 2020; Markus Becker, "Merkel's Triple Victory," *el* online, https://www.spiegel.de/international/europe/a-look-ahead-at-german-american-relations-after-trump-a-4c7ca237-fe2d-44d2-b2cb-9-aed83b8af28, November 19, 2020.

(16) 2020年5月27日、コンラート・アデナウアー財団の「EU議長国としてのドイツの外交・安全保障」に関するイベントでメルケルが行った演説。ドイツ政府報道官室ウェブサイトに2021年4月22日にアクセス。https://www.bundeskanzlerin.de/bkin-de/aktuelles/rede-von-bundeskanzlerin-merkel-im-rahmen-der-veranstaltung-aussen-und-sicherheitspolitik-in-der-deutschen-eu-ratspraesidentschaft-der-konrad-adenauer-stiftung-am-27-mai-2020-1755884.

エピローグ　世界最大の権力を持った女性

(1) "Citizen's Dialogue," *Die Zeit* online, last modified November 12, 2020; https://www.audible.com/pd/DIE-ZEIT-November-12-2020-Audiobook/B08292D7P8

(2) 2020年1月16日に行われたバーバーとシャザンによるメルケルへのインタビュー。https://www.ft.com/content/00f9135c-3840-11ea-a6d3-9a26f8c3cba4. 特に言及のない限り、引用はメルケルの演説からで、連邦議会のウェブサイトで閲覧可能。

(3) クリスティアンセンへのインタビュー。

(4) バガーへのインタビュー。

(5) 2019年8月13日にザールラントで行ったタウンホール・ミーティングにおけるメルケルの発言。https://www.ndr.de/fernsehen/sendungen/zap/Stralsund-Merkels-Antwort-auf-Rechtsaussen,kommunikationsstrategien100.html.

(6) 同上

(1) Marlowe, "As Merkel Tires."
(2) Matthias Gebauer et al., "Germany's Incredible Shrinking Role," *Der Spiegel,* April 23, 2018.
(3) With a skeptical eye: Lauren Collins, "The Bromance Myth of Trump and Macron," *New Yorker,* April 21, 2018.
(4) ティモシー・ガストン・アッシュへの著者によるインタビュー。Leaders, "Assessing Emmanuel Macron's Apocalyptic Vision," Economist, November 9-15, 2019; "Germany Warns France Against Undermining NATOSecurity Alliance," *Reuters* online, last modified November 10, 2019, https://www.reuters.com/article/us-germany-nato/germany-warns-france-against-undermining-nato-security-alliance-idUSKBN1XK08I.
(5) ドイツ大統領府外交・安全保障担当上席補佐官トーマス・バガーへの著者によるインタビュー。
(6) アッシュのインタビュー。Timothy Garton Ash, "Angela Merkel Must Go—for Germany's Sake, and for Europe's," *Guardian*（US）online, last modified November 22, 2019, https://www.theguardian.com/commentisfree/2019/nov/22/time-to-go-angela-merkel-germanys-sake-europes.も参照。

第18章　コロナとの死闘

本章については、イシンガー、ホイスゲンの両大使ならびにメルケルの腹心エヴァ・クリスティアンセン、そしてドイツ大統領府外交・安全保障担当上席補佐官トーマス・バガーにインタビューを行った。

(1) 2019年8月13日にシュトラールズントで行ったタウンホール・ミーティングの映像をYouTubeで視聴。
(2) *Das Merkel Lexikon,* p.181.
(3) "Angela Merkel Suddenly Personal," *Berliner Morgenpost*, May 13, 2013; Melissa Eddy, "Merkel Offers a Peek," *New York Times*, May 17, 2013.リンケによるメルケルのインタビュー *Das Merkel Lexikon*,も参照。
(4) 2019年8月13日にザールラントで行ったタウンホール・ミーティングにおけるメルケルの発言。https://www.ndr.de/fernsehen/sendyngen/zapp/Stralsund-Merkels-Antwort-auf-Rechtsaussen,kommunikationsstrategien100.html.
(5) "Merkel: Over but Not Out."
(6) プフィスターへのインタビュー。
(7) Carl Dietr Spranger, "Weekend Long Read on Merkel," *Süddeutsche Zeitung*, April 5, 2020.
(8) プフィスターへのインタビュー。
(9) 同上
(10) 2020年3月19日にメルケルが行った新型コロナウイルス感染症対策の演説は連邦議会のウェブサイトで視聴できる。Christine Hoffmann, "The Merkel Bonus," *Der Spiegel* online, last modified December 16, 2020, https://www .bundesregierung.de/breg-de/themen/coronavirus; Guy Chazan, "Angela Merkel Germany's Crisis Manager Is Back," Financial Times, March 27, 2020; Nico Fried and Mike Szymanski, "A Word of Warning," Süddeut-

(19) アンナ・ザウアーブライへの著者によるインタビュー。

第16章　ドイツにもポピュリズムの波が――台頭する極右

本章の元になっているのは、ベルリンとドレスデンのAfD幹部、ドイツの学者、評論家、そして過激な政治を実践する人々（特に名前を記すのは、ニコラウス・フェスト博士、クリスティアン・デムート博士、クリストフ・マイヤー博士、カリン・プリッツェル、ラインハルト・ギュンツェル、ヴェルナー・パッツェルト博士）、そして以下の人々へのインタビューである。ヨアヒム・ガウク、シモン・シュタイン大使、ミヒャエル・ナウマン、ベルント・ウルリッヒ、トーマス・バガー、メラニー・アマン、シュテファン・コルネリウス。加えて、独米両国のメディアにおける報道にも依拠している。

(1) Melanie Amann et al., "Merkel's Seed," *Der Spiegel*, September 26, 2017; and Klaus Brinkbaumer, "The Swing to the Right," editorial, *Der Spiegel,* September 26, 2017.

(2) AfDの躍進がもたらす影響についてシモン・シュタイン大使へ著者が行ったインタビュー。

(3) Susan Neiman, *Learning from the Germans: Race and the Memory of Evil*, New York, Farrar, Straus and Giroux, 2019, p.359.

(4) AfDの地域指導者ラインハルト・ギュンツェルへの著者によるインタビュー。

(5) フィッシャーへのインタビュー。

(6) ロタール・デメジエールへのインタビュー。

(7) ケルブルによるメルケルへのインタビューおよび*Spuren der Macht*.

(8) Katrin Bennhold, "One Legacy of Merkel," *New York Times*, November 5, 2018.

(9) メルケルとゼーホーファーの会談についてのニュースおよびHorst Seehofer, German minister of the interior, interviewed by Michael Stifler et al., Augsburger Allgemeine, July 7, 2019.を参照。

(10) Katrin Bennhold, "Chemnitz Protests" *New York Times*, August 30, 2018; "Angela Merkel Attacks the AfD," Deutsche Welle, December 9, 2018, https://www.dw.com/en/angela-merkel-hits-out-at-afd-on-far-right-violence/a-45453193. Merkel, interviewed by Jana Hensel, *Die Zeit*, January 24, 2019; Claus Christian Malzehn, "An Overdue Conversation Among East Germans," *Die Welt*, November 16, 2018.

(11) Merkel, interviewed by Jana Hensel, *Die Zeit*, January 24, 2019; Claus Christian Malzehn, "An Overdue Conversation Among East Germans," *Die Welt*, November 16, 2018.

(12) ドイツの政治家パウル・クリューガーへの著者によるインタビューおよび2018年12月7日のハンブルクにおけるメルケルの演説（CDUのウェブサイトwww.cdu.de.にて視聴可能）。

第17章　ラスト・ダンスはマクロンと

本章では、著者のインタビュー対象者は以下の人々。トーマス・バガー、クリストフ・ホイスゲン、エヴァ・クリスティアンセン、フランスの政治学者ジャック・ルプニク、ジャーナリストのクリスティーヌ・オックラン、元フランス外相ベルナール・クシュネル、ウィリアム・ドロズディアク、ティモシー・ガストン・アッシュ。

2000.
(2) Stefan Wagstyl, editorial, *Financial Times*, January 26, 2016.
(3) フォルカー・シュレンドルフへの著者によるインタビュー。
(4) ローズとホイスゲンへのインタビュー。
(5) アメリカの駐独大使ジョン・エマーソンへの著者によるインタビュー。

第15章　トランプ登場――メルケルは“猛獣使い”になれるか

本章の背景となる、トランプ時代のアメリカ政府については以下の人々へのインタビューに基づく。ロバート・キミット、フィオナ・ヒル、カレン・ドンフリート、コンスタンツェ・シュテルツェンミュラー、デレク・ショレ、マシュー・ポッティンジャー。他方、ドイツからの視点は、次の人々へのインタビューが元になっている。ヴォルフガンク・イシンガー、カースティン・コーレンベルク、エヴァ・クリスティアンセン、トーマス・バガー、ベルント・ウルリッヒ、レネ・プフィスター、クリストフ・ホイスゲン、ザンクトガレン大学（スイス）のジェームズ・W・デイビス。
(1) ホイスゲンとクリスティアンセンへのインタビュー。
(2) イシンガーへのインタビュー。
(3) Philip Rucker and Carol Leonnig, *A Very Stable Genius*, New York: Bloomsbury, 2020, p.165.
(4) ドイツのジャーナリスト、カースティン・コーレンベルクへの著者によるインタビュー。
(5) フィオナ・ヒルへのインタビュー。
(6) トランプのツイートは、引用箇所に限らず閲覧可能な状態で記録されている。
(7) イシンガーへのインタビュー。
(8) 2018年6月10日のヴィルによるメルケルへのインタビュー。
(9) Kornelius, Angela Merkel, p.26.
(10) ベルゲンへのインタビュー。
(11) ハーバーへのインタビュー。
(12) 2018年6月10日のヴィルによるメルケルへのインタビュー。
(13) プフィスターへのインタビュー。Pfister, “Times of Turmoil,” and “Apocalypse Merkel,” *Der Spiegel*, June 2, 2018.も参照。
(14) 2018年5月11日、ミュンスターにおける第101回ドイツ「カトリックの日」におけるメルケル首相へのインタビュー。ドイツ政府報道官室ウェブサイトに2021年4月22日にアクセス。https://www.bundeskanzlerin.de/bkin-de/aktuelles/rede-von-bundes kanzlerin-merkel-beim-101-deutschen-katholikentag-am-11-mai-2018-in-muen ster-1122406; Merkel, address at the 55th Munich Security Conference, February 16, 2019.
(15) バコウのインタビュー。
(16) 同上、およびハーバード大学教授スティーヴン・グリーンブラットへの著者によるインタビュー。
(17) クリスティアンセンへのインタビュー。
(18) 2019年7月19日に行われた夏の定例記者会見。ドイツ政府報道官室ウェブサイトに2021年4月22日にアクセス。

（IOM）事務局長のウィリアム・スウィング大使、メルケルの報道官シュテッフェン・ザイバート、アメリカの駐英大使ハラルド・ブラウン、駐独大使ロバート・キミット、エレン・ユーバーシェア、ヘンリー・キッシンジャー、パウル・クリューガー、トーマス・バガー、クリストフ・ホイスゲン。

本章でのアンゲラ・メルケル首相の発言は、特に断りのない限り、2015年から2016年にかけての難民危機の際に、ドイツのARD放送局の記者であるアン・ヴィルに行った3回のロングインタビューから引用しており、YouTubeで視聴可能。October 7, 2015, https://www.youtube.com/watch?v=cx3R-Cys50E, February 19, 2016, https://www.youtube.com/watch?v=9slKqESqOiU, and November 20, 2016, https://www.youtube.com/watch?v=lJwcfld8cWE
メルケルとリームが出会った場面については、ドイツのテレビ報道に基づく。

（1）キッシンジャーへのインタビュー。
（2）Helmut Kohl, "Europe Before a Crucial Test," *Der Tagesspiegel*, April 17, 2016.
（3）ジャーナリスト、ジョージ・パッカーへの著者によるインタビュー。
（4）ユーバーシェアへのインタビュー。
（5）ポールソンへのインタビュー。
（6）Merkel, interviewed by Anne Will,ARD German Television broadcast available on YouTube February 29, 2016 https://www.youtube.com/watch?v= 9slKqESqOiU.
（7）ザイバートへのインタビュー。
（8）Merkel, *Bunte*, June 2, 2016. および2015年10月7日、欧州議会におけるメルケル首相の演説。ドイツ政府報道官室ウェブサイトに2021年4月22日にアクセス。https://www.bundeskanzlerin.de/bkin-de/aktuelles/rede-von-bundeskanzlerin-merkel-am-7-oktober-2015-vor-dem-europaeischen-parlament-475792.
（9）トーマス・デメジエールへのインタビュー。
（10）クリスティアンセンへのインタビュー。
（11）その模様を目撃したメラニー・アマンへの著者によるインタビュー。
（12）Patrick Kingsley, The New Odyssey: The Story of Europe's Refugee Crisis（Norwich, UK: Guardian Faber, 2016), 43; T. Hildebrandt and B. Ulrich, "In the Eye of the Storm," *Die Zeit*, September 20, 2015.
（13）ローズへのインタビュー。
（14）大晦日の集団暴行事件に関する記述は、さまざまな報道とAmy Davidson, "Angela Merkel's Cologne Test,"*New Yorker*, January 10, 2016.による。
（15）Ross Douthat, "Germany on the Brink," New York Times, January 9, 2016; Anna Sauerbrey, "Germany's Post Cologne Hysteria," *New York Times*, January 9, 2016.

第14章　二〇一六年、最悪の年――英国のＥＵ離脱

本章の記述は以下の人々へのインタビューに基づくが、その多くはオフレコで行われた。ベン・ローズ、ベルント・ウルリッヒ、シュテファン・コルネリウス、ジェームズ・デイビス、レネ・プフィスター、ジョン・エマーソン、トーマス・バガー、クリストフ・ホイスゲン、エヴァ・クリスティアンセン。

（1）Michael Schindhelm, "Mocca Twice a Day with Angela," *Berliner Morgenpost*, March 8,

ware the Democrats of the Living Dead," *New York Times* online, February 17, 2020, https://www.nytimes.com/2020/02/17/opinion/bloomberg-buttigieg-economy.html?searchResult-Position=1; Rachel Denadio, "Official Warmth and PublicRage," New York Times, October 12, 2012.
(4) ローズへのインタビュー。
(5) ホイスゲンへのインタビュー。Barack Obama, *Promised Land*, New York, Crown, 2020, pp.519-56.も参照。
(6) "Sarkozy Declare sa Flamme," *Vingt Minutes,* January 5, 2008, a free daily newspaper published by Schibsted and Ouest France Group.
(7) コルネリウスとウルリッヒへのインタビュー。
(8) 著者によるアレクシス・パパヘラスのインタビュー。Yanis Varoufakis, *Adults in the Room: My Battle with the European and American Deep Establishment*, New York, Farrar, Straus and Giroux, 2017, pp.331-50.も参照。
(9) ウルリッヒへのインタビュー。

第12章　民主主義の守護天使——ウクライナを巡る攻防

本章は以下の人々へのインタビューを元にした。ダン・ベア、ビクトリア・ヌーランド、ベン・ローズ、ティモシー・スナイダーとティモシー・ガストン・アッシュの歴史家二人、イヴリン・ファーカス、エミリー・ハーバー、トーマス・バガー、クリストフ・ホイスゲン。
(1) オバマ政権で国防総省にいたイヴリン・ファーカスへの著者によるインタビュー。
(2) オバマ政権でヨーロッパ担当の国務次官補だったビクトリア・ヌーランドへの著者によるインタビュー。
(3) イシンガーへのインタビュー。
(4) オバマの側近だったトニー・ブリンケンへの著者によるインタビュー。
(5) ドイツの駐米大使エミリー・ハーバーへの著者によるインタビュー。
(6) 元OSCE大使ダン・ベアへの著者によるインタビュー。
(7) 報道による。
(8) ヌーランドへのインタビュー。
(9) 歴史家ティモシー・スナイダーへの著者によるインタビュー。
(10) ホイスゲンへのインタビュー。
(11) オバマ政権で国防次官補(国際安全保障問題担当)を務めたデレク・ショレへの著者によるインタビュー。
(12) ホイスゲンへのインタビュー。
(13) ジャーナリスト、パトリック・ダナヒューへの著者によるインタビュー。Stent, *Putin's World*, p.344.も参照。
(14) メディアが伝えるところによる。
(15) メルケルの友人である投資家ペーター・ユンゲンへの著者によるインタビュー。

第13章　難民少女へ見せた涙

本章の記述の一部は、以下の人々へのインタビューが元になっている。元国連移住機関

ihr-mann-die-waesche-4660735.html.
(5) ケルブルによるメルケルのインタビュー、Koelbl, *Spuren der Macht*.
(6) Alexander Osang, "The German Queen," *Der Spiegel,* May 11, 2009.
(7) 同上
(8) Martin Amis, *Inside Story: A Novel* , New York, Farrar, Straus and Giroux, 2020, p.239.
(9) 著者によるペーター・ヴィティヒとカレン・ドンフリートへのインタビュー。
(10) Haaretz (Tel Aviv, Isr.), October 4, 2018; Deutsche Welle, October 4, 2018.
(11) 著者によるケビン・ラッドへのインタビュー。
(12) 著者によるヒラリー・クリントンへのインタビュー。

第10章　オバマ——条件つきのパートナー

本章は以下の人々に著者が行ったインタビューを元にした。ワシントンではアントニー・ブリンケン、ベン・ローズ、ビクトリア・ヌーランド、チャールズ・カプチャン、デレク・コレット、ジョン・エマーソン大使。ベルリンとニューヨークではクリストフ・ホイスゲン、トーマス・バガー、シュテファン・コルネリウス。彼らは自身の経験談を聞かせてくれた(ホイスゲンは2017年からドイツの国連大使を務めている)。
(1) クリントンへのインタビュー。
(2) Oltermann, "The Paradox of Merkelism."
(3) Jane Kramer, "Letter from Europe," *New Yorker,* September 19, 2005.
(4) 著者によるベン・ローズへのインタビュー。
(5) 著者によるベルント・ウルリッヒへのインタビュー。
(6) Steven Lee Myers, *The New Tsar: The Rise and Reign of Vladimir Putin*, New York, Vintage Books, 2016, p. 439.
(7) Susan Rice, *Tough Love: My Story of the Things Worth Fighting For,* New York, Simon & Schuster, 2019, p.360.
(8) クリスティアンセンとホイスゲンへのインタビュー。
(9) ローズへのインタビュー。
(10) Rice, *Tough Love*, p.362.

第11章　緊縮の女王——ユーロ危機と経済大国ドイツの責務

この章のテーマについてのインタビューは、ジョセフ・スティグリッツ、リヤーカト・アーメド、ベン・ローズ、シュテファン・コルネリウス、ベルント・ウルリッヒ、キャサリン・アシュトン、ハンク・ポールソン、ヴォルフガンク・イシンガー、アレクシス・パパヘラス(ギリシャの「イ・カシメリニ」紙の編集者)、「ウォールストリート・ジャーナル」紙のマーカス・ウォーター、「フィナンシャル・タイムズ」紙のジリアン・テット。金融危機とそれを食い止めるためにメルケル首相が果たした役割についての具体的な説明は、J. Adam Tooze, *Crashed: How a Decade of Financial Crises Changed the World,* New York, Penguin Books, 2019.を参照。
(1) クリスティアンセンへのインタビュー。
(2) ooze, *Crashed,* p.144.
(3) Paul Krugman, opinion, "Have Zombies Eaten Bloomberg's and Buttigieg's Brains? Be-

シンガー大使（2007年、プーチンが西側を痛烈に批判する演説を行ったミュンヘン安全保障会議で議長を務めた）、メルケル内閣の報道官シュテッフェン・ザイバート、元報道官ウルリッヒ・ヴィルヘルム、クリストフ・ホイスゲン、チャールズ・カプチャン、フィオナ・ヒル。「ニューヨーカー」誌のモスクワ特派員ヨシュア・ヤッファとレネ・プフィスターへのインタビューは、プーチンとＫＧＢの関係が、その後、ロシアのリーダーとなったプーチンとメルケルの関係に及ぼした影響について大いに役立った。トランプ大統領の副補佐官マシュー・ポッティンジャー、元オーストラリア首相ケビン・ラッドからは、権威主義を強める習近平へのメルケルの対処法に関する洞察を得た。

Pfister, “Times of Turmoil,” *Der Spiegel*, May 18, 2019; David von Drehle, “Putin's Virus,” *Washington Post,* March 2, 2020. も参照。

(1) ドレスデンでのプーチンの生活と仕事と機密情報の破壊に関してはFrom the Horse's Mouth: Conversations with Putin, p.82, p.83, p.88.
(2) 同上
(3) コルネリウスへのインタビュー。
(4) 著者によるマクシム・エリスタヴィへのインタビュー。
(5) Angela Stent, Putin's World: *Russia Against the West and with the Rest,* New York: Hachette, 2019, p.104.
(6) Andrew Higgins, “A Russian by Blood,” *New York Times*, September 28, 2019.
(7) 著者によるチャールズ・カプチャンへのインタビュー。
(8) 著者によるウルリッヒ・ヴィルヘルム、クリストフ・ホイスゲンへのインタビュー。
(9) プフィスターへのインタビュー。
(10) 2021年4月22日ミュンヘンで行われた第55回ミュンヘン安全保障会議でのメルケル首相の演説。ドイツ連邦政府報道官室のサイト（2021年4月22日付）https://www.bundeskanzlerin.de/bkin- de/aktuelles/rede-von-bundeskanzlerinmerkel-zur-55-muenchner-sicherheitskonferenz-am-16-februar-2019-inmuenchen-1580936.
(11) Merkel, interviewed by Lionel Barber and Guy Chazan, *Financial Times*, January 15, 2020.
(12) 同上

第９章　ベールに包まれた私生活

著者は以下の人々にインタビューを行い、本章の骨子となる重要な情報を得た。エヴァ・クリスティアンセン、アンドレアス・アープルト博士、シモン・シュタイン大使、フォルカー・シュレンドルフ、クリストフ・ホイスゲン、元ドイツ駐米大使ペーター・ヴィティヒ、ハラルド・ブラウン大使、トーマス・バガー、ルネ・フレミング、元オーストラリア首相ケビン・ラッド、レディ・キャサリン・アシュトン、カレン・ドンフリート、ヘルリンデ・ケルブル、ヒラリー・クリントン。

(1) 2019年8月13日、シュトラールズントのタウンホール・ミーティングにおけるメルケルの発言。
(2) ケルブルによるメルケルのインタビュー、Koelbl, *Spuren der Macht*.
(3) 同上。
(4)「ビルト」紙サイトhttps://www.rtl.de/cms/angela-merkel-verraet-privates-daheim-macht-

(21) ケルブルによるメルケルへのインタビュー。Koelbl, *Spurn der Macht.*
(22) Roll, *Merkel's Path to Power*, p.260.
(23) ケルブルによるメルケルへのインタビュー。Koelbl, *Spuren der Macht*.
(24) Osang, "Woman in Amber."
(25) *Bild-Zeitung*, July 17, 2014.

第6章　初の女性首相へ登りつめる

本章は以下の人々に著者が行ったインタビューを元にした。ヘンリー・キッシンジャー、ヨシュカ・フィッシャー、クリストフ・ホイスゲン、トーマス・デメジエール、トーマス・バガー、エヴァ・クリスティアンセン、ベルント・ウルリッヒ、シュテファン・コルネリウス。

(1) キッシンジャーへのインタビュー。
(2) Rinke, *Das Merkel Lexikon*, p.282-86.
(3) *Bild-Zeitung*, July 2007.
(4) 著者による作家ジュディ・デンプシーへのインタビュー。
(5) 著者によるエヴァ・クリスティアンセンへのインタビュー。
(6) イシンガーへのインタビュー。
(7) 著者によるトーマス・デメジエールへのインタビュー。
(8) 著者によるシュテファン・コルネリウス（ジャーナリスト）へのインタビュー。
(9) 著者によるレネ・プフィスター（ジャーナリスト）へのインタビュー。
(10) 著書による元ドイツ外務大臣ヨシュカ・フィッシャーへのインタビュー。
(11) 著者によるフリッツ・スターンへのインタビュー。
(12) 著者によるシャルロッテ・クノブロッホとイスラエルの駐独大使シモン・シュタインへのインタビュー。
(13) クリスティアンセンへのインタビュー。
(14) Philip Oltermann, "The Paradox of Merkelism," *Prospect online*, last modified January 29, 2020, https://www.prospectmagazine.co.uk /politics/angela-merkel-profile-trump-germany-chancellor-prime-minister.

第7章　ブッシュ大統領と親交を結ぶ

本章は以下の人々に著者が行ったインタビューを元にした。ヴォルフガンク・イシンガー、ウルリッヒ・ヴィルヘルム、ベルント・ウルリッヒ、クリストフ・ホイスゲン。

(1) 著者による美容師ウド・ヴァルツへのインタビュー。
(2) *Economist*, February 9, 2006.
(3) Stefan Kornelius, *Angela Merkel: The Chancellor and Her World—The Authorized Biography,* London, Alma Books, 2013, p.91; Rinke, *Das Merkel Lexikon*, p.181. メルケルの控えめな愛国心に関してはLangguth, *Angela Merkel*を参照。

第8章　プーチン、習近平——独裁者と付き合う方法

本章は以下の人々に著者が行ったインタビューを元にした。メルケル内閣の元国防大臣カール＝テオドール・ツー・グッテンベルク、トーマス・デメジエール、ヴォルフガンク・イ

統領)、ダーフィト・ギル、フォルカー・シュレンドルフ、アンドレアス・アープルト博士への著者のインタビューを元にした。

ヤナ・ヘンゼルの名著 *After the Wall: Confessions from an East German Childhood and the Life That Came Next*,tras. Jefferson Chase, New York, Public Affairs, 2004も参照。

(1) ケルブルによるメルケルへのインタビュー。
(2) 同上
(3) Quentin Peel, "Angela Merkel—Woman of Power," *Financial Times*, December 14, 2012.
(4) 同上
(5) Merkel with Müller-Vogg, *Mein Weg*.
(6) 同上
(7) 著者によるアンドレアス・アープルトへのインタビュー。

第5章　コール首相の"お嬢さん"と呼ばれて

本章は以下の人々に著者が行ったインタビューを元にした。ヴォルフガンク・イシンガー大使、ロバート・キミット大使、ティモシー・ワース元上院議員、ヒラリー・ロダム・クリントン元国務長官、ヘンリー・キッシンジャー元国務長官、"ハンク"・ポールソン元財務長官、メルケル内閣の元国防大臣カール＝テオドール・ツー・グッテンベルク、「ツァイト」紙副編集長ベルント・ウルリッヒ、ヘルリンデ・ケルブル。

また著名なドイツ系アメリカ人の歴史家フリッツ・スターン、また、リチャード・ホルブルックから長時間にわたって話を聞き、著者は多くの知識を得た。

(1) 著者によるロタール・デメジエールへのインタビュー。
(2) 著者によるヘンリー・キッシンジャーへのインタビュー。
(3) ロタール・デメジエールへのインタビュー。
(4) ケルブルによるメルケルへのインタビュー。
(5) Paul Lever, *Berlin Rules: Europe and the German Way,* London, I. B. Tauris, 2017, p.23.
(6) 著者によるイシンガーへのインタビュー。
(7) Merkel with Müller-Vogg, *Mein Weg*.
(8) 著者によるキミットへのインタビュー。
(9) 同上
(10) Merkel, *Daran glaube ich*.
(11) Merkel, interviewed by Brigitte Huber and Meike Dinklage, *Brigitte*, July 2, 2017.
(12) ケルブルによるメルケルへのインタビュー。Koelbl, *Spuren der Macht*.
(13) 同上
(14) 同上
(15) Lever, *Berlin Rules*, p.73.
(16) キミットへのインタビュー。
(17) 著者によるティム・ワースへのインタビュー。
(18) ケルブルによるメルケルへのインタビューおよび*Spuren der Machtt.*
(19) 著者によるポールソンへのインタビュー。
(20) 著者によるハーバード大学学長ローレンス・バコウへのインタビュー。

ンにおけるラルフ・グンター・シャイン牧師主催の集会におけるスピーチ)。

(12) アンゲラ・メルケルの自身の信仰に関するスピーチ。Deutscher Evangelisher Kirchentag Dokumente, 2005 参照。エレン・ユーバーシェアの協力により著者が活用。

(13) Merkel with Hugo Müller-Vogg, *Mein Weg,* ケルブルによるメルケルへのインタビュー。

(14) ケルブルによるメルケルへのインタビュー。

(15) Merkel, *Daran glaube ich.*

(16) ケルブルによるメルケルへのインタビュー。プラハの春への弾圧に対するメルケルの反応の詳細はEvelyn Roll, "And It Was Summer," *Süddeutsche Zeitung Magazin*, September 2008.を参照。

(17) 著者によるウルリッヒ・シェーナイヒ、エリカ・ベンへのインタビュー。"Das Eiserne Mädchen," *Der Spiegel*, March 1, 2000 も参照。

第2章　物理学科の優秀過ぎる女子大生

本章は以下の人々への著者のインタビューを元にした。ライプツィヒ大学でのメルケルの学友と教授(主にフランク・ミェシュカルスキとラインホルト・ハーバラント教授)、政治家となった頃のメルケルの伝記を書いたジャクリーヌ・ボイゼン。Evelyn Roll, *Die Kanzlerin*も参考にした。

(1) Moritz von Uslar, *100 Fragen an....*

(2) Merkel with Müller-Vogg, *Mein Weg*.

(3) Rinke, *Das Merkel Lexikon*.

(4) "One Day She Moved Out," *Focus*, no. 28, 2004.

第3章　東独トップの科学アカデミーへ——袋小路の人生

本章は主に、作家であり映画監督でもあるミヒャエル・シンドヘルムへの著者のインタビューを元にした。

(1) Wolfgang Stock, *Angela Merkel: Eine Politische Biographie*, Munchen, Olzog, 2000, p.569.

(2) ケルブルによるメルケルへのインタビュー、著者によるシンドヘルムへのインタビュー。

(3) Merkel with Müller-Vogg, *Mein Weg*; Gunnar Hink, "Mr. Merkel from Dresden," *Die Tageszeitung*, December 7, 2016.

(4) シンドヘルムへのインタビュー。Isaac Stanley-Becker and Luisa Beck, "The Pastor's Daughter," *Washington Post*, September 11, 2017 も参照。

(5) Franziska Reich, "The Woman Who Came in from the Cold," *Stern*, May 5, 2005. また、シンドヘルムへのインタビュー。Matthew Qvortrup, *Angela Merkel: Europe's Most Influential Leader,* New York, Over- look Duckswsorth, 2016, p.91 も参照。

(6) ケルブルによるメルケルへのインタビュー、著者によるシンドヘルムへのインタビュー。

(7) Stock, *Angela Merkel*, p.56.

(8) Interview with Dr. Sauer, *Berliner Zeitung*, December 23, 2017.

第4章　ベルリンの壁崩壊—— 35歳で政治家へ転身

本章の一部はロタール・デメジエール(元東ドイツ首相)、ヨアヒム・ガウク(元ドイツ大

プロローグ　牧師の娘に生まれて

本章は以下の人々への著者のインタビューを元にした。エヴァ・クリスティアンセン、フォルカー・シュレンドルフ、ヨアヒム・ガウク、ベン・ローズ、フィリップ・マーフィー、ダーフィト・ギル、ベルント・ウルリッヒ、ヘルリンデ・ケルブル、ミヒャエル・ナウマン、メラニー・アマン。

なお本書においては、著者によるインタビューの日付は記していない。それはインタビューを複数回行ったり、後日追加質問を行ったりしているためだ。

(1) Alexander Osang, "Chancellor Merkel—Woman in Amber,",*Der Spiegel,* August 31, 2017; "Angela Merkel—Over but Not Out", *Süddeutsche Zeitung*, December 1, 2018.
(2) Nico Friedt, "She Knows Something That You Don't Know", *Die Zeit*, March 2, 2018.
(3) Lara Marlowe, "As Merkel Tires, Macron Emerges," *Irish Times*, September 28, 2017.
(4) 著者によるヘルリンデ・ケルブルへのインタビュー。
(5) Koelbl, *Spuren der Macht.*
(6) Alexander Osang, "The German Queen," *Der Spiegel,* May 11, 2009.
(7) 著者によるケルブルへのインタビュー。Koelbl, *Spuren der Macht*も参照。
(8) Merkel, interviewed by Melanie Amann and Florian Gathmann, *Der Spiegel*, November 5, 2019.

第１章　共産主義の秘密警察国家・東独で育つ

本章は以下の人々への著者のインタビューを元にした。ミヒャエル・ナウマン、ウルリッヒ・シェーナイヒ、アンドレアス・アープルト、ライナー・エプルマン、ロタール・デメジエール、ミヒャエル・シンドヘルム、ジャクリーヌ・ボイゼン、エヴァ・クリスティアンセン、エリカ・ベン、フォルカー・シュレンドルフ。

ハンブルクでカスナーの身に降りかかった出来事と家族でブランデンブルクへ移る決断に関しては、Ralf Georg Reuth and Günther Lachmann, *Das Erste Leben der Angela M.*, 4th. ed., München, Piper, 2013.を参考にした。

(1) *Der Spiegel*, January 26, 2016. およびライナー・エプルマン（牧師）、エレン・ユーバーシェア（ドイツプロテスタント財団・ハインリヒ・ボル財団会長）への著者によるインタビュー。
(2) "Visit to the Pastor from Templin," *Berliner Zeitung*, June 2, 2005.
(3) Roger Cohen, "From East to West," *New York Times*, June 1, 2001.
(4) ヘルリンデ・ケルブルによるメルケルへのインタビュー、*Spuren Der Macht*も参照
(5) Gorge Packer, "The Astonishing Rise of Angela Merkel," *New Yorker*, December 1, 2014.
(6) Angela Mekel, *Daran glaube ich: Christliche Standpunkte.*
(7) ヘルリンデ・ケルブルによるメルケルへのインタビュー
(8) *Gerd Langguth, Angela Merkel*, ケルブルによるインタビューとミュラー＝フォグによるインタビューも参照。
(9) Merkel, *Daran Glaube Ich.*
(10) 1995年、プロテスタント教会の大会でのメルケルのスピーチとユーバーシェアのインタビュー。
(11) アンゲラ・メルケル「キリスト教徒と政治家である意味」(2004年、ドイツ・テンプリー

ソースノート

本書の執筆にあたり、ドイツ人作家やジャーナリストによるアンゲラ・メルケルへのインタビューを活用させていただいた。インタビューはおおむね、メルケルが2005年に首相になる前に行われたものだ。当時はまだ、公の場で政治とは関係のない話もしていたのだ。インタビューはドイツ語で行われ、それを私が英語に訳した。ときに仔細にわたり、また、思慮に富むやりとりも多く、メルケルが自分の言葉でその半生と転機を語った貴重な資料である。インタビューの内容そのものには手をくわえていないが、訳出にあたり、わかりやすさを重視し、微調整を行った。それにより、インタビュー記事のページ番号と合致しなくなったものに関しては、ページ番号を付さずに引用した。

メルケルが母国語を使い自身の言葉で語ることで、誰よりもプライバシーを重んじるその公人の真の姿が浮き彫りになった。そのために尽力された以下の方々に、心からお礼を申し上げたい：ヘルリンデ・ケルブル（Herlinde Koelbl）、ゲルト・ラングート（Gerd Langguth）、アンゲラ・メルケル（Angela Merkel）——本人の著書とフーゴー・ミュラー＝フォグ（Hugo Müller-Vogg）によるインタビューがある——、アンドレアス・リンケ（Andreas Rinke）、エヴリン・ロール（Evelyn Roll）、モーリッツ・フォン・ウスラル（Moritz von Uslar）。次に挙げる彼らの著作は、本書の中で繰り返し参照されている。

Herlinde Koelbl, *Spuren der Macht: Die Verwandlung des Menschen durch das Amt—Eine Langzeitstudie*（権力の軌跡：職務を通じて人はいかに変わるのか——長期的研究）, 1st ed., München, Knesebeck Verlag, 1999.

Gerd Langguth, *Angela Merkel: Aufstieg zu Mach*（メルケル、権力への道）, 3rd ed., München, Deutscher Taschenbuch Verlag, 2005.

Angela Merkel: *Daran glaube ich: Christliche Standpunkte*, updated and expanded ed., ed. Volker Resing Leipzig, St. Benno Verlag, 2017.（アンゲラ・メルケル『わたしの信仰——キリスト者として行動する』新教出版社、2018年）

Angela Merkel with Hugo Müller-Vogg, *Mein Weg: Ein Gespräch mit Hugo Müller-Vogg*（私の道——フーゴー・ミュラー＝フォグとの対話）, 1st ed. Hamburg, Hoffmann und Campe Verlag, 2005)

Andreas Rinke, *Das Merkel Lexikon: Die Kanzlerin von A-Z*（メルケル首相Ａ－Ｚ）, 1st ed. Springe, zu Klampen Verlag, 2016.

Evelyn Roll, *Die Kanzlerin: Angela Merkels Weg Zur Macht*（宰相：アンゲラ・メルケルの権力への道）, 4th ed. Berlin, Ullstein Buchverlag GmbH, 2013.

Moritz von Uslar, *100 Fragen an...*（……への100の質問）, 3rd ed. Köln, Verlag Kiepnheuer & Witsch, 2004.

ほかに、メルケルの演説とドイツの公文書は以下のサイトで閲覧可能である。

ドイツ連邦議会：ドイツの連邦議会の公式文書サイト：https://www.bundestag .de/dokumente.

首相府：首相の演説、記者会見、その他の首相関連文書の公式サイト：https://www.bundeskanzlerin.de/bkin-de/ aktuelles/.

ミュンヘン安全保障会議の公式サイト（開催年によりページが異なる）：https://securityconference.org/en/msc-2020/speeches/.

〈補注〉

・ドイツ語人名のカナ表記は、ＤＵＤＥＮの発音辞典に基づく。

〈口絵写真クレジット〉

１ページ
（上右）Jörg Gläscher/Laif/Redux（上左）Bogumił Jeziorski/AFP via Getty Images（中）API/Gamma-Rapho（下右）Ebner/Ullstein Bild（下左）API/Gamma-Rapho

２ページ
（上）Dmitry Astakhov/ITAR-TASS/AP/Shutterstock（下）Rainer Jensen/dpa/Zuma Press

３ページ
（上）Chip Somodevilla/Getty Images（中右）Pete Souza/Barack Obama Presidential Library（中左）Bernd Von Jutrczenka/dpa/Alamy（下）Mark Stewart/Camera Press/Redux

４ページ
（上）Sean Gallup/Getty Images（中）Courtesy of Jason Williams（下）SplashNews

著者

カティ・マートン　Kati Marton

米NPR、ABCニュースの元記者。受賞歴のあるベテランジャーナリスト。旧東欧圏・ハンガリーで生まれ育つ。ユダヤ人の祖父母はナチス・ドイツの時代にアウシュヴィッツで亡くなった。6歳のときに両親が秘密警察に連行される。後に一家で米国へ移住。ソルボンヌ大学、パリ政治学院で学び、ジョージワシントン大学で国際関係の修士号を取得。著作も多く、*Enemies of the People: My Family's Journey to America*は、全米批評家協会賞の最終候補になった。ABCニュースのアンカーであるピーター・ジェニングスと離婚後、元駐ドイツ大使のリチャード・ホルブルックと結婚。本書は、メルケル政権やオバマ政権のインサイダーに取材して執筆された。旧東欧圏で生まれ育った自身の経験も、メルケルという人物を理解するうえで役に立ったという。

訳者

倉田幸信　Yukinobu Kurata

早稲田大学政治経済学部卒。朝日新聞記者、週刊ダイヤモンド記者などを経て翻訳家に。訳書に『ALLIANCE　アライアンス』（リード・ホフマンほか著　ダイヤモンド社〔共訳〕）、『VRは脳をどう変えるか？』『2050年 世界人口大減少』（ともに文藝春秋）などがある。

森嶋マリ　Mari Morishima

主な訳書に『古書の来歴』（ジェラルディン・ブルックス著　武田ランダムハウスジャパン）、『鎮魂のデトロイト』『喪失のブルース』（シーナ・カマル著　ハーパーコリンズ・ジャパン）、『トランプ』（ワシントン・ポスト取材班ほか著　文藝春秋〔共訳〕）などがある。

DTP制作　エヴリ・シンク
編集　續大介　衣川理花

カバー写真　©Sean Gallup/Getty Images
表紙写真　©Jesco Denzel/Bundesregierung/Getty Images

メルケル
世界一《せかいいち》の宰相《さいしょう》

2021年11月25日　第1刷発行
2022年 4 月15日　第4刷発行

著　者　カティ・マートン
訳　者　倉田《くらた》幸信《ゆきのぶ》　森嶋《もりしま》マリ
発行者　花田朋子
発行所　株式会社文藝春秋
〒102-8008 東京都千代田区紀尾井町3-23
電話　03(3265)1211

印刷所　精興社
製本所　加藤製本

・定価はカバーに表示してあります。
・万一、落丁、乱丁の場合は、送料当方負担でお取替えいたします。
小社製作部宛にお送りください。

ISBN978-4-16-391473-2　Printed in Japan